ETHNIC RELATIONS IN SOCIAL
TRANSFORMATION

21世纪中国民族问题丛书

丛书主编/马戎

社会转型过程中族群关系

马戎 著

社会科学文献出版社
SOCIAL SCIENCES ACADEMIC PRESS (CHINA)

序　言

　　世界进入了 2015 年后，各个地区一直很不平静。乌克兰东部地区的炮火虽已基本平息，但是乌克兰内部的政治危机仍看不到和平解决的前景。与此同时，俄罗斯在克里米亚部署携带核弹的战略轰炸机，北约的反导系统进入波罗的海三国和波兰，导致俄罗斯和北约之间的对抗性军演、制裁与反制裁进一步升级。不顾国内广大民众和社会舆论的坚决反对，日本安倍政权在国会强行通过新安保法，加剧了东北亚的紧张局势。阿拉伯半岛的"伊斯兰国"似乎仍在扩大势力范围和国际影响，无论是伊拉克还是叙利亚，已经成为宗教仇杀、部族战争的"绞肉机"。沙特阿拉伯等国对也门的军事干涉处于胶着状态，整个阿拉伯半岛进入"二战"后最混乱的局面。北非利比亚的内战有可能导致国家分裂，而肯尼亚和索马里的爆炸事件表明非洲的局势也无法令人乐观。可见这个世界又陷入新一轮的动荡与冲突。与此同时，伊朗核协议谈判取得突破性进展，美国和古巴恢复了中断 54 年的外交关系，由此看来，似乎美国的主政者仍然具有理性思维的能力。但是，美国近日在南海问题上又采取了更加咄咄逼人的态势，美军太平洋舰队的将军们冲到南海第一线来放"狠话"，这使一些国际媒体已经把南海视为最易发生中美军事冲突的地区。

　　世界不太平，美国国内也不平静，先是 2015 年 5 月 1 日巴尔的摩市黑人青年格雷死亡案引发全市大骚乱，随后 6 月 21 日南卡罗来纳州查尔斯顿市黑人教堂枪击案导致9人遇害，7月15日田纳西州查塔努加市两处军事设施的枪击事件共有4名美国海军陆战队队员死亡，这一系列恶性事件再次充分暴露出美国国内深层次的种族矛盾和宗教冲突。

再让我们把视线转回国内，股市近期的大起大落不仅导致许多家庭悲喜剧，也引发全世界对中国经济能否持续发展的担忧。台湾2016年1月的选举结果，使两岸形势发生突变。香港的"特首"直选最终落空，学生的街头民主似乎"绑架"了香港的民意。2015年夏天南方的暴雨造成了各地基础设施的严重受损，天时地利人和，社会稳定与经济稳定和政治稳定密切关联。7月13日沈阳市抓捕了16名涉恐犯罪嫌疑人后，又开枪击毙3名暴力拒捕的新疆籍恐怖嫌犯，这起事件再次震动全国，引发民众对新疆维稳局势的高度关注。而新疆的20万干部"驻村"访民情、惠民生、聚民心活动已经进入第二个年头，据了解这一活动将从原计划的三年延长至五年。

从方方面面来看，今天的世界和中国都处在一个急剧转型的历史时期。美国和北约要围堵努力奋起的俄罗斯，俄罗斯必然要寻求突破点，介入叙利亚的反恐战争就是一步新棋。美国和日本要围堵和平崛起的中国，中国也必须重新进行外交布局，努力寻求突破点。"一带一路"的国际合作发展构想和"亚洲基础设施投资银行"的设立就是中国未来发展的两个战略支撑点。这两个战略支撑点都以国内的经济发展和社会稳定为基础。中国唯有立足创新，把一个"制造大国"转变成一个"创新大国"，才能顺利实现产业转型和技术升级，跳出"中等收入陷阱"。假如中国经济无法在近期突破"创新"瓶颈，经济增长速度持续放缓，那么必将在国内股市、房市、银行贷款回收、劳动力就业、政府税收、地方债务、养老基金与社会福利支出等一系列领域引发波动，这样国家财政也很难持续支撑"一带一路"所涉项目建设所需的资金。所以目前中国的经济转型正处在一个生死关头，改革创新势在必行。

与此同时，中国的社会结构也正处在一个敏感和复杂的转型期。从区域发展格局来看，2000年起步的"西部大开发"战略已经把西部的新疆、西藏、青海、甘肃、宁夏等地引入全国性资金流动、产品制造、服务业和劳动力的市场竞争机制。沿海和中部企业西进和人口流动使许多汉族企业家和劳动力来到西部省区，也使一定数量的维吾尔族、藏族流动人口来到沿海城市和大都市地区，中国的产业布局和民族人口的地理分布格局即将面临一个前所未有的历史性大调整。西藏自治区的汉族人口比例已经从2000 年的 6.6% 增加到 2010 年的 8.17%，同期在西藏自治区以外居住的藏族人口也从 2000 年的 41.5 万增长到 54 万，占全国藏族人口的 8.6%。这一双向的人口流动既为族群交流交往交融提供了一个全新的平台，但同时也进一步突显出汉族与西部少数族群之间的语言、宗教、文化差异。

由于沿海与西部边疆在经济体制转型的不同步和族群文化差异，加之外部势力的渗透与挑拨，我国西部地区的民族关系在未来一个时期内必将面临十分严峻的形势。2008 年拉萨的"3·14"事件，2009 年乌鲁木齐的"7·5"事件，以及随后发生在新疆的一系列暴力恐怖事件就是最明显的警示。如果中国西部边疆地区如新疆和西藏的社会稳定出现问题，那么，内地和沿海的社会稳定和经济发展必然受到影响，而连接中亚和南亚的"丝绸之路经济带"也就成了"断头路"。

世界的政治与经济格局处于一个关键的转型期，中国整体的经济结构与社会发展处于一个关键的转型期，西部地区的社会结构与族群关系也处于一个关键的转型期。我们必须在这样一个大的历史背景下来思考和分析中国的族群关系问题。

这本文集是近年来作者陆续完成的一些相关文章的汇集。

第一篇《旗帜不变，稳住阵脚，调整思路，务实改革——对中央民族工作会议的解读》是笔者对第四次中央民族工作会议文件的解读。这次会议对 21 世纪中国的民族工作和民族问题的理论讨论极其重要，也对多年来在民族问题研究队伍中持续开展的理论与路线争论进行了回答和总结。由于会议文件内容涉及了方方面面，不同的部分有不同的侧重，因此会后出现了许多对文件精神完全不同的解读和诠释。在这篇文章中笔者提出个人的理解，认为应当把习近平总书记的讲话大致分为"旗帜不变，稳住阵脚"和"调整思路，务实改革"两大部分来解读，两部分内容看似冲突，其实彼此之间有内在的逻辑。这也是政治领导人在阐述政策时与学者讨论问题的不同之处，政治家面对的是各方政治势力，必须考虑前进的阻力和运作的策略；而学者必须黑白分明，把道理说透。

第二篇文章是《民国时期的社会转型、政权建设与民族关系》。中华民国的 38 年是 20 世纪中国从一个传统多族群封建帝国向一个现代民族国家转型的历史时期。中国人告别帝制走向共和，但是清帝逊位引发边疆部族的效忠危机。外蒙古寻求独立和西藏寻求独立的努力分别得到沙皇俄国和英国的全力支持，一系列内外矛盾使中国实际上处于一个军阀割据的混乱局面。北伐胜利和东北易帜暂时使中国大部分领土在 1928 年置于南京政府的统辖之下，但是 1931 年的 9·18 事变又开启了一个新的历史危急时期。为了"救亡图存"和民族大义，国共两党合作抗日，历时 14 年的抗日战争掀起了全国各族民众的爱国主义热潮，台湾学者吴启讷称之为"抗战洗礼下少数族群的中华民族化"。这篇文章的核心观点就是强调维护国家统一、反对民族分裂是今天我们理解民国历史的主线，其他如意识形态、地方利益、文化宗教差异与矛盾都应让位于全国抗战，因为"中华民族到了最危险的时候"。

第三篇《1940 年的盛世才与他治理下的新疆——读〈盛世才上莫斯科斯大林报告书（1940）〉》以 20 世纪 40 年代初新疆盛世才策划的"国际阴谋暴动案"为背景，通过盛世才给斯大林的书信和附件中的审讯记录，展示了当时苏联势力全面渗透新疆的真实情景。辛亥革命后，1884 年新设立的新疆省面临着一系列政治与社会转型，由于毗邻苏联而远离内地，新疆在经济贸易与人员交往方面与苏联联系密切，境内居住大量俄罗斯人口。在这些书信中盛世才向斯大林的效忠表态和对苏联意识形态的全面吹捧，不仅揭示出这个两面派的丑恶嘴脸，也向读者提供了难得见到的 1940 年新疆政坛的一个侧面。

第四篇《中国城镇化进程中的民族关系演变》通过历次人口普查数据讨论了我国各民族人口的城镇化水平，分析我国人口的跨地域流动及族际交流态势，同时考察了藏族、维吾尔族、蒙古族这三个我国主要少数族群的跨地域流动情况。城镇化是中国 21 世纪社会与经济转型的重要特征，中国城镇人口在总人口中的比例从 2000 年的 36.9% 迅速增加到 2010 年的 50.3%，但是在这个城镇化的进程中，中国各族群并不同步，这必然带来各族民众在就业空间方面发展不平衡的社会问题。当然，这些问题在基层社会的具体表现及衍生出的各类矛盾，还需要今后进一步的实地调查研究才能够揭示。

第五篇《族群分层、文化区隔与语言应用模式》从西方社会学研究族群关系的核心视角"族群分层"入手，指出中国各族群间存在语言和宗教差异，这与美国种族关系的文化模式有所不同，所以我国学者需要注意避免"路径依赖"，不能简单套用美国种族研究的范式。在此基础上，作者提出"族群文化区隔"这一新概念，根据多民族聚居区各族人口比例这一指标提出多种实用性语言组合的"生活语区"。考虑到全国性通用语言在交流学习中的重要工具性功能及其对少数族群成员在学习现代化知识和实现就业方面的重要影响，文章提出了"学习与就业语区"的概念，并以新疆和喀什地区为例说明了这一概念的实际应用。在中国的社会转型中不可避免地会出现一个语言—文化转型现象，国家通用语的普及是一条主轴，如何在普及通用语的同时保持族群语言多样性，这将是平稳实现这个转型过程中必须妥善处理的一个中心议题。

第六篇《我国藏区青年学生思想动态调查研究报告》是一篇问卷调查的研究报告。青年是祖国的未来，在校藏族学生的思想状况究竟是什么情况，这是大家都十分关注的。这次调查问卷主要涉及15个方面的问题，包括：被访者对大学学习环境、对自己家乡社会经济发展状况的评价及理由，学习汉语和藏语的时间以及语言能力；对"双语教育"和"内地班"的评价；访问过的城市，与汉族同学、同事的交往情况；主要课外阅读和观看影视节目的分类，上学时对老师的印象，对家乡基层干部和汉族市民的印象；毕业后考虑的就业地点和对国家民族政策的建议。在问卷中我们避免涉及敏感议题，但是仍然发现一些学生避免回答多少带有政治色彩的问题。通过对1300份回收问卷的结构性分析，我们还是能够了解到这些藏族学生的日常学习、生活和社会交往情况。这为我们认识新一代藏族学生提供了基础性素材。

第七篇《他山之石：美国种族关系困境症结与启示》是在思考美国近期发生的种族暴力事件后写下的。自60年代"民权运动"以来，许多人十分乐观地认为美国的种族关系已经从根本上得到改善：种族隔离制度被废除，黑人能够进入美国顶尖大学，黑人精英在各行业崭露头角，甚至2008年全民高票选出一位有黑人血统的美国总统。但是近几年在警察执法中接连发生的种族歧视事件和街头抗议风潮揭示出美国社会依然存在严重的种族问题。那么，这些问题的症结在哪里？解决的途径又在哪里？这篇文章对美国种族关系演变历程进行了回顾，在分析了族群分层数据后，重点探讨在废除种族隔离制度后美国黑人群体内部出现的阶层分化现象。这种日趋严重的内部分化，不仅阻碍了黑人中下层的向上社会流动，而且使黑人底层社区陷入缺乏精英引导的新困境。

　　第八篇《民族平等与群体优惠政策》讨论的是我们应当如何理解"民族/族群平等"原则，以及应当如何历史和客观地认识"族群优惠政策"。近些年来针对国内实行的以少数族群为对象的优惠政策（计划生育、高考加分、社会福利、干部岗位等）是否符合"平等"原则，社会和媒体都有许多讨论。这篇文章比较系统地梳理了相关的理论问题和优惠政策的社会效果，并对今后如何帮助国内的弱势群体尽快脱贫和顺利发展提出了一些可操作性的建议。

　　第九篇是去年翻译美国社会学家戈登所著《美国生活中的同化》的一篇"译后记"。这本书是美国族群社会学的经典著作，影响极大。在这篇译后记中，笔者简略地梳理了美国族群关系的发展历程并对每个历史阶段主流社会的主导思路进行了归纳，特别指出书中提出的许多思路和观点都可以为我们思考中国族群问题所借鉴。

　　第十篇是《学术月刊》策划的笔者与关凯之间关于民族问题的一次对话，主题是"国家建设视角下的中国民族问题"，涉及中国民族问题的许多方面。中国直至今日，在框架设计和基本制度上仍然是一个"多民族国家"，换言之，仍没有完成自民国初年开启的"民族国家"的构建过程。所以虽然我们经历了中华民国的 38 年和中华人民共和国的 66 年，但是相当数量的少数民族国民并没有真正建立起对"中华民族"和国家的政治认同与文化认同，所以笔者在 2011 年曾经发表过一篇文章，题目是《21 世纪中国是否面临国家分裂的风险》。这也是为什么今天我们还必须讨论"国家建构"。

　　这本文集包括的其他几篇短文，大多是笔者为其他著作写的序言，笔者在这些序言里结合著作的各自主题从不同的角度和层面来讨论中国的民族问题，还有几篇是刊登在《环球时报》上的短评。对于关心中国民族关系现状和未来走向的读者，这些观点也许还有一定价值，所以也都一并收录进来。总之，收入这本文集中的各篇论文都与"社会转型中的族群关系"这一主题密切关联，希望在这些论文中提出的观点能够引发大家进一步的讨论和思考，在集思广益中逐步促进共识。

马 戎

2015 年 12 月 10 日于茉莉园

目　录

旗帜不变，稳住阵脚，调整思路，务实改革[*]

——对中央民族工作会议的解读

中央民族工作会议 2014 年 9 月 28 日至 29 日在北京举行。虽然会议文件和国家领导人讲话全文没有向社会公布，但是根据新华社发布的消息和一些机构的传达，这次会议释放出来的许多信息仍然引起全国各族人民的普遍关注。

首先，这次会议召开的形式充分体现出中央对我国民族工作的高度重视。六位政治局常委和在京所有党政军高层干部均出席这次会议，除了五个自治区党政主要负责同志外，其他各省区市、新疆生产建设兵团及副省级城市分管民族工作的干部也都齐聚北京出席会议，同时以电视电话会议形式在各省区市和新疆生产建设兵团、副省级城市设分会场直接收看。人们通常认为"民族工作"主要是民委系统和各少数民族自治地区的事务，与其他部委和汉族聚居省市无关，这次会议的举办形式突破了这种"二元模式"，把民族工作提升到"关系祖国统一和边疆巩固的大事"，"关系国家长治久安和中华民族繁荣昌盛的大事"，"把维护民族团结和国家统一作为各民族最高利益"的高度。这对于中央政府其他部委和东中部汉族聚居省市今后对本地民族工作的重视与投入无疑是一个来自最高层的政治动员。

---

* 本文原载于《青海民族研究》2015 年第 2 期，第 82~90 页。

一　这次中央民族工作会议的社会与思想背景

中央在 1992 年、1999 年、2005 年曾先后三次召开中央民族工作会议，自 2005 年以来，我国一些地区的民族关系和社会稳定形势出现新变化，2008 年拉萨的"3·14"事件和 2009 年乌鲁木齐的"7·5"事件是两次标志性事件，2013 年北京的"10·28"事件、2015 年昆明的"3·01"事件及新疆多地连续发生的暴力恐怖事件使全国各地不得不加强对暴力恐怖事件的防范，"维稳"已成为全国性的主要工作任务之一。其实，早在 20 世纪 80 年代后期，在西藏和新疆就开始出现了民族关系恶化的一些迹象，在 90 年代"反对三股势力"的斗争已经成为新疆的主要工作，但是，近期发生的多起恶性事件使得"维稳"形势更加严峻，也使全国各族人民对我国民族关系的发展态势更加关注。

正是由于近年来我国民族关系中出现一系列新的重大变化，而且现行的民族理论教科书没有对这些新现象提供有说服力的理论说明和对今后工作的指导和建议，自 2000 年以来，我国学术界就开始了围绕是否需要对新中国成立以来我国民族理论、制度和相关政策进行反思的大讨论。其中主要议题有：新中国的民族理论、制度和政策是否受到"苏联模式"的影响？我国的 56 个"民族"在西方话语体系中是接近近代欧洲带有政治色彩的"nation"（民族）还是更接近美国国内所用的"ethnic group"（族群）？苏联解体和美国种族关系改善是否为我国调整民族关系提供某些启示与借鉴？在对国内各民族对自身群体认知意识方向的引导上，我国应当强调各"民族"的政治权力和强化各自"领土"区隔和人口边界，还是应当逐步淡化各"民族"的政治意识，努力促进彼此之间的交流交往交融？中国是应当继续强化"民族区域自治"制度中的"民族"因素并进一步制度化和法规化，还是积极落实宪法中明确的各项公民权利，把各少数民族精英和民众所关心的所有权益都纳入宪法和全国性法规的框架下妥善解决？为了实现真正事实上的民族平等和共同繁荣，我们是应当在尊重历史的前提下兼顾族群集体权利的同时逐步加强公民个体权利的落实，还是继续突出族群集体权利、坚持群体之间的权益博弈？换言之，我国是应当引导各族民众不断加强对"中华民族"和国家的政治和文化认同，还是淡化甚至公开否认"中华民族"这个政治与文化共同体，把 56 个民族作为政治权益和经济文化权益保障的基本单元？

在 21 世纪初开启的关于民族理论和民族政策的大讨论中，学者们提出了针锋相对的不同观点。如 2000 年笔者在讨论民族区域自治制度时提出"民族与区域之间的关系应当逐步淡化。对于各部分公民（当然包括少数民族成员）权利的保障机制将逐步从地方性行政机构的运作向全国性法制体制的运作过渡"，提出应当"主要从文化的角度和层面来看待族群（民族）问题，而不要……把我国的民族问题'政治化'"，并建议进行话语调整，即保持"'中华民族'的称呼不变，以便与英文的'nation'相对应，而把 56 个民族改称'族群'，以与英文的'ethnic groups'相对应"（马戎，2000：137，141，135），明确提出中国民族问题应当"去政治化"的议题（马戎，2004），剖析中国社会现时存在的"汉族－少数民族二元结构"的利弊（马戎，2010）。2011 年胡鞍钢、胡联合提出了"第二代民族政策"，主张"实现从识别国内 56 个民族、保持 56 个民族团结发展的第一代民族政策，到推动国内各民族交融一体、促进中华民族繁荣一体发展和伟大复兴的第二代民族政策的转变，建构起凝聚力越来越强、你中有我、我中有你、不分你我、永不分离的中华民族的繁荣共同体"（胡鞍钢、胡联合，2011）。

与此同时，有的党内高级干部也在中共中央党校《学习时报》上发表文章，明确指出应"增进各族群众对伟大祖国的认同、对中华民族的认同、对中华文化的认同、对中国特色社会主义道路的认同。现在，我们有的教育和行政措施有意无意弱化了国家观念和中华民族认同的教育。……要把尊重差异、包容多样、促进交融作为民族工作的基本取向。我个人倾向于将来居民身份证中取消'民族'一栏，不再增设民族区域自治地方，不搞'民族自治市'，推行各民族学生混校"（朱维群，2012）。

以上观点均引发学术界特别是民族理论界的激烈争论。有的学者在讨论中公开提出中国只有"中华诸民族"而"不存在'中华民族'"的观点（都永浩，2010），有人认为在中国的民族工作中，《民族区域自治法》的"落实、实现程度是不够的，这是最大的问题。我们 155 个自治单位，依法制定自治条例是法律规定的一部分，只有制定了地方自治条例才能落实自治法，现在……还有 15 个地方没有自治条例，其中就包括 5 个自治区的自治条例"（郝时远，2013：81），认为制定这些自治区的自治条例是坚持和完善民族区域制度所面临的最大的问题。同时指出"民委系统不是一个强有力的职能部门……在地区的民族政策的贯彻执行上，党政部门、维稳部门有更多的发言权和判断力，这就使很多我们在民族政策方面的原则受到了忽视"（郝时远，2013：80），认为加强民委系统的地位与权力将有利于贯彻党的民族政策。有人认为，居民身份证中取消"民族"一栏就是"取消民族身份"，就是民族"同化"。其实，世界上没有几个国家在国民身份证上标明"种族"或"民族"身份，但是都同样承认种族和族群的文化和历史差异，也都制定了处理和改善族群关系的政策。俄罗斯在 1997 年正式取消了身份证上的"民族身份"，区分了"国家民族"和"族裔民族"，与此同时仍然尊重民族差异，制定了内容不同的民族政策。而卢旺达在国民身份证上注明"图西族"和"胡图族"，成为种族大屠杀时进行身份识别的主要工具。

面对学术界的争论，中央领导人对于这些议题也在思考并有所反应。如 2010 年全国"两会"的《政府工作报告》中，与以往不同的一点，就是没有提及"民族区域自治制度"，而是强调"加强国家意识、公民意识教育。我们要旗帜鲜明地反对民族分裂，维护祖国统一"。这次政府工作报告发表后引发激烈反弹，因此在 2011 年及以后"两会"的《政府工作报告》中均提出要"坚持和完善民族区域自治制度"。

这些在主要观点和基本立场上差异很大、针锋相对的争论确实在我国民族理论界和民族工作队伍中引发了一定程度的思想混乱和观点分歧。今后我国民族工作的方向是什么？基本思路应当是什么？人们期盼中央能够及时地对于这些争论拿出一个基本态度，以便大家能够统一思想，步调一致，齐心合力地做好我国的民族工作。从我国的社会变迁和学术争论这个大背景来看，第四次中央民族工作会议的召开非常及时，会议提出的主要任务是"准确把握新形势下民族问题、民族工作的特点和规律，统一思想认识，明确目标任务，坚定信心决心，提高做好民族工作能力和水平"，这一定位也非常准确。

二　旗帜不变，稳住阵脚

“文化大革命”使中国在科学技术、经济发展等方面远远落后于周边邻国，中国经济几乎面临崩溃的边缘，物资供应极度紧张，城乡就业压力极大，严峻的形势迫使中国领导人必须思索和探寻一条新的发展道路，正是这一探索引导中国在十一届三中全会后进入一个全面体制改革的社会转型期。在这一个重要的历史转折时刻，人们一方面需要反思“文化大革命”中“以阶级斗争为纲”的极左路线对中国社会和经济造成的严重后果，另一方面也必须思考如何理解和应对改革开放后中国社会中出现的一些新的社会问题，思考应当如何对“文化大革命”时期占据主导地位的政治理论、基本观点和话语体系进行反思。

当时在中国知识分子和民众中出现了两个思潮，一个主张改弦易辙、全面学习西方国家特别是美国的宪政民主制度，另一个则主张坚持传统共产主义理念和共产党的领导，反对资产阶级自由化。作为一个有丰富社会阅历和斗争经验的政治领袖，邓小平同志的做法是：一、坚持意识形态的传统旗帜不变，反对否定毛泽东同志和党的光荣传统，保持国家基本政治体制的稳定，以此团结党的各级干部队伍和全国人民，稳住阵脚不乱；二、与此同时，根据实事求是的精神，大胆创新，积极推进中国社会的实质性体制改革和对外开放。基本方针就是努力克服来自“左”和“右”两个方面的干扰，既不做颠覆性的体制变革和话语转换，也不继续走“文化大革命”的老路。为此，党中央在1981年做出《关于建国以来党的若干历史问题的决议》后，决定不在理论上纠缠有关我党领袖人物的历史功过和意识形态的“革命”与“反革命”之争，把这些极易引起重大争议和思想混乱的政治议题放在一边，而在政府的各项实际工作中把争议较少的“发展经济，改善民生”作为首要任务，把党的工作转向“以发展经济为中心”，把政府的奋斗目标定为社会各阶层都能够接受并共同向往的“建设小康社会”。对于当时围绕经济体制改革出现的一些理论界和社会上激烈争论的政治议题（如经济特区是“姓‘资’还是姓‘社’”的问题），小平同志同样采取的是“不争论”、做实事的应对方法，用社会实践来说服持不同意见的人，以此逐步统一思想。在中国这样一个 13 亿人口的大国推进社会重大转型，没有现成的成功模式可以效仿，在这一过程中如何把握发展方向与拿捏分寸，无疑需要高超的政治智慧、实事求是的科学精神和决断的魄力。

面对当前我国一些地区民族关系出现的严峻形势，以习近平总书记为首的党中央无疑也在思考应当如何应对，面对我国学术界、思想界关于民族问题和民族政策的激烈争论，党中央也在思考应当如何加以引导。从这次中央民族工作会议的材料来看，也体现出"旗帜不变，稳住阵脚"的一个基本态度。如在"旗帜"问题方面做出两个重要表态，在民族理论方面提出"新中国成立 65 年来，党的民族理论和方针政策是正确的，中国特色解决民族问题的道路是正确的，我国民族关系总体是和谐的"。在制度方面提出"民族区域自治制度是我国的一项基本政治制度，是中国特色解决民族问题的正确道路的重要内容"。对党的民族理论、制度、方针政策给予明确地肯定，这两个表态给许多担心党中央在民族理论和制度方面做出重大调整的人们吃了一颗"定心丸"，即中国民族关系的整体格局不会出现重大变化，不会做"一百八十度的大转弯"。这一表态避免了 2010 年《政府工作报告》未提"民族区域自治制度"所带来的思想波动，起到了稳定人心的作用。

与此同时，在会议讲话中明确否定新中国在处理民族关系时曾经"照搬了苏联模式"，指出美国种族关系依然存在许多问题，因此中国今后不可能照搬"美国模式"，但是明确提出，中国应当吸取国外处理民族问题的经验教训。同时，也表明在目前"取消民族身份"的做法不可取，国内的 56 个"民族"不会改称"族群"，身份证上的"民族成分"不会取消，不希望因相关变动引发民众的不安。这些政治表态都是"旗帜不变"的标志性阐述，也表明学术界的相关讨论不会影响中国政府目前的政治话语体系，强调中国将继续"坚定不移走中国特色解决民族问题的正确道路"。

三　调整思路，务实改革

但是在维持传统旗帜和政治话语不变、努力稳住阵脚的同时，我们也看到这次中央民族工作会议上有许多新的提法，展示出中央政府在今后民族工作的努力方向上将有一些重大调整。特别值得关注的是，在强调党的民族理论和方针政策正确的同时，明确指出"在发展社会主义市场经济和实行多年对外开放的历史条件下，我们的民族工作也面临着一些新的阶段性特征"。这个新提法太重要了，应当是我们理解今后中国民族工作的一个关键，也为我们今后在实事求是精神引导下在民族工作思路和做法上努力创新打开了一扇门。

改革开放初期，如何既坚持党的领导和国家的社会主义性质，同时又能在体制上推行必要的改革，邓小平同志采用了一个非常聪明的重要策略，这就是在坚持国家政治大方向的同时，把目前的发展时期定义为"社会主义初级阶段"，从而使各种改革措施带有"阶段性"的特色，成为坚持政治大方向的前提下采用的操作应用性措施，从而远离并化解了"姓'资'姓'社'"的路线冲突。这一策略强调"为了更好地建设社会主义"，在现阶段需要全力发展经济，而发展生产力和提升经济则需要借用市场经济的手段和措施，这与共产主义长远目标并不冲突。"黑猫白猫，抓住老鼠就是好猫"，猫的颜色不重要，重要的是要能抓住老鼠。在坚称党的民族理论和政策的正确性的同时，这次中央民族工作会议提出目前中国的民族关系面临"新的阶段性特征"，为此提出要"开拓创新，从实际出发"，在这个精神指导下提出了中国民族工作的一系列调整思路、务实改革的新思路。这几乎是当年邓小平推动经济体制改革策略的翻版。

那么，这次中央民族工作会议在调整思路、务实改革方面，有哪些值得我们关注的新亮点呢？

1. 强调中国民族问题的基本特点

会议明确指出，生活在中国这片土地上的这些民族"经过诞育、分化、交融，最终形成了今天的 56 个民族。各民族共同开发了祖国的锦绣河山、广袤疆域，共同创造了悠久的中国历史、灿烂的中华文化"。"我国历史演进的这个特点，造就了我国各民族在分布上的交错杂居、文化上的兼收并蓄、经济上的相互依存、情感上的相互亲近，形成了你中有我、我中有你，谁也离不开谁的多元一体格局。""中华民族和各民族的关系……是一个大家庭和家庭成员的关系，各民族的关系是一个大家庭里不同成员的关系。"

上面这段话说的是中国民族关系的基本性质：没有历史上的"诞育、分化、交融"过程，就没有今天的"56 个民族"。否认各族之间长期存在并被考古与历史文献充分证明的"交流交往交融"过程，不是一个实事求是的态度。中国各民族之间的关系，是历史造就的"一个大家庭里不同成员的关系"，而且彼此"交错杂居"，"你中有我，我中有你"。这一表述与 20 世纪 50 年代进行"民族识别"时无视或回避各民族同享的许多共性，专注于寻找和辨别各民族特征差异的导向已有本质性区别；与我国长期以来从意识形态立场出发，把历史上各族之间的"交流交往交融"过程僵化地批判为"民族同化"的观点，已有重大改变；与近年来我国一些地区和部门在"保护少数民族文化遗产"工作中把一些区域性各族共享的文化遗产贴上"某民族传统文化"标签、加深民族"边界"的思路，也有明显差异。这次中央民族工作会议再次确认了中华民族"多元一体"的基本格局。不同民族群体之间，存在着一定程度的语言文化差异，要维护统一而又重视差别，我们必须尊重各族之间现存的差异，但是绝对不应人为地去凸显、固化和强化这些差异和特性，而是应当在保持民族特性和多样性的同时，努力增强各族之间的文化共同性和相互包容性。

费孝通教授在 1988 年提出的"中华民族多元一体格局"，在这次会议上不仅被再次确认，而且被进一步深化。"一体是主线和方向，多元是要素和动力，两者辩证统一。"我们这些从事民族理论研究和实际民族工作的人，要面对现实，但是一定要明确前进的方向。

2. 明确我国民族工作的目标

会议明确了我国民族工作的目标，这就是要"让各族人民增强对伟大祖国的认同、对中华民族的认同、对中华文化的认同、对中国特色社会主义道路的认同"（即加强"四个认同"）。假如像有些人所说，在中国根本不存在"中华民族"，那么，何来各族人民"对中华民族的认同"？"四个认同"的提法已经明确回答了在中国"中华民族"是否客观存在的理论争论。

同时，习总书记讲话中提出我国民族工作的中心内容是"加强中华民族大团结，长远和根本的是增强文化认同，建设各民族共有精神家园，积极培养中华民族共同体意识。文化认同是最深层次的认同"。这里明确提出要加强各民族彼此之间的"文化认同"。语言和宗教是通常人们所认定的"文化"载体和核心内容，我国许多民族有自己的语言文字和宗教信仰，那么各族之间"文化认同"的基础是什么？

我想这里可能有几种理解。一是我们应当认识到中国各族语言之间在几千年的交流共处中，其实已经存在某些共性和共同的元素，各族都在吸收其他族群的词汇，维吾尔语、藏语、蒙古语都或多或少受到古汉语的影响；二是我国佛教和伊斯兰教虽然源自境外，进入中国后在宗教活动内容和仪式上已经历了"本土化"过程，如新中国成立前内地修建的清真寺大多采用汉地的"殿堂式"；三是各族的生活习俗、文化生活也在多年彼此交流共存中相互影响。以上这些都是我们建立中华民族内部各族之间"文化认同"的历史基础，只是在"民族识别"后，人们不去关注甚至否认这些各族共享的文化元素，其结果是淡化和消解了各族之间文化认同的基础。在中华民族各群体之间，除了存在费先生提出的政治上的"多元一体"框架外，在实际生活中也存在文化上的"多元一体"框架。在今天重新认识并努力发掘这些文化共性和共享的文化元素，恰恰是我们在 21 世纪建立"中华民族文化认同"过程中应当开展的工作。

由于历次宪法的表述是"中国各族人民""中国各民族""各民族公民"，尚没有"中华民族"的提法。在中央一再强调要加强"中华民族"认同的形势下，今后修订宪法时对有关表述应做必要调整。同时，我国大学中使用的民族理论教科书，长期以来只讲斯大林民族理论和 56 个民族，不讲"中华民族"，已经远远落后于形势的发展，这个局面必须尽快扭转。

3. 确认民族区域自治制度是我国一项基本政治制度

民族区域自治制度是新中国在 20 世纪 50 年代建立的一项基本制度，在我国的民族话语体系居于核心地位，为了不在改革问题上出现颠覆性错误和一百八十度的大转弯，避免出现"多米诺效应"，再次肯定和确认这一制度是完全必要的。但是，我们也应当注意，这次会议对于民族区域自治制度在新的历史条件下应当如何坚持和完善，提出了一些全新的提法。

首先，必须"坚持统一和自治相结合。团结统一是国家最高利益，是各族人民共同利益，是实行民族区域自治的前提和基础。没有国家团结统一，就谈不上民族区域自治"。长期以来，我国的民族理论学者和民族工作者在提到民族区域自治制度时，一般都只强调"自治"，而很少提"统一"。强调应如何维护加强少数民族自治权利的人很多，讨论在尊重少数民族权益条件下应如何加强各族民众对中华民族和国家认同的人却很少。这次中央民族工作会议提出"统一和自治相结合"，实际上是突出了人们长期以来在强调民族区域自治时忽视的"统一"议题。在中华民族"多元一体"格局中，假如我们只强调"多元"和自治，而不强调"一体"和统一，这个格局是不完整的，也是不可能长久维持的。

第二，要"坚持民族因素和区域因素相结合"。由于我国许多少数民族自治地方是多民族聚居区，甚至汉族在人口结构中占有相当比例。在民族区域自治中过于强调"民族"因素，往往突出"自治民族"（在苏联称为自治区的"命名民族"）的自治，那么生活在这一区域的其他民族的相关权益应当如何维护呢？我国所有的民族自治地方都是全国各族人民共同拥有的地方，民族区域自治并不是某个民族独享的自治，民族区域自治地方更不是某个民族独有的地方，与此相关的族群关系问题在我国西部一些多民族自治地区的社会实践中已引起广泛关注。至于在我国民族自治地方的名称中加入"某某族"的提法，领导人讲话中指出，"戴这个'帽子'是要这个民族担负起维护国家统一、民族团结的更大责任"，区域内的各族人民享有完全平等的权利。这与人们对这一"自治民族"在该地区应享有更多权益的通常理解很不相同，对于"自治民族"责任的这一新提法，非常发人深省。

与此同时，这次中央民族工作会议提出"把宪法和民族区域自治法的规定落实好，关键是帮助自治地方发展经济、改善民生"。注意，这句话把落实民族区域自治法的"关键"定义为"帮助自治地方发展经济、改善民生"，而不是像有些人提议的那样进一步制定民族区域自治法的具体实施条例。

这次中央民族工作会议还在几个争议多年的问题上表了态。国家民委多年来希望在宪法中增加"民族市"的提法，以便在自治县（旗）经济与人口发展后"升格"为市后，仍然保持原有的"民族自治"。各自治县（旗）的经济发展与人口规模达到建市标准时，少数民族人口比例通常显著下降，新建城市的发展方向应当是更加开放，而不应当是坚持本地民族的

"自治"。我国在 2010 年普查时还有 64 万 "未识别人口"，还有一些群体（如 "穿青人"）希望被承认为新的 "民族"，一些地区申请建立新的自治县或城市 "民族区"。这次民族工作会议明确表示，我国的 "民族识别"工作已经基本完成，今后不再识别新的民族或增设民族自治地方。这表明我国民族工作中某些工作已告一段落，今后不再继续。

4. 明确提出 "加强各民族交往交流交融，尊重差异、包容多样"

和第二次新疆工作座谈会同样，这次民族工作会议明确提出要 "加强各民族交往交流交融，尊重差异、包容多样，创造各族群众共居、共学、共事、共乐的社会条件，让各民族在中华民族大家庭中手足相亲、守望相助"。

在近年来的学术讨论中，有些人表示只能接受各民族之间的 "交流交往"，认为 "交融" 就意味着 "民族同化"，是不可接受的。这个观点存在两个方面的问题，一是完全否认了中华各民族在几千年交往交流、混居通婚过程中，已经出现了程度不同的交融。许多历史上曾经存在过的群体（如汉代生活在东南部东瓯、闽粤、南粤等国的群体，元代生活在华北的契丹人、女真人、党项人等）都融入了中原汉人，同时，许多中原汉人也被吸收融入北方游牧群体（费孝通，1989：7 – 11）。二是看不到中国各民族未来的长远发展前景只会是逐步地相互融合，而不可能彼此渐行渐远。我们都充分认识到，任何强行推动民族融合的做法只能适得其反，也一定会遭到被同化群体的极力反对。但是在彼此相互尊重、平等合作基础上的交往交流，必将使彼此之间的界线渐趋模糊，从而出现逐步的相互融合。这应当被视为社会的进步，而不是相反。

有些人认为即使是 "民族融合" 的提法也不可接受，这种观点完全无视人类社会以往的历史，也迷失了今后人类社会的发展方向。列宁指出："无产阶级不能赞同任何巩固民族主义的做法，相反地，它赞同一切帮助消除民族差别、打破民族壁垒的东西，赞同一切促使各民族之间的联系日益紧密和促使各民族融合的东西"（列宁，1914：18 – 19）。"社会主义的目的不只是要消灭人类分为许多小国家的现象和各民族间的任何隔离状态，不只是要使各民族接近，而且要使各民族融合"（列宁，1916：719）。有些人经常引用列宁有关 "民族自决权" 的论述，但对列宁关于 "民族融合"

的论述避而不提。中央在第二次新疆工作座谈会和第四次中央民族工作会议上一再提出"加强各民族交往交流交融"，所遵循的正是列宁的上述主张，这对于国内民族理论界的争论是具有一定针对性的。

在提出加强各民族交往交流交融的同时，会议也强调"尊重差异、包容多样"，"引导各族群众牢固树立正确的祖国观、历史观、民族观"，在强调"一体"的同时提出必须兼顾"多元"，强调要客观地认识中国形成的历史、中华各族交往交融的历史和中华民族形成的历史。强化民族意识、突出民族差异的做法，是不符合中华民族历史发展的大方向的。会议强调指出"各民族交往交流交融，是社会发展的必然趋势，是我国社会主义民族关系的发展方向"。在把握这个历史方向时，既不能无视民族共性放弃引导，也不能超越历史阶段，忽视民族差异用行政手段强行推进。尊重差异不等于固化差异，随着社会主义市场经济的发展和各民族交流交往交融的加深，民族之间的差异必然会逐渐减少。与1949年相比，今天各族民众在生活习俗、饮食、用品、服装等方面的差异已经明显减少，大家在相互学习，不管哪个民族，也不管哪个国家，只要是有用的知识，只要是有利于社会现代化的经验，我们都应该学习和吸收，用以丰富我国各民族文化和共同的中华文化。

5. 关于干部问题

政治路线决定了以后，干部就是决定的因素。这次会议提出"要坚持德才兼备的原则，大力培养选拔（少数民族干部）"，"无论是少数民族干部还是汉族干部，都要以党和国家的事业为重、以造福各族人民为念，齐心协力做好工作"。"民族地区的好干部要做到明辨大是大非的立场特别清醒、维护民族团结的行动特别坚定、热爱各族群众的感情特别真诚。"这里特别强调了在民族地区工作的各族干部，特别是少数民族干部的选拔标准，这就是在大是大非的问题上（如维护祖国统一、反对国家分裂和打击暴力恐怖分子等方面）必须立场鲜明、行动坚定，在日常工作中要一视同仁地热爱"各族（包括汉族）群众"，而不能偏袒本族成员。

在新中国成立初期，共产主义革命意识形态和无产阶级情谊一度成为少数民族干部与中央政府和其他民族成员之间认同的政治基础。但是在"文化大革命"结束后，这一意识形态纽带的效用逐步淡化，有些少数民干部和知识分子的"民族意识"日趋加强，在处理日常工作和党政人事关系时，首先把自己看作本民族的政治代表。今天中国的民族问题，说到底就是各民族之间的政治认同和文化认同问题，是各少数民族成员是否认同中华民族这个共同体和中央政府、是否认同汉族和其他民族的问题，也是汉族是否认同各少数民族的问题。加强"四个认同"是一个大是大非的立场问题，这次民族工作会议明确提出今后我们必须用这个标准来要求和衡量各族（包括汉族）干部，这是非常及时和必要的。在我们的干部队伍中，决不能搞以"民族"划线的团伙集团。汉族和少数民族的干部和知识分子都应当把自己看作是中华民族的国家精英，是国家干部，而不是哪个民族在自治政府中的代表和领袖，要自觉地维护民族团结和国家统一，热爱各族群众，为全国各族人民服务。凡是做到了这一点的，就应及时地选拔到重要的领导岗位上来。

在我国的干部政策中落实这一精神时，还应该注意到，除了行政职务外，少数民族干部也应当能够担任党委书记。"对政治过硬、敢于担当的优秀少数民族干部要放到重要领导岗位上来，让他们当主官、挑大梁，还可以交流到内地、中央和国家机关任职。"近期西藏和新疆陆续任命了一些地州县级的少数民族党委书记，这开了一个好头。同时，少数民族干部的任命岗位不应当仅局限于本族的自治地方，也应当包括中央政府和汉族聚居省市的重要领导岗位。我们的干部政策应当是任人唯贤、任人唯能，而不是各自治区内部干部岗位任命中的"任人唯族"和"汉人书记、少数民族行政首脑"的传统模式。

从近几次人口普查数据来看，我国几个重要少数民族的"领导干部"（国家机关、党群组织、企业事业单位负责人）在该族就业人口中的比例持续下降。如2000～2010年期间，维吾尔族领导干部的比例从0.84%下降到0.47%，绝对人数下降了32.3%，蒙古族领导干部的人数下降了28.3%，藏族领导干部的人数下降了15.6%（马戎，2013：4）。这与中央实施"西部大开发"战略以来我国西部地区社会、经济、文化各项事业大发展的基本态势是不相符的，应当引起中央组织部门的高度关注。除了少数民族干部如何选拔与任用问题外，少数民族干部和知识分子的培养模式也是一个值得思考的问题，为了培养具有"四个认同"的少数民族干部，普通高等学校（如北京大学、清华大学）与目前"民族意识"浓厚的民族院校相比也许是一个更为适宜的环境。

在我国西部一些地区，少数民族语言仍然是当地大多数民众的主要语言，在这些地区工作的汉族干部如果不能讲当地民族的语言，就无法与当地干部和民众沟通，更谈不上深入群众开展工作。在新中国成立初期，中央曾要求进疆、进藏工作的汉族干部都要学习当地民族语言。我们在西藏和南疆调查时遇到的那些20世纪50年代参加工作的汉族干部，大多能够讲一口流利的民族语言。50年代和60年代我国西部地区民族关系较好，汉族干部通晓当地民族语言是一个重要因素。这次会议提出，"在民族地区当干部，少数民族干部要会讲汉语，汉族干部也要争取会讲少数民族语言，这要作为一个要求"。我们相信中央政府明确提出的这个要求，对在民族地区工作的汉族干部加强民族语言学习将会有一个很大的促进作用。今后，在少数民族聚居地区工作的汉族干部，在招收和任职之前都应接受民族语言的考试。如果这个任职要求成为一个制度，还可以有效地鼓励民族地区的汉族学生在学校里学习民族语文。

6. 加强依法治国，把我国民族工作纳入法治轨道

十八届四中全会提出依法治国，我国的民族工作也必须纳入法治框架之中。中央民族工作会议提出"用法律来保障民族团结，增强各族群众法律意识；坚决反对大汉族主义和狭隘民族主义，自觉维护国家最高利益和民族团结大局"。

目前存在的一个现象是，一些基层政府采用地方行政命令的方法来处理当地的民族关系问题和群众宗教活动，内容五花八门，方式简单生硬，造成许多负面的社会后果。有些地区的少数民族民众在生活中仍然依照传统地方习惯法或宗教法规，对国家法律不熟悉不认可，容易与执法机关发生冲突。如何把各级政府的民族和宗教管理工作纳入国家法律法规的轨道，如何增强各族民众的法律意识，无疑是今后一些地区民族工作的重要内容之一。与此同时，在我国的立法与司法实践中也应当把各地民间习惯法纳入视野，尽量减少甚至避免国家的立法和司法实践与人民群众日常生活中的道德伦理和习惯之间出现冲突。

"反对大民族主义，主要是大汉族主义，也要反对地方民族主义"是写进历次宪法的，这次民族工作会议在坚持反对大汉族主义的同时，把"地方民族主义"改为"狭隘民族主义"，这一点值得关注。通过新中国成立后的行政建制、社会服务建设、经济发展和人口迁移，许多地区已出现了不同程度的各族混居的现象，因此目前各地的"民族主义"思潮更多地体现在狭隘的群体（××族）"民族主义"，而不是行政区域的（××地区）"民族主义"。

7. 高度关注少数民族地区的民生问题

会议提出"一些民族地区群众困难多，困难群众多，同全国一道实现全面建设小康社会目标难度较大，必须加快发展，实现跨越式发展。要发挥好中央、发达地区、民族地区三个积极性，对边疆地区、贫困地区、生态保护区实行差别化的区域政策，优化转移支付和对口支援体制机制，把政策动力和内生潜力有机结合起来"。"要以推进基本公共服务均等化为重点，着力改善民生。发展经济的根本目的就是要让各族群众过上好日子……促进社会公平"。

上面这段话包含了多重内容，但是主要精神是努力解决好经济发展相对滞后少数民族地区的民生问题。重提在第二次新疆工作座谈会中已不提的"跨越式发展"，反映中央对加快边疆贫困地区经济发展的迫切心情。但是，任何实质性的经济发展都必须符合当地实际情况，坚持因地制宜的基本原则和实事求是的科学态度，这方面的教训已经不少。

另一个值得关注的是在经济发展中，许多政府项目和促进经济发展的政策通常采用"一刀切"的单一思路和统一的衡量指标，出现许多破坏环境生态、把当地民众排斥在外的"开发项目"。我国许多地区的自然地理生态、经济形态及各族的文化传统与中原和沿海地区相比差别极大，因此必须采用因地制宜、因族制宜、因势利导的多种发展模式，而不能简单地追求经济规模和发展速度，应当把以当地民众为主体的"人的发展"放在第一位，只有这样的发展才是可持续的、受到当地民众接受和欢迎的发展。这次中央民族工作会议提出"差别化的区域政策"，应当是接受了这样的思路。

8. 高度关注跨区域少数民族人口流动问题

会议指出"改革开放以来，我国进入了各民族跨区域大流动的活跃期，做好城市民族工作越来越重要。对少数民族流动人口，不能采取'关门主义'的态度，也不能采取放任自流的态度。对少数民族进城，要持欢迎的态度。……关键是要抓好流入地和流出地的两头对接。……要把着力点放在社区，推动建立相互嵌入的社会结构和社区环境。进了城的少数民族群众不宜搞分区聚集而居……注重保障各民族合法权益，坚持平等对待，一视同仁，坚决纠正和杜绝歧视或变相歧视少数民族群众、伤害民族感情的言行。对少数民族的风俗习惯和正常宗教信仰要予以尊重，要引导流入城市的少数民族群众自觉遵守国家法律和城市管理规定，服从当地政府及有关部门管理，让城市更好接纳少数民族群众，让少数民族群众更好融入城市"。

在中央召开第二次新疆工作座谈会和中央民族工作会议之前，中央各部委组织了在新疆和各藏区的大量密集的实地调研活动。这段话反映出近年来在民族关系中出现的两个值得关注的社会现象，是有一定针对性的。第一个现象是近十几年来，许多藏族和维吾尔族来到东部沿海城镇生活和就业，但是由于当地政府管理部门对这些西部少数民族的语言、宗教和习俗等不熟悉，不善于处理由此引发的社会矛盾，加之个别暴恐事件对维吾尔族、藏族造成"污名化"的社会效果，一些东部地区的基层政府机构（如安全部门）和部分民众产生了对某些民族的排斥心态。从 1990 年到 2010 年人口普查数据来看，在各藏族自治地方以外的藏族人口从 1990 年的 30 万人增加到 2000 年的 41.5 万人，再增加到 2010 年的 54 万人；而在新疆以外的维吾尔族人口，虽然从 2000 年的 5.4 万增加到 2010 年的 6.8 万人，但是如果减去内地"新疆班"在校学生及进入内地高校的 3 万多人，我们发现来到内地就业和生活的维吾尔族人口在明显减少（马戎，2013：13）。针对这一发展态势，中央提出"对少数民族流动人口，不能采取'关门主义'的态度"非常及时，而且提出了一系列引导少数民族流动人口融入内地城市社区的具体做法和需要注意的问题。

由于语言和生活习俗差异，一些来到内地的藏族、维吾尔族流动人员很容易聚居在一起，形成某种"民族社区"。这些"民族社区"的出现有利于少数民族人员的互相帮助和就业，但是不可否认，这些带有"民族区隔"性质的基层社区不利于各族居民的交往与合作。美国和新加坡等国的社会学家关注种族"居住区隔"带来的负面影响，通过行政和财政手段努力打破这种"民族社区"的思路值得我们借鉴。在"7·5"事件发生后，在乌鲁木齐和新疆其他城市也出现了居民区之间各族居民换房而加强"民族社区"的现象。在中央新疆工作座谈会和这次中央民族工作会议上都提出要"推动建立相互嵌入的社会结构和社区环境"，是具有明显针对性的，也是与民族工作加强"四个认同"的大方向相一致的。尽管我们希望出现"相互嵌入的社会结构和社区环境"并以此为目标努力加以引导，但是需要注意的是，这样的社会结构和社区环境绝不是可以通过简单的行政手段来强行设立，而应当是在政策引导下逐步自然形成的。我们乐见出现更多的族际通婚，但不能用政策直接加以干预和奖励，简单生硬的干预只会带来负面和适得其反的社会效果。

9. 在青少年中加强"四个认同"的思想教育

会议提出"要把建设各民族共有精神家园作为战略任务来抓，抓好爱国主义教育这一课，把爱我中华的种子埋在每个孩子的心灵深处，让社会主义核心价值观在祖国下一代的心田生根发芽"。

近年来中央一直高度关注如何在中小学开展民族团结教育，并多次组织专家编写中小学民族团结教材。但是一些编出的教材仍然在突出民族差异和民族特色，让小学生们更加认清自己属于哪个"民族"和本民族的历史文化传统，民族之间的边界更加清晰，这种"民族团结教育"的思路值得讨论。正如一些人所指出的那样，"我们有的教育和行政措施有意无意弱化了国家观念和中华民族认同的教育"。这次中央民族工作会议把"爱国主义教育"作为民族团结的核心内容，纳入"建设各民族共有精神家园"这一"战略任务"，这也为我们编写中小学民族团结教材指明了方向。

青少年的群体认同意识，是在家庭、学校、社会多重环境的影响下逐步形成的，学校教育无疑是其中一个极其重要的环节。新中国成立后，民族地区许多新建的学校实行"民汉合校"，促进了各族学生的交往和相互学习。20 世纪 80 年代实行"拨乱反正"后，西藏和新疆等地全面推行"民汉分校"，即使合校也实行严格的"民汉分班"（马戎，1996：385 - 386），这无疑隔断了各族学生相互交往的客观条件。20 世纪 60 年代美国民权运动带来的重大改革之一就是废除学校中的种族隔离制度，为黑人和白人学生的接触与交往创造条件。而我国在 80 年代反而推行民族"学校隔离"，从今天的角度看，无疑是一个重大的政策失误。这次中央民族工作会议明确提出"要积极推进民汉合校、混合编班，形成共学共进的氛围和条件"，这是对当年失误的一个及时的纠正。

10. 保护和发展少数民族传统文化

会议指出"弘扬和保护各民族传统文化，要去粗取精、推陈出新，努力实现创造性转化和创新性发展。要积极做好双语教育、信教群众工作和少数民族代表人士和知识分子工作"。

各民族的语言文字、传统文化都是中华民族的宝贵文化财富，保护和发展这些传统文化是国家和全社会的责任。但是如何辩证和历史地看待这些文化遗产，继承精华，剔除糟粕，去粗取精，推陈出新，是我们必须面对的历史责任。各族精英知识分子必须认识到，在工业化时代以前的农耕与游牧经济社会中生长出来的传统文化，唯有经过创造性转化和创新性发展才能与现代化工业社会的社会政治制度、经济活动类型和人际交往模式相适应，才能在时代大潮流中获得生命力，才能使各民族一方面为整体社会的文化建设提供本民族的优质文化元素，另一方面通过以开放的态度学习吸取其他民族的优秀文化来充实和丰富自身。在这方面，作为主流社会、中央政府和各族广大民众之间的桥梁，少数民族代表人士和知识分子的作用特别重要，信教群众的工作也主要依靠他们来做。

与此同时，我们应当从各民族之间如何加强文化学习和交流的视角来看待目前提倡的双语教育。在任何一个现代国家，国民普遍掌握本国的通用语言是这个国家实施行政管理、发展教育事业、形成统一经济和就业体系、在"多元一体"基础上发展文化事业的必要前提。固然我们可以在中小学甚至大学的某些专业使用民族语言授课，但是国家顶级大学的许多专业只能使用国家通用语讲授，不掌握国家通用语，少数民族学生必然在这些专业和相关行业中被边缘化。近 10 年期间，我国汉族（也包括通用汉语的回族、满族等）大学生和专业人员的整体水平和提高速度与藏、维吾尔、蒙古等少数民族大学生和专业人员相比，之间的差距是在缩小还是在扩大？这些民族何时才能出现国内一流的政治家、科学家、医生、企业家等高级人才？如果这一发展趋势看起来不那么令人鼓舞，我们是否需要想想如何才能扭转这一局面？

中华民族由 56 个民族组成，中华文化是包容了 56 个民族文化的文化共同体，各民族的传统文化在发展过程中都从其他民族那里吸取过文化元素与营养，各族文化在深层次上是彼此渗透的。因此，各民族应当相互欣赏、相互学习。繁荣发展各民族文化，要在增强对中华文化认同的基础上来做。如果我们有些汉族知识分子把汉文化等同于中华文化，忽略少数民族文化，或者有些少数民族知识分子把本民族文化自外于中华文化，对中华文化缺乏认同，这两种倾向都不利于中华文化的建设与发展，不利于构建中华民族的文化认同。

11. 少数民族优惠政策必须实事求是、因地制宜

我国自新中国成立以来，曾以少数民族为对象制定了一些优惠政策，在 20 世纪 80 年代的"拨乱反正"过程中，优惠政策的范围和力度又有所扩大。在实行计划经济、以政府行政机构来治理社会的体制下，这些优惠政策发挥了很好的社会效果，有效地促进了边疆地区少数民族的社会与经济发展。但是，自我国实行改革开放和发展社会主义市场经济以来，许多资源分配和发展机会已转由市场机制来调节，政府的优惠政策已经失去了原有的制度条件。同时，经过 30 多年的改革开放和经济发展，各少数民族地区的社会经济情况也已经发生了很大变化，因此，我国仍在实行的一些民族优惠政策需要与时俱进，实事求是，根据客观条件做出必要的调整。

例如，基于国外研究成果和国内社会调查，我们曾建议把一些优惠政策的对象从"族群"调整为经济相对滞后的"区域"（马戎，2011：78 - 79），原则应该是实事求是，而不是简单地依据身份证上的"民族"。只有把民族因素与区域因素结合在一起，相关政策才能使民族区域自治制度更公平、更有效地服务于各自治地区的各族人民，在民族区域自治制度的实施中不断促进民族平等和民族团结，而不能因为这些民族优惠政策的实施，反而激发民族之间的权益博弈，加深民族隔阂，强化民族群体意识，不利于"四个认同"和构建中华民族命运共同体。在今天的历史发展形势下，我们不应再强化民族意识，更不应人为制造民族差异。

对于社会热议的一些优惠政策，也需要因地制宜、实事求是地进行调整。我们应当逐步减少同一地区各民族成员之间在计划生育、高考加分、社会福利等方面所享受的公共服务政策方面的差异。但是，这将是一个渐进的过程，需要对这些具体政策实施后的客观社会效果进行系统深入的调查后逐步推进。

12. 树立正确的祖国观、历史观、民族观

现在国内学校的历史教材，包括范文澜先生的《中国通史简编》和钱穆先生的《国史大纲》等经典史学著作，主要内容是中原王朝的朝代更替史，偶尔提到边疆部落和少数民族政权，也主要是站在中原王朝的角度寥寥几笔。以西藏为例，今天的藏族自治地方约有 220 万平方公里，接近全国陆地面积的四分之一，历史上的吐蕃王国曾非常强大，但是我国中小学的历史教材中对其一笔带过，似乎如果没有文成公主入藏，就没有必要提到松赞干布。现在汉族地区的中小学生，有几人知道新疆历史上的哈拉汗王朝？我国各大学历史系的专业结构，主要是国别史和断代史，有多少人专注研究新疆、西藏、内蒙古、云贵地区的历史？这样的历史学体系和历史教材，如何能够帮助广大汉族青少年完整和全面地了解中华民族的发展历史？又如何能够使藏族、维吾尔族、蒙古族等少数民族学生对这样的历史教学感到满意？我们的学校教育怎样才能使各族青少年理解"经过诞育、分化、交融，最终形成了今天的 56 个民族"？怎样才能使各族青少年从感性上认识"各民族共同开发了祖国的锦绣河山、广袤疆域，共同创造了悠久的中国历史、灿烂的中华文化？"从这个角度来看，我国目前的历史学基本体系、学科结构和教材内容是不是需要进行全面彻底的反思和调整呢？

现在我国的人文学科和社会科学的学科体系中存在一个致命的"汉族—少数民族"二元结构，民族学以少数民族为研究对象（包括"民族理论"、少数民族历史、语言、社会、经济、法律等），其他学科以汉族为研究对象。所以，各综合大学的教育学院不研究少数民族教育，语言学院不讲授少数民族语言，法学院不研究少数民族习惯法，历史学只从中原王朝的角度涉及少数民族历史，经济学不研究民族地区经济发展，宗教学不研究藏传佛教和伊斯兰教，中文系和国学院只关注汉文典籍，社会学不研究族群关系问题。这就是大学里各院系、各专业教师和研究队伍主体导向的现状。我不排除一些院系中可能有个别教师对少数民族研究感兴趣，但这些人只是个别的"另类"。那些位于各民族地区（新疆、西藏等）的大学里，人们对于少数民族的关注会稍多一些，但是他们显然不是中国高等教育和学术界的主流。而且那些著名的综合性大学的大门，在何种程度上是对少数民族学生（特别是那些以母语学习为主的"民考民"学生）开放的，本身就是一个大大的问号。

总之，我国学科体系中的"汉族—少数民族"二元结构不打破，我国中小学教材（尤其是历史教材）中少数民族"缺位"的局面不改变，"树立正确的祖国观、历史观、民族观"就很可能只是一句无法落实的空话。与此同时，在部分少数民族学者当中，也存在不认同中华民族和中华文化的倾向，个别人甚至不顾考古和文献典籍的客观依据另"造出"一部民族史。汉族历史学家忽视少数民族历史是错误的，少数民族学者在讲述本民族历史时，不把本族历史放到中华民族整体发展的历史过程中来看，割裂历史，同样是错误的。

结束语

近年来国内一些地区的民族关系明显恶化，如何改善民族关系已经成为全社会高度关注的大事。自十八届中央委员会成立以来，二中全会和三中全会都没有专门讨论民族问题。如《中共十八届三中全会公报》（2013.11.12）中虽然提出了"四个制度"（坚持和完善人民代表大会制度、中国共产党领导的多党合作和政治协商制度、民族区域自治制度以及基层群众自治制度），但是在《中共中央关于全面深化改革若干重大问题的决定》中对于如何完善其他三个制度都有大段说明，对于如何完善民族区域自治制度没有具体的说明。只是强调要"贯彻党的民族政策，保障少数民族合法权益，巩固和发展平等互助和谐的社会主义民族关系"，同时在以习近平个人名义发表的《关于〈中共中央关于全面深化改革若干重大问题的决定〉的说明》中，只字未提民族问题。这表明中央计划召开专门的工作会议来集中讨论和研究中国的民族问题。

2015 年 5 月底召开的中央新疆工作座谈会和 9 月底召开的第四次中央民族工作会议，中心议题即是中国的民族问题和民族工作。这两次会议文件的内容非常丰富，涉及了当前我国民族工作面临的方方面面问题，对国内民族理论界的争论定下了基调。这次中央民族工作会议一方面在政治上肯定了我国民族理论和制度，同时另一方面在"阶段性特征"这个新提法下要求必须"开拓创新，从实际出发"，这为今后的理论反思和民族工作提供了新的通道与空间。中国国土辽阔，在这片国土上居住着众多具有不同文化和发展历史的群体，近代西方"民族"概念和民族主义思潮引入中国之后，如何重新凝聚成为一个现代的民族国家必然要经历一个非常曲折的过程，这样的历史背景与现实国情也使得今天中国社会面临的民族问题特别复杂，在处理民族问题的过程中，如何说，如何做，由谁说，由谁做，哪些多做少说，哪些只做不说，还有哪些不做不说但乐见其成，要把握好界限，拿捏好分寸。这里不仅在政策设计时需要有高屋建瓴的历史感悟，在操作中如何把握方向和拿捏分寸也需要高度的政治智慧和实践经验。

这次中央民族工作会议明确要求全国所有省区市的"各级党委和政府要把民族工作摆上重要议事日程，坚持从政治上把握民族关系、看待民族问题"，把民族团结视为"我国各族人民的生命线"。这就把我国民族工作的重要性提升到一个全新的高度，使之成为全党全国各级政府都必须高度重视的一项核心工作，这对于全国人民都来共同关心民族问题、都来努力了解中华民族的所有成员、都来为促进本地区的民族交流交往交融做出努力，都来为加强中华民族凝聚力添砖加瓦起着重要的促进作用，这对我国民族关系的改善必定起到积极的推动作用。

参考文献

都永浩，2010，《华夏－汉族、中华民族与中国人？》，《民族工作研究》2010 年第 4 期，第 11～21 页。

费孝通，1989，《中华民族的多元一体格局》，《北京大学学报》1989 年第 4 期，第 1～19 页。

郝时远等，2013，《构建新型民族关系》，《领导者》2013 年 8 月总第 53 期，第 79～100 页。

胡鞍钢、胡联合，2011，《第二代民族政策：促进民族交融一体和繁荣一体》，《新疆师范大学学报》2011 年第 5 期，第 1 ～ 12 页。

列宁，1914，《关于民族问题的批评意见》，《列宁全集》第 20 卷，北京：人民出版社 1958 年版，第 1 ～ 35 页。

列宁，1916，《社会主义革命和民族自决权》，《列宁全集》第 22 卷，北京：人民出版社 1958 年版，第 137 ～ 150 页。

马戎，1996，《西藏的人口与社会》，北京：同心出版社。

马戎，2000，《关于民族研究的几个问题》，《北京大学学报》2000 年第 4 期，第 132 ～ 143 页。

马戎，2004，《理解民族关系的新思路：少数族群问题的"去政治化"》，《北京大学学报》2004 年第 6 期，第 122 ～ 133 页。

马戎，2010，《中国社会的另一类"二元结构"》，《北京大学学报》2010 年第 3 期，第 93 ～ 103 页。

马戎，2011，《21 世纪的中国是否面临国家分裂的风险》（下），《领导者》2011 年 4 月（总第 39 期），第 72 ～ 85 页。

马戎，2013，《我国部分少数民族就业人口的职业结构变迁与跨地域流动——2010 年人口普查数据的初步分析》，《中南民族大学学报》2013 年第 4 期，第 1 ～ 15 页。

朱维群，2012，《对当前民族领域问题的几点思考》，中共中央党校《学习时报》2012 年 2 月 13 日。

民国时期的社会转型、政权建设与民族关系*

　　中华民国时期（1912～1949 年）堪称是中国历史中最复杂和最动荡的时代。自 1840 年鸦片战争后，中国便陷入一个在东西方列强不断发动的侵略战争中割地赔款、极尽屈辱的恶性循环之中。几千年来以自我为"天下"中心、俯视"蛮夷"的中华文明与另外一种完全不同的文明相遇，在只懂"丛林法则"并且"船坚炮利"的西方文明体系无情攻击下，这个"天下帝国"竟显得如此不堪一击，故李鸿章惊叹时局为"此三千年未有之大变局"。以战争赔款为例，鸦片战争赔款 2100 万银元；甲午战争赔款 2 亿3000 万两白银，接近清朝政府全年总收入的三倍；与八国联军签订的《辛丑条约》让清政府赔款 4 亿 5000 万两白银，以当时中国国民总数 4.5 亿人计算，每人罚银一两以示"惩戒"，因清政府无法一次缴纳，便以关税、盐税等担保，39 年还清，本利共计 9 亿 8000 多万两白银，另有各省地方赔款2000 多万两白银（中国近代史编写组，1979：28，245，343）。天文数字的巨额战争赔款不仅使清政府国库罄尽，也使民间积累的财富在朝廷苛捐杂税和外国强盗军队抢劫的双重掠夺中消耗殆尽。同时，中国沦为半殖民地半封建社会的过程也是传统中华文明的政治与社会秩序、文化与伦理秩

　　* 本文原载于《西北民族研究》2015 年第 2 期，第 5～24 页。

序分崩离析的过程，是中华民族被迫探索新的生存之道的过程。

1840 年至 1911 年间，帝国主义列强通过侵略战争疯狂割占中国领土，如香港、澳门、台湾、库页岛、黑龙江北岸、乌苏里江东岸、巴尔喀什湖东南的大片国土通过战后签订的不平等条约先后被割让。与此同时，列强在各通商城市遍设"租界"，派驻陆海军和巡捕警察，实施领事裁判权制度，强占各地铁路修建经营权、矿产开采权。外国教堂密布全国城乡，洋人"探险家"、传教士和商人深入边疆地区各个角落。列强在控制中国海关后大幅降低关税，使"洋货"充斥各地市场，完全打破了中国传统的经济体系和贸易网络，导致城乡居民的生计残破凋零。对帝国主义者来说，中国是一个名副其实的"冒险家乐园"。但是在中国人的眼里，这片国土已成为风雨飘摇、毫无尊严的伤心之地。陈天华在《警世钟》中写道："上海有个外国公园。门首贴一张字道：'狗和华人不准入内'。中国人比狗还要次一等哩！"（陈天华，1903：71）郑观应在《盛世危言》自序中感叹："时势又变，屏藩尽撤，强邻日逼……危同累卵。……感激时事，耿耿不能下脐。"（郑观应，1894：11-12）谭嗣同在诗中叹息："世间无物抵春愁，合向苍冥一哭休。四万万人齐下泪，天涯何处是神州！"

中国正是在这样一个大的历史环境下爆发辛亥革命，终结了清朝的国运。其实早在辛亥革命之前，中国就已经处在一系列内外矛盾的激烈冲突之中，清朝的统治已呈摇摇欲坠之态。武昌起义揭开了一个蕴蓄已久的"潘多拉盒子"，各种矛盾随即以空前的强度和错综复杂的形态迸发出来。一直到 1949 年中华人民共和国成立，这些形形色色的矛盾才终于被一个强大的中央政府压制和掌控，中国大陆国土重新获得了统一，这个古老的国家得以在一个全新的意识形态和全新的社会制度下继续前行。

那么，我们今天应当如何来看待和理解中华民国的这段历史？

一　贯穿中华民国 38 年历史的三条主线

贯穿中华民国 38 年历史的可以说有三条主线：第一条主线是中国各族人民反对帝国主义侵略的斗争；第二条主线是中华民国下属各民族维护国家统一、与帝国主义支持的国内分裂势力的斗争。这两条主线是晚清"救亡图存"斗争的延续。第三条主线是积极探索如何实现国家体制的政治转型，实现从一个"多元型帝国"向一个现代"民族国家"的体制过渡和国民思想过渡。在这个过程中，外部思想意识形态和政治、经济、军事势力的介入具有双重性的影响，既向中国人介绍了现代"民族主义"理念和共和制国家形态，同时又以这些理念鼓励中国各群体"独立"与分裂国家，试图瓦解中国并使其转变为帝国主义列强的殖民地。

辛亥革命后，这三条主线彼此交织在一起，新生的民国既要抵御外敌反对分裂，又要推动民主宪政，呈现一个极其错综复杂的局面[①]。在国家体制转型的这条主线上，我们看到了北洋政府、南京国民政府时期的议会选举与议政实践（安德鲁·内森，1983；王建朗，2008），也看到了江西苏区试行的苏维埃制度和陕甘宁边区的人民代表制度（李云峰，1986），但是这些政权建设的进程往往被接连不断的国内外战争中断。由于篇幅所限，本文所关注的主要是前两条主线，即中国各族人民在民国期间反对外国侵略和反对国内分裂势力的斗争。

1. 中国各族人民反对帝国主义侵略的斗争

在民国期间，侵略中国的外国势力主要来自两个方向。

一个方向来自北方的沙皇俄国和它的继承者苏联。辛亥革命后的1912年，沙俄军队强占隶属外蒙古行政区的乌梁海地区（15万平方公里），驱除清朝驻守官吏，1914年强行移民1.2万人。十月革命后，1920年苏联红军占领乌梁海地区。1915年，北洋政府、沙俄政府、外蒙古代表共同签订正式协约，承认外蒙古为中国领土。1920年，沙俄残军被红军击溃后，进入外蒙古。1922年红军占领外蒙古全境。1924年，"蒙古人民共和国"宣布成立与并苏联正式结盟。同年苏联把乌梁海地区从"蒙古国"划出，并入苏联，建立"图瓦人民共和国"。但当时中华民国政府对"蒙古人民共和国"和"图瓦人民共和国"都不予承认。

1945年8月，中华民国政府与苏联签订《中苏友好同盟条约》，《条

---

① 在外敌环伺、危机四伏的年代，民主体制未必是一种维护国家统一的最有效的体制。这也是为什么章太炎在1912年袁世凯就任民国大总统后，建议多给袁世凯一些权力，"此存亡危机之顷，国土之保全为重，民权之发达为轻"，由袁"暂以便宜行事"，可全力解决边疆地区的危机（马勇，2008：1569）。

约》第一条即要求在外蒙古举行公投，中国将承认公投结果。1945 年 10 月 10 ~ 20 日外蒙古举行公投，无人反对独立。1946 年 1 月中华民国外交部宣布承认外蒙古独立。外蒙古从此不再是属于中国的领土。

盛世才在新疆执政 11 年（1933 ~ 1944 年），他作为苏联共产党党员一度与苏联保持密切合作关系（张大军，1980：6383），在他执政期间，苏联的政治、军事和经济势力渗透到新疆各地，许多地区有苏联驻军，苏联垄断了阿尔泰地区的矿藏。在苏联专家的指导下，盛世才在新疆开展了"民族识别"，识别出了维吾尔族、哈萨克族等 14 个"民族"①。这与民国政府的民族政策是背道而驰的。1942 年苏联抵抗德军的战争处于最艰苦时期，盛世才误判形势进行政治投机，公开反苏反共。1944 年 9 月，在苏联策划组织和苏军直接参与下，北疆伊犁、塔城、阿山三地区发生武装暴动，打出"东突厥斯坦共和国"（简称"东突"）的星月旗，制造民族仇杀，公开分裂祖国。1945 年 8 月苏联与中华民国政府签订《中苏友好同盟条约》后，为了使民国政府正式承认外蒙古独立，苏联推动"东突"临时政府与国民党政府谈判，签订和平条款②。在张治中的坚持下，"东突"改称"三区"，与新疆省的其他七个行政区于 1946 年 6 月成立联合省政府。这样，新疆才没有成为第二个外蒙古。

另一个方向是东方的日本。这个急于"脱亚入欧"以加入西方列强侵占殖民地浪潮的新生军国主义国家，在明治维新后不久即提出"征韩论"作为称霸亚洲并征服世界的侵略蓝图③。日本右翼的"黑龙会"明确把侵占中国东北作为战略目标。日本在甲午战争中战胜中国后，不仅攫取了台湾、朝鲜半岛、琉球这些富饶的土地和资源，而且从清朝获得了 2 亿两白银的巨额赔款。由于在俄、美压力下"吐出"清朝被迫割让的辽东半岛，

---

① 1935 年新疆召开第二次民众代表大会，确定了新疆有 14 个民族。1949 年后，新中国基本接受了盛世才"民族识别"的结果，仅做了两个调整。一是将原来以流亡白俄为主的"归化族"改称"俄罗斯族"，二是认为北疆的"塔兰其族"应归并到南疆的"维吾尔族"（李晓霞，2009：17）。

② 有学者认为苏联之所以推动"东突厥斯坦共和国"与民国政府谈判，一个重要的考虑是担心引发苏联中亚各国的泛突厥主义和泛伊斯兰主义运动威胁苏联的统一（薛衔天，2008）。

③ 梁启超很早就看出日本对外侵略的主要对象是中国："试问今日茫茫大地，何处有可容日本人行其帝国主义之余地，非行之于中国而谁行之。"他提出"今日欲救中国，无他术焉，亦先建设一民族主义之国家而已"（梁启超，1902a：26，35）。

日本又额外从中国获得 3000 万两白银的赔款。这些"战争赃物"使日本从灵魂到骨子里变成了一部极其贪婪和疯狂残忍的侵略机器。

随后日本便开始制订并逐步实施"征服满洲，征服中国"的侵略计划，日本间谍遍布中国全境，勘探矿藏，绘制地图，结交军政要人，调查各地语言、宗教、民俗（解学诗，2008）。日本终于在 1931 年发动了"九一八事变"，占领东北全境，利用清朝退位皇帝溥仪建立一个傀儡政权"伪满洲国"。但是日本人的胃口远不止此，在占领热河、进入河北后，又在 1937 年发动"七七事变"和全面侵华战争。日军凭靠现代化的教育制度和武士道精神，训练出一支高效和疯狂的军队，不仅占领了大半个中国，并狂妄地进攻东南亚，偷袭珍珠港，正面向英国和美国发动太平洋战争。最后日本在全世界反法西斯力量的联合打击下宣布无条件投降，退出了台湾、朝鲜半岛、库页岛和南千岛群岛。中国得以收回在甲午战败后被迫割让的传统领土台湾与澎湖列岛。

这两股侵略势力，一个来自西北，另一个来自东方，都对中国的国家统一和领土完整造成巨大威胁和无法治愈的永久性伤痛。与此同时，民国时期其他国家如英国和法国也通过胁迫民国政府，在与其下属殖民地的边界划定方面（中印边界、中缅边界、中越陆地与领海边界）不断侵害中国主权，造成不可弥补的损害，也为这些原殖民地国家在获得独立后就领土领海与中国发生争议埋下隐患。

2. 中华各族维护国家统一，与国内分裂势力进行斗争

第二条主线，是中华民国下属的各民族维护国家统一、与帝国主义支持的国内分裂势力进行斗争。

由满洲贵族建立的清朝，以进关时的六十多万人来统治明朝管辖下的六多万人口，深感实力不足。因此，为了把其管辖下那些讲不同语言、信仰不同宗教并有不同生活习俗的群体分而治之，清朝在行政设置上采取的是"多元型帝国构造或多元型天下体制"（王柯，2014：176），在汉人居住区通过省府县体制实行直接统治，在东北和伊犁设立满洲将军辖区，其他地区大多属于间接统治，如在西藏建立噶厦制度，在蒙古部落地区实行的世袭札萨克王爷和盟旗制度，在南疆绿洲采用伯克制度，在西南少数族群地区采用世袭土司制度，并严格禁止各部分居民之间进行横向交流和人口迁移。这样一方面可以使当地群体的传统文化和社会制度免受中原地区

的冲击，以防造成剧烈的社会动荡，另一方面也可以避免各部分联合起来威胁清朝的统治。王柯教授以新疆的维吾尔社会为例指出，"将维吾尔社会与汉人社会完全隔离起来，其真实目的并不是为了保护维吾尔人的利益不受汉人的侵害，而是为了阻止维吾尔人与汉人进行交流和吸收中华文化。然而，这一具有狭隘民族意识的统治政策，妨碍了维吾尔人形成中国国家意识和中国人意识，它不仅给清王朝的新疆统治留下破绽，也是给王朝时代以后的近代中国社会留下的民族问题的病灶"（王柯，2014：175－176）。

这样的多元化统治体制，造成了各族群聚居区之间出现了不同类型的行政区划与制度区隔，也维持甚至强化了各族群聚居区之间不同类型的社会组织的区隔和不同语言宗教、社会习俗的文化区隔。这就为帝国主义通过向中国各族群灌输和培植"民族"意识来分化瓦解中国提供了肥沃的土壤，也为中华民国和后继的中华人民共和国在清朝基础上创建共和体制和建设现代公民国家埋下了深深的隐患。在中华民国38年的历史中，在外蒙古、内蒙古、东北（满洲）、新疆、西藏等地先后出现了不同范围、不同程度的民族分裂运动，而在所有这些分裂活动的背后，我们可以看到无一例外地都有外国帝国主义势力的鼓励和推动。

二　帝国主义别有用心地向中国各族群输入"民族"意识

帝国主义在对外殖民扩张和划分全球势力范围的过程中，早就看中中国这片肥沃辽阔的土地和4亿人口的庞大市场。但是，这些帝国主义国家在历次侵略战争中也发现，尽管清朝军队武器装备十分落后，清朝官场非常腐败，但是清朝政府在下辖的许多族群当中仍然保有一定的权威，各族军民团结在一起共同对抗外国侵略军。

自鸦片战争后，中华各族在清廷统一指挥下积极参与了抵御列强侵略的战争。如1841年桂、贵、鄂等省各族士兵参加广东抗英战争，四川松潘、建昌、大金的藏、羌、彝士兵支援江浙前线①；1860年数万蒙古骑兵

---

① 1842年2月，2000名藏族官兵在瓦寺土司守备哈克里、大金川土司千总阿木穰带领下抵达浙江，哈克里和阿木穰及许多藏族战士在与英军交战中英勇牺牲，当地百姓建"交节祠"以志纪念（王宇，2009）。

顽强阻击进军北京的英法联军；1885 年壮、瑶、白、彝各族士兵参加了中法战争镇南关战役；1894 年甲午战争，来自陕甘的回族将士在平壤保卫战中英勇抗击日军（中国近代史编写组，1979：23，95，216，233）。中国各族军民的顽强抵抗，使帝国主义侵略者受到重大损失，也给他们留下了深刻印象。他们认识到，面对拥有 4 亿人口的中国，如果不能成功地把中国瓦解成几个部分并挑起内斗，只靠列强人数有限的远征军无法征服这个庞大的文明古国。

此后，帝国主义列强在华的最重要的策略，就是极力分化瓦解中国这个"多元帝国"，使其无法凝聚力量来有效对抗帝国主义的土地侵占、资源掠夺和市场倾销。

1. 帝国主义列强分化瓦解中国的步骤

第一步，他们以中国各地不同群体在族源、语言、宗教、习俗、传统社会组织等方面的差异作为"民族识别"的素材和依据，把汉、满、蒙、回、藏等都称为"民族"（nation），作为一个分化瓦解中国的总体框架。晚清时期从日文汉字直接译成汉文的"汉民族""蒙古民族""满洲民族""藏民族"等提法也由中国留日学生在介绍国际政治和西方文化理念时"囫囵吞枣"地引入中国①。1905 年"废科举、兴新学"之后"汉民族""蒙古民族""满洲民族""藏民族"等提法充斥当时的学校教科书、报刊和其他出版物，正是这些提法造成国人在认识和使用"民族"一词时概念与认识混乱，贻害至今。

第二步，各国公使馆、洋人开办的学校，洋人主办的报刊和出版物极力向中华各族精英人物介绍西欧"一个民族一个国家"（one nation, one state）的"民族主义"（nationalism）观念，向中国各族精英宣讲"民族独立"是世界时代潮流，通过各类学术著作和新闻媒体宣传推动中华各族构

---

① 正因为意识到了这些概念有可能危害各族对中华国家的认同，1903 年梁启超先生即提出应区分开"大民族主义"和"小民族主义"："吾中国言民族者，当于小民族主义之外，更提倡大民族主义。小民族主义者何，汉族对于国内他族是也。大民族主义者何，合国内本部属部之诸族以对于国外之诸族是也"（梁启超，1903：75 - 76）。1902 年梁启超在《论中国学术思想变迁之大势》一文中明确提出"中华民族"的观念："上古时代，我'中华民族'之有海权思想者厥惟齐。故于其间产出两种观念焉，一曰国家观；二曰世界观"（梁启超，1902b：21）。关于"中华民族"概念的提出与传播，参见黄兴涛，2002。

建"汉民族""满洲民族""蒙古民族""西藏民族"等群体的"民族意识"和"独立历史"，极力进行挑拨离间，激发各族之间的不信任和历史仇恨。这个时期帝国主义列强在中国的"文化传播"和"学术交流"的主要内容之一就是煽动中华各族通过"驱除异族"（尤其是鼓励汉族的排满运动）来"独立建国"。

第三步，为了实质性地推动各"民族"的独立运动，各国均设立各类基金和许多专款项目吸引与资助汉、满、蒙、回、藏等各族青年赴俄、日、英、法和英属印度等国留学，努力培养一大批具有独立民族意识和政治理念的"民族"精英队伍①，作为各地区反清独立运动的领导者和中坚力量。

第四步，由政府或民间人士出面，积极联络、组织、资助和指导汉人的"排满"运动，以颠覆清王朝。清朝末年的汉人反满组织，大多都有日本支持的背景或以日本为组织总部所在地，如孙中山建立的"兴中会""同盟会"等②。"兴中会"入会誓词中广为人知的"驱除鞑虏、恢复中华"即是日本右翼黑龙会下属玄阳社向孙中山建议的。日本甚至造出"中国本部"这一概念③，为其分裂中国边疆地区埋下伏笔。甲午战争期间，日本间谍宗方小太郎在为威海登陆日军起草的汉文安民告示《开诚忠告十八省之豪杰》中公开鼓吹"贵国民族（汉族）"应以"十八行省建立中华国家"，"逐满清氏于境外"④。这就是16年后辛亥革命最初打出的"十八星旗"的源头。

第五步，当清朝政府在列强侵略和汉人革命党"排满"运动冲击下日

①　1939年赴拉萨主持十四世达赖喇嘛坐床仪式的蒙藏委员会主任吴忠信在《西藏纪要》一书中曾罗列23名留学英国或英属印度的藏族青年名单（吴忠信，1953：92-94）。其他如留日满人金璧辉（日名川岛芳子）等，都在帝国主义分裂中国的活动中扮演过重要角色。

②　孙中山1894年10月第一次来到日本，1894年11月在夏威夷与日本人菅原博相见，并通过菅原博认识曾根俊虎和小林樟等。1894年11月24日，以"驱逐鞑虏，恢复中华，创立合众政府"为宗旨的兴中会在檀香山成立。1897年日本众议员犬养毅对平冈浩太郎（长期在华搜集情报的日本"玄阳社"头子）说："愿吾兄将彼等（孙中山等人）握住，以备他日之用，但目下不一定即时可用。彼等虽是一批无价值之物，但现在愿以重金购置之。"（陈锡祺，1991：156）

③　顾颉刚先生认为，"（中国本部）这个名词就是从日本的地理教科书里钞来的……自从明治天皇定下政策，打算征服中国必先攫夺满蒙，便硬造出'中国本部'这个名词，析出边疆于本部之外"（顾颉刚，1939a）。

④　摘自《日清战争实记》，http://mil.news.sina.com.cn/2004-09-17/2210228138.html。

渐衰弱后，各帝国主义国家利用不平等条约获得的各种领事权和经贸、传教特权直接深入中国各边疆地区，他们与地方首领建立联系，以"民族解放"和"民族自决"为幌子公开或暗地里鼓动这些族群脱离中国。列强向一些具有分裂倾向的地方首领提供资金、顾问和军械，直接鼓励他们通过"民族自决"建立"自治政府"，承诺为独立运动提供财政、军械和外交支持，条件是独立后作为支持独立的"回报"，这些帝国主义国家将获得更多的特权和利益①。我们在外蒙古、内蒙古、西藏、新疆等地区的独立活动中都可以清晰地看到列强的直接介入与公开支持。面对列强的煽动蛊惑，一些头脑清醒的少数民族首领公开反对这种分离倾向，坚决维护国家统一②。

2. 晚清政府的应对

面对这一严峻局势，晚清政府只能被迫改变原来"多元型帝国"的统治结构，采用多种措施来加强各边疆地区与中原地区之间的政治、经济和文化整合，以防止边疆领土的进一步丧失与国家分裂。例如：为了化解汉人的"排满"运动③，清廷大力提倡"化除满汉畛域"④；取消东北移民限制并组建府厅州县；在内蒙古各地设垦务局组织"放垦"移民并设立府厅州县（余元盦，1958；常安，2010：10；赛航等，2007：37－39）；赵尔丰在西南地区推行"改土归流"；联豫和张荫棠在西藏施行"新政"；新疆1884年正式建立行省；1907年东北设立奉天、吉林、黑龙江三个行省。晚清政府希望通过这些措施在边疆少数族群聚居区逐步推进全国统一的行政建制和管理体系，把清朝入关后长期采用"多元式"管理体制的边疆地区

---

① 1911年11月，沙皇政府指示驻华公使努力"把中国分为几个独立国家，在我们看来，是与我们广泛的利益一致的"（中国近代史编写组，1979：453）。

② 1911年9月，针对报刊传闻"四省土司同胞，将联合乞保护于法国，以抗清廷改土归流之政策"，贵州南龙桥彝族土司安健在《民立报》上发表《劝滇蜀桂黔诸土司文》，警告他们这是"将先代数千年之禋祀、子孙无穷之富贵孤注一掷，不忍小忿而陷大恶，速全国分崩离析之祸"（秦亮，2009）。

③ 当时汉人中最有影响的莫过于"排满"的汉民族主义。章太炎的《排满歌》、邹容的《革命军》、陈天华的《猛回头》《警世钟》等鼓吹"反满""排满"在当年流传极广（王春霞，2005：142）。

④ 如考察海外宪政五大臣之一镇国公载泽提出："方今列强逼迫，合中国全体之力，尚不足以御之，岂有四海一家、自分畛域之理？"暂署黑龙江巡抚程德全奏称："此后无论满汉统称国民，有仍分满汉者按律科罪。"（故宫博物院明清档案部，1979：948）

逐步整合进一个统一政制的"民族国家"（nation-state）。

同时，在平定太平天国的过程中发挥决定性作用的湘军、淮军等汉人武装集团虽有能力改朝换代却始终效忠清朝，这也使清廷在一定程度上打消了对汉人的疑虑，并在所谓"同治中兴"之后不得不倚重汉人官僚和军队来维持自己的统治，积极吸收汉人和边疆各族精英人物进入中央与地方政权①，取消或调整各级政府机构中"汉缺""满缺""蒙缺"等带有族群背景的职位限定，这对晚清的满汉关系产生了重大影响。

正是在这样严峻的国际干预形势和国内族群矛盾激化的态势下，在清末各族知识分子当中出现了应当坚持排满和建立"汉人国家"，还是维护五族共和和建立"中华国族"的大辩论，出现了关于君主立宪与共和体制的大辩论（王柯，2001：189 - 194；王春霞，2005：146 - 216）。这些有关"民族"、"国民"、"国族"和国家体制的大讨论为清帝退位后建立的新国家奠定了政治认同的基础。

三 民国政府如何应对民族分裂势力

1911 年 10 月辛亥革命在武昌爆发后，其影响迅速遍及全国，数月之内"光复十七省"。1911 年底，各省代表齐聚南京，共同推选孙中山为民国临时大总统，定 1912 年为民国元年。

1. 放弃"十八行省建中华"，主张"五族共和"

随着清朝颁布《退位诏书》，这个风雨飘摇、内外矛盾重重的"多元型帝国"面临即刻崩溃的危险。外蒙古活佛哲布尊丹巴在沙俄驻库伦（今乌兰巴托）领事直接参与下，召开由 18 位王公喇嘛参加的秘密会议，策划"外蒙古独立"。沙俄随即表示承认外蒙古独立并同意给予军事援助，内蒙古 6 盟 49 旗中有 35 旗王公响应或支持库伦"独立"。1912 年 1 月俄蒙军队占领呼伦贝尔并成立隶属库伦的"自治政府"。1912 年十三世达赖在英国

---

① 在平定太平天国后，以湘军、淮军为首的汉人官僚（曾国藩、李鸿章、左宗棠、张之洞等）在清政府中的地位不断上升，在八国联军侵略中"护驾"有功的陕甘回回首领（马海晏、马麒父子等）得到朝廷的重用，为民国时期甘青宁马家军阀的统治打下基础。

支持下宣布"驱汉"①。1913 年 10 月在"西姆拉会议"上英国代表和西藏代表提出内容基本相同的"西藏"边界草案，并秘密划定"麦克马洪线"作为西藏和英属印度的边界，留下边界争议的后患。1913 年 7 月沙俄指使外蒙古军队进犯新疆阿尔泰地区（李国栋，2009：19 - 27）。

　　边疆地区空前严峻的形势和国家分裂的危机直接摆在辛亥革命领袖、北洋军阀首领、全国各族人民和各界人士面前。是主张"分"，还是主张"合"？如果主张"分"，是否以十八省为新"中国"的疆域？那么，十八省内的几百万满、回、苗、夷、番等"非汉人"的各族民众将面临怎样的命运？是否要依照邹容在《革命军》中所说"驱逐住居中国之满洲人，或杀以报仇"，"诛绝五百万有奇披毛戴角之满洲种"（邹容，1903：55，7）？这会在全国各地造成一个什么样的局面？②而那些居住在十八省范围之外的几百万汉人，又将是什么命运？是在当地的冲突中被杀，还是全体迁入十八省境内？1912 年内蒙古境内有 116 万汉族人口，蒙古族人口为 87 万（吴明，1982：16 - 17），如果在内蒙古各地出现蒙汉冲突和"驱汉运动"，将会是怎样一个血腥的局面？我们查不到清末新疆各族群的人口数字，但是据记载仅 1902 ～ 1935 年间迁入新疆的汉人即不下 20 万（周崇经，1990：57）。那么，一旦在新疆出现"排汉"运动，加之宗教因素，是否将会是一次更加惨烈的种族清洗？

　　孙中山在兴中会和同盟会时期曾持十分激烈的种族主义反满立场③。参

---

① "国内外以前都提 1913 年 1 月达赖喇嘛宣布'独立'事，但据有学者最新研究，严格说来，并不存在此事。达赖喇嘛发布的例行的《新年公告》，其实并未正式提到'独立'问题。声称西藏和蒙古为两个'独立国家'的所谓《蒙藏协定》，不过是俄国间谍德尔智擅自代表西藏所为，它不仅没有得到中国和任何其他国家的承认，连热心此事的俄国和英国也不予承认。甚至十三世达赖本人也予否认。见喜饶尼玛《近代藏事研究》，西藏人民出版社和上海书店出版社，2000 年版，第 86 - 87 页"（转引自黄兴涛，2002）。

② 辛亥革命后以民国军统领黎元洪名义发布的《中华民国军第十三章檄告天下文》中公开号召与满蒙回藏四大族为敌。武昌起义后"三天来被杀旗人不下四五百万，横尸遍地"，"一旗人怀抱着一个约数月婴儿在街头被杀"，"汉口的市民听说武昌开来了军队，不约而同地大放鞭炮，夹道欢迎，无数群众高呼'杀尽胡儿'、'兴汉灭满'的口号"（王春霞，2005：228，230 - 231）。

③ 孙中山在《中国同盟会革命方略》中说："今之满洲，本塞外东胡。……长驱入关，来我中国，据我政府……我汉人为亡国之民者二百六十年于斯"（孙中山，1906：296 - 297），并提出"驱除鞑虏，恢复中华"的口号。

加上海会议和南京会议的各省代表大多认为"驱除鞑虏"和"十八行省建中华"的建国方案必将导致全国大乱，一致认为应当在清朝现有国土范围内建立一个共和制国家，把汉满蒙回藏各族都以平等国民来对待，以维护国家统一和社会安定。在这种形势下，孙中山和同盟会其他领袖最终接受了"五族共和"的思想和国体观①。日本人发明并长期鼓吹的"十八行省建中华"的狭隘汉人种族主义观念最终被抛入历史的垃圾堆。辛亥革命后一度打出的十八星旗也改为五色旗②，以表示"汉满蒙回藏五族共和"的民国建国理念。

孙中山在就任《临时大总统宣言书》中正式提出："国家之本，在于人民。合汉、满、蒙、回、藏诸地为一国，则合汉、满、蒙、回、藏诸族为一人，是曰民族之统一。"（孙中山，1912：2）他在《三民主义》第一讲中说"民族主义就是国族主义"（孙中山，1924：2）③，并强调："现在说五族共和，实在这五族的名词很不切当，我们国内何止五族呢？我的意思，应该把我们中国所有各民族融成一个中华民族。"（孙中山，1981：394）明确提出以"中华民族"作为"民族"单元来建立"民族国家"，这可以被看作是孙中山"民族观"的重大转变。

1912年2月12日，清朝隆裕太后正式颁布了《退位诏书》，核心内容是"特率皇帝将统治权公诸全国，定为共和立宪国体。……总期人民安堵，海宇乂安，仍合满、汉、蒙、回、藏五族完全领土为一大中华民国"。这个《退位诏书》非同小可，这是当时中国国体转型中一个最重要的事件，它奠定了新生的中华民国继承清帝国领土和下辖国民的合法性，也是中华民国

---

① 但是，在辛亥革命后，孙中山内心对"五族共和"一度仍抱有成见。1921年12月，他对滇赣粤军发表演说："所谓五族共和者。真欺人之语！藏族、蒙、回、满，同化于我汉族，建设一最大民族国家者，是在汉人之自决。"（引自王春霞，2005：112）

② 五色旗首先在1911年12月4日由部分省份代表在上海开会时议定，"取五族共和的意义决定以五色为国旗，红黄蓝白黑，象征汉满蒙回藏"。在辛亥革命后的一个时期，国内革命军打出的旗帜曾十分混乱，"鄂湘赣三省用十八星旗，粤桂闽滇黔等省用青天白日满地红旗，江浙皖及其他各省多用五色旗"（王春霞，2005：245-246）。在南京会议后逐渐统一为五色旗。

③ 孙中山以美国为例来说明中国的五族可融为一个"民族"即中华民族："美国人的种族，比哪一国都要复杂，各洲各国的移民都有；到了美国之后，就溶化起来，所谓合一炉而冶之，自成一种民族……叫美利坚民族。"（孙中山，1924：10）

继承清帝国签署的所有国际条约、在国际上继承清帝国权责和地位的法制基础。

中华民国初期的《临时约法》明确规定，"中华民国领土，为二十二行省，内外蒙古、西藏、青海"，同时规定"中华民国人民，一律平等，无种族、阶级、宗教之区别"（夏新华、胡旭晟，2004）。"正是在这种态势下，孙中山和新建立的民国领袖试图用自己的政敌即维新派和清廷所阐释的文化主义民族观的叙事结构来补充自己的种族主义的叙事结构。中华民族（Chinese nation）开始由'五族'（满、蒙、藏、回、汉）组成，从而中华民族继续承袭大清帝国的边界线，正如印度民族（Indian nation）试图根据大英帝国的构思（image）来重建一样"（Prasenjit Duara，1995：76）。清末"排满"和"反排满"的论争画上了句号。

在中华民国正式成立后，帝国主义列强并没有放弃瓦解中国的计划，而是把清朝皇帝退位视为鼓动边疆少数族群开展分裂独立活动的最佳时机。1911年10月23日，日本驻俄大使与沙俄总理密议如何瓜分满洲和内外蒙古，谈话纪要中提到："根据1907年及1910年两次秘密协议，日俄两国关于分割满洲和蒙古的问题已经预有设想。只要时机一到，两国即可根据1907年协议中规定的分界线分割满洲，并可进一步商谈如何分割蒙古的问题。"（王春霞，2005：263）1915年1月日本向袁世凯提出的《二十一条》中，有五条涉及内蒙古主权（余元盦，1958：157）。

坚持五族共和，坚决与帝国主义鼓动和支持的分裂活动作斗争，努力维护国家统一，这就是民国三个时期的南京临时政府、北洋政府、南京国民党政府处理国内民族问题的主线。辛亥革命后，孙中山曾亲自致电各蒙古王公，对他们晓以大义，不要受外人挑拨（李国栋，2009：89）。1912年8月北洋政府正式向各国政府声明中国对满、蒙、藏的主权，声明的第五条原则是："现蒙、藏反抗民国，是为国际公法所不许，外人不得暗中主使一切。"这也明确指出这些分裂活动均由列强"主使"。1914年北洋政府成立"五大民族共和联合会"，同年设立绥远、察哈尔、热河三个特别行政区，开始在行政区划方面加强对少数民族地区的行政管理，"视蒙、疆、回、藏与内地各省平等"，制定选举办法和分配名额，吸收各少数族群地区代表参与参议院、众议院和国家管理（李国栋，2009：111，106 – 108）。

1927 年以后的南京国民党政府通过张学良"东北易帜",恢复了对东北的管辖,继续推行以"中华民族"为单元的"民族建构"。

2. "九一八事件"后,空前的民族危机促使民国政府调整"民族"话语

在 1931 年"九一八事件"后,日本军队悍然侵占东北,建立"伪满洲国",随后占领热河和察哈尔,建立"蒙古自治政府"。同时日军进驻河北,包围平津,1937 年发动"七七事变",摆出"三个月灭亡中国"的架势。在此国难当头的危急时刻,如果还是延续辛亥革命以后的"五族共和"和"五大民族"的提法,或者简单地从西方学术界的某些概念出发,以语言、族源、传统文化为标准认为中国存在汉、满、蒙、回、藏、苗等许多"民族",这样的话语体系和群体认同体系在客观上即是在帮助日本帝国主义分化和瓦解中华民族的抗战。

面对日本帝国主义分裂中国的军事侵略和政治活动,国民党政府不得不考虑是否需要对"五族共和"和"五大民族"这样的"民族"话语体系进行必要的调整。当时一些爱国学者也曾为此大声疾呼,思考在这样的严峻形势下如何对"民族"这个在中国社会已经约定俗成的核心概念进行必要的反思。

1939 年顾颉刚先生在《益世报》上先后发表《"中国本部"一名亟应废弃》和《中华民族是一个》两篇文章,在全国激起极大反响和对"民族"一词定义与用法的大讨论(马戎,2012)。针对日本关于中国存在许多"民族"、各"民族"都有权"自决建国"的宣传,顾先生强调指出,如把汉、满、蒙、回、藏等称为"民族",那恰恰是中了帝国主义分裂中国的圈套。他在《续论"中华民族是一个":答费孝通先生》一文中这样写道:"九一八的炮声响了,伪满洲国在伪'民族自决'的口号下成立了,我才觉得这'民族'不该乱用,开始慎重起来。九一八事变的第二年,察哈尔的德王也假借了'民族自决'的名义宣言内蒙自治,……帝国主义者为要达到他们瓜分我们土地大欲,造出这种分化我们的荒谬理论来,我们的智识分子被他们迷蒙了心,又替他们散布这种荒谬的种子到各处去,若不急急创立一种理论把这谬说挡住,竟让它渐渐深入民间,那么我们的国土和人民便不是我们的了,数千年来受了多少痛苦搏合成功的便一旦毁灭

了!"(顾颉刚,1939c:773-785)

在这个中华民族生死存亡的历史关头,同时也受到顾先生等爱国学者的积极推动,蒋介石和民国政府开始明确提出只有"中华民族"(Chinese nation)应被称作"民族",建议把社会上已惯用的"汉民族""蒙古民族""藏民族"等改称为中华民族下属的"宗族"或"宗支"。1942年8月,蒋介石在西宁对汉满蒙回藏士绅、活佛、阿訇、王公、百户、千户发表题为《整个中华民族共同的责任》的演讲:

> 我们中华民国,是由整个中华民族所建立的,而我们中华民族乃是联合我们汉满蒙回藏五个宗族组成一个整体的总名词。我说我们是五个宗族而不说五个民族,就是说我们都是构成中华民族的分子,像兄弟合成家庭一样。……我们集许多家族而成宗族,更由宗族合成为整个中华民族……所以我们只有一个中华民族,而其中各单位最确当的名称,实在应称为宗族。……我们无论属于汉满蒙回藏那一宗族,大家同是中华民族构成的一分子,犹如一个家庭里面的兄弟手足,彼此的地位是平等的,生死荣辱更是相互关联的。(李国栋,2009:127)

学者们固然可以从不同学科的知识体系来对中国汉满蒙回藏等群体被称为"宗族"或"宗支"是否恰当提出质疑,但是我们必须看到,在20世纪40年代初,不把这些群体称为"民族",坚持以"中华民族"为政治单元,全民浴血抗战,在当时的历史条件下是一个关乎国家命运的政治议题,而不是一个象牙塔里的学术议题。

蒋介石在1943年出版的《中国之命运》中进一步阐述了他的"民族观":"就民族成长的历史来说:我们中华民族是多数宗族融和而成的。融和于中华民族的宗族,历代都有增加,但融和的动力是文化而不是武力,融和的方法是同化而不是征服。"(蒋介石,1943:2)我们可以对《中国之命运》中的许多政治观点进行批判,特别是一党专制、领袖独裁等主张,但是对蒋介石对"中华民族"和"民族"定义所提出的观点,是不是一定不能接受,在今天看来,应该还是可以讨论的①。

---

① 关于当时中国共产党对《中国之命运》中"国族观"的批判,参见娄贵品,2014。

也许我们可以中华民国 38 年的历史划分为两个时期，把民国初期的"民族"理论称为"五族共和论"，把南京国民党政府时期的"民族"理论称为"中华民族宗族论"。为什么到了 20 世纪 40 年代初，南京政府要考虑对晚清以来在多个层面同时使用的"民族"这个汉字的概念进行调整和统一呢？其主要原因，就是在民国成立后，英日俄等帝国主义者仍坚持用"民族"（nation）来称呼中国境内蒙古、新疆、西藏各部，同时鼓动各部追求"民族独立"并与民国政府对抗，瓦解中华各族的抗日统一战线，这已成为日本在政治和军事上灭亡中国的重要策略。

继"伪满洲国""蒙古自治政府"成立后，日本又在积极开展所谓的"回教工作"①。日本驻承德代理领事在给外务大臣拍发的"绝对保密"的电报中，对成立"防共回教徒同盟"的意义做了如下解说："与满洲国的二百万回教徒保持联络"；"将该地作为回教徒的防共本部，并以此为中心，不仅与满洲国的而且与一千万支那回教徒进行团结，支援五马联盟，力图与中亚各国回教徒取得联系"。"对政治工作员（即义勇军）进行武装，首先支援五马联盟，使其从蒋政权中完全独立出来，然后进入中亚，促使该地区各国独立或排除第三国的影响，在皇国之慈光下完成东洋的皇道联盟。"（王柯，2009：93）所以，顾颉刚先生讲到日本企图在我国西北地区成立"回回国"，并不是完全没有根据的。1938 年西北马家军阀中的马麟在日本人利诱下公开投日②。"受到刺激的中国国民政府，也不得不针对边疆民族和信仰伊斯兰教民族集团，发起了又一轮确认近代国家主权范围、建设中华民族国家的运动。"（王柯，2009：105）

1937 年日本发动全面侵华战争后，华东、华中、华南大片国土相继沦陷，南京大屠杀和凶残的"三光政策"使全国人民都感受到亡国灭种的空前危机。民国政府曾考虑把战时的"陪都"设在西宁，但最后选择了重庆，这与日本人在西北的经营不无关系。20 世纪 40 年代初也恰是抗日救亡最危

---

① 1938 年 7 月 8 日，日本政府"五相会议"通过一份指导性纲领《时局的发展与对支谋略》，确定了对华军事战略、政治攻势（如分化中国内部政治势力等）和加强在华经济掠夺以支援战争等加快侵略中国步伐的六条方针。其中的第四条为："推进回教工作，在（中国）西北地区设立以回教徒为基础的防共地带。"（王柯，2009：87）

② 马麟是马步芳的叔父，曾担任过青海省主席，但在 1935 年的权力斗争中输给马步芳。

急的时刻，此时国民党政府明确提出：在中国只有一个"中华民族"可称作"民族"（nation），其他各族群是中华民族的"宗族"，中华民族内部各"宗族"不存在"民族自决"和独立问题。在那个特定的历史条件下，这是一种政治选择，而且这一话语在抗战期间也普遍得到大多数各族国民的认可。当时国民政府编写的《公民》课本，强调中国只有一个"中华民族"。西北马家军阀中的马鸿逵、马步芳都宣称只有回民和回回穆斯林，没有"回族"，只承认中华民族[1]。《义勇军进行曲》中"中华民族到了最危急的时候"的旋律曾激励着中华各族（汉、满、回、蒙、朝鲜等族）军民在抗日前线浴血奋战，在后方动员人力、物力、财力积极支援抗战[2]。

因此，我们可以说，民国时期特别是抗战时期的"民族构建"基本上是以"中华民族"为基础单元和国家框架来推动的。

3. 统一全国行政体制，培养和吸收少数族群精英进入国家政权

除了积极以"中华民族"为单元来构建"民族"（nation）的认同意识外，民国政府也积极推动边疆地区进行政令统一的政治整合。除原有的22个行省及西藏、外蒙古两个特别地区外，1919~1939年先后设立青海、察哈尔、绥远、热河、宁夏、西康6省，全国领土均纳入省县体制。这些省、县的设置基本上延续了清朝的行政区划和管辖传统，没有把族群因素作为行政设置和边界划分的主要依据。

1913年中华民国政府在北京开办蒙藏学校，招收各地蒙、藏学生来京学习。1929年国民政府设蒙藏委员会，吸收蒙古人和藏人参与处理与蒙古、藏区等地相关的事务，先后建立南京蒙藏学校、康定蒙藏学校、丽江康藏师资培训所等，在包头、西宁、康定等地设蒙藏学校分校，在国立中央大学、北平大学设蒙藏班。据1946年统计，国立各边疆学校计有61所，这

---

① 当时宁夏省主席马鸿逵先生驳斥"回回民族"的观点："要是回教徒可以唤为回民族，那么中国信佛教的人为什么不叫作印度民族，信基督教的人为什么不叫作犹太民族呢？"（顾颉刚，1939b）。

② 至1940年，新疆募集的抗日救国捐款现金总数为200多万元，用部分捐款购买10架战斗机，命名为"新疆号"（陈慧生、陈超，2007：344）。1943年新疆再次发起"一县一机"运动，一年之内共献机144架（http://zhidao.baidu.com/question/33254830.html）。西藏僧侣大众1944年一次捐赠500万元，可以组建3个飞行大队。青海藏区一次捐献羊皮衣10万件。甘肃拉卜楞藏区所捐财物可购飞机30架（http://www.wang-shi.com/bbs/thread-894-1-1.html）。

些以少数族群青年为对象的学校为民国培养了大批少数族群人才（朱慈恩，2010）。

　　民国时期在回族相对聚居的宁夏、青海、甘肃等省，长期由出身回族的马家军阀①主政。在云南、贵州和广西等地，出身于地方少数族群的精英人物如龙云（彝族）、卢汉（彝族）、白崇禧（回族）、卢焘（壮族）、陆荣廷（壮族）等成为当地政府的首脑。西藏两大活佛达赖和班禅均在南京设有办事处，保持与中央政府的联络。1931年，九世班禅喇嘛在南京新亚细亚学会讲演的题目为《西藏是中国的领土》（牙含章，1987：250）。辛亥革命后，沙俄鼓动外蒙古活佛哲布尊丹巴策动外蒙古"独立"时，"北京和内蒙各盟、旗的爱国王公和蒙族人民也纷纷集会通电，声讨哲布尊丹巴等人的叛国行为，要求外蒙取消'独立'"（中国近代史编写组，1979：504）。1914年英国在西姆拉会议上提出分裂中国的"内外藏"划界，青海军政首领马麒通电坚决反对，在阻止袁世凯政府在协议上签字方面发挥了关键作用②。1944年在伊宁爆发"东突厥斯坦共和国"独立运动后，新疆有一大批维吾尔族、哈萨克族等精英人士在新疆省政府领导下，团结各族民众与分裂国家的内外势力进行斗争。

　　事关中华民族生死存亡的抗日战争是民国政府努力凝聚各族国民的重要历史时期。日军的残暴屠杀激起全国人民的愤慨和爱国主义热情。在云南抗战过程中，滇西24家土司自筹经费修筑滇缅公路，组成土司抗日武装，积极参与对日作战（朱进彬、蔡红燕，2011：74）。四川松潘各藏区土司联名具呈国民政府，表示愿率兵马奔赴前线杀敌，并"积极扩充骑兵，加紧训练，听候调遣"。川康藏区57寺僧人联名致电国民政府，表示"僧伽等分属国民，爱护国家利乐有情，未敢后人，谨于每月9日举行月会时，虔诚至心，增诵经课，面向三宝，为国家民众祈求胜利"。十三世达赖喇嘛驻南京代表和九世班禅喇嘛驻南京办事处处长等旅居南京的康藏人士成立

---

①　民国初期的"五马"是指甘肃省督军马福祥、宁夏护军使马鸿宾、甘边宁夏镇守使马麒、凉州镇守使马襄廷和甘州镇守使马麟；20世纪30年代的"五马"是指宁夏省主席马鸿逵、青海省主席马步芳、以临河地区为中心的中央军新编第三十五师师长马鸿宾、以凉州为根据地的中央军新编骑兵第五师师长马步青和活跃在甘肃西部的新编第三十五师师长马仲英。

②　http：//baike. so. com/doc/6168347. html（2014年8月8日）。

了"康藏旅京同乡抗日救国会"并发布《告全国同胞书》，表示康藏旅京同乡抗日救国会，"与我全国同胞成立一条战线，赴汤蹈火，在所不辞"。十三世达赖喇嘛和九世班禅大师分别命令各自所属寺庙的数万喇嘛举办诵经法会，为祖国抗战胜利祈祷①。热振活佛率西藏僧俗群众举办三次大规模祈祷大会，著名的拉萨三大寺僧人自"七七事变"起一年有余，为国家胜利而祈祷，昼夜恒未间断②。

这些都充分表明，在中华各族地方领袖、宗教人士中已经涌现出一大批认同"中华民族"国家和中央政府的精英人物，他们成为国家与各族民众之间的重要纽带与桥梁，也在捍卫祖国统一、抵抗外国侵略的斗争中发挥了不可替代的关键作用。

四 民国时期中国共产党的"民族"理论与实践

1. 建党初期中国共产党的"民族理论"和国体设计

中国共产党是在苏联共产党和共产国际直接指导下，由一些马列主义著作学习小组联合组建成立的。1921年建党时只有五十几名党员，在理论和政治上尚不成熟，在许多政治议题上完全接受苏联共产党的观点和提法。1922年《第二次全国代表大会宣言》明确主张"蒙古、西藏、回疆三部实行自治，成为民主自治邦；用自由联邦制，统一中国本部，蒙古、西藏、回疆，建立中华联邦共和国"（中共中央统战部，1991：18）。基本立场之一是接受了苏联的"民族"理论，承认中国的汉满蒙回藏等群体都是"民族"，各民族一律平等；基本立场之二是中国的国体设计采用苏联模式，即"民族自治共和国加联邦制"。

在这样的"民族"观和国体思路指导下，中共中央在一系列对外宣言和内部文件中积极鼓励中国各少数族群开展"民族自决"与"独立建国"活动。如1928年10月《中共中央致内蒙特支指示信》中强调："我们应当积极领导，并作广大的'民族独立'宣传以唤起内蒙民族的独立运动，同

---

① http://fo.ifeng.com/special/yuanzhengjun/ffomeng/detail_ 2012_ 09/18/17709510_ 0.shtml（2014年8月8日）。

② http://zhidao.baidu.com/question/33254830.html（2014年8月8日）。

时应以'民族平等'的口号唤起汉人对内蒙民族的同情与帮助"（中共中央统战部，1991：91）。1930 年 11 月《中共中央关于内蒙工作计划大纲》提出，"内蒙建立蒙汉工农牧民自己的国家，象外蒙的民族独立的平民共和国，内蒙的加入外蒙与否，加入苏维埃的中国联邦与否，完全由内蒙民众自决"（中共中央统战部，1991：138）。1931 年《中华苏维埃共和国宪法大纲》宣布："中国苏维埃政权承认中国境内少数民族的自决权，一直承认到各弱小民族有同中国脱离，自己成立独立的国家的权利"（中共中央统战部，1991：166）。1935 年《中华苏维埃中央政府对回族人民的宣言》中提出"凡属回族的区域，由回民建立独立自主的政权，解决一切政治、经济、宗教、习惯、道德、教育以及其他的一切事情，凡属回民占少数的区域，亦以区乡村为单位，在民族平等的原则上，回民自己管理自己的事情，建立回民自治的政府"（中共中央统战部，1991：367）。1936 年 6 月《中国工农红军四方面军总政治部指示》提到，"我们对回民的基本口号应当是回民自决，回民自治，成立回民自己的政府和回族人民共和国"（中共中央统战部，1991：384）。

2. 1929 年的"保卫苏联"

马克思和恩格斯强调的是国际共产主义运动，提出"工人没有祖国"（马克思、恩格斯，1848：487），要求"全世界无产者联合起来"，"应当以各民族的工人兄弟联盟来对抗各民族的资产阶级兄弟联盟"（马克思、恩格斯，1847：412）。马克思指出，在欧洲无产阶级推翻资本主义统治、以阶级斗争为核心的政治大格局下，任何"民族主义"的宣传都成为分化和破坏国际无产阶级革命运动的手段，"阶级的统治已经不能拿民族的外衣来掩盖了"（马克思，1871：383）。"各国的资产阶级虽然在世界市场上互相冲突和竞争，但总是联合起来反对各国的无产阶级。"（马克思、恩格斯，1847：409）因此，在正统的共产主义意识形态中，无产阶级国际主义是远远凌驾于民族主义和爱国主义之上的。国际共产主义运动的利益，是全世界无产阶级及其政党的最高利益。同时从组织体系上讲，作为共产国际的中国支部，中国共产党必须听从共产国际、苏联共产党的指令。

1917 年"十月革命"后成立的苏维埃政府两次发表对华宣言，声明废除沙俄同中国政府缔结的一切不平等条约和一切特权，放弃沙俄政府从中国攫取的满洲和其他地区的权益。这一宣言曾经给饱受列强欺凌的中国各界人士留下非常好的印象。但是宣言与行动毕竟是两回事，中国人很快就从振奋转变为失望。1922 年苏军进入外蒙古驱除中国驻军，1924 年在苏军保护下外蒙古"独立"建国，这使中国社会各界再次把苏联列入"帝国主义列强"行列，而一再表态支持苏联的中国共产党，也很容易被戴上"苏俄走狗"的卖国帽子。另外一个引起国人普遍反感的事件，即是发生在东北的"中东路事件"。

　　一直由苏联当局管理和控制的东北中东铁路，实际上是个"国中之国"，苏联铁路管理局与中国东北政府之间产生了许多矛盾。1929 年初，以张学良为首的东北政府因中东路与苏联发生一起大规模武装冲突即"中东路事件"。冲突持续近 5 个月，双方动用兵力超过 20 万，使用了重炮、坦克、飞机和军舰等重型装备，成为中苏历史上规模最大的一次武装冲突。

　　1929 年 7 月 19 日，共产国际执委会发表《关于中东路事件的呼吁》，提出"为保卫苏联而前进"的口号，要求中国共产党支持苏联。之前的1928 年共产国际第六次代表大会，曾把"保卫苏联"作为各国共产党和国际无产阶级的基本任务，提出各国无产阶级"有义务促进苏联社会主义建设的胜利，并用一切方法保卫苏联不受资本列强的侵犯"。这实际上是斯大林和苏联利用意识形态号召力来维护本国利益的非常自私的做法。1929 年11 月 26 日，当时的中共领导人李立三在中共江苏省"二大"第九次会议上宣称："反对进攻苏联和保卫苏联的任务，中央已经提出，武装保卫苏联，即将是全国的武装暴动。"12 月 7 日中共中央发出武装保卫苏联的第60 号通告，标题即是"执行武装保卫苏联的实际策略就是全国的武装暴动"，提出为武装保卫苏联，要在城市举行总同盟罢工和武装暴动，农民运动要向城市发展和红军攻占大城市，等等①。当时全国各界人士群情激昂，一致支持张学良努力收回沙俄侵略中国的产物之一中东铁路，认为这是维护国家主权、取消外国势力在华特权的爱国行动。因此，中国共产党要求党员破坏东北军的军事行动、红军政治部提出"武装保卫无产阶级的祖国

① http://bbs.tianya.cn/post-worldlook-700236-1.shtml（2014 年 8 月 5 日）。

苏联”这一口号①，给中国共产党在全国各界爱国人士的心目中的形象和威信带来了极大的负面影响。尽管当时中共内部有些领导人如毛泽东并不赞成这一口号，但是这一负面影响仍然延续了很长时间。

南京政府在"九一八事变"后曾一度采取"不抵抗"政策，蒋介石提出"先安内，后攘外"的方针，在对日避让的同时全力"剿共"，被全国各界人士痛骂。"国民政府这种自外于民族主义潮流的做法，终于重新煽起三一八惨案后渐趋式微的学生民族主义"（沈松侨，2002）。东北流亡学生的一曲《我的家在东北松花江上》催得无数国民潸然泪下，也使东北军、西北军将士因被迫执行"不抵抗"政策而充满悲愤，这便是"西安事变"的民意基础。全面抗战爆发后，尽管国民政府有不少将领殉国，川军、滇军和赴缅远征军等部队作战十分英勇惨烈，但大多数战役通常是"众不敌寡"，以失败告终，还有部分将领在前线避战逃跑②，后方的政府风气腐败，甚至出现上百万军队成建制投降日本组成"伪军"的现象③，国民党重要领袖之一的汪精卫公开投日并组建"伪政府"，这些都使广大国民对国民党政权感到非常失望。

与之相比，为了争取共同抗日，1937 年中国共产党在"西安事变"中摈弃前嫌，促成事变和平解决，建立国共合作抗日统一战线，红军战士取下红五星帽徽，戴上国军帽徽，编入国军系列对日作战，八路军在平型关和百团大战等战役中打击了日军气焰。在国共两方面抗战态度的对比之下，全国的爱国志士与青年开始把延安作为抗战"圣地"，"无数青年知识分子怀抱抗日救国之壮志，艰苦跋涉，奔赴延安，充分说明了在当时许多人的心目中，中共远比国民党更有资格充当中国民族的捍卫者"（沈松侨，

---

① http://news.ifeng.com/history/gaoqing/detail_ 2012_ 07/10/15915552_ 0. shtml#p = 1.
② 如不战而逃的山东省主席、第三集团军总司令韩复榘。
③ 如 1939 年国民党忠义救国军副总指挥何行健在苏南率部 50000 人投敌；1941 年 5 月国民党第三十师长公秉藩率该师及第三、第九、第十七、第八十、第九十三各军之一部共 22000 人投敌，1942 年 4 月第三十九集团军副总司令孙良诚在鲁西率第六十九军、暂三旅、特务旅全部投敌；1943 年 2 月国民党第 128 师长王劲哉率 8 名将官及所部投敌；1943 年 4 月新编第五军军长孙殿英率所部投敌，1943 年 5 月 14 日庞炳勋、孙殿英率领下属军队投日（http://tieba.baidu.com/p/1972440109）。1945 年日本无条件投降后，经过中国军方统计，除伪满洲国以外所有在华伪军的数量约为 118.6 万人（http://wen-da.so.com/q/1371078068069368）。

2002）。中国共产党在"中东路事件"中留下的负面形象转变为积极爱国的正面形象①。面对国家存亡的民族大义，任何政党领袖、军官士兵、教授学者、青年学生都必须明确自己的立场，或者成为爱国者，或者成为卖国贼，没有任何中间立场。不爱国，就必然被亿万国民所唾弃。

3. 长征前后中国共产党在建立少数族群政权方面的实践

1927 年国共破裂后，中国共产党在农村根据地初创的红色政权面临军事围剿压力。为了保存革命和夺权斗争的需要，中国共产党更加频繁地宣布支持蒙、藏、回等"民族"自决，一再提出"建立联邦制"的口号。由于当时国内政治力量和军事力量对比悬殊，效仿十月革命前后俄国布尔什维克发动革命和赢得内战的策略，鼓励中国各少数族群争取"民族自决"，倡导在中国建立"联邦制"，以此减弱国民党政府军对苏区的军事压力，这是中国共产党在当时严峻形势下的一个理性的策略选择。

中国共产党在江西"中华苏维埃共和国时期"宣布支持各少数族群的"民族自决"和"独立建国"，红军开始长征后积极实践这一主张。红军各部队在长征途经的少数族群地区积极建立自治政权，例如，1935 年先后成立彝汉人民联合的大凉山冕宁县革命委员会和茂县羌族工农兵苏维埃政权，绰斯甲藏民苏维埃，泰宁博巴政府，绥靖回民苏维埃政府，格勒德沙共和国（藏族），波巴依得瓦共和国（藏族）等。1936 年 10 月成立豫海县回民自治政府（金炳镐、王铁志，2002：265－266），这些少数族群政权的建立即是中国共产党民族问题政治纲领的实践。

对于为什么要支持少数族群"自治"和"独立"，中国共产党领导人之一刘少奇在 1937 年 10 月曾加以说明："倘若中国政府不执行上述的政策，赞助各少数民族的独立与自治，而日本帝国主义反用赞助各少数民族的独立自治去欺骗，这是很危险的。这要使少数民族中的一部分感觉日本政府比中国政府和汉人要好，在日本的欺骗之下向中国要求独立，反对中国。要免去这个危险，只有中国政府更在实际政策上去赞助少数民族的独立自治，然后才能揭破日本帝国主义的欺骗。少数民族的独立自治，并不

---

① 美国学者 Chalmers Johnson 把中共革命胜利的根由，归结为其在抗战期间有效动员了广大中国农民的民族主义情绪（转引自沈松侨，2002）。

可怕，因为他们独立自治后还可以与中国联合起来共同去反对日寇。可怕的是少数民族在日寇的欺骗和利用之下来反对中国与汉人。错误危险的主张与政策是中国政府至今还反对少数民族的独立自治。这是实际帮助日寇欺骗少数民族的主张与政策。"（中共中央统战部，1991：564）

以上这段话中的逻辑是很清楚的：日寇用支持少数族群独立自治来挑拨他们与中国政府与汉人的关系，应对的策略就是比日本人更积极地赞助支持少数族群独立自治。那么，当日本人鼓励察哈尔的德王建立"蒙古自治政府"并全力支持时，与日本人相比，中国政府怎样才可以"更在实际政策上去赞助"德王的独立自治呢？假如那样，华北将会是怎样一个局面？在 1937 年 8 月 13 日至 11 月 12 日淞沪会战、9 月 11 日至 11 月 8 日太原会战中，民国政府都投入了巨大兵力，但均告失败。在抗战的这一艰苦时期，坐镇南京指挥全局的蒋介石的心情与身处后方延安的刘少奇的心情，以及他们各自面对的难题显然是很不一样的。

4. 1935～1945 年期间，逐步从主张联邦制改为主张民族区域自治

自 1935 年 10 月转移到陕北后，中国共产党中央对内蒙古、甘肃、宁夏等边疆地区的历史与现实族群关系有了更多的感性认识，对国家体制（联邦制）的提法开始逐步有所转变。

1940 年 4 月，《中共中央西北工作委员会关于回回民族问题的提纲》详细论及日本鼓动西北回族建立"大回回国"的宣传和行动（中共中央统战部，1991：650 - 651），不再提"回民建立自己独立的国家"，转而强调"回族在政治上应与汉族享有平等的权利。……在共同抗日的原则下，允许回族有管理自己事务之权"（中共中央统战部，1991：653，655）。面对日寇扶植的傀儡"伪蒙疆政府"，1940 年中国共产党已不再提蒙古族"独立自治"，转而强调"蒙古民族在政治上应与汉族享有平等的权利。……蒙古民族与汉、回、藏、维吾尔国内各民族在平等原则下共同抗日，并实现建立统一联合的三民主义的新共和国"（中共中央统战部，1991：665，667）。

如果当时中国共产党继续提倡少数族群"自决"和"独立"，那么一来客观上配合了日本在华北、西北扶持傀儡政权的需要，二来无疑会被反对日本阴谋的广大国民认作是分裂国家。正是认识到内蒙古、新疆、西藏、甘青等地区的实际情况和复杂的国际形势，中国共产党开始主要提"实行民族主义，坚决反抗日本帝国主义，对外求中华民族的彻底解放，对内求国内各民族之间的平等"（毛泽东，1940：746），高高举起"民族主义"和"中华民族"的旗帜，以回应广大国民由中华民族的民族主义激发出来的抗日爱国热情。

以上这些党内文件标志着1940年中国共产党对战后国体的认识已经转向"各民族统一联合的共和国"，但与此同时仍然没有完全放弃"民族自决"的提法。如1941年1月中共中央机关报《解放》周刊社论《论抗日根据地的各项政策》中讲："对于少数民族，则我们给以平等的待遇，尊重民族自决的原则，在目前则主要争取他们与汉族巩固团结共同抗日。"（中共中央统战部，1991：673）但是，"民族自决"原则如何在制度上加以落实呢？1941年5月的《陕甘宁边区施政纲领》中明确提出了"自治区"的概念："依据民族平等原则，实行蒙回民族与汉族在政治、经济、文化上的平等权利，建立蒙回民族的自治区。"（中共中央统战部，1991：678）1942年5月陕甘宁边区政府在定边县、盐池县近400名回民的聚居地成立了"回民自治区"（中共中央统战部，1991：698－699）。

1945年4月，毛泽东在七大报告中提出"允许各少数民族有民族自治的权利"。同年通过的《中国共产党党章》中仍然提"建立独立、自由、民主、统一和富强的各革命阶级联盟与各民族自由联合的新民主主义联邦共和国"（中共中央统战部，1991：742，748）。在40年代中期中国共产党的文件中，"少数民族自治区"和"联邦制国家"这两个提法并存，同时对"少数民族自治区"与中央政府之间究竟是什么关系，也没有给予具体的说明。

5. 日本投降后，如何应对内蒙古的"独立自治"运动

日本投降后，在内蒙古各地马上出现了需要急迫应对的问题。东部和中部地区分别掀起以"内外蒙合并""独立""高度自治"为目标的政治运动，在德王府成立了"内蒙古人民共和国临时政府"。驻扎在内蒙古各地的一些苏蒙联军高级军官不同程度地直接鼓动和参与这些活动，"此后尽管蒙古人民共和国拒绝了'内外蒙合并'的主张和要求，但是它毕竟对内蒙古民族解放运动造成了一定的消极影响。"（郝维民，1997：438）1946年1

月在原满洲国境内的内蒙古东部成立"东蒙人民自治政府"，提出"愿受苏联指导，加入外蒙"，并派人到外蒙古要求合并（中共中央统战部，1991：996）。

面对这一复杂形势，中共中央必须明确提出应对策略。1946年2月的《中共中央关于不宜成立东蒙人民自治政府给东北局的指示》指出：

> "成立这种自治共和国式政府仍然是过左的，对蒙古民族、中国人民与苏联和外蒙的外交都是不利的，徒然供给反动派一个反苏反共的借口，造成中国人民中狭隘民族主义者的一种恐惧。东蒙今天应依和平建国纲领第三节第六条实行地方自治，在辽北省与热河省政府之下成立自治区，至多要求成立一单独的省，作为普通地方政府出现，而不应与中国形成所谓宗主国与类似自治共和国的关系，不必要求单独的货币单独的军队，甚至单独的国旗"（中共中央统战部，1991：1011）。

在这个文件中，"民族自治区"的内涵与性质已经比较清楚了，即是行政区划体制中在省政府下面或"至多与省平级"的"普通地方政府"，而不是类似苏联那样的"自治共和国"。此时不仅联邦制已不再被提起，而且"民族自治区"的性质和功能也基本确定下来了。1946年4月3日在承德召开的内蒙古自治运动统一会议的决议中，确定内蒙古自治运动的方针是"区域自治"，不是"独立自治"（中共中央统战部，1991：1087）。1946年5月《中共晋察冀中央局关于蒙古工作的总结》提到"过去阶段内主要的工作是克服蒙古内部两次错误的独立运动，目前主要工作必须是贯彻党的民族平等自治政策"（中共中央统战部，1991：1088）。此时，独立运动已在政治上被定性为"错误"。

对于把哪些地区划入"民族自治区"，1946年3月《中共中央关于内蒙自治问题的指示》中提出，"完全蒙族的地方成立各地区的民族自治政府，蒙汉杂居汉人占少数的地方即隶属民族自治政府，但这些地方政府中须有汉人代表，蒙汉杂居汉人居多数的地方，仍隶属解放区政府，这些地方政府中须组织蒙民委员会处理蒙民事务"（中共中央统战部，1991：1034）。各族人口比例开始成为建立民族区域自治地区的一个考虑因素。

1946 年 1 月，中共代表团在政治协商会议上提出的《和平建国纲领草案》中，已经不提"联邦制"，而是在"地方自治"部分提出"在少数民族区域，应承认各民族的平等地位及其自治权"（中共中央统战部，1991：991）。此时"联邦制"正式退出中国共产党的话语体系。除了已不再提联邦制之外，中共中央也不再提"民族自决权"。1949 年 10 月 5 日《中共中央关于少数民族"自决权"问题给二野前委的指示》中明确指出：

> "关于党的民族政策的申述，应根据人民政协共同纲领中民族政策的规定。又关于各少数民族的'自决权'问题，今天不应再去强调，过去在内战时期，我党为了争取少数民族，以反对国民党的反动统治（它对各少数民族特别表现为大汉族主义）曾强调过这一口号，这在当时是完全正确的。但今天的情况，已有了根本的变化，国民党的反动统治基本上已被打倒，我党领导的新中国业经诞生，为了完成我们国家的统一大业，为了反对帝国主义及其走狗分裂中国民族团结的阴谋，在国内民族问题上，就不应再强调这一口号，以免为帝国主义及国内各少数民族中的反动分子所利用，而使我们陷于被动的地位"（中共中央文献研究室编，1992：20）。

政治纲领和宣传话语必须根据国内形势的变化与时俱进，在新中国成立前夕，党中央决定把国家体制的设想明确调整为"民族区域自治"。《中国人民政治协商会议共同纲领》将民族政策明确规定为："各少数民族聚居的地区，应实行民族的区域自治，按照民族聚居的人口多少和区域大小，分别建立各种民族自治机关"（中共中央文献研究室，1992：10）。1949 年9 月 7 日，周恩来在《关于人民政协的几个问题》的报告中说："我们主张民族自治，但一定要防止帝国主义利用民族问题来挑拨离间中国的统一"，"为了这一点，我们国家的名称，叫中华人民共和国，而不叫联邦。……我们虽然不是联邦，但却主张民族区域自治，行使民族自治的权力"（中共中央文献研究室，1999：238，239）。

从 1935 年到 1949 年，中国共产党在应对内蒙古"独立运动"的实践中逐步修正了自己的"民族"话语体系和国家体制设想，从积极提倡联邦制和建立民族自治政府，过渡到"联邦制"和"民族自治"两种提法并存，再发展到不再提"联邦制"，转而提倡与苏联体制中的"自治共和国"完全不同，仅具有地方政府性质的"民族区域自治"，通过这种形式来保障民族平等与少数族群的自治权利。这是中国共产党在"民族观"和"国家观"方面做出的重大调整。

但是尽管国家体制的性质与结构从"联邦制"改为"民族区域自治"，但在对中国国内"民族"称谓的使用上以及在"民族建构"（nation-building）的基本立场上，斯大林的民族理论及其核心概念（"民族"定义等）仍在中国共产党的"民族"话语体系中继续占有主导地位，表现在对国内汉满蒙回藏等各群体仍称"民族"，强调中国是一个"多民族国家"，民国时期与"民族"概念并用的"国族"一词已不再使用，同时历次《宪法》修正案中均未明确提出"中华民族"概念，等等。在新中国的"民族工作"领域中，源自苏联共产党的基础理论并没有改变，改变的只是把苏联模式的"民族自治共和国 + 联邦制"调整为"民族区域自治"，同时在《宪法》中明确规定"各民族自治地方都是中华人民共和国不可分离的部分"。但是，新中国成立后开展的"民族识别"工作，全体国民实行的"民族身份"制度，以民族聚居区为单位组建并命名的各级"民族自治地方"以及各类依据"民族身份"实施的区别对待，不同力度的"民族优惠政策"等，这些与少数族群相关的制度设计和政策中都或多或少可以看到斯大林和苏联体制的影子。但是，这些与中国共产党建党时的"民族"纲领相比，已经是天壤之别了。

五　研究中华民国史必须关注边疆的分裂与反分裂斗争

进入民国纪元后，全体中国人所面对的仍是鸦片战争后的那个"三千年未有之大变局"，中国依然处在政治制度、社会组织、经济结构、教育体制、知识体系、话语概念、文化伦理等诸方面急剧变化的历史转型期。这是在社会顶层涉及根本国体、在社会底层触及亿万国民的社会大变革，这既不是政权内部自上而下的改革（如北宋王安石的"变法"），不是自下而上的民间造反（如朱元璋建立明朝），也不是边疆族群"入主中原"带来的改朝换代，而是由一个外来的文明体系（欧洲资本主义）强加于中国的，现代帝国主义、殖民主义侵略所带来的社会、政权的解体与国体的重组。世界上其他一些多族群帝国（如奥斯曼帝国）在这样的冲击下解体崩溃，一些在帝国主义军队入侵时处于分裂状态的古代文明国度（如印度）彻底沦为殖民地。正是由于看到了这些前车之鉴——"覆巢之下，安有完卵"，清末民初那些头脑清醒的中国人才把构建"中华民族"作为凝聚 4 万万中国人的核心认同，把维护国家统一作为最重要的政治议题。这应当是我们认识和研究中华民国史所需要遵循的一条主要的思想脉络。

无论民国政府占主导的话语体系是"五族共和"还是"中华民族宗族论"，帝国主义列强都一如既往地通过灌输"民族自决独立"的政治理念和动员策略来坚持分裂中国，从而谋求他们在华的最大利益。因此在整个民国时期，面对帝国主义势力软硬兼施的策略与手段，是否能够持之以恒地坚持中华民族的民族主义和爱国主义，便成为检验每个中国政治家、族群领袖、青年学生和普通国民政治立场的"试金石"。这也应当是我们认识和研究中华民国时期历史人物所需要遵循的一条政治底线。

但是我们也看到，这条思想脉络在现有的一些民国史著述和研究成果中并不那么鲜明突出。这里仅举几个例子。

《民国通俗演义》在 1949 年前是十分流行的通俗小说，讲述了 1911～1928 年民国的重大事件。主要作者蔡东藩"嗜报纸有恒性，蒐集既富，编著乃详"，把民国时期民国政府与外国交涉的许多条约、文件全文收录。例如 1911 年 11 月 9 日俄国公使通告《俄（外）蒙（古）协议及附约》内容的照会及袁世凯政府的交涉内容，同月英国关于西藏问题的照会及袁世凯政府的回复，外蒙古哲布尊丹巴与十三世达赖喇嘛签订的《蒙藏协约》，（蔡东藩、许廑父，1973：134－145）。1914 年俄国与民国政府订立外蒙古协约五条、照会四款（蔡东藩、许廑父，1973：313－314）。日本政府提出的与满洲和内蒙古权益相关的《二十一条》全文与修正案及袁世凯政府签约最后文本（蔡东藩、许廑父，1973：352－373），1919 年巴黎和会关于青岛山东主权交涉文件，等等（蔡东藩、许廑父，1973：894－899）。《民国通俗演义》同时也为我们解读这些历史文献提供了不可多得的社会背景。但是作者的选题涵盖面仍有重大缺憾，例如对 1913～1914 年间袁世凯政府派代表参加的西姆拉会议这一重要事件只字未提，也几乎完全没有关于新疆的任何信息，这在一定程度上反映了内地学者和报纸的关注重心仍然是中原地区、东北和内外蒙古，而对地理距离较远、文化差别较大的新疆和藏区则关注不够。

第二个例子是《剑桥中华民国史》，它是由美国著名学者费正清主持编写的《剑桥中国史》16 卷中的第 12 卷和第 13 卷（费正清，1983）。这本中译本篇幅超过 100 万字的巨著有三章集中于抗日战争，但是全书几乎完全不涉及新疆、西藏、青海和内蒙古等边疆少数民族区域。相比之下，同为费正清主编《剑桥中国晚清史（1800~1911）》的 20 章中，有 3 章的主题是中国的边疆地区（费正清，1978）①。换言之，国外的中华民国史研究者对边疆地区的社会经济和民族关系变迁也较少关注。

第三个例子是 2011 年出版的由中国社会科学院近代史研究所主持编纂的《中华民国史》，全书 12 卷 101 章共 2100 万字，其中只有第二卷（1912~1916 年）中的第三章"帝国主义列强对中国边疆的侵略和善后大借款"涉及民国初年的边疆问题。全书对整个民国期间在西藏、新疆、青海等边疆地区发生的重大事件、地方政府与中央政府的关系、各地的民族关系变迁等均很少涉及。

第四个例子是 2008 年出版的中国社会科学院近代史研究所编的《中华民国史研究三十年（1972~2002）》，这部三卷本的文集共收录论文 64 篇，其中只有 3 篇涉及民国期间中国边疆的反侵略反分裂斗争：一篇是薛衔天讨论苏联调停新疆"三区革命"的动机，一篇介绍抗战前后英国在西藏门隅地区的领土扩张，还有一篇介绍章太炎在民国初期的"东北筹边"。这三篇只占全书总篇数的二十一分之一。

从以上几个例子可以看出，在中华民国史的研究中，国内外研究者对军阀战争、抗日战争、国共战争倾注了大量笔墨，但是对占中国领土超过一半的西部边疆地区（新疆、西藏、宁夏、内蒙古、青海等地）的关注显然是不合比例的。抗日战争无疑是 1931~1945 年间中国抵抗外敌入侵最重要的斗争，但是我们同时也不应忽略在民国 38 年的历史中我国西部边疆地

---

① 见《剑桥中国晚清史（1800~1911）》（上卷）的第二章"1800 年前后清代的亚洲腹地"，第八章"清朝统治在蒙古、新疆和西藏的全盛时期"，下卷第四章"西北与沿海的军事挑战"（费正清，1978）。

区反对国家分裂的另一条战线。没有西部边疆地区无数各族爱国人士和官兵的牺牲努力，中华民国的国境线是否能够基本保持到 1949 年，很可能就是一个未知数。如果中华民国史没有包括西部边疆地区各族军民在这 38 年中维护统一、反对外敌侵略和国内分裂势力所进行的艰苦斗争，就不是一部真正完整的历史。值得欣慰的是，我们也看到有些学者已经开始关注这一问题，如 2003 年出版的《国民党政府的新疆政策研究》（黄建华），2007 年出版的《民国新疆史》（陈慧生、陈超）和《民国内蒙古史》（赛航、金海、苏德毕力格），它们是近年来研究这两个边疆地区民国历史的专著。大陆和台湾的近代史学者也陆续发表了有关近代"中华民族"概念和"中国民族主义"变迁历史的研究成果（沈松侨，1997，1999，2002；黄兴涛，2002，2011）。也许标志着我国民国史研究的一个令人欣喜的变化。

现在全国人民开始关注维护国家的海权和领海问题。今天中国领海的边界都是在民国时期划定的，海内外目前热议的"南海九段线"，就是 1933 年法国窃占南海九小岛事件后，民国政府对南海疆域内各岛礁进行审定、绘制并多次对外公布的南海疆域边界。日本投降后，1946 年秋季，民国政府派军舰进驻西沙群岛和南沙群岛，在太平岛设立了南沙群岛管理处，隶属广东省政府管辖。这部分涉及国家海权的历史，是不是也应该在中华民国史中占据一定篇幅呢？我们期待着《民国青海史》《民国西藏史》《民国宁夏史》《民国西康史》等对民国期间其他边疆地区地方史进行分析的著作陆续出版，期待着《民国海权史》的出版，更期待着在这些地方史的基础上，最终能够汇集出版一套记录下 4 亿各族国民为了捍卫 960 万平方公里国土及周边领海主权、维护国家统一、推动社会发展所做出的所有重要努力的且更加完全的《中华民国史》。

纵观民国 38 年历史，这是一个充满内忧外患的社会，这是国家双重转型期，帝国主义把中国亿万国民逼到了一个生死存亡的关头，此时国家利益高于一切。以抗日战争为例，那些真心参加抗战的人，实际上是不分意识形态立场、不分政党派系、不分族群身份、不分语言宗教、不分阶级阶层的爱国者的历史汇集，他们在帝国主义侵略者面前，只有一种身份，那就是"中国人"。我认为在评价民国的历史人物时，这是一条最根本的底线。

　　一些历史人物如段祺瑞、吴佩孚，即使在早期曾经镇压过进步学生运动和工人运动，但他们在晚年坚决拒绝日本人的威逼利诱，不当汉奸，这一点就必须予以肯定。许多民国将领、地方军阀曾经参与"清党"和"剿共"，但是"九一八事变"发生后他们坚决抗日甚至战死沙场，这一点就值得我们敬佩与怀念。无论是中原和沿海地区的汉族人士，还是边疆具有少数族群背景的人士，我们评价他们的第一个标准，就是看他们一生当中是否把中华民族和祖国的利益放在第一位，在与外国侵略者打交道时，他们是坚定地维护祖国统一的爱国者，还是出卖国家利益、投靠外国的卖国贼。至于他们的意识形态理念、政党背景、阶级出身以及在国内政治斗争中的表现，在中华民国（1912～1949年）这个特殊的历史时期，只能是放在第二位的。

　　回顾民国历史，那些在外交抗争中极力捍卫国家主权的政治领袖，在反侵略战争中拼死抗击、英勇殉国的爱国将士，那些在各条战线支援抗战的各界民众，都是中华民族永垂青史的民族英雄。而那些投靠外国侵略者的卖国者和分裂分子，如投靠日本、建立"伪满洲国"的爱新觉罗·溥仪，投靠日本、建立"伪蒙疆政府"的德穆楚克栋鲁普（德王），投靠日本、建立南京伪政权的汪精卫，投靠苏联、建立"东突厥斯坦共和国"的艾力汗·吐烈，无论他们具有什么样的民族身份，都是中华民族的千古罪人并将被永远钉在历史的耻辱柱上。

参考文献

安德鲁·内森，1983，《立宪共和国：北京政府，1916～1928年》，载费正清主编，1983，《剑桥中华民国史》，北京：中国社会科学出版社1994年版，第288～315页。

蔡东藩、许廑父，1973，《民国通俗演义》，北京：中华书局。

常安，2010，《从王朝到民族—国家：清末立宪再审视》，《民族社会学研究通讯》第72期。

陈慧生、陈超，2007，《民国新疆史》，乌鲁木齐：新疆人民出版社。

陈天华，1903，《警世钟》，北京：华夏出版社 2002 年版。

陈锡祺编，1991，《孙中山年谱长编》，北京：中华书局。

费正清主编，1978，《剑桥中国晚清史（1800 - 1911）》，北京：中国社会科学出版社
　　1985 年版。

费正清主编，1983，《剑桥中华民国史》，北京：中国社会科学出版社 1994 年版。

故宫博物院明清档案部编，1979，《清末筹备立宪档案史料》，北京：中华书局。

顾颉刚，1939a，《"中国本部"一名亟应废弃》，《益世报》1939 年 1 月 1 日《星期评
　　论》。

顾颉刚，1939b，《中华民族是一个》，《益世报》1939 年 2 月 13 日《边疆周刊》第
　　9 期。

顾颉刚，1939c，《续论"中华民族是一个"：答费孝通先生》，《益世报》1939 年 5 月 8
　　日《边疆周刊》第 20 期。

郝维民主编，1997，《内蒙古革命史》，呼和浩特：内蒙古大学出版社。

黄建华，2003，《国民党政府的新疆政策研究》，北京：民族出版社。

黄兴涛，2002，《民族自觉与符号认同："中华民族"观念萌生与确立的历史考察》，
　　《中国社会科学评论》（香港）2002 年 2 月创刊号。

黄兴涛，2011，《清朝满人的"中国认同"——对美国"新清史"的一种回应》，《清史
　　一研究》2011 年第 1 期。

蒋介石，1943，《中国之命运》，重庆：正中书局。

解学诗，2008，《日本对战时中国的认识——满铁的若干对华调查及其观点》，中国社
　　会科学院近代史研究所编《中华民国史研究三十年》，北京：社会科学文献出版
　　社，第 700 ~ 721 页。

金炳镐、王铁志主编，2002，《中国共产党民族纲领政策通论》，哈尔滨：黑龙江教育
　　出版社。

李国栋，2009，《民国时期的民族问题与民国政府的民族政策研究》，北京：民族出
　　版社。

李晓霞，2009，《新疆民族知识读本》，北京：民族出版社。

李云峰，1986，《陕甘宁边区民主政治的实施及其特点》，《西北大学学报》1986 年第
　　3 期。

梁启超，1902a，《论民族竞争之大势》，《饮冰室合集》第 2 卷，北京：中华书局 1989
　　年版，文集之十第 10 ~ 35 页。

梁启超，1902b，《论中国学术思想变迁之大势》，《饮冰室合集》第 1 卷，北京：中华

书局 1989 年版，文集之七第 1～114 页。

梁启超，1903，《政治学大家伯伦之理之学说》，《饮冰室合集》第 2 卷，北京：中华书局 1989 年版，文集之十三第 67～89 页。

娄贵品，2014，《中国共产党对蒋介石"国族"观的批判及其影响》，《民族社会学研究通讯》第 164 期。

马克思，1871，《法兰西内战》，《马克思恩格斯全集》第 17 卷，北京：人民出版社 1963 年版，第 331～389 页。

马克思和恩格斯，1847，《论波兰》，《马克思恩格斯全集》第 4 卷，北京：人民出版社 1958 年版，第 409～412 页。

马克思和恩格斯，1848，《共产党宣言》，《马克思恩格斯全集》第 4 卷，北京：人民出版社 1958 年版，第 461～504 页。

马戎，2012，《如何认识"民族"和"中华民族"——回顾 1939 年关于"中华民族是一个"的讨论》，《中南民族大学学报》2012 年第 5 期，第 1～12 页。

马勇，2008。《章太炎筹边考异》，中国社会科学院近代史研究所编《中华民国史研究三十年》，北京：社会科学文献出版社，第 1561～1588 页。

毛泽东，1940，《目前抗日统一战线中的策略问题》，《毛泽东选集》（一卷本），北京：人民出版社 1966 年版，第 739～747 页。

秦亮，2009，《以不同方式唤醒民众的国家意识——追记安健和他的〈劝滇蜀桂黔土司文〉》，《中国民族报》2009 年 11 月 27 日第 7 版。

赛航、金海、苏德毕力格，2007，《民国内蒙古史》，呼和浩特：内蒙古大学出版社。

沈松侨，1997，《我以我血荐轩辕——黄帝神话与晚清的国族建构》，《台湾社会研究季刊》第 28 期（1997 年 12 月），第 1～77 页。

沈松侨，1999，《振大汉之天声——民族英雄系谱与晚清的国族想象》，《民族社会学研究通讯》第 65 期，第 37～72 页。

沈松侨，2002，《近代中国民族主义的发展：兼论民族主义的两个问题》，台湾《政治与社会哲学评论》第 3 期。

孙中山，1906，《中国同盟会革命方略》，《孙中山全集》第 1 卷，北京：中华书局 1981 年版，第 296～318 页。

孙中山，1912，《临时大总统宣言书》，《孙中山全集》第 2 卷，北京：中华书局 1982 年版。

孙中山，1924，《三民主义》，长沙：岳麓书社 2000 年版。

孙中山，1981，《孙中山全集》第 5 卷，北京：中华书局。

王春霞，2005，《"排满"与民族主义》，北京：社会科学文献出版社。

王建朗，2008，"战争·集权·民主"，中国社会科学院近代史研究所编《中华民国史研究三十年（1972－2002）》，北京：社会科学文献出版社，第192～218页。

王柯，2001，《民族与国家：中国多民族统一国家思想的系谱》，北京：中国社会科学出版社。

王柯，2009，《日本侵华战争与"回教工作"》，《历史研究》2009年第5期，第87～105页。

王柯，2014，《中国，从天下到民族国家》，台北：政大出版社。

王宇，2009，《中国民族关系的近代转型》，《中国民族报》2009年5月22日第7版。

吴明，1982，《内蒙古人口的历史概况》（未正式出版论文）。

吴忠信，1953，《西藏纪要》，台北：中央文物出版社。

夏新华、胡旭晟等编，2004，《近代中国宪政历程：史料荟萃》，北京：中国政法大学出版社。

薛衔天，2008，《是推进新疆革命，还是维护自身安全？——关于苏联调停三区革命的民族因素》，中国社会科学院近代史研究所编《中华民国史研究三十年（1972－2002）》，北京：社会科学文献出版社，第345～359页。

牙含章，1987，《班禅额尔德尼传》，拉萨：西藏人民出版社。

余元盦，1958，《内蒙古历史概要》，上海：上海人民出版社。

张大军，1980，《新疆风暴七十年》，台北：兰溪出版社。

郑观应，1894，《盛世危言》，北京：华夏出版社2002年版。

中共中央统战部编，1991，《民族问题文献汇编》，北京：中共中央党校出版社。

中共中央文献研究室编，1992，《建国以来重要文献选编》第一册，北京：中央文献出版社。

中共中央文献研究室编，1999，《中华人民共和国开国文选》，北京：中央文献出版社。

中国近代史编写组，1979，《中国近代史》，北京：中华书局。

中国社会科学院近代史研究所编，2008，《中华民国史研究三十年（1972－2002）》，北京：社会科学文献出版社。

中国社会科学院近代史研究所编，2011，《中华民国史》，北京：中华书局。

周崇经主编，1990，《中国人口·新疆分册》，北京：中国财政经济出版社。

朱慈恩，2010，《蒙藏委员会与民国时期的边疆教育》，《中国民族报》2010年6月18日。

朱进彬、蔡红燕，2011，《滇西土司在滇西抗战中的作用及其贡献》，《曲靖师范学院学报》2011 年第 4 期，第 74~82 页。

邹容，1903，《革命军》，北京：华夏出版社 2002 年版。

Johnson, Chalmers A. 1962, *Peasants Nationalism and Communist Power: The Emergence of Revolutionary China*, 1937 – 1945. Stanford: Stanford University Press.

Prasenjit Duara, 1995, *Rescuing History from the Nation: Questioning Narratives of Modern China*, Chicago: Chicago University Press.

1940 年的盛世才与他治理下的新疆[*]

——读《盛世才上莫斯科斯大林报告书（1940）》

  2013 年春季，应台湾中兴大学王明珂教授的邀请，我在位于台中市的中兴大学访问三个月。在此期间，通过台湾政治大学的张中复教授得知《新疆风暴七十年》的作者张大军先生就住在台中，立刻就想到要去拜访他。1980 年由台北兰溪出版社出版的《新疆风暴七十年》共 12 卷长达 7429 页，我在十多年前就读过，是一部详细记述民国时期新疆政治社会状况的极具史料价值的巨著，如果能有机会见到这位当年新疆政治风云的亲历者，于我自然是一件喜出望外的事。

  从网络上查阅《新疆风暴七十年》的评论，我看到有关张大军先生的一段简介：

  张大军，原系国民党叶成部上校参谋，在新疆 9·23 和平起义后，用了十几头骆驼将上万卷新疆历史档案载运走，随叶成经南疆，途中历尽艰苦，转道印度到台湾，几乎扔掉了全部随身物件，但没有丢弃一份档案材料。回到台湾后，张大军潜心研究新疆历史，于 1980 年出版了 500 余万字的《新疆风暴七十年》，记载了由 1909 年至成书之时，

---

  * 本文原载于《青海民族研究》2015 年第 1 期，第 73～81 页。

新疆之历史进程。作者利用了从新疆带走的省政府的档案资料，以及大量的报刊、回忆录和他本人的采访及调查资料，该书资料丰富，其中对英国和中国新疆关系也有较全面的研究，如领土、勘界、商贸和英侨等。此书是研究新疆现代史的权威之作。①

这些宝贵的历史档案文件，在战火中能够保存下来实属不易。据张大军在《盛世才上莫斯科斯大林报告书（1940）》的"主编者序"中提到"尚有许多俄文致莫斯科文件，不幸在经过喀喇昆仑山时，马匹坠入山涧遗失，仅存此约四十余年的密档"，可见当年的旅途是何等之艰难，这些留下的史料是何等之珍贵。

2013 年 3 月一个晴朗的上午，我们在张大军先生寓所见到这位 102 岁的老人，可能是出身行伍的原因，他的身体依然很健康，对 20 世纪 40 年代的许多往事记忆得非常清楚，也许是平时很少有人与他谈及民国时期的新疆，老人很兴奋也很健谈。这位百岁老人本身就是一部活历史，借着这个难得的机会，我们向老先生请教了许多问题。临别时，老先生一直送我们到大门外，一直站在那里看着我们离去，远远地看着老人在门旁伫立的身影，想到国共内战和两岸沧桑，心里说不出是什么滋味。

2013 年 3 月摄于台中张大军先生寓所

---

① http://bbs.my0511.com/f152b-t4656497z-1-6。

在交谈中，老人送给我们一本 1997 年由他主编出版的另外一本书，这就是本文主题中的《盛世才上莫斯科斯大林报告书（1940）》（中亚出版社），并题字留念。回到北京后我一直忙于上课和其他杂事，直到 2014 年暑假才抽出时间来阅读这本书，发现这份史料具有特殊的研究价值，第一是历史真实性，它是完全根据新疆密档中的原稿刊印的；第二是这些看似琐碎的案情陈述和原始笔录，字里行间透露出当年新疆党政机关内部的运行规则，特别是生动地展示了苏联顾问和苏籍人员在新疆各级政府和军队中的位置与作用；第三，盛世才本人向斯大林的长篇"陈情自白"也有助于我们认识这个统治新疆十二年的铁腕人物和他的政治观念。也许这些写给斯大林看的文字并不完全是他的真心话，但是至少表明他把这套"斯大林式"的政治概念和思维逻辑已运用得极为纯熟。

在民国政府地方军政首领当中，盛世才确实与众不同。1938 年 8 月，盛世才以就医为名，秘密前往莫斯科，斯大林曾先后三次会见盛世才。盛世才所受到的接待，是以前任何一位中国政要不曾得到的。正是在此次莫斯科之行中，盛世才签署了服从莫斯科政治局的宣誓书，被秘密吸收加入苏共。①

本文试图通过对这本书中介绍的部分内容讨论几个问题，看看这些原始档案材料能否帮助我们认识盛世才究竟是个什么样的人，民国时期在他治理下的新疆是个什么样的地方。

一　本书的主要内容

据张大军先生在"序"中介绍，这本书的内容是 1940 年 6～7 月新疆督办盛世才给苏联领袖斯大林呈报的几份秘密报告全文及附件，主题是对当时在新疆审讯的"国际阴谋暴动案"的审讯过程、犯人口供以及盛世才本人对案情的陈述。这一案件当时成为轰动国际的新闻，涉及新疆省副主席、多位厅局级省政府和地方高官，甚至在审讯过程中还牵扯苏联驻新疆

---

① 据 20 世纪 90 年代以来解密的俄罗斯档案，1938 年 9 月 2 日盛世才与斯大林、莫洛托夫、伏罗希洛夫的会谈记录，斯大林同意盛世才秘密加入联共，但担心此事泄露会引起蒋介石的不满，给盛世才今后的工作带来不便。http://baike.so.com/doc/1454444.html。

的高级外交官和苏联内务部官员。涉案的国内官员大多被处死或"意外死亡"。斯大林听信了盛世才的这份报告，因此那些被涉及的苏联官员都被"极刑处理"。"序"中对此是这样介绍的：

> （盛世才）十多年中，翻云覆雨，杀人如艺，不仅牵涉到各民族领袖，且关系到军政要员，尤其民国二十九年（1940）在新疆的"带国际性的大阴谋暴动案"更为离奇，破获了维族领袖和加·尼牙孜（新疆省副主席）、汉族暴动领袖杜重远（时任新疆学院院长）和阿山行政长沙里福汗，及文化人沈雁冰（茅盾）、张忠实等人；更有关苏联驻迪化总领事欧杰阳克、阿山领事苏里唐诺夫，以及英国领事等。盛世才为此一国际大暴动案，牵涉联共、中共与苏联领事、军事顾问等关系复杂，特请莫斯科派员协助审讯，于是斯大林特派葛内斤、卡克雷金等来新（疆）协助。孰料这些苏联专家来新（疆）审问犯人时，全部翻供，谓系盛氏审讯人员以酷刑迫出来的，向盛提出了声明书。盛闻之大怒，旋向莫斯科提出声复书，另请聂色克来参加审讯。不料聂色克也认为是酷刑拷打逼出来的口供。盛便向莫斯科提出检举，控告他们是同情托派组织参加阴谋工作。斯大林看到数十万言的报告书，其内政部派来的干员居然在新疆违反'马列斯'主义，人员成为托洛茨基匪徒，真是火冒三丈。这齣好戏在斯大林面前扮演了很久，苏联派来的人，均被调回以极刑处理。同时盛氏也清除了在新疆的联共党徒，也警告中共在新疆要安分守己。……
>
> 　　此稿系由盛世才督办公署秘密档案中发现……以蓝色打字大型原稿，共487张，内中经过盛世才以蓝色亲笔改正处极多（张大军，1997：5－6）。

从张大军先生编辑的《报告书》和《新疆风暴七十年》两本书中可以了解到，盛世才在1940年6月18日给斯大林等苏联领导人同日发出两封电报。6月19日去电一封，指控苏联驻迪化代总领事欧杰阳克等人"是帮助英帝国主义领导新疆阴谋暴动的主要组织者和领导者"。由于担心通过苏联领馆转送的邮件可能出现误差，盛还另发送一整套材料给自己在莫斯科学习的弟弟盛世骐，并在电报中特别要求"关于欧杰阳克、叶尔洛夫、阿不都热合满及齐合云斯克（均为苏联领馆官员）等的重要材料，均存在于留莫斯科陆军大学生盛世骐①手中，请伏罗希洛夫元帅或莫洛托夫委员长迅速召见盛世骐，即能由盛世骐将材料交给你们"。从这种安排，也可以看出盛世才做事之细致缜密。

　　6月20日盛世才再给斯大林等人发去长电一封。6月24日又发出一份电报，直接控告6月初苏联派来参与审讯的内务部人员葛内斤、恰克雷斤两人诱使犯人翻供。6月27日再发特急电报"请你们火速加派最忠实列宁斯大林党的三五人来新疆帮助审讯工作，在这三五人内最好希望你们最亲信的、最忠实于你们二三人参加到里面为盼"（张大军，1997：12）。

　　7月5日盛世才又发出一份电报，控告苏联第二次派来参与审讯的内务部人员聂色克与葛内斤、恰克雷斤同样诱使犯人翻供，并"诬蔑"盛安排的审案人员李溥霖、李英奇，盛世才在这封电报中逐条反驳聂色克的《声明书》。7月18日，盛通过苏联总领事外交邮差转送莫斯科苏联外交部关于"国际阴谋暴动案"全部口供和盛本人的说明材料，之后又发电报对7月18日的邮件加以说明，表示该邮件分别送斯大林等三人"亲自拆阅"，外皮用火漆封住，火漆上有"盛世才"三字的水晶名章，"同时在各本材料里边的每页上均书有盛世才三字的名章，务必希望你们抽暇详细阅看为盼"（张大军，1997：65）。盛世才直接发送到莫斯科的电报的抬头是："尊敬的斯大林先生、莫洛托夫委员长、伏罗希洛夫大元帅"，结尾是"谨此恭请你们的身体健康，新疆边防督办兼主席盛世才"。② 在这两个月内，盛世才发往莫斯科的电报和邮件频率之密集，篇幅之巨大，实属罕见。

　　此案在新疆共拘捕五百余人，涉及汉、维、哈、回、柯、蒙、塔等各族高级官员和军官，此案的审理对新疆政局和民族关系影响深远。据盛的回忆录称，此案在新疆仅处死59人，但是后来的调查证实，杜重远、库尔班·尼亚孜等实际上均在狱中被毒死（张大军，1980：4312－4313），大批

---

①　盛世骐是盛世才的三弟，长期留学苏联并主张亲苏，返回新疆后担任新疆机械化旅旅长。1942年，盛世才转变政治态度，开始反苏反共，在他进行政治大清洗之前首先暗杀了亲弟弟盛世骐。

②　据包尔汉《新疆五十年》中回忆，1940年春季他曾被关押在第四监狱，公安处要求他将一些材料译成俄文，"其中有盛世才写给斯大林的信，信里诬称派来的干部都是托派，请斯大林另派一些可靠的人来"（包尔汉，1984：271）。

人犯长期关押。直至 1944 年 9 月盛世才离开新疆、吴忠信主政新疆后，包尔汉等涉案人员于 11 月得以释放出狱。而盛世才控告的苏联人员，均被调回处死①。

张大军先生主编出版的《盛世才上莫斯科斯大林报告书》中收集了 6 月 27 日、7 月 18 日的邮件及之后的电报内容。全书分十三编 70 章共 581 页，由于主要内容是省政府、不同地区涉案人员的供词和参审人员的记录，涉及许多人与事的细节，读起来难免有些枯燥。但是盛世才对这些供词的归纳和他对新疆形势的分析，对于研究民国历史的人而言，还是值得一读的。

二　盛世才对新疆形势的分析和自我表白

首先介绍一下盛世才这份报告书的时代背景。1939 年 9 月和 10 月，苏联和德国瓜分了波兰，苏联随后占领了波罗的海三国。1940 年德军占领了荷兰、比利时，逼迫法国投降并空袭英国，1941 年春季德军在攻占巴尔干半岛和北非后，于 6 月 22 日跨越苏联边境，发动全面侵苏战争。盛世才的《上斯大林报告书》签署的日期是 1940 年 6 月 27 日，恰恰在苏联向西推进的一年之后和德军进攻苏联的一年之前。这是第二次世界大战的一个重要和敏感的历史时刻。

在国内抗日战场上，1940 年 5 月日军发动枣（阳）宜（昌）战役，6 月 12 日攻占宜昌，张自忠将军殉国，重庆受到直接威胁，抗战形势极为严峻。在苏联国内，1934～1938 年斯大林在苏联党政军各部门开展了"大清洗"，把托洛茨基驱除出国，处死了大批布哈林、加米涅夫、季诺维也夫等高层领导人，全面巩固了自己在党内的绝对领导地位。1939 年苏联与日本和希特勒德国分别签订了停战协定和互不侵犯条约。此时，处于中国西北

---

① 《民国新疆史》认为"后来斯大林并未理会此事，只是将陈培生（边务处长）调回，又分到中国其他地方工作"（陈慧生、陈超，2007：360）。在 1937 年盛世才策划的另一起"阴谋暴动案"中，苏联驻迪化总领事阿布列索夫等被盛诬为"托派"后，送回苏联并执行枪决，那次清洗中，新疆区内被捕约 2000 人，解至迪化 800 余人，"盛世才承认有 33 人被判处死刑"（陈慧生、陈超，2007：356）。

边疆的新疆省在财政、军械、物资各方面不但不能从内地得到支持，而且成为从苏联向中国抗日前线运送物资的重要战略通道，所以民国政府对于盛世才在新疆实施"亲苏"政策，也只能采取"睁一只眼闭一只眼"的容忍态度。

1. 该案发生的国际国内政治背景

在对"国际性各族联合大阴谋暴动案"的总结中，盛世才这样分析该案的政治背景：

> 这些新疆托匪、中国托匪及英日帝国主义处心积虑对新疆一再进行破坏阴谋，丝毫不肯退步的原因，最主要的有以下几项：(1) 新疆是中国抗战最重要的后方，是苏联援助中国的唯一运输要道，割断这条中国抗战的国际交通要道，必须破坏新疆。(2) 新疆的政权是反帝亲苏的政权，是以苏联为中心的和平阵线之重要外围据点。新疆现政府之存在节约了苏联警卫边界红军的巨大兵力，因此帝国主义尤其是英帝国主义及托匪企图进行反苏阴谋，在英属印度的边上树立起反苏根据地，则必须首先破坏与苏联几千里接壤的新疆。(3) 因为新疆在六大政策，尤其是反帝亲苏两大政策领导之下已有了突飞猛进的发展，这个情况间接影响了和刺激了印度革命浪潮之高涨，英帝国主义为了维持在印度之统治权，必须要首先破坏这个激动印度革命浪潮的新疆。(4) 新疆有广大的土地，有丰富的宝藏，英日两帝国主义和托洛茨基匪徒，企图利用新疆民族复杂、文化落后、兵力薄弱这些条件，将新疆变为英日两帝国主义的附属品和反苏政权的根据地，以便他们取得现代战争机械兵团所需要的大量油田，而维持其强盗战争，必须要破坏新疆（张大军，1997：365－366）。

这段背景介绍完全以苏联的战略考量为中心，表明盛世才治理的新疆"是以苏联为中心的和平阵线之重要外围据点"，唯有支持他统治下的新疆，才能防止"新疆变为英日两帝国主义的附属品和反苏政权的根据地"。盛世才完全摸透了1940年斯大林的战略考虑，完全迎合了斯大林对周边区域的战略部署，自然很容易取得斯大林的信任。

2. 涉案苏联人员的"社会主义"是托洛茨基派的"社会主义"

但是在该案的供词中，盛世才检举的苏联驻新疆外交官对当地人员进行"阴谋煽动"所使用的话语都是"社会主义"话语，他们鼓励新疆参与该案人员发动暴动的目标是建立一个"社会主义的维吾尔斯坦"，这应该是完全符合苏联共产党的政治理念的。所以，如果盛世才想控告他们，只能说这些苏联外交官的"社会主义话语"是伪装的面具，并把他们与斯大林最为痛恨的"托洛茨基派"联系起来，表明这些苏联官员推动的所谓"亲苏"，实际上亲的是"托派的苏联"，而不是斯大林的苏联。

> 但是托匪及英日帝国主义者亦曾亲眼看到：苏联的国力日益强大，和平外交政策日益胜利，中国抗战虽然现处在艰苦的阶段上，但其趋势已向着胜利前途迈进着，而使日寇泥足愈陷愈深。新疆方面政府六大政策，尤其是反帝亲苏两大政策，已教育着影响着全疆各族民众，而引导着各族民众趋向着反帝亲苏联的坦途前进，尤其是各族青年及反帝军已对反帝亲苏政策有了相当的信仰。这些事实告诉了他们："公开在新疆树立反苏政权是完全不可能的！"正因为如此，他们要想在新疆进行反苏阴谋势必要拿出一套"似是而非"的"亲苏"主张，用来掩护他们反苏的丑恶面孔，用此蒙混一般人的注意，而便于他们进行活动。这次维族阴谋暴动组织标榜出成立"社会主义的维吾尔斯坦"的主张，正就是以"亲苏"做掩护而暗中进行反苏阴谋的表演（张大军，1997：367）。

十月革命前后，托洛茨基在布尔什维克党内和军内的地位和威望使他成为斯大林争取苏联最高领导地位的主要障碍。列宁在遗嘱中曾高度评价托洛茨基，同时建议把斯大林"从总书记的位置上调开"。因此，斯大林和托洛茨基之间的矛盾极深。在苏共内部斗争中，托洛茨基在 1927 年被开除出党，流放到中亚的阿拉木图，1929 年被驱除出国，1938 年成立"第四国际"，1940 年 8 月在墨西哥被暗杀[1]。在德军进攻苏联之前，斯大林开展的主要政治运动就是彻底清除党内的"托派分子"。盛世才把这些苏联官员称为"托匪"，恰好触动了斯大林的痛处，而且这些驻新疆外交官大多来自苏联各中亚

---

[1]　http：//baike. so. com/doc/6272310. html? from = 125762&sid = 6485734&redirect = search.

共和国，托洛茨基流放阿拉木图期间很可能与他们有过接触，这更增加了他们的"托派"嫌疑。而"托派"的主要罪名（或者说主要策略）就是"打着红旗反红旗"，用"列宁主义""社会主义"的旗帜反对斯大林。盛世才对这些苏联官员使用的分析逻辑与斯大林在党内"大清洗"的逻辑一拍即合。

盛世才指控苏联领事馆官员是"托派"时，还提供了中国"托派"的供词，争取将其做成"铁案"。

> 据杜重远亲笔供称：……我问重庆托派组织何以有把握介绍沃代总领事（即欧杰阳克），张（仲实）说沃代总领事原系苏联托派，我们共同的目标是破坏新疆现政府，妨碍中国抗战工作，最后好进攻苏联（张大军，1997：313）。

为了使杜重远的以上供词具有可信度，盛世才提供了该案审讯的多人的详尽供词（库尔班色·以多夫、沙里福汗、史枚）来证明新疆学院院长杜重远成为一名托派分子的始末以及杜重远在新疆开展"托派活动"和秘密会议上布置反苏阴谋暴动的大量旁证（张大军，1997：190 - 197，213 - 251，264 - 278）。

3. 为什么新疆不能马上建立一个"社会主义国家"

但是，在新疆建立一个社会主义国家有什么错吗？让新疆的无产阶级、贫苦农牧民获得解放、掌握政权有什么错吗？这难道不正是无产阶级革命和国际主义的正当目标吗？为了回答这个问题，盛世才还必须从马列主义理论出发对这一点加以说明。

首先，盛世才无法从原则上否认新疆建立"社会主义国家"的可能性：

> 原来新疆是具备着由旧世界跳跃到社会主义新世界的条件，这个条件首先表现在新疆与伟大社会主义国家在地理上有数千公里的土地毗连，以及苏联十月社会主义革命给予新疆以最大的优良影响，尤其是在此影响之下，新疆已建立起来了崭新的六大政策（反帝、亲苏、民平、清廉、和平、建设）政权①。一方面用六大政策的形式给广大

---

① 六大政策中的"民平"指民族平等。

群众，尤其是各族先进青年教育着马列主义的理论，正确与充实着他们的意识和思想（现在新疆的文学校学生及军官学校学生均在课外研究列宁主义问题及斯大林传，并在正课内的讲堂上由讲师讲授新哲学"辩证法唯物论"），一方面新疆与苏联保持着最紧密的联系，这不仅是说明我个人用六大政策领导着整个新疆经过非资本主义发展的道路向着社会主义的光明前途奔驰着，同时在客观上也确实具备这样的条件，能够使新疆比中国其他各省先跳跃到社会主义新世界里边去（张大军，1997：368）。

他在承认存在这种客观可能性的同时，实际上是在努力表白自己在宣传马列主义、宣传斯大林（要求学生学习《斯大林传》）、推动新疆朝着"社会主义"这一伟大目标迈进方面所做出的功绩，这无疑拉近了他与斯大林的感情与心理距离。但是话锋一转，他开始论证"在目前"新疆尚不适于"马上建立社会主义国家"的理由。

在六大政策，尤其是反帝亲苏政策领导下的新疆，虽然具备着建立社会主义国家的可能与条件，但是在目前绝没有任何根据可以把建立"社会主义的维吾尔斯坦"这一主张实行起来，因为在目前的形势之下，在新疆要实行建立"社会主义的维吾尔斯坦"是一个政治上的错误，其所以错误的地方在于以下两点：

第一，目前新疆只有建立社会主义国家的"条件"而没"实行"建立社会主义国家的"时机"。因为新疆是中国的一省，是整个世界的一部分。……要在新疆先行建立社会主义国家必须要有以下几个机会：

（1）印度革命浪潮高涨使英帝国主义在印度的统治发生动摇并走向崩溃的时候。（2）中国革命浪潮高涨，国内反动势力锐减或瓦解的时候。（3）中国革命退潮，国内反动势力特别抬头的时候，如领导中国抗战的最大政党——国民党受亲日派之包围与压迫走到对日投降、进行内战进攻共产党，而使中华民族革命遭受危险的时候。……

因为在新疆建立社会主义国家就是在给印度民族革命以最大的鼓动，而予英帝国主义在印度的统治以有力的威胁。如果这个情形不是在印度革命浪潮高涨的情势之下发生，那么英帝国主义定要拼全力扑

灭这堆对自己特别不利的革命火焰，甚至对新疆进行武装干涉，这就
等于挑拨英帝国主义加紧进行反苏阴谋。

其次在新疆建立社会主义国家，如果不是在中国革命浪潮高涨的
情势之下发生，那么必然要遭到中国国内反动势力之对抗，必然使中
苏两国友善关系陷于破裂，而在中国抗战后方掀起国内反动势力与新
疆之内讧，破坏了中华民族抗战之前途。

但是如果遇到了中国革命退潮的时候，国内占最大势力的国民党
已经对日投降，而对革命势力进行剿灭，中国有亡国危险的时候，新
疆为了保存自身的革命实力，为了声援进步的势力，为了打击反动势
力，为了彻底争取中国革命与世界革命之胜利，为了反对国内一切反
动投降势力，必须毅然决然站在最坚决的革命立场上，摆脱一切反动
势力之束缚，在新疆建立起来社会主义共和国，那时对于英帝国主义
及国内任何反动势力的武装干涉均可有所不顾。相反地，如果中国革
命并没有退潮的时候，而在新疆实行建立社会主义国家，这就等于分
裂中国民族抗日统一战线，这就等于破坏中国革命与世界革命，这就
等于在客观上帮助日本帝国主义侵略中国（张大军，1997：368 -
370）。

斯大林知道英国丘吉尔首相是坚决反共的，英国和法国之所以对希特
勒德国采取"绥靖"政策，就是希望把祸水引向东方的苏联。所以斯大林
对英国的政治动向一直非常警惕。盛世才提出英国通过印度干预新疆并扩
大英国在新疆影响力的可能性，斯大林对此具有同样的担心。从 1940 年的
欧洲和亚洲形势来看，斯大林最希望的局面是保持新疆的现状。除非中国
政府被像汪精卫这样的亲日派完全掌控，新疆有被日本势力控制的危险时，
斯大林才会考虑推动改变新疆的现状。

盛世才认为不应当建立"社会主义的维吾尔斯坦"的第二个理由是：

第二，新疆只能建立十四个民族共同的社会主义国家，而不能建
立单独一个民族的"社会主义的维吾尔斯坦"。新疆共有十四个民族，
这些民族都有数百年共生共荣的历史。在将来新疆得到了建立社会主
义共和国的时机，也必须要建立十四个民族的"新疆苏维埃社会主义

共和国"，绝不能仅仅是单独一个维吾尔民族的"维吾尔斯坦"。维族阴谋组织所标榜的"社会主义的维吾尔斯坦"完全是一种狭隘民族主义之反动意识的表现，这里丝毫看不出一点国际性的社会主义的气味来（张大军，1997：370 - 371）。

从这段话来看，盛世才对新疆民族关系复杂性的认识还是有所了解的。在他真正掌握新疆军政大权的道路上，他曾经面对的竞争者包括了回族的马仲英、马虎山，汉族的张培元以及维吾尔、哈萨克族的地方首领，即使维吾尔族在新疆总人口中占大多数（当时一个说法占 80%），他也认为不宜在具有 14 个民族"数百年共生共荣历史"的新疆把其中一个民族单独突出出来。而且有意思的是，他还提到了"狭隘民族主义之反动意识"。

4. 盛世才对斯大林的效忠表态

令斯大林读后心里最感舒服的一段话，应当是盛世才表达出来的对"世界无产阶级的领导者"的绝对敬仰和坚决服从：

> 除去具备以上三个时机中的一个时机之外，还必须要得到世界无产阶级的领导者斯大林先生的允许才能够把"建立社会主义国家"这一任务在新疆"实行"起来（张大军，1997：369）。

同时，对于刚刚在强力下被合并进苏联的波罗的海三国，盛世才表示了自己的羡慕之情，这不仅对斯大林吞并三国表示了肯定，而且暗示自己希望新疆有朝一日也能够如波罗的海三国那样"跳跃到新世界里"。

> 我亦曾美慕西欧爱沙尼亚、拉脱维亚、立陶宛等国家已经得到了解放，已由旧的世界跳跃到新世界里边去了。虽然他们与新疆一样同苏联在地理上接壤，并受到苏联十月社会主义革命的优良影响；但是他们的国内形势与中国的国内形势却有诸多不同之处。现阶段国际形势给予他们的影响和给予新疆的影响，也存在着许多异点。爱、拉、立在今天跳跃到新的社会主义世界里去，是由于抓住了有利的时机。同时他们这一跳跃对于自己、对于世界革命都是有利的。但是目前在新疆因为没有那样有利的机会，如果要像维族阴谋组织所主张的一样，在新疆建立"社会主义的维吾尔斯坦"，对于中国，对于苏联，对于世

界革命都是有害的（张大军，1997：370）。

最后话锋一转，盛世才把他检举的几位苏联外交官"定性"为"托洛茨基匪徒"并"阴谋反苏"。这些人居然在领袖斯大林没有直接下达命令的条件下，"擅自"在新疆推动"建立社会主义维吾尔斯坦"这样的重大活动，破坏斯大林的国际战略，"与英帝国主义对于新疆的挑拨目的步骤相一致"。熟悉斯大林人格特点的盛世才所强调的这几点，恰恰都是斯大林最忌讳的。

> 总之，一方面新疆虽然是具备着由旧世界跳跃进入新世界里边去的条件，可是在时机未到和未能够得到全世界无产阶级革命领导者斯大林先生的允许的时候，而欧杰阳克（迪化苏代总领事）、阿不都热合满（苏领馆人员）、耶果洛夫（苏领馆人员）等在暗中阴谋进行着所谓组织"社会主义维吾尔斯坦"的勾当，不只是违反了共产国际的命令，而且是充分证明了正是托洛茨基匪徒的行为。另方面，在欧杰阳克、阿不都热合满、耶果洛夫等指挥与策动下的维族阴谋组织在新疆组织"社会主义维吾尔斯坦"的事件，在表面上看来虽然好像似使新疆与苏联更加亲密起来，与实行马列主义。可是在骨子里便正是进行着违反马列主义与阴谋树立反苏的根据地。同时还充分暴露出他们对于中苏两大国的友善关系、对于中国抗日民族统一战线内各个势力的相互关系，对于新疆十四个民族亲密团结关系的离间与挑拨，他们这种挑拨与离间，按照下列的几项事实看来，也正与英帝国主义对于新疆的挑拨目的步骤相一致（张大军，1997：371）。

盛世才在莫斯科曾经三次会见斯大林，在这封报告书中，他自然也不会忘记强调一下自己与斯大林的特殊私人关系。

> 我有为马、列、斯主义前途胜利做斗争的七年长时间的历史原因，苏联与新疆的亲善一天比一天亲密的原因，全世界无产阶级的领袖斯大林先生和他最忠实的战友莫洛托夫、伏罗希洛夫先生对我个人的思想深刻了解、对我信任的关系，我才敢于检举他们（指苏联官员）（张大军，1997：383）。

　　这些用词难免不使我们回想起斯大林在世时苏联政坛上的"个人崇拜"话语和中国"文化大革命"时期对毛泽东的个人崇拜话语。"斯大林主义"一词最早由拉扎尔·卡冈诺维奇提出，尽管以马克思列宁主义者自居的斯大林本人从未使用过这个词汇，但是盛世才在《报告书》中多次提到"马克思主义、列宁主义、斯大林主义"，而且把斯大林称为"全世界无产阶级的领袖"，斯大林本人至少对此是不会反感的。

　　最后盛世才声明，他将对报告书中提交的事实及口供材料负全部责任："不论到何时我是完全负责任的，倘要有冤枉了耶果洛夫、欧杰阳克、阿不都热合满等的地方，我甘愿以马、列、斯主义信徒的资格，在全世界无产阶级领袖斯大林先生的面前领受任何严重的处罚！"（张大军，1997：384）。这完全像是帮会里一个表示忠心的下属对帮会领袖的赌咒发誓，哪里像是中国一个省的军政首脑与外国元首的国际交往。

三　盛世才对"国际阴谋暴动案"案情的具体陈述

1. 反驳苏联内务部来新疆参加审讯官员对盛世才亲信提出的指控

　　斯大林第二次派来对新疆"国际阴谋暴动案"进行审讯的苏联内务部官员聂色克对涉案人犯进行审讯后，明确提出盛世才安排对该案负责审讯的两名官员（审判委员会委员长李溥霖、公安处长李英奇）有严重逼供行为，所获得的证词不足信。盛世才对此进行申辩的方法是坚称此二人的政治正确性和人品可靠性，而证明这一点的依据是盛自己的政治判断力和干部政策。

　　该项所称各节并无事实的根据，因为李溥霖、李英奇不只是无破坏新疆与苏联之间友谊关系的事实，而且在他们的工作上、行动上、言论上以及喜欢研究马列主义和斯大林主义及趋向信仰马列主义、斯大林主义的各方面的事实，足以充分证明了是六大政策尤其是亲苏政策的正确执行者。我在斯大林先生及其最亲近的战友莫洛托夫、伏洛希洛夫的经常领导之下，在七年的长时间与英日两帝国主义及托洛茨基匪徒的苦斗奋战的宝贵经验中，我也学会了选拔忠实干部，我也学会了认识谁是忠实六大政策的忠实干部，如果李溥霖、李英奇是不忠实的分子，在我自己经常地特别提高了警觉性的考察人的条件之下，我决不能以审判英日两帝国主义走狗及托洛茨基匪徒并谋刺我的刺客的重大责任交付与他们二人办理（张大军，1997：45）。

我对第三十四项的声付：该项所称各节虽然一部分有相当理由，可是聂色克不了解在斯大林领导下的盛督办和在六大政策领导下公安管理处处长李英奇，是完全为新疆各族人民谋幸福的，不敢冤屈逮捕一个任何民族的人（张大军，1997：46）。

盛世才的分析逻辑是：（1）自己处于斯大林、莫洛托夫、伏罗希洛夫的"经常领导下"，政治上必然是正确的，而且"学会了"如何识别干部；（2）李溥霖、李英奇是盛自己亲自选定来负责审判这一重大案件的，所以必定是可靠的；（3）如果怀疑李溥霖、李英奇的可靠性，实际上就是不信任盛世才；（4）连斯大林主义忠实信徒盛世才也不相信的人，只能是斯大林的敌人——托洛茨基匪徒。

新疆在当时苏联的国际战略当中非常重要，斯大林需要一个稳定和亲苏的新疆。而盛世才至少在表面上对苏大林极力表示忠诚，在新疆全面执行亲苏政策，苏联军队驻扎在哈密等地，苏联顾问在新疆各地指导当地政府的工作，苏联可以随意在新疆开采矿藏，这些利益和战略影响力是斯大林绝不愿意失去的。盛世才把话讲到了这个地步，斯大林就没有了选择的余地。无论他是否真心相信这些苏联官员确是"托派"，他也必须把他们当作牺牲品来换取盛世才的继续效忠。

2. 对人犯审讯中提出的对自己不利的供词予以反驳

在对案犯口供进行驳辩时，盛世才对于涉及自身的那些指控，也一再强调自己对苏联和抗战的全力支持，在涉及的具体事务中把自己的责任推得干干净净。例如：

据阿不都海米提·买合苏多夫供称：库尔班·色以多夫（财政厅副厅长）说："（盛世才）督办对于中央并不好好帮忙，自从抗战以来以援助抗战的名义向民众收集的捐款为数不少，寄往内地的也不过是十架飞机，依我看所募集的款不止十架飞机，应当还要多。"

的确我从来没有帮助过，并且也不能帮助国民党的中央，但是我对于中国的抗战是以最高的热诚帮助着，我曾开放了直接援助抗战的中运，我曾发动了广大群众的抗日捐款，我曾尽全力地保护了中国西北的国际交通路线……这些事实，不是说明援助抗战吗？至于在民众中收集抗日捐款，是由新疆的民众联合会主办的，负责的人是反帝会秘书长王宝乾（现在的外交署长），政府并未派人参与其事，也没有染指的可能。同时政府也相信王宝乾在这工作中绝无贪污的情弊。那么库尔班·色以多夫这不是有心造谣吗？（张大军，1997：168）。

3. 强调新疆与中亚的特殊关联和相互影响

盛世才在报告书中多次提醒斯大林，新疆各突厥民族的血缘、语言、宗教、部落社会传统与苏联中亚各国有着极为密切的关系，在泛突厥主义和泛伊斯兰主义的强大作用下，新疆的形势有可能会影响苏联在中亚突厥民族地区的统治。

> 驻阿山苏联领事馆的秘书那扎洛夫……说："中亚各民族间的风俗习惯是一样的，互相之间没有多大的区别。哈族、乌兹别克、塔塔儿、塔吉克、土尔克尔等民族虽然语言不同，但是他们不能成为单独的民族，因为按历史来看，他们都是土耳其血统。在苏联虽说是没有民族观念，但实际上民族还是存在着。无论哪个人还是爱着自己的民族，把一个民族同化成另一个民族，那是很不容易的事情。将来中亚各民族团结起来，能成立一个很大的国家，那时用不着分东西土耳其斯坦了。"（张大军，1997：178）

苏联虽然进行了"民族识别"并为各"民族"设立了不同层级的"加盟共和国""自治共和国""自治州"等，但是在共产主义意识形态中，对"阶级意识"的强调是远高于"民族意识"的。苏联中央政府一直极为警惕各少数民族中的"资产阶级民族主义思潮"。中亚的形势尤为特殊，在 1917～1920 年期间，中亚地区一直存在建立一个包括伏尔加—乌拉尔—中亚的"大突厥国家"的呼声。"要彻底打倒泛突厥主义，就要铲除一个拥有 200 万人口的庞大的'突厥民族'的自治共和国的怪影，首要的工作是对中亚的'突厥民族'进行'识别',从而肢解现有的突厥斯坦共和国。……突厥斯坦省长官署的秘密工作头领柯恩……建议把突厥斯坦分成五个共和国或自治共和国。莫斯科接受了这一建议"(王智娟,1999:20 - 21)。所以,斯大林对中亚各国的局势一直是非常谨慎地加以关注和掌控的。

在1933～1937年,苏联全部10个加盟共和国即乌克兰、白俄罗斯、格鲁吉亚、亚美尼亚、阿塞拜疆和中亚五国(乌兹别克、土库曼、吉尔吉斯、塔吉克、哈萨克斯坦)的主要党政领导人都被清洗[①],同时卡累利阿、鞑靼、卡巴尔达 - 巴尔卡尔、达格斯坦、车臣 - 印古什、楚瓦什等自治共和国的主要领导人也同时遭到清洗(赵常庆等,2007:125 - 126)。即使在这样的"大清洗"之后,斯大林也未必对中亚各国的苏共干部能够完全放心。有的学者认为,这种担心甚至也体现在斯大林对1944年在北疆建立的"东突厥斯坦共和国"的态度转变上,担心新疆如果真的出现一个伊斯兰教独立国家"必将激发泛伊斯兰主义和泛突厥主义的泛滥,首先将影响苏联中亚地区的安全和稳定"(薛衔天,2008:348)。正是这一担心促使斯大林强迫势如破竹进军迪化(今天的乌鲁木齐)的"东突厥斯坦共和国"领袖停止军事行动,命令他们与国民党政府进行谈判并建立新疆"联合政府"。

1940年盛世才在报告书中描画的这个包括中国新疆和苏联中亚在内的"大突厥斯坦"国家蓝图,"中亚各民族团结起来,能成立一个很大的国家,那时用不着分东西土耳其斯坦",居然出自苏联驻阿山苏联领事馆官员之口,这必然会引发斯大林对这些苏联外交官的不信任甚至愤怒。盛世才已经摸准了斯大林的这根脉。

4. 给该案主要嫌犯戴上"日本间谍"的帽子

在20世纪30年代和40年代,斯大林一直面对着东方的日本和西方的希特勒德国这两个敌对国家。日本在1905年日俄战争中获胜后,得到了库页岛南部、南千岛群岛和东北的中东铁路,压缩了俄国在亚洲的发展空间。日本占领东北后,右翼势力一直鼓动关东军进攻苏联,只是日军在1939年

---

① 在20世纪30年代苏联内部有俄罗斯联邦和10个加盟共和国,在"二战"时期吸收了波罗的海三国(爱沙尼亚、拉脱维亚、立陶宛)和摩尔萨维亚,苏联解体时分裂为15个政治实体。

"诺门坎"战役惨败以后，边境上才暂时安静起来。德军进攻苏联后，斯大林最担心的就是东方的日本同时进攻苏联，因此把大批军队集结在西伯利亚备战。只有在从中国方面获知日军的主攻方向不是"北上"而是"南下"（东南亚）之后，斯大林才松了一口气，把集结在西伯利亚的部分苏军调往吃紧的西部前线。所以，盛世才很清楚，只要一提到"日本间谍"绝对会触动斯大林的敏感神经。

据沙里福汗（阿山行政长）供称："……在这次会议上，杜重远（新疆学院院长）公开发表说，他是汪精卫派来的，推翻新疆新政府，把新疆分成南北两路自治区域，北路由我（沙里福汗）领导，南疆由阿不都拉大毛拉（建设厅长）领导，在新疆组织一个新政府，由杜重远领导，外交、政治、军事、经济全靠日本。关于此话，大家都同意，没有发表其他的意见，杜并说对内政策是切断中苏的交通"（张大军，1997：195）。

根据沙里福汗亲笔供的一切事实材料说明：……杜重远则直接接受日本帝国主义走狗汪精卫的指示。其外交、军事、政治、经济方面依靠日本帝国主义进行，断绝中苏交通，破坏中国抗战后方的工作（张大军，1997：207）。

5. 在阴谋策动者的名单上除日本外，再加上英国

据沙里福汗供称："……在宰牲节后第四天，阿不都拉大毛拉（建设厅长）在他的内宅对我说，喀什的阴谋组织中有个艾里阿訇在本年（1940 年）的 1 月间来省，然后他又给我们通了消息，关于金钱的帮助，曾由英国方面供给着在省城的阴谋组织，英国也经由喀什阴谋组织给汇钱来。……我对阿不都拉说，你们向杜重远说，通知日本来三四十架飞机，把迪化军事机关轰炸不好吗？除此之外，还有什么援助？他说他能办得到，没有办不到的"（张大军，1997：198－199）。

……同时还充分地证明了前阿山苏联领事苏尔唐诺夫与前代苏联代总领事欧杰阳克，他们是互相联系起来作为英日帝国主义的帮凶者，和直接唆使各族阴谋组织，尤其是主使维哈两族谋叛首领进行反对新疆政府的工作。又同时更确切证明了此次各族阴谋组织，是在英日帝国主义唆使和援助之下，及托匪们的积极策动之下，成立和活动起来的。他们发动起来阿山的暴动，是借此吸引政府的多数兵力到阿山方面去，然后乘各地特别是省城空虚之际相继举行暴动，并在省城暴动时进行谋刺（盛世才）督办，企图推翻现政府，在英日帝国主义扶植下与托匪们的策动下，在新疆建立起来反苏政权，以期破坏中国抗战并达成反苏之目的（张大军，1997：209-210）。

在第一次世界大战期间，英日签订《同盟条约》并在中国有长期合作的传统，如果统治印度的英国和占领中国东部的日本联起手来控制了新疆，日军就可以进军中亚。英国假如不便公开支持，也必然采取面对希特勒德国在中欧侵略行动时类似的"绥靖"政策，把祸水引向苏联。这一发展态势是斯大林无论如何也必须加以遏制的。

四　盛世才在新疆的马克思列宁主义、斯大林主义实践

为了取得斯大林的充分信任和在未来能获得各方面的支持，盛世才在《报告书》里对自己的政治信仰和在新疆的工作业绩也进行了全面总结。

> 我是信仰马、列、斯主义的，同时我又在实践中实行了马、列、斯主义，把马列斯主义很巧妙很灵活地以反帝、亲苏、民平、清廉、和平、建设的形式运用在半封建半殖民地的中国，尤其是落后的新疆封建社会的实际情况中。在1933年四月革命后，我所提出来六大政策是把马克思主义－列宁主义－斯大林主义的正确理论很灵活地很巧妙地应用在半殖民地半封建的中国……以推动落后的中国，尤其是新疆的落后社会加快走向发展和进步的道路。……另方面作为发展新经济（经过非资本主义道路的发展的新民主主义的经济）、创造新政治（新民主主义的新政治），发展新文化（发展以民族为形式、以六大政策为内容的民族文化的新民主主义文化）的正确指针。根据我信仰马、列、斯主义的立场，我是希望着马、列、斯主义的胜利（张大军，1997：382-383）。

　　盛世才不仅在思想上信仰马克思主义列宁主义、斯大林主义，在新疆各学校里要求学生学习马列主义、斯大林主义，学习辩证唯物主义和《斯大林传》，还热情地接待了苏联派来的外交官、军事顾问、教官和技师，"对在新疆俄人委曲求全、低声下气和百倍和气"，只是在 1938 年盛加入苏共并与斯大林建立起个人联系后，他的腰板才挺起来，甚至在 1940 年的这一案件中敢于公开指控苏联的代总领事和内务部官员。

　　我在七年的过程中，根据着六大政策，特别是反帝、亲苏政策，根据我对于马、列、斯主义的坚决信仰，又根据苏联友邦派到新疆的外交人员及各顾问各专家各教官各技师的热情帮助，我对于他们怀着无限的感激，不仅是我以百分的诚恳对待他们，而且他们所贡献的意见只要适合于新疆的环境，有利于抗战后方的新疆，有利于世界和平阵线的发展，我不但采纳和认真执行，同时，我还很严厉地督促部属认真地执行。所以七年以来，就在这种情势下工作着，并没有发生过丝毫的摩擦与分歧。但是我现在突然检举耶果洛夫、欧杰阳克、阿不都热合满等不正确分子的原因，就是因为他们犯了违反马、列、斯主义的错误，做下了背叛列宁斯大林党的罪行，尤其是内政部是与帝国主义及托洛茨基匪徒做斗争的机关，又是保障苏维埃社会主义安全及争取马列斯主义胜利的机关，他们既是内政部的人员，自己又做出帮助帝国主义走狗及掩护托匪的罪行，这更是罪不容恕的！（张大军，1997：383－384）

　　他们既然做出这样的错误，无疑的是违反了马、列、斯主义。我为了争取马、列、斯主义的前途胜利，我是应当这样来检举他们（张大军，1997：383）。

　　正是由于盛世才的坚定信仰与不懈努力，"新疆在我领导下亲苏政策已有七年来的历史，与苏联造成了牢不可破的关系……"（张大军，1997：73）。盛世才在 1935 年和 1937 年两次分别向苏联借款 500 万金卢布和 250 万金卢布用于购买武器装备部队（陈慧生、陈超，2007：311）。据 1934 年担任苏联方面援助新疆的负责人亚历山大·巴利明介绍："从靴子到国民党徽章，我们从头到尾装备了一万人的新疆军队，苏联顾问也被委任为（新疆省的）官员而实际掌握省的管理权力。……除名称外，新疆不久就成为苏联的殖民地。……作为最高财政机关而新设立的新疆财政委员会的决定权，掌握在苏联顾问手中，一切议案及预算支出，没有顾问的签名就不能生效"（王柯，2014：95）。苏联派了一个现代机械化团驻扎在哈密①，没有苏军的直接参与，盛世才在与马仲英和张培元的作战中是不可能取胜的。

盛世才在《报告书》中标榜自己"把马、列、斯主义很巧妙很灵活地以反帝、亲苏、民平、清廉、和平、建设的形式运用在半封建半殖民的中国，尤其是落后的新疆封建社会的实际情况中"，但是据说，"1936 年盛世才编写《六大政策教程》时，每写完一章就会马上通过总领事馆送交斯大林审查"（王柯，2014：95），所以他的"六大政策"必然带有苏联意识形态的痕迹，也必然在实践中为苏联的利益服务。

我们在阅读盛世才的《报告书》时，也可从案犯的供词中看到苏联驻新疆各地领事馆外交人员是如何深深地介入甚至直接指挥地方政府的工作运行。在所谓"喀什阴谋暴动案"中，喀什公安局指导员阿不都哈德尔本人是苏联国籍，他"与苏联驻喀什副领事瓦西里·彼得罗维奇关系十分密切，审讯的所有材料要交给领事馆的军事顾问莫斯格维丁"。"在逮捕犯人方面又是奉军事顾问莫斯格维丁的命令施行的。同时莫顾问和瓦副领事又均领导并参加了审讯工作"（张大军，1997：92）。

哈生明（喀什公安局长）供称："在（省）政府召开三全代表大会时，喀什苏联领馆副领事瓦西里·彼得罗维奇、军事顾问莫斯格维丁命我赴迪化充代表，并命我向蒋司令报告要汽车"（张大军，1997：91）。地区公安局长出差去出席省里的会议，这个任务居然是由苏联领事和苏联军事顾问下达的，这种工作关系在中国其他地区（除了日军占领区）恐怕是找不到的。

在中华民国政府管辖的其他省区，政府的旗帜统一为青天白日满地红

---

① "该团团长为少将衔，下辖步兵 680 余人，骑兵 700 余人，摩托兵 560 余人，坦克兵 400 余人，飞行员 100 余人，总兵力超过 3000 人，配备摩托车 100 多辆，大小炮数百门，坦克 50~60 辆，飞机近百架"（陈慧生、陈超，2007：312 – 313）。这支苏军驻扎在连接甘肃的新疆东部门户哈密，就是为了阻止国民政府所属军队进入新疆。

旗，而在新疆，盛世才打出来的却一直是有一个六角星（象征他提出的"六大政策"）的红旗。下图是当年新疆的宣传画，风格与苏联政治宣传画风十分相似，这也真称得上是民国历史中的一个十分奇特的现象。

当然，在 1942 年盛世才决定反苏反共、投向蒋介石政府后，他向蒋政府提交的对自己推行"六大政策"的解释和对 1940 年的"国际阴谋暴动案"的说明，自然与《上斯大林报告书》的内容很不一样，他在 1942 年 7 月 7 日呈交给蒋介石的报告中，只简略地提到：

> "破获了新疆维吾尔族、塔塔尔、归化族、回族的大阴谋暴动案，该案之目的，是要把新疆脱离中国，成立维吾尔斯坦。该案之参加者，均系新疆各族中最有名望之人物，而该案之策动者，则系苏联前任驻迪化总领事欧杰阳克。该案破获后，所有刺客十数人，参加百数十人均经就擒，因此职（盛自称）为了测验该案北京，是否苏联政府之行为，所以去了上述的信件，以观苏联政府如何答复，他们已识破了是职（盛自称）的试探，所以迄今未得答复"（张大军，1980：4082－4083）。

盛世才花言巧语，两句话就把 1940 年与斯大林的多次电报、信件往来蒙混过去。他对自己加入苏共给蒋介石的解释是"实由学识与经验之不足，致被挂着马克思主义假招牌的人们所愚弄欺骗"，对于 1941 年建议苏联在新疆成立苏维埃政权，则是"借以测探苏联政府对新疆是否有领土野心和是否真正执行马克思主义"，而并非"真实请求"，"是以职（盛自称）今后绝对不能再与此类假的马克思主义者相合作，誓以至诚，拥护钧座与国民党之领导，效忠党国"。蒋则对之好言慰抚，"既往一切不但原有，且均为负责"（黄建华，2003：68）。后来盛世才随着蒋介石到了台湾，受聘为总统府国策顾问、国防部上将高参和行政院设计委员，出版《牧边琐记》《新疆十年回忆录》等书[①]。1970 年 7 月 13 日在台北病逝，终年 76 岁。

---

① 盛世才在《新疆十年回忆录》中，也曾提到 1940 年的"国际阴谋暴动案"（张大军，1980：4088－4089）。

结束语

中华民国时期（1912~1949年）既是中国社会从专制皇权向现代民族国家过渡的一个重要转型期，也是全国军民英勇抗击帝国主义侵略特别是日本侵略军，关系到民族存亡的特殊时期。纵观国内学术界的中华民国史研究，对于边疆地区（新疆、西藏、青海、内蒙古等）的关注相对较弱，但是这些地区无论是民国时期还是今天，对于中国的国家统一、民族团结、社会发展、经济繁荣都极为重要。新疆面积为中华人民共和国陆地面积的六分之一，历史上即是内地通向中亚和欧洲的"丝绸之路"，今天同样居于非常重要的战略地位。我们要想认识今天的新疆，就必须了解历史上的新疆，而1933~1944年盛世才在新疆的12年统治，就是我们不可忽视的一个历史时期。在这个领域里，《盛世才上莫斯科斯大林报告书》与《新疆风暴七十年》一样是不可多得的史料汇编，我希望类似这样的民国档案材料能够逐步引起国内学者更多的重视。

参考文献

包尔汉，1984，《新疆五十年》，北京：文史资料出版社。

陈慧生、陈超，2007，《民国新疆史》，乌鲁木齐：新疆人民出版社。

黄建华，2003，《国民党政府的新疆政策研究》，北京：民族出版社。

王柯，2014，《东突厥斯坦独立运动（1930年代至1940年代）》，香港：香港中文大学出版社。

王智娟，1999，《现代国家：民族国家的组建》，潘志平主编《民族自决还是民族分裂》，乌鲁木齐：新疆人民出版社，第3~32页。

薛衔天，2008，《是推进新疆革命，还是维护自身安全？——关于苏联调停三区革命的民族因素》，中国社会科学院近代史研究所编《中华民国史研究三十年（1972-2002）》，北京：社会科学文献出版社，第345~359页。

张大军，1980，《新疆风暴七十年》，台北：兰溪出版社。

张大军主编，1997，《盛世才上莫斯科斯大林报告书（1940）》，台中：中亚出版社。

赵常庆等，2007，《苏联民族问题研究》，北京：社会科学文献出版社。

中国城镇化进程中的民族关系演变*

自中国开启体制改革和对外开放进程以来，经过三十多年的发展，我国城乡所有制结构、社会分层结构和社会流动机制已发生重大变化，这些变化也引发了全国性的人口跨地域流动与迁徙。在城乡所有制结构转型和市场经济发展过程中，城乡之间的人口流动以及跨地区人口流动已成为普遍的社会现象，国务院研究室课题组发表的一份调查报告中指出，2006 年约有 1.2 亿农民工生活和工作在全国各地大小城市，已成为当地经济活动和社会运行不可缺少的组成部分（国务院研究室课题组，2006：2）。一些报道认为近期全国已有 2.6 亿左右的流动人口，并且预测我国人口跨地域流动性在未来仍将继续增长。

在跨地域流动人口不断增长的过程中，21 世纪初中央政府制定的"西部大开发"发展战略是一个重要的历史转折点，国家投资的大量基础设施建设项目（如青藏铁路、南疆铁路等）显著地改善了西部地区的发展条件和投资环境，带动了许多东中部企业在西部地区投资设厂，从而改变了当地劳动力市场的规模与结构，推动了西部地区原国有经济体制改革进一步深入和西部地区劳动力就业的市场化。这些变化一方面加强了西部少数民族地区与东部沿海汉族聚居区之间在开发项目、资金、物资和人员等各方

* 本文原载于《西北民族研究》2015 年第 1 期，第 19～34 页。

面的交流合作，同时由于西部地区居民的族群构成、语言环境、宗教信仰和文化传统与东部沿海地区存在很大差异，这些建设项目的实施和人口大规模流动也带来许多值得关注的社会问题。

在东中部汉族人口来到西部地区的同时，西部本地农牧区少数民族劳动力也开始大量离开农村，进入当地城镇，汇入全国"农民工"大潮中。特别是那些没有继续升学的初高中毕业生，他们的父母大多在40多岁，家里承包的土地草场长期由父母经营，这些毕业生离开学校后如果不外出打工，就会成为乡村闲散游荡人员，对当地的社会稳定和管理造成新的问题。由于政府对西部少数民族没有实行严格的计划生育政策，当地人口增长较快，这也增加了当地的就业压力。与我国东中部汉族农村的情况相似，西部乡村少数民族初高中毕业生的就业机会主要在城镇。如果这些少数民族青年（藏族、维吾尔族等）因为各种原因（普通话不熟练、受教育程度低、本民族传统就业观念等）没有能够顺利地进入本地城镇就业市场，各种发展项目所开拓的就业机会主要为外来汉族劳动力占据，那么这一激烈的就业和生存竞争很可能被打上"族群竞争"的色彩，为当地的民族关系带来复杂局面。西部大开发和全国性就业市场的发展推动西部少数民族地区的经济发展与社会变迁迈上一个新台阶，也使发生在各地区、各层面的民族交往无论在规模还是在深度上都进入了一个全新的历史时期，使中国城市民族关系呈现许多新态势。

与汉族劳动者进入西部地区的同时，西部少数民族劳动力也开始逐渐来到东部沿海城市。通过人口普查数据，我们可以观察到因人口流动带来的各地人口民族构成的新变化。本文主要通过人口普查数据来讨论我国主要民族的人口城镇化水平，分析我国人口的跨地域流动及族际交流态势，并考察藏族、维吾尔族、蒙古族这三个我国主要少数族群的跨地域流动情况。我国西南地区的一些少数民族长期与汉族混居，在跨地域流动中有一部分属于迁入内地农村的婚姻迁移，而藏族、维吾尔族、蒙古族这三个民族的人口跨地域流动更为集中在城市。这几个民族具有自己的语言、宗教和生活习俗，本族人口高度聚居，特别是维吾尔族和藏族与汉族通婚比例很低，跨越自治地方的人口流动目的地主要是东部大中城市，因此对这些族群人口的城镇化进程具有更大影响。

一　我国各民族人口的城镇化水平和发展态势

首先考察全国人口普查数据所反映的我国 17 个主要民族的城镇化水平，使用的指标是城市居民、镇居民和县（乡村）居民在各民族总人口中分别占有的比例。把"城市人口"和"镇人口"加以区分，是为了显示人口在城镇体系内的分层次分布，而把城市人口和镇人口合并为"城镇人口"，则是为了与农村人口（县人口）比较，显示整体的城镇化水平。

表 1 和表 2 分别是 2000 年第五次人口普查和 2010 年第六次人口普查提供的我国 17 个主要民族的城市人口数字、镇人口数字、县（乡村）人口数字及各自在各族总人口中所占比例。表中的全国城市、镇、县人口数字可作为参照指标。

在 2000 年，表 1 中各族城镇人口比例超过全国平均比例（36.9%）的有朝鲜族、回族和汉族，比例最低的是哈尼族（9.6%）和彝族（10.4%）。而城市人口数超过镇人口的有朝鲜族、回族、汉族、满族和维吾尔族。这反映出 21 世纪初各民族人口城镇化的内部结构。2010 年城镇人口比例高于全国平均水平的依然是朝鲜族、回族和汉族，比例最低的仍是哈尼族（17.4%）和彝族（18.9%），但是与 2000 年的城镇人口比例相比，比例数几乎增长了一倍，由此也可看出，一些城镇化基础最低的少数民族的城镇化速度在明显加快。

表 3 是表 1 和表 2 中各族城市、镇、县（乡村）人口在本族人口所占比例的汇集，既可以更清楚地看到这 10 年前后发生的变化，也可以在各族之间进行比较。如果以全国平均水平作为一个参照数，那么我们看到在这 17 个族群当中，城镇人口比例超过全国平均水平（13.4%）有土家族、白族、汉族和蒙古族，其中土家族城镇人口比例增长最快。相比之下，维吾尔族人口的城镇化速度最慢，10 年间仅增长 3%，不到全国平均增幅的四分之一。藏族的城镇人口比例增长 6.9%，明显快于维吾尔族。

表 3 可以帮助我们比较各族群的城镇化速度和各自的内部结构，从全国平均水平来看，增长的城镇人口当中一半稍多一点进入城市，其余约一半进入镇，汉族与蒙古族基本上符合这一格局。进入城市人口多于进入镇

表 1　我国各主要民族人口城镇化水平（2000 年）

民　族	城　市	镇	乡　村	城镇合计	总人口	城市（%）	镇（%）	城镇（%）	乡村（%）
汉	280208523	153986813	703190776	434195336	1137386112	24.6	13.5	38.2	61.8
蒙古	915877	985086	3912984	1900963	5813947	15.8	16.9	32.7	67.3
回	3090015	1357078	5369712	4447093	9816805	31.5	13.8	45.3	54.7
藏	221355	473467	4721199	694822	5416021	4.1	8.7	12.8	87.2
维吾尔	868695	764411	6766287	1633106	8399393	10.3	9.1	19.4	80.6
苗	512990	751212	7675914	1264202	8940116	5.7	8.4	14.1	85.9
彝	309097	494306	6958869	803403	7762272	4.0	6.4	10.4	89.6
壮	1422458	2197197	12559156	3619655	16178811	8.8	13.6	22.4	77.6
布依	220806	288032	2462622	508838	2971460	7.4	9.7	17.1	82.9
朝鲜	882308	310174	731360	1192482	1923842	45.9	16.1	62.0	38.0
满	2206143	1559255	6916864	3765398	10682262	20.7	14.6	35.2	64.8
侗	152965	377011	2430317	529976	2960293	5.2	12.7	17.9	82.1
瑶	115619	267451	2254351	383070	2637421	4.4	10.1	14.5	85.5
白	164942	216610	1476511	381552	1858063	8.9	11.7	20.5	79.5
土家	597110	877546	6553477	1474656	8028133	7.4	10.9	18.4	81.6
哈尼	42822	94698	1302153	137520	1439673	3.0	6.6	9.6	90.4
哈萨克	80538	110191	1059729	190729	1250458	6.4	8.8	15.3	84.7
全　国	292632692	166138291	783841243	458770983	1242612226	23.5	13.4	36.9	63.1

资料来源：国务院人口普查办公室、国家统计局人口和社会科技司，2002：47－113。

表2　我国各主要民族人口城镇化水平（2010年）

民　族	城　市	镇	乡　村	城镇合计	总人口	城市（%）	镇（%）	城镇（%）	乡村（%）
汉	386027166	247209627	587607727	633236793	1220084520	31.6	20.2	51.9	48.1
蒙古	1351092	1411757	3218991	2762849	5981840	22.6	23.6	46.2	53.8
回	3606760	2057256	4922071	5664016	10586087	34.1	19.4	53.5	46.5
藏	315622	923177	5043388	1238799	6282187	5.0	14.7	19.7	80.3
维吾尔	1161024	1092195	7816127	2253219	10069346	11.5	10.8	22.4	77.6
苗	958670	1457396	7009941	2416066	9426007	10.2	15.5	25.6	74.4
彝	523907	1120997	7069489	1644904	8714393	6.0	12.9	18.9	81.1
壮	2685283	3132374	11108724	5817657	16926381	15.9	18.5	34.4	65.6
布依	347835	404996	2117203	752831	2870034	12.1	14.1	26.2	73.8
朝鲜	999237	271198	560494	1270435	1830929	54.6	14.8	69.4	30.6
满	2608600	1935398	5843960	4543998	10387958	25.1	18.6	43.7	56.3
侗	291661	585784	2002529	877445	2879974	10.1	20.3	30.5	69.5
瑶	258966	393313	2143724	652279	2796003	9.3	14.1	23.3	76.7
白	273943	388571	1270996	662514	1933510	14.2	20.1	34.3	65.7
土家	1132394	1785132	5436386	2917526	8353912	13.6	21.4	34.9	65.1
哈尼	83289	204994	1372649	288283	1660932	5.0	12.3	17.4	82.6
哈萨克	125800	211906	1124883	337706	1462589	8.6	14.5	23.1	76.9
全　国	403760040	266245506	662805323	670005546	1332810869	30.3	20.0	50.3	49.7

资料来源：国务院人口普查办公室、国家统计局人口和社会科技司，2012。

表3　2000年与2010年各民族人口城镇化水平比较

民族	2000年				2010年				城镇人口增长（%）	城市人口增长（%）
	城市（%）	镇（%）	城镇（%）	乡村（%）	城市（%）	镇（%）	城镇（%）	乡村（%）		
汉	24.6	13.5	38.2	61.8	31.6	20.2	51.9	48.1	**13.7**	**7.0**
蒙古	15.8	16.9	32.7	67.3	22.6	23.6	46.2	53.8	**13.5**	**6.8**
回	31.5	13.8	45.3	54.7	34.1	19.4	53.5	46.5	8.2	2.6
藏	4.1	8.7	12.8	87.2	5.0	14.7	19.7	80.3	6.9	0.9
维吾尔	10.3	9.1	19.4	80.6	11.5	10.8	22.4	77.6	3.0	1.2
苗	5.7	8.4	14.1	85.9	10.2	15.5	25.6	74.4	11.5	4.5
彝	4.0	6.4	10.4	89.6	6.0	12.9	18.9	81.1	8.5	2.0
壮	8.8	13.6	22.4	77.6	15.9	18.5	34.4	65.6	12.0	**7.1**
布依	7.4	9.7	17.1	82.9	12.1	14.1	26.2	73.8	9.1	4.7
朝鲜	45.9	16.1	62.0	38.0	54.6	14.8	69.4	30.6	7.4	**8.7**
满	20.7	14.6	35.2	64.8	25.1	18.6	43.7	56.3	8.5	4.4
侗	5.2	12.7	17.9	82.1	10.1	20.3	30.5	69.5	12.6	4.9
瑶	4.4	10.1	14.5	85.5	9.3	14.1	23.3	76.7	8.8	4.9
白	8.9	11.7	20.5	79.5	14.2	20.1	34.3	65.7	**13.8**	5.3
土家	7.4	10.9	18.4	81.6	13.6	21.4	34.9	65.1	**16.5**	6.2
哈尼	3.0	6.6	9.6	90.4	5.0	12.3	17.4	82.6	7.8	2.0
哈萨克	6.4	8.8	15.3	84.7	8.6	14.5	23.1	76.9	7.8	2.2
全国	23.5	13.4	36.9	63.1	30.3	20.0	50.3	49.7	13.4	6.8

人口的有朝鲜族和壮族，在 2000～2010 年期间朝鲜族新增城市人口为 116929 人，但是镇人口减少了 38976 人，这是在城镇化进程中镇人口绝对数下降的唯一的民族群体（见表 1）。

值得注意的是，藏族城镇人口的增长主要集中在建制镇这个层次，镇人口增长了 6%，而城市人口的增长比例仅为 0.9%，甚至低于维吾尔族（1.2%）。相似的情况是彝族，2000～2010 年期间彝族城市人口增长了 214810 人，增长比例为 0.69%，而镇人口增长 626691 人，增长比例为 1.27%。所以除了城镇人口这个整体指标外，我们还需要进一步关注"城镇人口"内部"城市人口"和"镇人口"之间的比例及其变化。西部地区镇人口的增长可能有几个原因，一个是本地乡镇企事业的发展导致镇人口增加，一个是因农牧区各项社会经济发展（包括生态移民项目、牧区定居工程、基建项目征地后的乡镇重建等）新设立一批建制镇。

藏族进入城市的人口数量和比例偏低和朝鲜族进入城市的人口数量迅速增加，与这两个群体的受教育情况和就业能力密切相关。2010 年藏族 6 岁以上人口中，初中毕业及以上学历的人员占 23.5%，文盲率高达 30.6%。同年朝鲜族人口当中初中毕业及以上学历的高达 85.3%，文盲率仅为 1.3%。维吾尔族 6 岁以上人口中，初中及以上学历的占 54.9%，文盲率为 3.5%。不同的人口受教育结构及掌握汉语普通话的能力直接影响了少数民族成员进入城市并在主流社会经济结构中就业的能力和机会。

二　我国人口的跨地域流动及族际交流

如果以人口跨地域、跨城乡流动就业为指标，从少数民族城市化的角度看有三个人口流动的潮流需要关注：一是东中部汉族人口向西部少数民族地区流动，二是西部少数民族农村劳动力向当地城镇流动，三是西部少数民族人口向东部和中部城镇的流动。由城镇化启动的这三个潮流都涉及族群之间的交流合作和就业竞争。如果我们粗略地把全国地域划分为"汉族聚居区"和"少数民族聚居区"两类地区，随着城镇化的进一步推进，两类地区出现的三个劳动力流动潮将使各族民众间的交往更加密切，同时也使各族间的文化（语言与宗教）差异更加凸显，各族劳动力在就业市场上的相互竞争更加激烈，而关于西部地区资源开发受益分配的公平问题也将成为各族民众和知识阶层议论的热点话题。这些族群互动中出现的社会问题必然随着人口流动规模的增加而持续凸显出来，再加上境外势力通过各种渠道对我国少数民族群体所施加的影响，都将使我国西部一些地区的民族关系趋于复杂化，也使我国的城市民族工作面临一个全新的局面。在这一新形势下，我们需要根据各地区实际情况，系统和全面地对不同城市面临的民族关系新现象进行总结归纳，对反映突出的重点问题开展深入的专题调查研究，把这些群众关切的问题理出头绪，找出症结，提出相应的对策措施。

1. 来到西部地区的汉族流动人口

西部大发展需要资金和劳动力，更需要科学技术、管理经验与各类人才。西部地区经济和教育事业发展相对滞后，一些高新技术产业和现代基础设施建设需要高端人才和技术工人。随着中央对西部各省区在交通、通信、能源、环境等基础设施和各类加工业、商业、服务业的大量投资，许多项目采用"公开招标"机制并不可避免地将由东部甚至合资、外资企业来承办。无论是国有企业还是其他所有制的企业，人员的雇用将会采用劳动力市场化的机制。东部沿海地区经过了三十多年的发展，已经形成了一大批高端人才和熟练技术工人队伍，而西部本地技术工人队伍的培养壮大需要一个历史过程。因此，在大批投资项目开工的急迫形势下，由中央企业和东部企业组织招募来到西部的施工队伍和务工人员数量会明显增加。同时，在东部沿海在商贸服务业已有一定资金、经营经验和网络资源的汉族人员也会来到西部寻找发展机会。

2005 年北京大学组织了"西部开发中的流动人口与族际交往研究"课题，在乌鲁木齐、拉萨、西宁、兰州、银川、格尔木这 6 个城市开展了流动人口调查，回收有效问卷总计 12239 份。通过这一问卷调查所收集到的数据和信息，课题组开展了以流动人口为对象的专题研究（马戎、马雪峰，2007）。我们发现来到这几个城市就业和生活的外地流动人口数量规模很大，其中有些人已经在此超过 5 年，其中男性占 2/3，少数民族占相当比例（8.5% ~ 35.2%）。汉族流动人口主要来自邻近省份，其中少数人原是家乡农民，大多数是农村中学毕业生，主要就业岗位集中在服务业和个体工商户，少数在建筑业，每月收入在 1000 元左右。由于城市消费水平较高，作为持有"农业户口"的外来者，他们无法享受城市居民同样的社会福利待遇，加上远离家乡，脱离了原来熟悉并能够提供各种资源和道德制约的家乡社区，他们在对城镇经济建设发展做出贡献的同时，也伴生出一些值得关注的社会问题。

2. 西部城市中来自本地农村的少数民族流动人口

近些年来，西部少数民族地区农村青年进城务工已经变得非常普遍。2005 年我们在内蒙古赤峰农村调查中发现，18～25 岁的农村青年中有 85%以上常年在外地务工。2008 年我们组织了西藏自治区拉萨、日喀则、泽当 3 城市的流动人口问卷调查，样本总量为 2463 人。调查结果显示，藏族流动人口中有 95.1% 属于农村户口，大多是中学毕业后进城务工的青年农民。

在西部地区调查时，我们时常听到当地少数民族农民工抱怨自己就业难、收入低，对外来汉族、回族的就业和收入有一定看法。据课题组 2005 年对拉萨 1470 名各族流动人口的调查，拉萨的藏族流动劳动力月平均收入824.67 元，汉族流动劳动力月平均收入 1245.25 元，为藏族的 1.5 倍。2008 年夏季对拉萨、日喀则、泽当三城市的 2463 名各族流动人口的调查数据显示，汉族流动人口平均月收入是藏族的 2.2 倍，回族是藏族的 2 倍。当地藏族民众在日常生活中感到汉族的收入明显高于藏族。但当我们进一步分析 2005 年的调查数据时，发现拉萨的汉族劳动者比藏族平均大两岁，而且汉族劳动者的文盲比例只有 3.3%，藏族却为 32.3%。以收入为因变量的多元回归分析表明"民族身份"这一变量没有显著统计意义，影响收入的 3 个具有统计意义的变量是教育水平、年龄和（是否）自我经营，其中受教育水平的差距是导致汉藏流动人员收入差距的主要原因（马戎，2012：394－396）。

进城的藏族青年有很多人因汉语不熟练和缺乏就业技能，在城市劳动力市场上处于不利地位。非常需要地方政府制定必要和有效的扶持政策，帮助他们就业并解决他们遇到的困难。如果与汉族农民工相比，少数族群农民工在本地城镇的就业竞争中长期处于劣势，工资低、待遇差、工作不稳定，从长远的发展态势来看，这样的族别差异势必对本地区的族群关系和社会稳定带来隐患。国外学者对美国社会"族群分层"结构与发展态势的研究，以及相关研究成果对政府及时调节政策所发生的改善族群关系的积极效果，值得我们借鉴。

三　自治地方以外的少数民族流动人口

为了使一个国家内部各地区的族群人口逐步实现均衡发展，各族劳动者的跨地域流动具有特别重要的意义。因此，我国少数族群成员到东部地区就业和居住的现象与发展趋势值得重视。我国政府自20世纪50年代以来，先后为各少数民族设立了不同行政级别的自治地方，总面积达到我国陆地面积的64%。新中国成立后，在计划经济体制和国家统一安排城乡劳动力就业、对人口迁移实行严格控制的社会条件下，各族劳动力缺乏自行流动的空间，许多少数民族居民主要在本族自治地区实现就业，并形成了传统就业模式。但是在体制改革政策推行后，农村的家庭承包制使农牧民可以自行安排自己的劳动时间，城镇原有国有和集体企业的改制使各企业可以自行招募员工，政府又放开了境内人口流动的各种限制，少数民族劳动力与汉族同样开始出现了从农村向城镇流动、在城镇就业的迁移潮流。

1. 藏族人口的跨地域流动

表4介绍了1982年、1990年、2000年和2010年前后4次人口普查公布的各省藏族人口统计。除了上面介绍的"自治地方"之外藏族人口占总人口比例这一指标外，我们对"自治地方"之外藏族人口的绝对人数同样需要关注。2000年中央开始实施"西部大开发"战略以来，随着基础设施（如青藏铁路、南疆铁路）和能源建设项目的加快，大量沿海和内地企业进入我国西部地区，大量汉族流动人口也跟随这些建设项目来到西部，与此同时，也有一定数量藏族人口来到内地和沿海城市寻找就业和发展机会。

表4　我国藏族人口分布变迁

	1982年（人）	1990年（人）	1982~1990年增长（%）	2000年（人）	1990~2000年增长（%）	2010年（人）	2000~2010年增长（%）
全国	3874035	4593072	0.19	5416021	0.18	6282187	0.16
西藏自治区	1786544	2096346	0.17	2427168	0.16	2716388	0.12

续表

	1982 年（人）	1990 年（人）	1982~1990 年增长（%）	2000 年（人）	1990~2000 年增长（%）	2010 年（人）	2000~2010 年增长（%）
其他藏族自治地方	1845219	2192456	0.19	2573696	0.17	3025677	0.18
青海非藏区	166409	193732	0.16	224116	0.17	254048	0.13
四川非藏区	31283	50557	0.62	70402	0.39	151887	1.16
甘肃非藏区	28393	34545	0.22	47825	0.38	57826	0.21
云南非藏区	5075	6969	0.37	11333	0.63	12761	0.13
新疆	1967	2235	0.14	6153	1.75	8316	0.35
陕西	1120	1319	0.18	3048	1.31	6345	1.08
广东	388	1307	2.37	7020	4.37	5604	-0.20
北京	820	1329	0.62	2920	1.20	5575	0.91
江苏	82	866	9.56	2659	2.07	3358	0.26
内蒙古	504	807	0.60	2062	1.56	3259	0.58
重庆	—	—	—	2292		3086	0.35
浙江	35	393	10.23	1084	1.76	2850	1.63
上海	104	637	5.13	1642	1.58	2406	0.47
湖北	83	760	8.16	1648	1.17	2175	0.32
山东	173	932	4.39	2733	1.93	2146	-0.21
河北	127	995	6.83	3096	2.11	1935	-0.38
辽宁	67	625	8.33	2017	2.23	1881	-0.07
河南	521	1606	2.08	3953	1.46	1811	-0.54
天津	30	505	15.83	1271	1.52	1775	0.40
福建	87	282	2.24	1290	3.57	1739	0.35
湖南	95	552	4.81	2930	4.31	1622	-0.45
贵州	205	677	2.30	1787	1.64	1281	-0.28
安徽	105	558	4.31	2263	3.06	1279	-0.43
江西	39	397	9.18	1649	3.15	1150	-0.30
山西	75	474	5.32	1544	2.26	1047	-0.32
广西	149	211	0.42	2194	9.40	815	-0.63
宁夏	47	198	3.21	506	1.56	656	0.30
吉林	18	143	6.94	1615	10.29	652	-0.60
黑龙江	55	186	2.38	1655	7.90	589	-0.64
海南	—	101	—	450	3.46	248	-0.45
藏族自治地方外	242272	304270	0.26	415157	0.36	540122	0.30
占藏族总人口（%）	6.25	6.62	—	7.67	—	8.60	—

资料来源：根据国务院人口普查办公室公布的全国及各省区历次人口普查资料整理。

1982 年，在西藏和其他藏族自治地方以外生活的藏族人口为 24.2 万人，占我国藏族总人口的 6.25%。自 1981 年藏区各地逐步推行家庭联产承包后，陆续有部分农村剩余劳动力流动到其他地区寻找就业机会，1990 年在西藏和其他藏族自治地方以外生活的藏族人口达到 30.4 万人，在这 8 年期间增长了 25.6%，占我国藏族总人口的 6.62%。到了 2000 年，在藏族自治地方以外的藏族人口达到 41.5 万人，这 10 年期间增长速度为 36.4%，占我国藏族总人口的 7.67%。2010 年在自治地方以外居住的藏族人口增至 54 万人，已占藏族总人口的 8.6%。我们在许多城市都可以看到有藏人在街角出售传统藏族首饰、佛像等工艺品，一些城市里还开办了藏餐馆，如 2010 年北京的藏族人口已经达到 5575 人。

值得关注的是，2000～2010 年期间藏族自治地方以外藏族人口增长速度为 30.1%，与 1990～2000 年这 10 年的增长速度相比（36.4%），开始呈现增长放缓的趋势。从表 4 的数据中，我们看到在藏族自治地方以外的 30 个省区市中，有 13 个省区市的藏族人口在 2000～2010 年期间非但没有增长，反而有所下降。这些藏族人口下降的省区市集中在东北三省和华南等地区，唯有浙江和陕西两省的藏族人口有比较明显的增加，分别增长了 1.63 倍和 1.08 倍，具体原因尚需进一步调查。藏族人口明显增长的省份还有四川非藏区，增长了 1.16 倍。近年西藏自治区、青海、甘孜和阿坝的许多藏族干部在成都附近购买住房，使成都市的藏族人口在 2010 年增至 32332 人，同期邻近甘孜藏族自治州的雅安地区增至 27964 人。与之形成明显对比，在青海、甘肃和云南 3 省非藏族自治地方的藏族人口并没有显著增加。

整体来看，在 1990～2000 年期间，藏族人口向自治地方以外的流动与就业曾经出现了一个较快的增长，但在 2000～2010 年期间，这一人口外流的势头明显放缓，在近半数省市藏族人口甚至有所下降。出现这些现象的原因需要深入调查。

在人口普查中统计的非藏区藏族人口（54 万）可分为几个部分。第一部分是政府部门就业的干部职工，如北京的中央机构（国家民委及下属事业单位如中央民族大学、民族出版社、民族编译局、民族歌舞团等）和有藏族自治地方的省会城市（西宁、成都、昆明、兰州）都有一定数量的藏族干部职工，他们不属于流动人口。第二部分是政府安排的内地"西藏班"

学生①。第三部分才是真正自发进入非藏区的藏族流动人口，他们主要来自藏区农村和小城镇，而且所受教育有限。值得注意的是，这些藏族流动人口并没有像汉族流动人口那样进入东部城市的制造业、运输业、建筑业、服务业这些吸收大量流动人口的核心行业，而是大多从事街角摆摊卖特色工艺品（佛像、唐卡、首饰、天珠等）和藏药这类行业，但是这类活动只能吸收数量十分有限的从业人员。

劳动和社会保障部 2005 年调查结果显示，进城农民工就业的主要行业为制造业（27%），建筑业（26%），批发零售业（12%），住宿餐饮业（11%），服务业（9%），其他行业（15%）（国务院研究室课题组，2006：76）。国家统计局调查结果表明农民工的就业结构如下：制造业 30.3%，建筑业 22.9%，服务业 10.4%，住宿餐饮业 6.7%，批发零售业 4.6%，交通运输、仓储邮政业 3.4%，采矿业 1.8%（国务院研究室课题组，2006：76）。中国人民大学调查认为农民工的就业结构为：建筑业 33.21%，服务业 29.88%，加工制造业 14.69%，个体户只占 3.09%（国务院研究室课题组，2006：114）。综上所述，中国进城流动农民工的主要就业领域是建筑业、制造业和服务业，而我们在内地城市的工厂车间、建筑工地、大型旅店餐馆，甚至城市卫生保洁和机关保安队伍中极少见到藏族人员的身影。在一定程度上，正是藏族的特定就业模式限制了藏族流动人口在自治地方以外省市的持续增长。

2. 维吾尔族人口的跨地域流动

表5介绍了 1982 年、1990 年、2000 年和 2010 年四次人口普查公布的维吾尔族人口分布数据。在 1982~1990 年期间，新疆境外维吾尔族人口几乎为零，只有湖南桃源一带有 4000 多名维吾尔族人口②。1990~2000 年期间，全国各省市区的维吾尔族人口都有显著增长，有的省市甚至增长了几十倍，在新疆以外各省市区的维吾尔族人口总数从 1990 年的 15179 人增加到 2000 年的 53771 人，增长 2.5 倍。随着经济体制改革的实施和人口流动政策的放开，许多新疆的维吾尔族人员来到内地寻求就业机会，在全国各

① 内地西藏班自 1985 年开始招生，2012 年内地西藏在校初、高中学生为 14900 多名。
② 这些维吾尔族人口是"民族识别"时确认的，据考证是元代色目人后裔。

地城镇都可以发现烤羊肉串的摊点，有些维吾尔族开设了以"新疆美食"为招牌的清真餐馆，拉条子和大盘鸡也开始为内地人所知晓，丰富了内地的饮食业，应当说这是一个可喜的发展趋势。

表5　我国维吾尔族人口的地理分布

	1982年人口	1990年人口	1982~1990年增长（%）	2000年人口	1990~2000年增长（%）	2010年人口	2000~2010年增长（%）
全国	5963491	7207024	0.209	8399393	0.165	10069346	0.199
新疆	5955947	7191845	0.208	8345622	0.160	10001302	0.198
北京	757	2020	1.668	3129	0.549	6975	1.229
湖南	4450	5794	0.302	7939	0.370	6716	-0.154
广东	12	262	20.833	3057	10.668	6438	1.106
浙江	11	65	4.909	785	11.077	5377	5.850
上海	176	496	1.818	1701	2.429	5254	2.089
山东	44	238	4.409	2386	9.025	4635	0.943
江苏	54	361	5.685	2213	5.130	4367	0.973
河南	737	1833	1.487	4623	1.522	3035	-0.343
湖北	68	277	3.074	1457	4.260	2577	0.769
天津	63	199	2.159	974	3.894	2170	1.228
四川	57	209	2.667	2158	9.325	1945	-0.099
甘肃	377	938	1.488	2131	1.272	1937	-0.091
辽宁	96	390	3.063	2407	5.172	1917	-0.204
广西	58	53	-0.086	1550	28.245	1795	0.158
陕西	84	583	5.940	1187	1.036	1570	0.323
云南	13	38	1.923	1161	29.553	1282	0.104
重庆	—	—		1194	—	1162	-0.027
福建	10	33	2.300	1080	31.727	1159	0.073
吉林	24	264	10.000	1500	4.682	1127	-0.249
黑龙江	72	211	1.931	1189	4.635	884	-0.257
河北	37	279	6.541	1785	5.398	864	-0.516
江西	7	20	1.857	1142	56.100	852	-0.254
安徽	42	130	2.095	1733	12.331	710	-0.590
山西	19	66	2.474	1084	15.424	670	-0.382
内蒙古	95	166	0.747	1259	6.584	658	-0.477

续表

	1982 年人口	1990 年人口	1982~1990 年增长（%）	2000 年人口	1990~2000 年增长（%）	2010 年人口	2000~2010 年增长（%）
宁夏	21	70	2.333	312	3.457	613	0.965
贵州	22	42	0.909	1149	26.357	548	-0.523
海南	—	10	—	354	34.400	393	0.110
青海	136	122	-0.103	431	2.533	209	-0.515
西藏	2	14	6.000	701	49.071	205	-0.708
新疆之外省市区	7544	15179	1.012	53771	2.542	68044	0.265
新疆外（%）	0.001	0.27	—	0.64	—	0.68	—

资料来源：根据国务院人口普查办公室公布的历次人口普查资料整理。

　　但是 2000~2010 年这一趋势出现明显变化，虽然在新疆以外省市区的维吾尔族人口总数从 5.3 万人增加到 6.8 万人（增长 26.5%），但是维吾尔族人口在 16 个省区直辖市出现负增长。维吾尔族人口出现较大增长的是浙江、上海、北京和天津，下降较多的是西藏、安徽、贵州、河北和青海。对于导致维吾尔族人口在各省市增减的具体原因是什么，还需要在这些地区开展进一步调查。

　　居住在新疆以外的维吾尔族人口大致分为三个部分。第一个部分是在中央机构工作的维吾尔族干部，主要集中在北京，2010 年北京的 6975 名维吾尔族人口中，这些干部职工为重要组成部分。第二部分是自 2000 年开始招收的新疆"内地高中班"学生，起初每年约 5000 人，现已增至每年 1 万人，学制中加上"预科"一年共 4 年，4 年学制的在校生总数为 2 万多人，即使考虑到其他民族约占 10%，这在新疆以外的 6.8 万维吾尔族人口中也是一个不小的比例。北京、天津、上海都开办了新疆"内地高中班"，这可以部分说明这些城市维吾尔族人口增长的原因。"内地高中班"学生毕业后都进入内地大学就读，大学毕业后，这些学生大多返回新疆就业。第三部分是自发来到内地就业的维吾尔族，也就是在内地城镇中看到的烤羊肉串、卖切糕和哈密瓜等自行就业的人员，整体上看，他们与藏族流动人口同样没有能够进入内地城镇制造业、运输业、建筑业、服务业等吸收大量就业人员的核心行业，所以他们当中大多数人的收入与生活状况很不稳定。

近年来这些街头摊贩与消费者、城管不断发生矛盾，有关"新疆小偷""天价切糕"的报道在网络上一度流传（阿里木江，2013），这些极少数人的行为在一定程度上使新疆流动人口被整体"污名化"，从而进一步限制了他们的就业机会与生存空间。一些维吾尔族流动人口遇到"租房难"、"看病难"、就业难等许多日常生活中的具体问题，感到自己受到内地汉人社会的歧视与排斥（哈尼克孜，2013）。普查数据表明，2000～2010年期间在新疆以外省市的维吾尔族人口总数增加了1.5万人，但是如果减去近2万的"新疆内高班"学生，在内地的新疆维吾尔族流动人口数字实际上正在下降。

浙江、上海、广东、北京等个别省市维吾尔人口的增长可能要从当地一些具体政策和项目找原因。一个可能性是"新疆内地高中班"的开设；另外一个可能性是这些省市与新疆地方政府合作组织了跨省劳务输出。从整体上来看，由于维吾尔族的语言、宗教信仰、生活习俗与内地社会的差距较大，在新疆跨省务工人员与当地居民和其他汉族务工人员之间，很容易出现彼此之间的误解甚至冲突，加上近期发生在新疆一些地区的恶性暴力事件，这些因素都加大了今后组织跨省劳务输出的难度。在新疆的民族关系没有得到整体性好转的条件下，维吾尔族人口向内地城镇的流动与就业很可能呈现一个下降而非增长的趋势。

3. 蒙古族人口变迁与跨地域流动

在分析我国蒙古族人口的跨区域流动时，首先要注意我国的蒙古族自治地方除了内蒙古自治区外，在新疆有2个蒙古自治州和1个蒙古族自治县、青海有海西蒙古族藏族自治州和1个蒙古族自治县，辽宁有两个蒙古族自治县、吉林和黑龙江各有1个蒙古族自治县、甘肃有1个蒙古族自治县、河北有围场满族蒙古族自治县，所以如果计算"蒙古族自治地方之外的蒙古族人口"这样一个指标，需要把所有这些自治地方的数据进行汇总，这比判定藏族和维吾尔族人口分布情况要复杂得多。

在分析人口跨地域流动之前，一个引起我们关注的现象是2000～2010年期间，蒙古族人口增长缓慢，人口增长幅度不仅明显低于维吾尔族、藏族等其他西部少数民族，甚至低于汉族和全国人口增长的平均水平。

表 6　我国各省市区蒙古族人口的变迁（1982～2010 年）

	1982 年人口	1990 年人口	1982～1990 年增长（%）	2000 年人口	1990～2000 年增长（%）	2010 年人口	2000～2010 年增长（%）
全　国	3411367	4802407	0.408	5813947	0.211	5981840	0.029
内蒙古	2489378	3379738	0.358	3995349	0.182	4226090	0.058
辽　宁	428155	587311	0.372	669972	0.141	330787	-0.506
河　北	42837	141833	2.311	169887	0.198	180849	**0.065**
新　疆	117510	138021	0.175	149857	0.086	156280	**0.043**
北　京	9350	16833	0.800	37464	1.226	76736	**1.048**
吉　林	93083	156488	0.681	172026	0.099	71851	-0.582
河　南	40848	66015	0.616	82170	0.245	63473	-0.228
黑龙江	96033	139077	0.448	141495	0.017	63393	-0.552
贵　州	719	24107	32.529	47531	0.972	41561	-0.126
四　川	14560	27303	0.875	42316	0.550	36646	-0.134
上　海	1277	1939	0.518	6468	2.336	11238	**0.737**
云　南	6211	13148	1.117	28110	1.138	22624	-0.195
天　津	1409	2991	1.123	11331	2.788	20328	**0.794**
山　东	1445	2878	0.992	23743	7.250	17669	-0.256
广　东	506	1129	1.231	20669	17.307	14331	-0.307
甘　肃	6197	8135	0.313	15774	0.939	10935	-0.307
江　苏	1770	2749	0.553	14167	4.154	10691	-0.245
湖　北	3127	5632	0.801	10887	0.933	10318	-0.052
陕　西	1741	2989	0.717	6060	1.027	6976	**0.151**
浙　江	249	652	1.618	3604	4.528	6872	**0.907**
宁　夏	863	2281	1.643	4898	1.147	6661	**0.360**
重　庆	—	—	—	7846	—	5866	-0.252
福　建	162	2382	13.704	6114	1.567	5830	-0.046
山　西	1554	2845	0.831	9446	2.320	5070	-0.463
湖　南	540	1468	1.719	15869	9.810	3693	-0.767
江　西	456	1199	1.629	9010	6.515	3479	-0.614
海　南	—	159	0.000	1888	10.874	3463	**0.834**
广　西	377	731	0.939	8561	10.711	3017	-0.648
安　徽	444	759	0.709	14354	17.912	2809	-0.804
西　藏	112	104	-0.071	690	5.635	307	-0.555

　　资料来源：国务院人口普查办公室、国家统计局人口统计司编，1985：218－219；1993：301；2002：19。

从表 6 中提供的近期四次人口普查数据看，1982～1990 年蒙古族人口大幅增长，其中一定比例属于"更改民族成分"。在 20 世纪 80 年代初，由于中央政府推动"落实民族政策"同时严格对汉族居民实行"一胎"政策，全国约有 1200 万人更改民族成分。典型的是满族和土家族，1982 年和 1990 年期间满族和土家族人口分别增长了 1.29 和 1.02 倍。这 8 年期间蒙古族人口出现 41% 的增长也与身份变更有关。1990～2000 年蒙古族人口增长 21.1%，从 480 万增加到 583 万，增加了 103 万人，约为全国人口增长率（9.9%）的两倍。但是在 2000～2010 年，蒙古族人口增长 2.88%，仅增加了 16 万人，显著低于全国人口增长率（7.26%）和汉族增长率（7.34%）。在蒙古族人口最集中的内蒙古自治区，蒙古族人口在这 10 年里只增加了 5.8%，同样低于全国平均增长水平。究竟是蒙古族人口出生率和死亡率发生显著变化，还是出现较大规模的跨国迁移导致这 10 年期间蒙古族人口增速下降，相关的主要原因还需要进一步调查了解。

下面进一步分析不同时期蒙古族人口在各区域的变化。在 1982～1990年，除西藏外，蒙古族人口在全国各省区市都有所增长，其中在贵州和福建的增长尤为显著。这与全国跨区域人口流动的总趋势是一致的。与藏族和维吾尔族流动人口有所不同，许多来自半农半牧区和蒙汉混居地区的蒙古族已通晓普通话并熟悉主流社会的社会与经济结构，据笔者 2005 年在内蒙古赤峰农村地区的调查发现，许多蒙古族流动人口在其他省市成功地在建筑业、运输业和服务业得到就业（马戎，2010）。在 1990～2000 年，各省区的蒙古族人口延续了这一增长趋势，特别是在安徽、广东、海南和广西，同时各省区并未出现蒙古族人口减少的现象。

但是在 2000～2010 年，蒙古族人口在 20 个省区都出现下降。在辽宁、吉林和黑龙江这 3 个设有蒙古族自治县的省份，蒙古族人口都减少了 50%以上，如辽宁的蒙古族人口从 67 万减至 33.1 万，吉林从 17 .2 万减至 7.2万，黑龙江从 14.1 万减至 6.3 万。这些减少的蒙古族人口是流入沿海省份，还是流向俄罗斯（如布里亚特地区）和蒙古国，还需要进一步考察。同样值得关注的是，新疆的蒙古族人口在 2000～2010 年仅增长了 4.3%，明显低于全国平均水平，从 15 万增加到 15.6 万人，新疆有两个蒙古族自治州和 1 个蒙古族自治县，流入内地有可能是增长减速的主要原因。其余蒙古族人口减少的省份，因其原来的规模较小，多在几千人至 1 万 ~ 2 万人，即使人口下降比例较大，但实际涉及的人数并不多。

蒙古族人口增加的省区中，北京市增加 1 倍（增 39272 人），浙江增加 90.7%（增 3268 人），海南增加 83.4%（增 1575 人），天津增加 79.4%（增 8997 人），上海增加 73.7%（增 4770 人），宁夏增加 36%（增 1812 人），河北、陕西分别增加 10962 人和 916 人。由于这些省市蒙古族人口的基数不大，所以实际增加人数仅为 71572 人。

从整体来看，2000 ~ 2010 年我国蒙古族人口的整体增速较低，无论从全国数字还是内蒙古自治区的普查数字来看都是如此。除京津沪三市和上述几个省区的蒙古族人口略有增长外，全国 20 个省区的蒙古族人口都在减少，东北三省的蒙古族人口甚至下降过半。我们从以上数据得到的第一个结论，就是我国蒙古族人口出现了十分反常的人口增速下降，第二个结论是我国蒙古族人口在全国大多数省区开始下降，这与全国人口流动的整体趋势是相逆的。这样的发展态势需要政府部门和学术界给予关注。

四　从国家发展战略的高度看待跨地域人口流动和族际交流

各族人口跨地域流动并不简单地只是劳动力的迁移与就业问题，它会影响中国传统的族群地域聚居模式在未来的发展方向。如果一个族群的人口分布和一个地域高度重合而且具有排他性，地方利益就会与族群利益结合起来并不断加强“族群认同”和削弱国家认同，这将对国家整体在政治、经济和文化等方面的整合带来负面影响。2014 年 5 月和 9 月召开的中央新疆工作座谈会和中央民族工作会议都一再强调必须要“让各族人民增强对伟大祖国的认同、对中华民族的认同、对中华文化的认同、对中国特色社会主义道路的认同”。为了加强这一认同，各族成员之间广泛交往是一个前提。而全国统一劳动力市场的形成与发展，地区封闭性的打破，必然会促进各族人口的跨地域流动和就业，有利于构建“四个认同”的群众基础，各族民众之间的交流交往交融是社会发展的必然趋势，也是我国社会主义民族关系的发展趋势。

1. 各族劳动者在全国各地逐步均布和经济结构中相互"嵌入"

通过跨区域流动和迁移，各族劳动者及其家庭成员可以改变在原居住地形成的以本族群人口为核心的传统聚居模式，让越来越多的少数族群青年劳动者进入全国各地城镇就业市场，进入各地的经济与社会结构，这样他们可以有条件更加广泛地与其他族群成员接触，加强彼此的文化交流和经济合作。

同时，各族群成员可根据本族在某种经济活动中的传统优势，使之在全国范围内得到充分发挥并"嵌入"进各地区的经济结构和基层社区中。这样的"嵌入"活动将进一步使各族民众逐步离开本族传统居住地，淡化各族人口与原传统居住地的联系，逐步改变各族分区域居住的传统模式，从而使各少数族群获得更大的发展空间。近年来韩国企业在中国许多地区投资建厂，我国朝鲜族劳动力由于语言优势很容易在这些企业就业，所以大量朝鲜族人口来到有韩国企业的沿海城市（如山东、大连和北京）就业和生活，加入了这些城市的社会结构和经济活动当中。同时，西北回族、撒拉族的穆斯林餐饮业，云南、贵州的民族餐饮业也迅速在全国各地城市发展起来，丰富了这些城市居民的生活与饮食文化。各族民众在同一个社会里生活，可发挥各自的长处，优势互补，共生共赢。

2. 逐步建立全国性劳动力市场

建立一个全国性劳动力市场可以使全国各族劳动力根据各地区劳动力市场的具体变化及时实现跨地域流动并重新组合，这将有利于推动各地区就业率和各职业员工收入水平逐步趋同。一个国家的公民，不论生活在国土的什么地方，他接受教育的条件、享受的公共基础设施和社会福利的水平应该大致相同，实现就业的机会和所得劳动报酬的水平也应大致相同。唯有这样，全体国民（不论属于哪个族群）才会对这个国家具有公民的认同和忠诚，这是现代社会"民族构建"（nation - building）和公民国家建设的核心基础。

为了有效地改善各少数族群青年在城镇就业市场居于弱势的状况，一是要加强反对大汉族主义的全民教育，克服一些政府部门、企业管理人员头脑中存在的对少数民族的歧视观念。对一些歧视与排斥少数民族劳动者的行为，如安检、住宿等方面出现的针对一些特定民族的歧视行为，各地政府应制定出具体法规，严格依法治理和惩处；二是通过学校的系统教育、培训项目和扶助措施努力使少数民族成员在劳动力市场上具有与汉族同样的竞争能力。无疑这是一个需要经过长期努力才能达到的目标，但我们必须为此而努力；三是在一定的历史时期内，在各族劳动力达到具有大致相同竞争能力之前，中央政府和主流社会需要设计与实施一系列阶段性的过渡性政策，对参与劳动力市场竞争的一些少数民族成员进行扶植与优惠，以此努力推进这一进程，并在各族群竞争能力差距开始缩小后逐渐减少优惠力度，最终实现所有国民在各领域中的权益平等。

五　在城镇化进程中开展城市民族工作

面对中国城镇化的新发展和大量流动人口从民族地区来到沿海和东部城市，各地政府必须采取一个积极欢迎的态度，这是一个不可逆转的发展趋势。中央民族工作会议也特别指出："对少数民族进城，要持欢迎的态度，而不能抱着'来得越少越好，走得越快越好'的心态。"在发生了拉萨"3·14事件"和乌鲁木齐"7·5事件"后，我们确实发现在一些城市（包括首都北京）出现了针对藏族、维吾尔族的歧视现象，如旅店拒住、出租车拒载、机场歧视性安检等，这些民族歧视现象产生了极其恶劣的社会后果，对我国的民族团结带来了不可弥补的破坏性影响。中央民族工作会议有针对性地特别提出："要注重保障各民族合法权益，坚持平等对待，一视同仁，坚决纠正和杜绝歧视或变相歧视少数民族群众、伤害民族感情的言行。"从前面的人口普查数据分析中，我们已经看到在2000~2010年期间，藏、维吾尔和蒙古这3个我国重要的少数民族人口在自治区以外的数量已经出现了明显下降的趋势，这与近年来西部地区在民族关系方面发生的一系列事态相关，但是这些恶性事件仅仅涉及少数民族的极少数人，真正导致沿海城市中藏族、维吾尔族人口减少的主要原因，还是这些城市中出现的对少数民族人员不信任的偏见和各类歧视现象。为此各级政府和主流社会必须进行反思，按照中央民族工作会议的精神，尽快改变对待少数民族流动人员的态度，通过政府各项工作和主流社会民众的积极努力，扭转少数民族流动人口被迫回流原籍的趋势，在全国所有的城市都建设成各族人民的共同家园。

1. 对进入城镇就业的少数民族劳动者采取扶助措施

在西部地区，当地少数民族青年劳动力进入本地城镇后如果面临语言障碍和就业困难，当地政府有必要采取配套及从实效出发的扶助措施。例如：（1）组织汉语和就业技能的免费培训项目；（2）对有一定能力的少数民族从业人员在发放营业执照、提供贷款、免税等方面实行优惠政策，扶助当地民族餐饮服务业的发展；（3）建立民族传统手工业、工艺品的研究所和培训所，组建当地民族特有产品（地毯、饰品、民间医药、工艺品等）的企业组织，开拓国内外市场，推出"龙头企业"；（4）通过政府赞助和社会募捐成立"少数民族就业与发展基金"，对藏族流动人口、劳动力提供各项必要的帮助。

对于来到东部沿海城市就业的少数民族流动人口，各地城市的政府部门可以采取以下措施：（1）政府可以建立若干少数民族工艺品的综合性商场，作为少数民族商贩的集中营业场所，提供免费或低收费的商业摊位，提高这部分人员的收入及稳定性；（2）由西部省区和所在城市政府共同出资，在沿海和中部主要城市建立不同规模的"西藏文化中心"和"新疆文化中心"，通过开展各民族地区历史图片展览和文艺表演向所在城市居民和访客介绍西部历史和各族传统文化，增加族际交流，这些"文化中心"同时可以成为该地区少数民族的聚会场所和对有困难人员的救助组织，其功能可类似传统中的"地方会馆"；（3）在主要城市通过政府赞助和社会募捐成立"少数民族就业与发展基金"，对来到该城市的各族流动人口和劳动者提供各项必要的帮助；对在就业技能培训、子女入学、生病医治、法律援助等方面需要帮助的藏族人员提供支持，许多具体的救助工作可通过"文化中心"来实施。

城镇化是伴随工业化出现的人口聚居现象，城镇化的主要内容之一就是农村人口向城市的大规模迁移，这又与跨地域劳动力流动密切相关。各地政府在关注城镇化进程的同时，绝不可忽视对流动人口的积极引导和安置。为此，人口迁出地的政府部门和迁出地的政府部门应加强联系并建立协作关系，在安排和解决少数民族流动人口的就业和实际困难方面相互配合。东部沿海发达地区的城市政府和社会民众应当有意识地在各方面积极努力，为来自西部地区的各族劳动力和民众提供一个温暖的生活和就业场所，使他们在这些陌生的城市和社区中产生"家园"的感觉，从心底真正感到中华民族大家庭的温暖，逐步建立起超越传统"族群"认同的更高一个层次的现代国家公民认同。少数民族流动人口的迁出地政府也应积极关心这些迁出人员的流向以及他们在迁入城市的居住和就业状况，必要时可与迁入地政府进行沟通，向这些流动人员提供必要的服务和帮助。

我国西部各少数民族人员来到东部就业定居，带来了他们丰富的传统文化资源，可以使这些城市真正体现出中华民族"多元一体"的文化多样性和丰富多彩的传统文化。这样的新格局符合现代多族群国家的社会特征，同时这样的发展趋势无疑是中国在21世纪向现代公民国家目标迈进的重要进步。

2. 政府应在东部城市加强民族知识教育和法制教育

由于在目前的中小学教科书中有关我国少数民族的内容非常少，因此需要加强对我国各主要少数民族（藏族、维吾尔族、蒙古族等）历史、文化、宗教、习俗及有关知识的普及宣传，大城市可以在本市展览馆、博物馆长期开设"中国少数民族展览"，用图片和实物介绍各兄弟民族的历史以及他们对国家统一和发展做出的贡献，对西藏、新疆和各少数民族聚居区的发展情况进行介绍，举办系列知识性讲座来讨论人们在民族问题上出现的不同观点和感到困惑的问题，利用各种形式系统全面地介绍党和政府的民族政策。这样就可以帮助沿海和内地的广大汉族民众增长有关我国少数民族发展历史、文化传统的基础性知识，了解党和国家的民族政策，在日常生活和社会活动中自觉地加强民族团结和促进各民族成员之间的交往交流和交融。

十八届四中全会提出"依法治国"，城市民族工作也必须纳入法治的轨道。政府和主流社会对少数民族的风俗习惯和正常的宗教信仰要予以尊重，要引导来到城市的少数民族群众自觉遵守国家法律和城市管理规定，服从当地政府及有关部门的管理，避免因违规摆摊等行为导致与管理部门的矛盾。各城市的管理部门和公安部门应吸收来自不同民族的人员，以便在处理相关问题时可以使用各民族语言进行沟通，同时也需要建立相关的投诉机构或在地方投诉部门（消费者协会、民政局、律师协会等）建立为少数民族人员服务的专门办公室和吸收掌握民族语言的专门人员，这些机构的建立和运行，都是有效进行沟通、化解矛盾、避免冲突，以法治理念和现代社会管理方法来避免民族矛盾和改善民族关系的必要条件。

3. 努力在各地构建"相互嵌入式的社会结构和社区环境"

西方社会学家在种族、族群研究中特别关注"居住隔离"现象，认为在城市里各族群彼此隔离聚居在不同的社区不利于彼此之间的交流，而且容易产生彼此之间的偏见和歧视。为此专门设计了相应的指标来计算各街区的族群居住隔离程度（马戎，2004：652－653）。

在"7·5"事件发生后，在乌鲁木齐市也出现了民族居住隔离程度进一步提高的现象（王平、李江宏，2014）。中央民族工作会议提出"城市民族工作要把重点放在社区，推动建立相互嵌入式的社会结构和社区环境"。唯有这样的居住环境，才能够使各族群众在日常交往中逐步成为知心朋友和互助邻居。但是要达到这样的目标并不容易，需要政府、社会组织和民众各方面的共同努力。为了避免出现城市里各民族成员隔离聚居的"城中村"现象，首先所在城市政府和街道社区要关注和积极帮助解决外来少数民族人员的居住问题。有些媒体曾报道维吾尔族人员在北京"租房难"等现象，如果许多外来少数民族人员在最基本的生存条件（如租房、购物、看病）方面经常遇到困难，他们很自然会聚居在一起相互帮助。在一个社区内部，不同族群之间的和睦邻居关系需要彼此的良性互动才能形成，各城市的街道和居委会可以在这方面发挥积极作用，首先要欢迎少数民族人员来本社区租房和生活，并且主动协助社区内的少数民族外来人员解决各方面的实际困难，关心他们的生活和就业。

4. 在东部城市有计划有步骤地发展清真饮食业

我国有10个信仰伊斯兰教的民族，其中新疆的许多民族（维吾尔族、哈萨克族等）普遍信仰伊斯兰教。这些民族有特定的饮食禁忌，东部特别是许多沿海城市清真餐饮业不发达，使来自西部的少数族群成员生活上十分不便，而且容易因为饮食禁忌产生矛盾。为了适应西部人口向东部城镇流动的发展趋势，并使东部城市今后与中东、东南亚伊斯兰国家扩大经济与人员交流时具有一定条件，东部城市的政府部门需要关注本市清真餐饮业的布点与发展，给予政策性扶持，为穆斯林民众创造必要的饮食场所，充分尊重来到东部城市的少数族群成员的宗教信仰与生活习俗，这是贯彻落实政府民族宗教政策的重要内容。其余关于礼拜场所、丧葬场所等问题，各地政府的民族工作也应予以考虑，努力落实好党的民族政策。

5. 来到东部城市的少数民族儿童教育问题

在流动人口中有些随同父母来到东部城市的少数民族学龄儿童，由于语言障碍和学习成绩等问题出现失学现象。这不仅耽误了他们的学业，使他们成年后的就业面临更多的困难，而且很容易使他们受到坏人引诱走上歧途。所在城市政府在考虑外来人口的管理工作时，需要对这些少数民族学龄儿童给予特殊关注，采取有效的措施来安排他们及时就学。所在学校要关注这些少数民族学生在语言、学习进度、习俗等方面存在的特殊问题，采取各种帮扶措施使他们及早融入校园的学习环境，从小就建立起对中华民族和祖国的认同。我们的爱国主义教育必须落在实处，为外来少数民族学生提供良好的学习环境，使他们融入所在的城市社会，这个工作本身就是最实在的爱国主义教育。

如同汉族农民工一样，来到东部城市的少数民族成员也存在生病后就医、发生工伤与雇主或他人发生纠纷时需要法律帮助，以及遇到特殊困难（重病等）需要民政部门的救助等各类问题。由于来自西部少数民族的这些流动人员，在语言、生活习俗、城市生活适应等方面与汉族相比面临更多的困难，因此也就特别需要当地政府对他们给予更多的关爱与照顾，这样才能使他们安心在东部城市就业与生活，感到他们可以把这里的汉人社区当作自己未来的家园，从心里感受到祖国大家庭的温暖。总之，在跨越地域、跨越民族传统居住区的人口流动大潮中，各地城市中都出现了各种与民族关系、民族政策有关的新现象和新问题，需要所在地政府部门积极稳妥地加以解决。

6. 西部地区的城镇化进度必须实事求是，不能盲目追求速度

我国西部地区地理条件特殊，多为高原、戈壁，正是自然地理条件导致地广人稀，在 21 世纪中国推进城镇化和"西部大开发"的整体进程中，西部的城镇化必然也会得到长足的发展，但是必须实事求是，因地制宜，稳步推进，切忌盲目追求人口的城镇化速度，重蹈当年"大跃进"的覆辙。如有的地区提出要在 7 年内使本地区常住人口城镇化率提高 10%，城镇常住人口增加约 50%，但是对于这些新增城镇人口的就业以及生活所需的住房、能源、淡水、食物等生活必需品以及教育、医疗、公共交通等城市基础设施等如何解决，并没有提出具体可行的方案。我们应当把城镇化作为社会、经济、人口、环境资源利用的综合现代化进程来理解，而不能简单地理解为"人口城镇化比例"这一个指标的提高，否则，非但不能有效地推动本地社会发展和经济现代化，反而会因为违反了社会经济发展的客观规律而带来难以挽回的重大损失。

中国的城镇人口已经超过了总人口的 50%，但是中国领土辽阔，不同地区的地理条件、人口密度和发展基础相差极大。胡焕庸教授在 1935 年提出著名的"瑷珲 – 腾冲人口地理分界线"，1933 年线东南侧土地为 36%，人口占 96%；1990 年该线东南侧国土（国土计算减去外蒙古，加上台湾）占 42.9%，人口占 94.2%（佟新，2010：260）。这充分说明中国东南部和西北部的自然地理条件和人口承载能力方面的巨大差异，我国今后的人口城镇化将会在一定程度上增加西部地区的人口密度和城镇发展，但是西部和东部的人口密度和城镇化水平必定会保持一定的不平衡性，我们不可能使西部的城镇化水平向东部接近甚至看齐，而只能是因地制宜，适度发展西部地区的城镇化。

结束语

在三十多年体制改革和对外开放的基础上，中国加入了世界贸易组织并推进了中国经济融入国际市场的进程，中国被称作"世界工厂"并成为世界第二大经济体。这一快速发展的过程是与人口大规模跨地域流动和人口城镇化同步的。今后十年乃至二十年的时期内，中国面临着一个城镇化快速发展的新的历史时期，东中部的汉族人口进入本地城镇并来到西部地区就业、西部地区的少数民族进入本地城镇并来到东部城镇就业，这样几股人口流动的巨大潮流不仅冲击着中国社会的传统"城乡二元结构"，也必然要冲击东中部是汉族聚居区和西部是少数民族聚居区这一地域上的传统"汉区/少数民族地区二元结构"，我国各地区的民族关系必然会出现一系列前所未有的新现象和新问题。城镇化是一个不可逆转的历史发展潮流，中华各族群的交往交流交融也是一个不可逆转的历史发展潮流。在这样一个历史发展的大潮中，我们需要坚持解放思想，实事求是，通过专题调查研究来获得第一手可靠材料和信息，探讨各地区城镇化和族群交往中出现的各种新现象和新问题，并向政府及时提出建议。我们借此推动各级政府切实有效地解决少数民族民众在城市生活和就业中遇到的实际问题，真正构建起各族民众相互嵌入式的社会结构和社区环境，促进各族民众之间的相互尊重、平等互助，唯有这样才能真正促进各族人民的"四个认同"，加强中华民族的整体凝聚力，构建各个地区、各个城市的和谐社会。

参考文献

阿里木江，2013，《流浪儿童何以"流浪"：对新疆流浪儿童成因与对策研究》，《民族社会学研究通讯》第 147 期。

国务院人口普查办公室、国家统计局人口统计司编，1985，《中国 1982 年人口普查资料（电子计算机汇总）》，北京：中国统计出版社。

国务院人口普查办公室、国家统计局人口统计司编，1993，《中国 1990 年人口普查资料》，中国统计出版社。

国务院人口普查办公室、国家统计局人口和社会科技司，2002，《中国 2000 年人口普查资料》（上册），北京：中国统计出版社。

国务院人口普查办公室、国家统计局人口和社会科技司，2012，《中国 2010 年人口普查资料》（上册），北京：中国统计出版社。

国务院研究室课题组，2006，《中国农民工调研报告》，北京：中国言实出版社。

哈尼克孜·吐拉克，2013，《维吾尔族农民工内地城市生存与适应研究——以武汉市维吾尔族农民工为例》，《民族社会学研究通讯》第 137 期。

马戎，2004，《民族社会学——社会学的族群关系研究》，北京：北京大学出版社。

马戎，2007，《南疆维吾尔族农民工走向沿海城市》，《中国人口科学》2007 年第 5 期第 23－35 页。

马戎，2008，《"中华民族"的凝聚核心与"中华民族"的共同历史》，《北京大学学报》2008 年第 5 期第 41～46 页。

马戎、马雪峰，2007，《西部六城市流动人口调查综合报告》，《西北民族研究》2006 年第 3 期第 135～175 页。

马戎，2010，《外出务工对民族混居农村的影响：来自内蒙古翁牛特旗农村的调查》，
　　《社会》2010 年第 3 期，第 107～129 页。

佟新，2010，《人口社会学》第四版，北京：北京大学出版社。

王平、李江宏，2014，《乌鲁木齐市多民族混合社区建设研究》，《民族社会学研究通
　　讯》第 162 期。

族群分层、文化区隔与语言应用模式

社会学这个学科自 1952 年"院系调整"被取消后,直至"文化大革命"结束后的 70 年代末才逐步重新恢复。此时国际社会学界跟随各国社会发展的时代变迁已经在研究主题、基础理论、研究方法等许多方面发生了很大变化。在一定意义上,重新恢复的中国社会学是在追随国际社会学发展的足迹努力追赶,并试图结合中国实际国情进行自己的学术创新。

中国学者对于国内边疆群体的研究工作在 1949 年以前吸收了不同学科的学术营养,其中包括人类学、社会学、历史学、语言学、宗教学、政治学等,在一些地区的实证研究中取得了一定成绩①。1952 年至"文化大革命"期间,相关的研究人员被集中在民族院校和民族研究所,相关的研究工作长期在"民族研究"这个大框架下开展,并被纳入党的"民族工作"的轨道,一方面用马列主义民族理论批判各种"西方资产阶级学说"和民国时期的"中华民族理论"②,另一方面也深深地介入到"民族识别"等党和政府的各项具体工作事务中。这个传统也深深地影响了改革开放后我国的民族问题研究。其中一个引人注目的现象就是中国各著名综合大学的社

---

① 如费孝通的大瑶山调查、李安宅的藏区研究等。
② 具有代表性的是蒋介石在《中国之命运》中提出的"中华民族是多数宗族融和而成"(蒋介石,1943:2),及蒋在 1942 年 8 月西宁讲话中提出的"中华民族乃是联合我们汉满蒙回藏五个宗族组成一个整体的总名词"等观点。

会学系几乎没有人专门研究民族和族群问题，我国研究少数族群问题的学者仍然集中在各民族院校的"民族学"专业任教或在民族研究所工作，延续把斯大林民族著述奉为理论基础和经典著作的传统，因此在理论和研究方法上与西方社会学的"种族与族群研究"存在一定差异。这一局面无疑对我国族群研究的学术积累和开拓创新带来一定影响。

本文将首先讨论中国学者对西方社会学核心领域"族群分层与流动"研究成果的借鉴，指出中国学者应当注意存在于中国少数族群与美国少数种族之间在群体历史与语言文化方面的重要差异，随后将重点讨论中国国内的语言使用格局和区域分布，并探讨在这样一个语言使用与学习格局中应当如何思考相应的学校教育语言体系，从而为各族之间的交流、合作和共同繁荣创造一个适宜的语言交流模式与语言学习环境。

1. 社会学关于"族群分层与流动"的研究

社会分层与社会流动（social stratification and social mobility）是社会学研究社会结构和社会变迁的核心概念，也是社会学的一个重要研究专题和分析视角，而"族群分层与流动"（ethnic stratification and mobility）则是社会学研究一个多族群国家内部群体关系的核心概念（Glazer and Moynihan，1975：16），研究的是各群体在社会整体结构中的相对地位以及各群体在社会流动机制中的上升渠道和机会概率，换言之，就是调查与分析各族群在社会结构中是否出现"群体性倾斜与失衡"现象，分析各族群成员在争取个人向上流动时是否可获得大致相同的机会。

在一个主张并努力争取实现种族/族群平等的国家，当社会学家们发现某族群处于"群体性劣势"的状态，其成员的上升渠道遇到制度性障碍并导致族群分层结构发展态势趋于恶化时，那么，学者们就需要根据现实社会中出现的具体问题提出必要的政策调整建议，在制度上创造出能够帮助"弱势群体"成员排除各种阻碍、实现社会流动的新机制。例如在 20 世纪 60 年代，针对美国社会中存在严重的学校种族隔离和就业歧视现象，美国学者们提出了通过立法、行政和财政手段废除公立学校种族隔离制度的主张和具体实施措施，同时针对著名高校招生中少数族裔学生录取比例过低的现象，学者们联合各界进步人士推动了"肯定性行动法案"（Affirmative Action，或译"平权法案"）在联邦议会的通过与实施（Simpson and

Yinger，1985），使美国著名大学（如8所常春藤名校）本科招生中的黑人比例接近黑人在人口中的比例，从而逐渐培育出黑人中产阶级和一批活跃在各领域的杰出黑人精英，改善了美国的"族群分层"结构和优秀黑人青年在社会结构中向上流动的机会。由此可见，"族群分层与流动"研究在认识多族群社会中族群关系的现状、存在问题及提出改进思路与具体措施方面，确实非常重要。

2. 中国的"族群分层与流动"需借鉴西方学术成果，但应避免"路径依赖"

自20世纪80年代以来，我国学者也开始关注中国的"族群分层与流动"这一研究领域，并努力借鉴国外的研究思路和经典案例来开展国内的专题研究。相关的研究成果包括对人口普查提供的各民族受教育结构、劳动力行业与职业结构数据开展的比较分析（马戎等，1989；马戎，1996；马戎，2004：266 - 295；马戎，2013），也包括在不同的少数民族聚居区开展的专题实证调查（城乡居住格局、族际通婚、语言使用、双语教育、族际社交网络、人口流动、大学生就业、族群收入差距等）（马戎，2012a，菅志翔，2009；马忠才，2012）。尽管在这个领域及相关专题方面发表的研究成果数量还不多，但表明中国的"族群分层与流动"研究已经起步而且开始引起社会各界的广泛关注。

"族群分层与流动"这个社会学核心概念是美国学者首先提出的，这个领域的大多数经典研究（特别是量化分析）的对象是美国和加拿大的数据与案例（马戎，2010：126 - 226），这与美国种族矛盾比较突出这个历史背景以及美国应用社会学研究比较发达、社会调查数据比较丰富有密切联系，中国学者可以从西方学者的研究成果中借鉴许多东西。我最近一直在想，中国学者注意吸收美国族群分层研究的学术积累无疑是完全必要的，但是美国社会的种族/族群关系毕竟与中国社会的族群关系（包括历史与现状）存在重要差异，中国学者在思考中国的族群分层问题并开展实证研究时必须从中国的实际国情出发，我们在借鉴美国研究成果时需要注意避免出现文献阅读和研究设计中的"路径依赖"，不能完全跟着西方学者的足迹走。

3. 美国"族群分层与流动"研究的特点

美国是一个由移民建国并以欧洲白人移民及其后裔为人口主体的国家。

土著北美印第安人的人口规模很小并聚居在西部偏远贫瘠的"保留地"①。尽管有些部落（纳瓦霍人）由于语法特殊受到语言学家的重视，甚至在"二战"期间成为美军特定"密码"，但是北美印第安人部落在历史上没有发展出自己的文字系统②，也不拥有可与白人主流文化相抗争的语言体系、宗教体系和文化传统。目前美国印第安人已通用英语，在美国政治、经济、文化等领域均处于十分边缘的地位，对美国的社会稳定与发展几乎没有什么影响。正是由于印第安群体在美国社会中的边缘地位，印第安人研究长期以来在美国族群问题研究中一直十分边缘，没有受到主流社会学者们的重视。

但是美国黑人的情况则有所不同。自16世纪开始的奴隶贸易使上千万的黑人被贩卖到美洲，黑人构成美国人口和美国经济的重要组成部分，南北战争后黑人摆脱了奴隶身份并开始向北部和西部迁移。2010年黑人约占美国总人口的12.6%，而且99%居住在城镇，黑人在许多城市中（包括首都华盛顿）已占人口半数以上③。人口规模和高度城市化使得黑人在美国政治与社会生活中具有举足轻重的影响力，美国历史上许多重要事件都与黑人问题密切相关，20世纪60年代风起云涌的黑人运动几乎撕裂了美国社会（富兰克林，1988：547-587）。所以，美国学者的种族/族群研究对象长期以来集中在白人—黑人关系上，相关的族群分层与流动研究也大多以黑人群体为对象。

但是我们必须注意的是，经过了几百年与白人的共处并曾长期处在从属的奴隶地位，美国黑人的语言（英语）和宗教信仰（新教、天主教）已经与白人主流社会趋于一致。换言之，黑人奴隶与白人奴隶主之间长期存在深刻的阶级矛盾和种族偏见，但是不存在明显的语言隔阂与宗教冲突，即不存在文化区隔。同时，尽管在居住街区层面存在一定的"种族居住隔离"，但是黑人已经与白人同样分布到全美各州各城市并在各行各业就业，不存在较大地理行政单元的"行政区划区隔"。因此，只要把美国宪法中

----

① 根据美国2010年人口普查数据，印第安人和阿拉斯加土著人合计为290万，占美国人口的0.9%。

② 印第安语包括十几个语族，至今没有公认的语言分类，（中南美洲）有些印第安语已有文字［《中国大百科全书（民族）》编委会，1986：504］。

③ 1960年华盛顿市黑人占总人口半数以上，1980年黑人占人口半数以上的城市有9个（马戎，2004：237）。

"人人生而平等"的精神真正落实到黑人公民身上，为黑人青少年提供良好的教育和就业机会，通过几代人的社会流动，就可能出现种族关系的改善和传统矛盾的化解，马丁·路德·金博士的"黑人梦"就可以实现。

4. 中国几个主要少数族群与美国族群问题的不同之处

中国有三个重要少数族群（如维吾尔族、藏族、蒙古族）的情况与美国少数族群的情况相比，有几个重要的不同之处。

第一，这些群体虽然在历史上也经历了不同程度的地域迁移，但迁移的范围仍在东亚大陆这片土地上，近几百年他们作为本地居民已经在现居住地扎下根来。这与美国各移民群体（如白人、黑人、亚裔、拉丁美洲裔）跨越大洋、洲际迁移的历史不同。

第二，这些族群在历史上各自发展出自己的语言文字、宗教信仰和生活习俗，尽管他们的宗教信仰（佛教、伊斯兰教）的源头可能来自境外，但是在几百年的发展进程中这些群体已经创造出具有本土特色的灿烂文明体系。中国主要少数族群的文化积累和传统文化体系与北美土著印第安人的文化积累不可同日而语，从文化相对论的角度来看，这些文明并不逊色于中国东部汉人创造的中原文明。按照顾颉刚先生的说法，中国存在西部的"藏文化集团"、"（穆斯林）回文化集团"和中原地区的"汉文化集团"这三大文化集团（顾颉刚，1996：780）。尽管这些文明体系与中原文明之间已有许多世纪的交流融汇与互相渗透，但是彼此之间依然存在明显差异。这与美国黑人与白人在文化上（语言、宗教）具有较高同质性的情况全然不同。

第三，中国的这些少数族群人口规模大（如维吾尔族人口已过千万、藏族人口628万人，蒙古族人口600万人）并高度聚居在政府为这些族群建立的自治区。在中国的地理行政区划结构中存在"民族自治地方"和非自治地方的"行政区划区隔"，我国少数民族自治地方约占中国陆地面积的64%。因此，少数族群在中国的政治生活、经济发展、文化生活中居于举足轻重的重要地位，这与仅占美国领土面积2.4%的土著印第安人"保留地"的情况无法相比，与散布到全国各地和各行各业的美国黑人的情况也无法相比。

第四，这些族群的语言（维吾尔语、藏语、蒙古语）是本族聚居区的主要交流工具，本族的宗教信仰（伊斯兰教、藏传佛教）、传统价值伦理、生活习俗（饮食禁忌、婚俗葬俗等）是当地文化生活的基调。也就是说，在中国的几个主要的少数族群聚居区，当地族群人口与汉族人口之间存在着界限清晰、色彩鲜明的文化区隔。

从以上四个方面来看，在中国的社会文化场景中研究族群关系，所需要关注的专题就不应当仅限于研究"族群分层和流动"，影响少数族群成员参与社会流动的因素也不仅仅是受教育机会和就业机会的平等问题。正是由于中国各族聚居区之间存在明显的文化区隔，于是使用哪种语言文字作为公共活动工具语言和学校教学语言便成为一个重要和敏感的议题。它既涉及当地族群的文化自信、尊严和文化传承，也涉及全国性就业市场对于工具性语言（汉语普通话）的倾向性偏好。而这个"族群文化区隔"在美国传统的白人—黑人种族关系研究中是被忽略的。美国学者也曾发表一些对于族群语言、宗教差异的实证性调查文献，但是这些研究的对象偏重于新移民（如来自亚洲的华裔、越南裔或来自拉丁美洲的墨西哥裔、古巴裔），美国推行的"双语教育"实际上是要引导新移民从母语过渡到英语。所以，如果我们在开展国内族群研究时主要借鉴的是美国白人—黑人关系研究成果，研究的主题集中于"族群分层与流动"，分析的指标体系方面主要关注教育程度、行业结构和职业结构的族群比较，那么，我们就有可能忽略中国国情中的"族群文化区隔"这个重要的社会现实。

5. 中国西部地区的"族群文化区隔"

中国一些地区的社会现实中存在的"族群文化区隔"也许可以主要归纳为三个方面：语言、宗教和生活习俗。不同的语言文字是群体间最突显最重要的文化差异，宗教传承以语言文字为载体，生活习俗（如饮食禁忌）又与宗教信仰密切相关。一个社会中存在的"族群文化区隔"必然影响社会结构中少数族群的社会地位与社会流动。这三个方面当中，最直接影响族群之间交流、相互理解与建立合作关系的是语言差异，我们研究中国社会中的"族群文化区隔"也可先从语言差异入手。中国的几个重要的少数族群都具有自己独特的语言与文字体系，如维吾尔语和蒙古语分属于阿尔泰语系下的两个语族，藏语属汉藏语系，这几种语言无论是在发音、词汇还是语法等方面都与汉语普通话之间有很大差异。

　　因此，中国社会公共生活中的语言应用和学校里的语言学习模式显然不可能与美国社会一样。美国土著印第安人和黑人已通用英语，那些以个人或家庭为单元零星迁入美国的新移民为了适应新社会，具有很高的英语学习热情，他们对就业市场把掌握英语作为基本要求视为理所当然，并不反感。因此，即使在部分少数族裔家庭和少数族群社区内有些人继续使用母语交流，但是在美国政府机构、公共部门、服务业和学校通用的工具性语言是英语。在中国的情况则有所不同。在一些少数族群聚居区如南疆和藏区，一方面，民众使用的主要语言仍然是自己的母语，母语是民众日常生活和人际交流中的重要工具性语言，当地居民也缺乏在日常对话中学习汉语的语言环境；另一方面，汉语普通话已经成为全国性的行政部门、经济活动、高等教育体系中的主要工具性语言。当地少数族群的年轻一代应该如何选择语言学习，这两种工具性语言之间无疑存在某种冲突。因此，承认在语言文字领域中现实存在的"族群文化区隔"，讨论如何在公共空间和教育体系兼顾全国性的工具性语言和地方性的工具性语言，在研究中国族群关系时便成为一个具有特殊意义的重要专题。

6. 中国少数族群聚居区的语言使用格局

　　从中华各族交流交往交融的长远发展大局考虑，中央政府和我国学术界有必要对中国各地区语言使用格局现状的整体性框架进行分析并对其发展目标提出一个清晰的思路与设想。《宪法》中提出"各民族都有使用和发展自己的语言文字的自由"，但是少数民族民众在使用语言文字权利方面的"自由"与社会制度中各种语言的实际相对"地位"还不是一回事。《民族区域自治法》第三十六条规定"民族区域自治地方的自治机关根据国家的教育方针，依照法律规定，决定本地方的教育规划，各级各类学校的设置、学制、办学形式、教学内容、教学用语和招生办法"（宋才发，2003：363）。但是在各地区教育体系的实际运行中，当地族群的母语与文字、与汉语普通话之间是一种什么样的关系？学校和公共场所中的语言应用模式呈现的是怎样一个发展趋势？这些问题都需要深入的调查，需要慎重考虑与分析。

　　首先我们可以分析一下与居民日常生活相关的语言使用格局，"日常生活用语"指的是居民们在家庭内部和基层社区内用来交流的语言，通常是他们的母语。我们可以根据某种语言文字使用人数的规模和在当地总人口中的比例划分出各种语言的分级"生活语区"（见表1）。

表1　生活语言使用人口所占总人口比例与"生活语区"类别划分

语言使用人口占该地区总人口比例	生活语区
70%以上	第1类
50%～70%	第2类
30%～50%	第3类
10%～30%	第4类
5%～10%	第5类
1%～5%	第6类

　　以新疆的"维吾尔语区"为例，如果我们划分"生活语区"的单元是地区（自治州、区属直辖市），那么使用维吾尔语言人数占总人口70%以上的地区（如和田、喀什、阿克苏、吐鲁番）可划为"第1类语区"，占总人口的50%～70%的"第2类语区"缺失，占30%～50%（如巴音郭楞）为"第3类语区"，占10%～30%（如乌鲁木齐、克拉玛依、哈密）为"第4类语区"，5%～10%的"第5类语区"缺失，1%～5%的（如昌吉、塔城等）为"第6类语区"。如果使用某种语言的人口不足1%，在划分语区时可忽略。这并不表示其语言不重要，仅是反映在分析地区语言使用格局时其权重较小。

　　我们可以用同样的方法在划分新疆维吾尔自治区内的"哈萨克语区""蒙古语区""汉语区"等，而且许多地区很可能是多语种重合的"复合语区"①。如在乌鲁木齐市总人口中，汉语为母语的人口（汉、回、满、土家等）约占83.8%，维吾尔族人口占12.8%，哈萨克族人口占2.3%，那么乌鲁木齐市可划定为一个多语种复合的"汉1－维4－哈6语区"（见表2）。

---

① 在"藏语区"内部还可以进一步划分出"安多藏语区"、"拉萨藏语区"和"康藏语区"。

表 2　新疆维吾尔自治区各自治州、地区、直属市人口族群构成与"生活语区"

单位：%

州地市	汉	回	汉回合计	维吾尔	哈萨克	蒙古	柯尔克孜	其他	总　计	生活语区
乌鲁木齐	75.30	8.03	83.33	12.79	2.34	0.35	0.07	1.12	100.00	汉 1 – 维 4 – 哈 6
克拉玛依	78.07	2.23	80.30	13.78	3.67	0.68	0.04	1.63	100.00	汉 1 – 维 4 – 哈 6
吐鲁番	23.30	6.38	29.68	70.01	0.06	0.03	0.00	1.22	100.00	维 1 – 汉 4
哈密	68.95	2.97	71.92	18.42	8.76	0.40	0.00	0.50	100.00	汉 1 – 维 3 – 哈 4
昌吉	75.14	11.55	86.69	3.92	7.98	0.40	0.01	1.00	100.00	汉 1 – 哈 5 – 维 6
博尔塔拉	67.19	4.49	71.68	12.53	9.14	5.64	0.02	0.99	100.00	汉 1 – 维 4 – 蒙 5
巴音郭楞	57.50	4.94	62.44	32.70	0.09	4.12	0.01	0.64	100.00	汉 2 – 维 3 – 蒙 6
阿克苏	26.62	0.55	27.17	71.93	0.01	0.04	0.46	0.39	100.00	维 1 – 汉 4
克孜勒苏	6.41	0.10	6.51	63.98	0.01	0.01	28.32	1.17	100.00	维 2 – 柯 4 – 汉 5
喀什	9.15	0.15	9.30	89.35	0.00	0.02	0.15	1.18	100.00	维 1 – 汉 5
和田	3.33	0.09	3.42	96.43	0.00	0.01	0.05	0.09	100.00	维 1 – 汉 6
伊犁州直属	39.91	10.60	50.51	23.99	20.05	1.16	0.63	3.66	100.00	汉 2 – 维 4 – 哈 4
塔城	58.59	7.45	66.04	4.12	24.21	3.33	0.21	2.09	100.00	汉 2 – 哈 4 – 维 6 – 蒙 6
阿勒泰	40.93	3.94	44.87	1.79	51.38	0.98	0.01	0.97	100.00	哈 2 – 汉 3 – 维 6
石河子	94.53	2.32	96.85	1.20	0.58	0.13	0.01	1.23	100.00	汉 1 – 维 6
全自治区	40.57	4.55	46.12	45.21	6.74	0.81	0.86	1.26	100.00	（汉 3 – 维 3 – 哈 5）

资料来源：新疆维吾尔自治区人口普查办公室，2002：46 – 74。

对于表 2 中的数据，我们采用的是 2000 年人口普查数据。中央 1999 年宣布实施"西部大开发"战略后，大量基础设施建设项目和区外流动人口陆续进入新疆，这些流动人口都被包括在 2010 年人口普查中。所以，如果我们研究的重点是本地居民的语言使用，2000 年普查数据可能比 2010 年普查数据更接近本地居民的族群人口构成。

我们从表 2 可以看到，新疆这个多族群居住区在语言使用格局方面呈现的是一个多元模式：在全区 15 个地区、自治州、直辖市当中，6 个地州市的汉语使用人口（包括汉族和回族）占当地总人口 70% 以上，汉语人口在另外 3 个地州市占 50% 以上；维吾尔族在 4 个地区占总人口 70% 以上，在 1 个地州占 50% 以上；哈萨克族在 1 个地区占人口的 50% 以上。同时，没有一个地州市是"单语语区"，都是"复合语区"（两种至四种语言）。从语言使用格局来看，新疆维吾尔自治区是一个名副其实的多族群聚居区和多语言文化区。

7. 绘制全国及各省区的"语区分布图"与"理想型"语言使用模式

我们可以采用以上方法绘制出粗略的全国"语区分布图"，还可以根据各地州（最好具体到各县市）的各族人口结构画出各自治区、自治州（县市）的"语区分布图"。因为我国行政体制中的"地区""自治州"的地域面积和人口规模通常也比较大，地区、自治州首府城市与县城、乡镇人口的族群构成可能存在很大差异。

表 3　新疆喀什地区下属市、县人口族群构成与"生活语区"

单位：%

市　县	汉	回	汉回合计	维吾尔	塔吉克	柯尔克孜	其他	总　计	生活语区
喀什市	21.78	0.29	22.07	77.36	0.07	0.07	0.43	100.00	维 1 - 汉 4
疏附县	1.53	0.04	1.57	98.27	0.00	0.09	0.07	100.00	维 1 - 汉 6
疏勒县	6.96	0.10	7.06	92.64	0.00	0.10	0.20	100.00	维 1 - 汉 5
英吉沙县	1.91	0.03	1.94	97.72	0.01	0.26	0.07	100.00	维 1 - 汉 6
泽普县	20.62	0.39	21.01	76.67	1.88	0.04	0.40	100.00	维 1 - 汉 4
莎车县	4.44	0.12	4.56	94.66	0.36	0.14	0.28	100.00	维 1 - 汉 6
叶城县	5.76	0.20	5.96	93.06	0.50	0.25	0.23	100.00	维 1 - 汉 5
麦盖提县	19.97	0.23	20.20	79.63	0.00	0.00	0.17	100.00	维 1 - 汉 4

续表

市　县	汉	回	汉回合计	维吾尔	塔吉克	柯尔克孜	其他	总　计	生活语区
岳普湖县	6.72	0.03	6.75	93.17	0.00	0.00	0.08	100.00	维1 – 汉5
伽师县	1.99	0.02	2.01	97.93	0.00	0.00	0.06	100.00	维1 – 汉6
巴楚县	17.48	0.20	17.68	82.10	0.00	0.01	0.21	100.00	维1 – 汉4
塔什库尔干	3.82	0.17	3.99	5.15	84.86	5.89	0.11	100.00	塔1 – 维5 – 汉6
全地区	9.15	0.15	9.30	89.35	0.99	0.15	0.21	100.00	(维1 – 汉5)

资料来源：新疆维吾尔自治区人口普查办公室，2002：46 – 72。

如以新疆喀什地区为例，下属喀什市和11个县的人口族群构成和相关的复合"生活语区"可参见表3。我们从表3可以看到，以汉语为母语的人口（主要是汉族与回族）在当地总人口中的比例在4个市县超过或接近20%，同时在5个县的比例不到5%。这两组地区的"生活语区"应当说存在显著差异。我国的基层学校根据所在地的行政级别和人口规模分为几类，城市中学、城市小学、县中学、县中心小学、乡镇小学，分别位于城市、县城和乡镇。在少数族群聚居区的这三级居民区的人口规模和族群构成通常都有明显的差异。甚至不同的乡镇也可能存在很不同的人口族群构成。这些因素都是我们在思考当地的语言使用模式和学校教学语言格局时不能忽视的。

当然，在绘制这样的"语区图"时，各地区各族群人口的实际使用语言与官方登记的"民族成分"不一定完全一致。例如内蒙古南部一些县的蒙古族居民在日常生活中已不再使用蒙古语而通用汉语，那么，在我们根据人口"民族成分"数据来划分"语区图"时，如遇到这类情况则应实事求是地按照当地居民的实际应用语言情况进行绘制。另外，如果某地区的外来少数族群流动人口达到一定规模，他们的工具性语言需求在当地公共活动中也是需要予以考虑的。如近期内地一些大城市的公安部门开始招收维吾尔族和藏族人员，即是考虑到这些城市中流动的维吾尔族和藏族人口在语言交流方面的客观需求。

根据多语种复合语区内各族居民的母语结构，我们可以设想一个"理想型"（ideal type）的生活语言模式。如以上述乌鲁木齐市为例，"最优模式"就是当地所有居民都能够熟练掌握两种（汉语、维吾尔语）甚至三种语言（汉语、维吾尔语、哈萨克语），如同瑞士的国民普遍掌握法语、德语和意大利语那样。如果达不到这个最优模式，退而求其次，第二等的"次优模式"就是以汉语为母语的人口中有13%能够说维吾尔语，有3%能够说哈萨克语；同时维吾尔和哈萨克人口中都有84%能够说流利的汉语。乌鲁木齐市各族居民如能达到这样一个语言使用比例，无疑将有助于各族居民在日常工作与生活中有效地相互交流。

通过各类"语区"的划定，我们对于生活在各"语区"中的各族居民的语言能力结构可以得到一个理想模式。那么，对于向下一代教授语言文字负有最重要责任的学校体系也就有了自己的语言教学目标：如何使各族青少年在学校里能够学习并掌握当地"语区"的主要语言，以实现"最优模式"或"次优模式"这样的目标。从这个角度和标准来看，喀什地区（维吾尔族占人口的90%）甚至乌鲁木齐市（维吾尔族人口占12.7%）没有一所汉族学校教授维吾尔语，就是不可思议的。按照"次优模式"，至少喀什90%和乌鲁木齐13%的汉族学生应当在学校里系统地接受维吾尔语课程。

与"日常生活用语"有所区别的是"公共活动用语"，指的是居民们参与当地社会活动和与公共部门（政府部门、邮局、银行、税务、工商、公安、司法等机构）打交道时使用的语言。在殖民地社会，公共部门使用的语言通常是殖民者的母语，而不是当地居民的母语，这反映出来的是族群歧视与不平等。而在一个"以人为本"坚持"民族平等"原则的社会，公共部门应当要求下属职员主要以本地居民中大多数人的母语来与本地居民交流和提供服务①，因此"日常生活用语"与"公共活动语言"应当是一致的。

对"公共活动语言"的认定涉及社会公共领域的语言政策问题。在各"生活语区"内公共机构工作的人员当中，使用这一语言的比例应当与所属"生活语区"的标准相一致。例如在属于"第1语区"的喀什地区，维吾

---

① 《宪法》第一百三十四条"各民族公民都有用本民族语言文字进行诉讼的权利"。司法诉讼仅仅是国民公共活动中的一种，民族聚居区的其他部门（邮电、银行、商业、交通等）也应提供以当地民族语言为交流工具的社会服务。

尔族约占总人口的90%，当地公务员中（不论属于哪族公民）熟练掌握维吾尔语的比例最好也能够达到90%，为此当地政府机构在招收公务员时就需要参考这个比例。

8. 语言工具性比较中的效用权重

在衡量不同语言的交流和学习功能时，除了人口规模因素外，还需要考虑另外一个维度，即在社会生活和就业中，不同语言所发挥的实际功能可能具有不同的权重，或者说不同语言的"应用工具性效度"可能存在显著的差异。一种语言的"应用工具性效度"即掌握这种语言后可以接触的各种有用信息的广度和深度。当我们把一种没有文字的语言与另外一种历史悠久、已形成完整文化体系、有大量文献积累并与现代工业知识系统接轨的语言从"应用工具性效度"这个角度来进行比较时，可以清楚地看到这两种语言给人们带来信息的量与质之间存在巨大差异。所以，在我们对国内群体使用的各种语言进行比较并思考不同地区的理想语言模式时，就必须参考"应用工具性效度"这个因素，给不同的语言以不同的权重。

我们首先可以粗略地把国内各种语言分为"有文字的语言"和"无文字的语言"这两大类，我们关注的主要是那些有独立文字体系的语言。在对有文字的各种语言进行"工具性效度"比较时，我们可以考虑几个指标。第一个也是最简单的参考指标是该文字年出版物的种类（不是册数），第二个参考指标是国家图书馆中该文种藏书种类，如果关注的是某专业领域的最新知识积累，那么还可以加上第三个参数，即国内该专业领域最新研究成果发表时使用的语言文字[1]。

顺便提一句，世界各国之所以要在本国学校系统地教授某种"外国语言"，其考虑的基点当然不是国内使用这种语言的人口所占比例，而纯粹是对世界上各种语言（包括国内各种语言在内）在"工具性效度"方面的相互比较。世界各国的语言在国际交流中始终存在一个相互竞争的态势，在人类进入21世纪后，正如亨廷顿所说："英语是世界上进行知识交流的方式，正如公历是世界上的计时方式，阿拉伯数字是世界的计数方式"（亨廷顿，1999：49）。英语的"应用性工具效度"在全世界各主要语言中具有突

---

[1]　毫无疑问，目前全世界各主要专业发表最新研究成果的绝大多数都是英文杂志。

出的优势地位。

我们可以借用上述三个指标来对中国国内各种语言的"工具性效度"进行比较。首先，中国的出版物中约98%是汉文出版物。2000年全国总计出版图书143376种，出版少数民族文字图书2598种。少数民族文字图书约为图书总数的1.8%。2010年全国总计出版图书328397种，其中少数民族文字图书9429种，少数民族文字图书占出版图书总数的2.87%。我国的少数民族文字出版物基本是在国家经费补贴政策下得以出版，其中相当部分是政府文件和政策宣传读物，介绍现代科技、社会科学普及读物和最新科研成果的少数民族出版物很难见到。

我们曾经对新疆大学、内蒙古大学、西藏大学这三所民族自治区主要大学图书馆的民语藏书种类和汉语藏书种类进行过比较，发现新疆大学图书分类目录中的维吾尔文藏书大多不到同类汉文藏书种类的10%，内蒙古大学的蒙文藏书大多不到汉文藏书的5%，西藏大学的藏文藏书除藏文古籍外大多不到汉文藏书的0.1%（马戎，2012b：148－149）。汉语的"应用工具性效度"是显著超越国内其他任何语言的。因此，如果我们把汉文作为国内第一类工具语言，把目前国内少数族群文字出版行业的5种主要文字（维吾尔文、蒙古文、藏文、哈萨克文、朝鲜文）作为第二类工具语言，把其他族群文字（彝文、壮文、苗文等）作为第三类工具语言，那么可以粗略地假设一个表示语言工具性效度的加权系数：第三类语言的加权系数为0.5，第二类语言的加权系数为1，第一类语言的加权系数为2。当然，这里提出的加权系数的具体数值都是假设，各类工具语言之间的差距和加权系数值可以通过各项衡量"工具性效度"的具体指标进一步测定。在这里，我只是希望提出各语言之间存在"工具性效度"方面的差异，并以此为依据在对语言学习模式进行比较时建议考虑增加一个加权系数。

9. 学习与就业语区

在增加了语言的"应用工具性效度"这个维度和相关的加权系数后，我们可以提出第二种语区格局即"学习与就业语区"。它不同于前面的"生活语区"，因为增加了语言"在学习现代知识体系时的效度"以及"现代产业就业对语言工具的要求"这两个因素。"现代知识体系"指的是与工业化、现代化相联系的理工农医科知识和社会科学知识，与之相对应的

"传统知识体系"指的是人文学科与传统文化（语言文学、历史、宗教经典等），现实就业市场为掌握"现代知识体系"（尽管程度不同）的劳动者提供的就业岗位显著地超过为掌握"传统知识体系"劳动者提供的岗位。这也是现代学校学生的人数大大超过私塾、经文学校、寺庙教育学生人数的原因。

我们把表2中新疆各地州市的语言使用人口比例乘以上述假设的加权系数，就可以得到与"生活语区"有所不同的"学习与就业语区"（见表4）。

表4　新疆维吾尔自治区各州地市的"生活语区"与"学习与就业语区"

州地市	生活语区	学习与就业语区
乌鲁木齐	汉1-维4-哈6	汉1-维4-哈6
克拉玛依	汉1-维4-哈6	汉1-维4-哈6
吐鲁番	维1-汉4	维1-汉2（汉加权）
哈密	汉1-维3-哈4	汉1-维3-哈4
昌吉	汉1-哈5-维6	汉1-哈5-维6
博尔塔拉	汉1-维4-蒙5	汉1-维4-蒙5
巴音郭楞	汉2-维3-蒙6	汉1-维3-蒙6（汉加权）
阿克苏	维1-汉4	维1-汉2（汉加权）
克孜勒苏	维2-柯4-汉5	维2-柯4-汉4（汉加权）
喀什	维1-汉5	维1-汉4（汉加权）
和田	维1-汉6	维1-汉5（汉加权）
伊犁州直属	汉2-维4-哈4	汉1-维4-哈4（汉加权）
塔城	汉2-哈4-维6-蒙6	汉1-哈4-维6-蒙6（汉加权）
阿勒泰	哈1-汉3-维6	汉1-哈2-维6（汉加权）
石河子	汉1-维6	汉1-维6
全自治区	—	

加权的方法：汉语使用人口的比例乘以2，再重新进行归类。

从表4中，我们看到经过加权计算后，汉语的重要性在9个地州市得到加强。维吾尔语继续在5个地州保持最重要语言的地位，这5个地州学校里的维语教学和公共机构职工招募中对维语文能力的要求应当得到远比其他地州市更多的重视。

10. 公立学校中的语言教学模式

根据以上试探着划分出的新疆"生活语区"与"学习与就业语区"，我们可以进一步探讨公立学校中的语言教学模式。

1949 年新中国成立以后，在我国几个主要的少数民族自治区的中小学教育体系中逐步建成了"普通学校"（或称"汉校"）和"民族学校"（或称"民校"）这样一个双轨制。比如在今天的新疆，我们可以大致归纳出几种教学模式：（1）传统汉校模式，所有课程都用汉语讲授，同时加授一门外语（多为英语），不开设当地民族语文课。（2）传统民校模式，所有科目都以母语授课，加授一门汉语文（有的地区从初中开始，有的地区从小学高年级开始）。近期一些地区开始推行"双语教学"后又出现两种新模式，（3）双语教学模式，部分课程（数学、物理、化学、生物及英语）用汉语授课，部分课程（语文、思想品德、历史、地理等）用母语授课，（4）新汉校模式，所有课程用汉语授课，加授一门母语文。

从前面讨论的新疆各地州市"生活语区"与"学习与就业语区"情况来看，除石河子市之外，传统汉校模式完全不适应新疆其他各地州的实际情况。其他三种模式在居民中都存在广泛的客观需求。由于各地州市居住着使用不同母语的各族居民，我们在考虑学校教学语言模式时，不能设想在一个地区只设立一种模式，而是应当三种模式并存，只是各种模式的学校数量和招生规模的比例在不同地区各不相同，并与当地"生活语区"与"学习与就业语区"类型与结构密切相关。

各个学校具体采用哪一种教学语言模式，还会受到其他客观条件的限制。第一个因素是合格的师资队伍，即能够按照该模式的要求开展高质量的教学活动的教师人数，目前南疆许多县市发展双语的瓶颈之一就是缺乏真正能够胜任双语教学的合格教师；第二个因素是学生的语言基础，如果学生在小学升初中或初中升高中时从一种语言模式的学校转入另一种语言模式的学校，他们对新教学模式的适应将会相当困难。任何一种新的语言教学模式，都必须从学校的最低年级开始实践，并根据教学效果逐级发展。

与此同时，我们在尊重家长学生的选择权利时，还需要注意的是语言使用（日常交流、学习与就业）的客观需求有可能与居民的主观愿望之间存在偏差，有时主观愿望反映的是当事人的感情倾向而不是理性判断。在这种情况下，政府和教育主管部门只能顺势引导，决不能强制推行某种语言教学模式。对于把俄语作为"国语"来强制推行的做法，列宁曾进行过严肃的批评①。

各地州的教育主管部门在考虑学校设置时以及各种模式的学校在进行招生时，有几点需要注意：第一，要充分考虑当地民众的生活语言状况和对公共服务的语言要求，这即是"生活语区"因素；第二，各地区设置学校应坚持因地制宜和实事求是的原则，为学生提供具有不同教学语言模式的学校，既照顾居民对母语学习和传承的愿望，也考虑学生毕业后的就业与个人发展的前景，不能只从行政管理效率和财务经费考虑而只设立一种或两种模式的学校，要给家长和学生提供选择的机会；第三，至于学生进入哪一种语言教学模式的学校学习，要充分尊重家长和学生的自愿选择，然后根据各级学校的学生报名情况，调整下属学校和班级的具体设置。要注意学生对各类学校的申报情况很可能是一个动态的不断变化的过程，要根据各学年的实际报名情况及时做出调整，这些动态变化也正是我们观察一个地区语言学习发展趋势和民众心理变化的重要指标；第四，对于非母语（如汉语）的学习要注重质量，既不能求规模也不能求进度，如果在发展"双语教育"中出现"大跃进"的浮夸现象，那只会损害"双语教育"的声誉，挫伤少数族群民众学习汉语的积极性。我们要注重实效而不是统计指标，检验教学质量的试金石不是试卷与考分，而是社会就业市场。

未来中国少数族群学生理想的语言学习和使用状况可能是这样的结构："母语 ＋ 本国族际共同语（汉语） ＋ 国际通用语（英语）"。正如欧洲各国学生的语言结构："母语 ＋ 本地区另外一种通用语（对于德国人来说可能是法语） ＋ 国际通用语（英语）"。这可能是中国各少数族群地区语言应用模式的长远发展趋势。

---

① 列宁特别强调要考虑在民族问题上显得特别重要的少数族群的"心理状态"，"而这种心理状态，只要是在稍微采取强迫手段的情况下，就会玷污和损害集中制、大国制和统一语言的无可争辩的进步作用，并将这种进步作用化为乌有。但是，经济比心理状态更重要：俄国已经有了资本主义经济，它使俄罗斯语言成为必不可少的东西"（列宁，1913：253）。

结束语

中国的族群关系及其变迁涉及许多方面，既涉及历史上各群体彼此之间的政治关系、经济贸易、文化交流到人口迁移与通婚，也涉及近代来自西方"民族"概念和"民族主义"思潮在各族精英和民众中的影响。因为"土改"带来的政治红利，1949年中华人民共和国建立后中央政府一度得到少数族群广大民众的高度认同。实行"改革开放"政策后，国家层面的意识形态凝聚力逐步淡化，市场体制的迅猛发展和大量外来流动人口使社会经济发展滞后的边疆少数族群在资源开发、劳动力就业、文化生态等方面受到极大冲击，也引发了一系列社会经济问题和政治认同、文化认同问题。在这样的历史发展阶段，中国在体制改革上走回头路是不可能的，边疆地区的"族群分层与流动"问题必须引起我们的高度重视，我们不能让"民生问题"与"认同问题"叠加起来。但是与此同时，我们不能简单地借鉴西方社会学在族群关系方面的研究成果，还需要关注中国特有的族群"文化区隔"问题。而如何认识中国各族群之间现存的语言区隔、探讨如何在今后逐步克服和超越这些语言区隔，无疑是摆在全体中国国民面前的艰巨历史性任务。

参考文献

顾颉刚，1996，《顾颉刚卷》，石家庄：河北教育出版社。

菅志翔，2009，《我国少数民族社会发展基本状况分析》，马戎主编《少数民族社会发展与就业》，北京：社会科学文献出版社，第3～60页。

蒋介石，1943，《中国之命运》，重庆：正中书局。

喀什地区统计局等编，2002，《喀什地区2000年全国人口普查资料》，乌鲁木齐：新疆统计印刷厂。

列宁，1913，《给斯·格·邵武勉的信》，《列宁全集》第19卷，北京：人民出版社1959年版，第500～503页。

马戎、潘乃谷，1989，《居住形式、社会交往与蒙汉民族关系》，《中国社会科学》1989

　年第 3 期，第 179～192 页。

马戎，1996，《西藏的人口与社会》，北京：同心出版社。

马戎编著，2004，《民族社会学：社会学的族群关系研究》，北京：北京大学出版社。

马戎，2012a，《少数族群的现代化发展与双语教育》，《北京大学教育评论》2012 年第
　3 期，第 136～156 页。

马戎，2012b，《中国民族史和中华共同文化》，北京：社会科学文献出版社。

马戎，2013，《我国部分少数民族就业人口的职业结构变迁与跨地域流动——2010 年人
　口普查数据的初步分析》，《中南民族大学学报》2013 年第 4 期，第 1～15 页。

马戎编，2010，《西方民族社会学经典读本》，北京：北京大学出版社。

马忠才，2012，《西部少数民族的社会变迁与族群分层》（北京大学社会学系博士论
　文）。

宋才发主编，2003，《民族区域自治法通论》，北京：民族出版社。

S. 亨廷顿，1999，《文明的冲突与世界秩序的重建》，北京：新华出版社。

新疆维吾尔自治区人口普查办公室，2002，《新疆维吾尔自治区 2000 年人口普查资料》，
　乌鲁木齐：新疆人民出版社。

约翰·霍普·富兰克林，1988，《美国黑人史》，北京：商务印书馆。

《中国大百科全书（民族）》编委会，1986，《中国大百科全书（民族）》，北京：中国
　大百科全书出版社。

Glazer, Nathan and Daniel Moynihan, eds. 1975, *Ethnicity: Theory and Experience*, Cam-
　bridge: Harvard University Press.

Simpson, George and Milton Yinger, 1985, *Racial and Cultural Minorities: An Analysis of Preju-
　dice and Discrimination*, 5th edition, New York: Plenum Press.

我国藏区青年学生思想动态
调查研究报告 *

  2014 年 6 月，北京大学课题组接受中国藏学研究中心科研办公室的委托，承接了中国藏学研究中心重点课题"西藏政治发展态势研究"的子项目"藏区意识形态、特别是知识分子、青年学生中的思想动态研究"。经与中国藏学研究中心科研办公室商议，这项子项目的核心调查活动确定为在 4 所有较多藏族学生的高等学校开展问卷调查，以问卷数据为基础对当前我国藏族青年大学生这一重要青年精英群体的思想状况进行初步分析，商议后具体确定的 4 所开展问卷调查的学校为：中央民族大学（北京）、西南民族大学（成都）、西藏大学（拉萨）、西藏民族学院（咸阳）。

  此次问卷调查选择的 4 所大学分别位于我国的 4 个重要城市，中央民族大学面向全国招生，西南民族大学主要面向西藏自治区以外的其他藏区，西藏大学和西藏民学院则主要面向西藏自治区招生。通过对这 4 所大学在校藏族学生（包括大专生、本科生、研究生）的问卷调查，我们可以大致了解目前 18 ~ 30 岁藏族青年学生的思想状况。同时，课题组也计划在这 4 所大学相关院系部分藏族教职工进行问卷调查。最初的调查设计是在这 4

  * 感谢西藏大学陈进教授、西藏民族学院王学海教授、西南民族大学杨正文教授、中央民族大学才让太教授对本次问卷调查的大力支持，问卷录入和编码工作由北京大学社会学系硕士研究生旦正才旦完成，研究报告由马戎执笔。

所大学里各调查 300 名藏族学生和 30 名藏族青年教师。课题组为此在 7 月份查阅了相关研究文献，设计了问卷，并把调查问卷草案提交中国藏学研究中心科研办，征求意见。

在问卷内容确定后，课题组与西藏民族学院、西藏大学、西南民族大学和中央民族大学取得联系并确认了各校的调查负责人，向他们征求问卷内容的修订意见和调查实施时间。由于 7 月是期末考试，8 月份暑假学生返乡，课题组与各校调查负责人商定在 9 月开学后组织实施问卷填写工作。在这 4 所大学师生当中开展问卷调查的具体时间为 2014 年 9 ~ 10 月，在各校秋季学期正式开学后实施。至 10 月下旬，这 4 所学校的调查问卷逐步收齐，最后全部快递到北京，回收的问卷一共为 1300 份。

2014 年 11 月和 12 月初，课题组对回收的全部问卷进行了检查和数据复核，设计了变量录入的编码和 SPSS 数据库，把全部问卷的所有信息录入到数据库，12 月开始对数据库进行数据核对和统计分析。本调查报告即在这次问卷调查数据的统计分析基础上完成。

一　调查问卷的结构设计和问卷要求回答的主要问题

为这次调查设计的问卷共有 3 页，具体分为 20 个问题（问卷模板请参考附件 1）。第一部分是被访者的个人基本信息，包括年龄、性别、学生身份（大专生、本科生、研究生）或教师身份（讲师或教辅行政人员、副教授、教授）、政治面貌（群众、共青团员、共产党员）、家乡（出生和少年成长地）；第二部分询问了有关被访者学习经历、语言能力、日常生活和社会交往等方面的一些情况；第三部分询问了被访者对"内地班"、大学环境、家乡发展和汉族民众的评价、印象以及对国家民族政策的建议。这些内容可归纳为以下 15 个方面的问题：

（1）被访者对大学学习环境的评价及理由；

（2）被访者对自己家乡社会经济发展状况的评价及理由；

（3）被访者学习汉语和藏语的时间以及掌握汉语文和藏语文能力；

（4）对待"双语教育"的看法；

（5）是否是"内地班"毕业生，对"内地班"的评价；

（6）最远访问过的城市、停留时间及访问原因；

（7）与汉族同学、同事的交往情况；

（8）配偶或（男女）朋友的民族身份及选择的理由；

（9）主要课外阅读物的分类及选择原因；

（10）平时观看的影视节目类别；

（11）上学时对老师的印象；

（12）对家乡基层干部的印象；

（13）在学习（及工作地点）与汉族市民接触时得到的印象；

（14）毕业后考虑的就业地点与理由；

（15）对国家民族政策的建议。

在与各大学联系落实调查事宜过程中，由于西藏大学科研处明确要求在这次问卷调查中不能有涉及"双语教育"的内容，因此在该校调查时，问卷中的这部分内容被删去。同时。尽管此次问卷调查不要求被访者填写姓名，但是西藏民族学院的一些藏族教师对于问卷调查有较多顾虑，因此该校只有3位老师填写了问卷。此外，对涉及"双语教育""内地西藏班"等与被调查者个人对政府政策评价相关的问题，也有相当多的学生选择不予回答。在目前西藏自治区和各藏区加强"维稳"工作的气氛下，这在一定程度上反映出藏族师生对一些涉及政治制度、干部和政策议题的问题存在很大的顾虑，采取避免回答的方式来表达他们的这种顾虑。这是完全可以理解的。

二　被调查师生的结构性特征

（一）总样本的结构性特征

1. 总样本的师生结构

表1是这4所大学被调查藏族师生的规模与性别结构。在这4所大学共回收有效问卷1300份，包括藏族教师111人，学生1189人。其中西藏民族学院337人（教师3人，学生334人），西南民族大学330人（教师40人，学生290人），中央民族大学240人（教师8人，学生232人），西藏

大学 393 人（教师 60 人，学生 333 人）。在总样本中，教师与学生所占比例分别为 8.5% 和 91.5%。

表 1　四所大学被调查师生性别结构

学　校	性　别	教　师		学　生		合　计	
		人　数	%	人　数	%	人　数	%
西藏民院	男	1	33.3	124	37.1	125	37.1
	女	2	66.7	210	62.9	212	62.9
	小　计	3	100.0	334	100.0	**337**	100.0
西南民大	男	15	37.5	109	37.6	124	37.6
	女	25	62.5	181	62.4	206	62.4
	小　计	40	100.0	290	100.0	**330**	100.0
中央民大	男	6	75.0	131	56.5	137	57.1
	女	2	25.0	101	43.5	103	42.9
	小　计	8	100.0	232	100.0	**240**	100.0
西藏大学	男	29	48.3	95	28.5	124	31.6
	女	31	51.7	238	71.5	269	68.4
	小　计	60	100.0	333	100.0	**393**	100.0
总　计	男	51	45.9	459	38.6	510	39.2
	女	60	54.1	730	61.4	790	60.8
	人　数	111	100.0	1189	100.0	**1300**	100.0
	%	**8.5**		**91.5**		**100.0**	

2. 总样本的性别结构

在 1300 人的总样本中，男性占 39.2%，女性占 60.8%。被调查教师中男性比例为 45.9%，女性比例为 54.1%，大致平衡；被调查学生的男女比例分别为 38.6% 和 61.4%（见表 1）。在学生中开展问卷调查时通常是采取整班选取填写的方式以提高效率。如果这次学生样本的性别比能够代表在校学生总体，那么学生当中的男女比例显然是不平衡的，女生人数显著多于男生。我们在其他综合性大学也可观察到类似的男女比例失衡现象。

目前我国大学教育招生中普遍出现女生考试成绩优于男生，因而录取的在校生中女性数量明显多于男生的现象。而且，在不同院系学生的性别比也存在差异，通常理科和工科院系的男生比较要高一些，文科院系在校生中女生比例明显高于男生，似乎录取分数线越高的大学，女性的比例也更高。从表 1 统计的数据来看，除中央民族大学外，其他三所大学的藏族学生中都是女性多于男生。中央民族大学的调查院系是藏学院，男女生比例大致相等，西藏大学和西南民大藏学院的学生样本中，女生均显著多于男生。

（二）被调查学生的结构性特征

1. 被调查学生的年龄与性别结构

表 2 为被调查学生的年龄结构。其中 20 岁以下的占 55%，21～25 岁的占 42.8%，26 岁以上的仅占 2.2%。在 15～20 岁年龄组学生中，女生占66.1%；在 21～25 岁年龄组学生中，女生占 57%；在 26～30 岁年龄组属于研究生这一学历群体，男性所占比例（72%）明显高于女性（28%）。所以，男生所占比例随着年龄（学历层次）的提高而逐渐增加。在全体女生中，20 岁以下的占 59.2%，高于全部被调查学生该年龄组所占比例（55%）。

表 2　学生分性别的年龄结构

年龄组	男		女		合 计	
	人 数	%	人 数	%	人 数	%
15～20	222	48.3	432	59.2	654	55.0
%	33.9		66.1		100.0	
21～25	219	47.8	290	39.7	509	42.8
%	43.0		57.0		100.0	
26～30	18	3.9	7	1.0	25	2.1
%	72.0		28.0		100.0	
31～32	0	0.0	1	0.1	1	0.1
%	0.0		100.0		100.0	
总　计	459	100.0	730	100.0	1189	100.0

2. 被调查学生的学历结构

表 3 显示了以在校学生学历分类的年龄结构。由于 2 名学生未填报自己的学历情况，因此表 3 中的学生总数是 1187 人。在这 1187 名学生中，

91 名大专生中有 87.9% 属于 20 岁以下年龄组，574 名本科生中有 57.5% 属于 20 岁以下年龄组，研究生中有 75.3% 属于 21 ~ 25 岁组，主要是硕士生。因为在问卷中没有明确区分"硕士生"和"博士生"，所以 26 岁以上的 24 名研究生，多数应为博士研究生。总体上看，被访在校学生各学历层次所占比例分别为：大专生 7.7%，本科生 84.1%，研究生 8.2%。这一学历结构比例需要与各民族院校学生整体的学历结构比例进行比较，才能看出各校藏族学生与该校学生整体之间是否存在明显差距。

表 3　不同学历学生的年龄结构

年龄组	大　专		本　科		研究生		合　计	
	人　数	%	人　数	%	人　数	%	人　数	%
15 ~ 20	80	87.9	574	57.5	0	0.0	654	55.1
21 ~ 25	11	12.1	423	42.3	73	75.3	507	42.7
26 ~ 30	0	0.0	2	0.2	23	23.7	25	2.1
31 ~ 32	0	0.0	0	0.0	1	1.0	1	0.1
总　　计	91	100.0	999	100.0	97	100.0	1187	100.0
%	**7.7**		**84.1**		**8.2**		**100.0**	

表 4 是这 4 所大学被调查学生的学历层次及性别结构。西南民族大学和中央民族大学的样本中没有大专生，因为西藏民族学院的研究生教育起步较晚，人数较少，所以这次在西藏民族学院的样本中没有研究生。在西藏民院学生样本中，无论是本科生还是大专生的女性比例都超过男生。西南民族大学的学生样本中，本科生和研究生中的女生人数都明显超过男生。但是在中央民族大学，本科生和研究生中的男生比例都超过女生。西藏大学的大专生和本科生中，女生所占比例都超过男生。

表 4　四所大学被调查学生的学历层次及性别结构

学　校	性别	大　专		本　科		研究生		合　计	
		人　数	%	人　数	%	人　数	%	人　数	%
西藏民院	男	38	44.2	86	35.2	0	—	124	37.6
	女	48	55.8	158	64.8	0	—	206	62.4
	小计	86	100.0	244	100.0	0	—	330	100.0

续表

学　校	性别	大　专		本　科		研究生		合　计	
		人　数	%	人　数	%	人　数	%	人　数	%
西南民大	男	0	—	85	37.3	23	39.0	108	37.6
	女	0	—	143	62.7	36	61.0	179	62.4
	小计	0	—	228	100.0	59	100.0	287	100.0
中央民大	男	0	—	105	56.1	23	54.8	128	55.9
	女	0	—	82	43.9	19	45.2	101	44.1
	小计	0	—	187	100.0	42	100.0	229	100.0
西藏大学	男	0	0.0	94	28.8	1	50.0	95	28.5
	女	5	100.0	232	71.2	1	50.0	238	71.5
	小计	5	100.0	326	100.0	2	100.0	333	100.0
总　计	男	38	41.8	370	37.6	47	45.6	455	38.6
	女	53	58.2	615	62.4	56	54.4	724	61.4
	小计	**91**	100.0	**985**	100.0	**103**	100.0	**1179**	100.0
	%	**7.7**		**83.6**		**8.7**		**100.0**	

3. 被调查学生的院系专业分布

表5介绍了此次被调查学生所在院系的分布。为了简化起见，我们把在各校调查时实际涵盖的十几个院系归并为4大类：（1）藏学类（藏语言文学）；（2）人文社科类；（3）理工科类；（4）艺术体育类。尽管人文学科（文史哲等）和社会科学学科（社会学、政治学、经济学等）同属"文科"，两者之间在学科属性上有很大差别，理科（数理化、生物等）和工科（工程技术、建筑、机械、地质等）在学科属性上也有很大差别，为了分组的简化，我们在学科分类中把人文学科和社会科学学科归为一类，把理科和工科合并为一类。在实际调查中，来自艺术体育类的被调查学生只有两人，由于他们很难并入前三类，故保留了这一类。

从表5来看，这次在西藏民族学院开展的学生调查集中在文科（外语学院、新闻传播学院和民族研究院），西南民族大学的调查集中在藏学院和文科院系，中央民族大学的调查集中在藏学院，西藏大学的调查兼顾了藏学、文科和理工科三类院系。4所大学调查学生样本中的学科分类大致为：藏学44.5%，文科45.4%，理工科9.9%。

表5　被调查学生的院系分布和性别比例

学校	性别	藏学 人数	藏学 %	文科 人数	文科 %	理工科 人数	理工科 %	艺术体育 人数	艺术体育 %	合计 人数	合计 %
西藏民院	男	0	—	123	36.9	0	—	1	100.0	124	37.1
	女	0	—	210	63.1	0	—	0	0.0	210	62.9
	小计	0	—	333	100.0	0	—	1	100.0	334	100.0
西南民大	男	82	37.8	25	37.3	2	40.0	0	0.0	109	37.6
	女	135	62.2	42	62.7	3	60.0	1	100.0	181	62.4
	小计	217	100.0	67	100.0	5	100.0	1	100.0	290	100.0
中央民大	男	94	51.1	37	77.1	0	—	0	—	131	56.5
	女	90	48.9	11	22.9	0	—	0	—	101	43.5
	小计	184	100.0	48	100.0	0	—	0	—	232	100.0
西藏大学	男	22	17.2	18	19.6	55	48.7	0	—	95	28.5
	女	106	82.8	74	80.4	58	51.3	0	—	238	71.5
	小计	128	100.0	92	100.0	113	100.0	0	—	333	100.0
总计	男	198	37.4	203	37.6	57	48.3	1	50.0	459	38.6
	女	331	62.6	337	62.3	61	51.7	1	50.0	730	61.4
	人数	529	100.0	540	100.0	118	100.0	2	100.0	1189	100.0
	%	44.5		45.4		9.9		0.2		100.0	

　　我们在以前的学校调查中即发现，目前各少数民族自治地方拥有母语教学体系的少数民族学生（特别是藏族、维吾尔族、蒙古族的"民考民"学生）在大学里的专业分布一般集中在藏语言历史、维吾尔语言历史、蒙古语言历史和一些人文学科院系（如民族学、历史学、民俗学、哲学等），在社会科学院系（社会学、经济学、政治学等）的学生很少，在理工科和医科等专业学习的学生就更少了。这一印象在本次调查中进一步得以证实。这一分布结构很可能与这些少数民族学生们在中小学的数理化成绩有关①，这种专业分布结构在一定程度上也影响了他们毕业后的就业表现。少数民族学生在高等教育中的专业分布格局、造成这一分布格局的影响因素及其对毕业生就业前景的影响，对我国少数民族知识分子队伍的专业分布格局的影响，这些都是今后需要开展专题调查的研究课题。

　　表6是这4所大学学生样本的学历层次和他们在4大类院系中的分布。这一专业结构也许可以说明这4所院校各自的特点。文科大专生在西藏民族学院在校生中占一定比例（约四分之一），而西南民族大学和中央民族大学的样本中没有专科生，两所大学的藏族本科生都集中在藏学院。西南民族大学的藏族文科研究生有44名，甚至多于文科的本科生，但是这有可能是抽样选择时造成的，未必代表藏族文科在校生整体上的本科生和研究生比例。相比之下，西藏大学被调查的本科生中有113名理工科学生，其余3所大学中调查的藏族理工科学生人数很少。由于西藏大学面向西藏自治区招生，学科分布比较齐全，理工科院系招生的范围也限制在自治区，从而会招收较多藏族学生。中央民族大学和西南民族大学由于面向全国和西南地区招生，汉族学生和其他民族学生所占比例很大，出身于民语教育系统的藏族学生的数理化成绩一般弱于汉族考生。报考藏学院和人文学科院系相对容易考取，入学后的学习也容易一些，因此逐渐形成了一个"民考民"藏族学生的招生和报考模式。

　　总之，有些少数民族（藏、维吾尔、蒙古族等）大学生在学校各专业

---

①　新疆维吾尔自治区历年高考加分政策中为"民考民"考生规定了分数很低的"数学取录最低分"，如2011年理科一本的"数学录取最低分"为34分，文科一本的"数学录取最低分"为30分（满分为150分）。这一政策也从侧面反映出这些在中学教学语言为母语的少数民族学生的数学成绩普遍欠佳。

表 6　四所大学被调查学生的学历层次及院系分布

学校	性别	藏学 人数	藏学 %	文科 人数	文科 %	理工科 人数	理工科 %	艺术体育 人数	艺术体育 %	合计 人数	合计 %
西藏民院	专科	0	—	86	25.8	0	—	0	0.0	86	25.7
	本科	0	—	247	74.2	0	—	1	100.0	248	74.3
	小计	0	—	333	100.0	0	—	1	100.0	334	100.0
西南民大	本科	202	94.0	23	34.3	4	80.0	1	100.0	230	79.9
	研究生	13	6.0	44	65.7	1	20.0	0	0.0	58	20.1
	小计	215	100.0	67	100.0	5	100.0	1	100.0	288	100.0
中央民大	本科	142	77.2	48	100.0	0	—	0	—	190	81.9
	研究生	42	22.8	0	0.0	0	—	0	—	42	18.1
	小计	184	100.0	48	100.0	0	—	0	—	232	100.0
西藏大学	专科	3	2.3	2	2.2	0	0.0	0	—	5	1.5
	本科	124	96.9	89	96.7	113	100.0	0	—	326	97.9
	研究生	1	0.8	1	1.1	0	0.0	0	—	2	0.6
	小计	128	100.0	92	100.0	113	100.0	0	—	333	100.0
4校合计	专科	3	0.6	88	16.3	0	0.0	0	0.0	91	7.7
	本科	468	88.8	407	75.4	117	99.2	2	100.0	994	83.7
	研究生	56	10.6	45	8.3	1	0.8	0	0.0	102	8.6
	总计	527	100.0	540	100.0	118	100.0	2	100.0	1187	100.0
%		44.4		45.5		9.9		0.2		100.0	

中的分布不均衡，偏重于本族语言文学和历史，这样能否培养一个能够适应现代化就业市场，并通过在各行业发挥作用带领本民族参与国家的现代化事业的少数民族知识分子队伍，这是我国少数民族教育发展事业中的一个值得认真思考的问题。

4. 被调查学生的政治面貌

在学生总样本中，有956人在问卷中填写了自己的政治面貌，其中88人为中共党员（9.2%），824人为共青团员（86.2%），有44人为一般群众（4.6%），还有233人的政治身份不详。从学生的学历层次来进一步分析，研究生中的"群众"比例相对最高（13.9%），大专生中没有"群众"，本科生中的"群众"比例为3.9%。但是与此同时，研究生中的党员比例也最高（30.7%），本科生中共青团员的比例很高（89.1%），可见各校在藏族学生中发展党团员的工作是有一定成效的。值得注意的是，在这4所学校当中，中央民族大学藏族学生中的"群众"比例相对最高（9.1%），党员比例相对最低（5.2%）。这是否与被调查院系的学生政治思想工作的具体情况有关，还需要进一步了解分析。

表7　四所大学被调查学生的学历层次及政治面貌结构

学校	性别	大专		本科		研究生		合计	
		人数	%	人数	%	人数	%	人数	%
西藏民院	党员	3	3.7	20	8.4	0	—	23	7.2
	团员	79	96.3	213	89.9	0	—	292	91.5
	群众	0	0.0	4	1.7	0	—	4	1.3
	小计	82	100.0	237	100.0	0	—	319	100.0
西南民大	党员	0	—	7	3.2	22	38.6	29	10.4
	团员	0	—	206	93.2	27	47.4	233	83.8
	群众	0	—	8	3.6	8	14.0	16	5.8
	小计	0	—	221	100.0	57	100.0	278	100.0
中央民大	党员	0	—	3	1.6	9	21.4	12	5.2
	团员	0	—	170	89.9	28	66.7	198	85.7
	群众	0	—	16	8.5	5	11.9	21	9.1
	小计	0	—	189	100.0	42	100.0	231	100.0

续表

学　校	性别	大　专		本　科		研究生		合　计	
		人　数	%	人　数	%	人　数	%	人　数	%
西藏大学	党员	0	0.0	24	7.5	0	0.0	24	7.3
	团员	5	100.0	95	91.9	1	50.0	101	91.8
	群众	0	0.0	2	0.6	1	50.0	3	0.9
	小计	5	100.0	321	100.0	2	100.0	128	100.0
总　计	党员	3	3.4	54	7.0	31	30.7	88	**9.2**
	团员	84	96.6	684	89.1	56	55.4	824	**86.2**
	群众	0	0.0	30	3.9	14	13.9	44	**4.6**
	小计	**87**	100.0	**768**	100.0	**101**	100.0	956	100.0

5. 被调查学生的家乡分布

从表8中我们可以大致了解一下这4所大学藏族学生的主要地区来源。西藏民族学院是直属于西藏自治区的学校，招生范围自然以自治区生源为主，除了5名学生外都来自西藏自治区。其中大专生中有60.7%来自农村，22.6%来自城市。在本科生中有40.3%来自农村，38.1%来自城市。这也许可以从侧面反映出西藏农村考生的高考成绩要略低于城市考生。

西藏大学的情况与西藏民族学院类似，招生主要面向自治区内考生。西藏大学的调查主体是本科生（占97.9%），其中78.4%来自区内农村，城市考生和乡镇考生各占约9%，还有10名来自区外农村的藏族学生。

西南民族大学被调查学生的70.9%来自西藏自治区以外的藏区农村，16.8%来自西藏以外的藏族城镇。该校位于成都，很自然应主要面向四川甘孜、阿坝两个藏族自治州招生。这次该校被调查学生中还有来自西藏自治区的35名藏族学生，占总数的17.3%。

中央民族大学是位于北京的重点大学，这次被调查学生中有38.4%来自西藏自治区，其中55人来自西藏自治区的农村，来自其他藏区（青海、甘肃、四川、云南）的学生占61.6%。

表 8 四所大学被调查学生的学历层次及家乡分布

学 校	家 乡	大 专 人 数	%	本 科 人 数	%	研 究 生 人 数	%	合 计 人 数	%
西藏民院	西藏城市	19	22.6	88	38.1	0	—	107	34.0
	西藏乡镇	13	15.5	46	19.9	0	—	59	18.7
	西藏农村	51	60.7	93	40.3	0	—	144	45.7
	其他藏区城市	0	0.0	0	0.0	0	—	0	0.0
	其他藏区乡镇	0	0.0	0	0.0	0	—	0	0.0
	其他藏区农村	1	1.2	0	0.0	0	—	1	0.3
	非藏区	0	0.0	4	1.7	0	—	4	1.3
	小 计	84	100.0	231	100.0	0	—	315	100.0
西藏民大	西藏城市	0	—	12	5.3	1	1.8	13	4.6
	西藏乡镇	0	—	4	1.8	0	0.0	4	1.4
	西藏农村	0	—	18	7.9	0	0.0	18	6.3
	其他藏区城市	0	—	7	3.1	3	5.3	10	3.5
	其他藏区乡镇	0	—	29	12.7	9	15.8	38	13.3
	其他藏区农村	0	—	158	69.3	44	77.2	202	70.9
	小 计	0	—	228	100.0	57	100.0	285	100.0

续表

学校	家乡	大专 人数	大专 %	本科 人数	本科 %	研究生 人数	研究生 %	合计 人数	合计 %
中央民大	西藏城市	0	—	20	10.5	2	4.8	22	9.5
	西藏乡镇	0	—	12	6.3	0	0.0	12	5.2
	西藏农村	0	—	52	27.4	3	7.1	55	23.7
	其他藏区城市	0	—	2	1.1	1	2.4	3	1.3
	其他藏区乡镇	0	—	4	2.1	2	4.8	6	2.6
	其他藏区农村	0	—	100	52.6	34	81.0	134	57.8
	小　计	0	—	190	100.0	42	100.0	232	100.0
西藏大学	西藏城市	1	20.0	31	9.6	1	50.0	33	10.0
	西藏乡镇	2	40.0	29	9.0	1	50.0	32	9.7
	西藏农村	2	40.0	254	78.4	0	0.0	256	77.3
	其他藏区城市	0	0.0	0	0.0	0	0.0	0	0.0
	其他藏区乡镇	0	0.0	0	0.0	0	0.0	0	0.0
	其他藏区农村	0	0.0	10	3.1	0	0.0	10	3.0
	小　计	5	100.0	324	100.0	2	100.0	331	100.0
总　计	西藏城市	20	22.5	151	15.5	4	4.0	175	15.0
	西藏乡镇	15	16.8	91	9.4	1	1.0	107	9.2
	西藏农村	53	59.6	417	42.9	3	3.0	473	40.7
	其他藏区城市	0	0.0	9	0.9	4	4.0	13	1.1
	其他藏区乡镇	0	0.0	33	3.4	11	10.9	44	3.8
	其他藏区农村	1	0.1	268	27.5	78	77.2	347	29.8
	非藏区	0	0.0	4	0.4	0	0.0	4	0.4
	小　计	89	100.0	973	100.0	101	100.0	1163	100.0

（三）被调查教师的结构性特征

1. 教师的年龄结构

在填写了调查问卷的 111 名教师中，年轻教师占大多数，21～30 岁组占总数的 41.4%，31～40 岁组占 34.2%，这两个年龄组加在一起，占了全体被访教师总体的 75.6%。50 岁以上的仅有 2 名女性教师（见表 9）。这在一定程度反映出大学里藏族教师的年龄结构，即年轻教师占绝大多数，其中 21～30 岁组的人数规模和所占比例最大。

表 9 教师分性别的年龄结构

年龄组	男		女		合 计	
	人 数	%	人 数	%	人 数	%
21～30	18	35.3	28	46.7	46	41.4
31～40	20	39.2	18	30.0	38	34.2
41～50	13	25.5	12	20.0	25	22.5
51～60	0	0.0	2	3.3	2	1.8
总 计	51	100.0	60	100.0	111	100.0

2. 教师的职称结构

表 10 是被调查教师的职称结构，有 3 名教师没有回答有关职称的问题，所以表 10 中的总人数是 108 人。讲师这一组（包括少数院系办公室和教辅人员）占 54.6%，副教授占 35.2%，教授仅占 10.2%。这个职称结构在各民族院校的教师队伍中并不具有代表性，因为其中高级职称的比例明显偏低。但是，这一职称结构是否能够在一定程度上代表各校藏族教师中的职称结构，还需要进一步以学校为单位开展调查，假如各民族院校藏族教师队伍的职称结构与该校教师队伍的整体职称结构存在显著差异，譬如高级职称教师所占比例明显偏低，那就是一个值得认真关注的大问题。

总体来看，被调查教师样本中的男性比例（45.4%）略低于女性（54.6%）。4 所大学里，中央民族大学被调查教师数量只有 8 人，男性多于女性。在调查教师数量较多的西南民族大学和西藏大学，女性教师多于男性，从职称分组来看，讲师中女性较多，由于这一组中包括院系办公室和教辅人员，女性比例高（62.7%）是符合一般印象的。

表10　四所大学被调查教师分性别的职称结构

学校	性别	讲师（职员）		副教授		教授		合计	
		人数	%	人数	%	人数	%	人数	%
西藏民院	男	0	—	1	33.3	0	—	1	33.3
	女	0	—	2	66.7	0	—	2	66.7
	小计	0	—	3	100.0	0	—	3	100.0
西南民大	男	4	20.0	7	53.8	2	50.0	13	35.1
	女	16	80.0	6	46.2	2	50.0	24	84.9
	小计	20	100.0	13	100.0	4	100.0	37	100.0
中央民大	男	4	66.7	2	100.0			6	75.0
	女	2	33.3	0	0.0		—	2	25.0
	小计	6	100.0	2	100.0			8	100.0
西藏大学	男	14	42.4	11	55.0	4	57.1	29	48.3
	女	19	57.6	9	45.0	3	42.9	31	51.7
	小计	33	100.0	20	100.0	7	100.0	60	100.0
总计	男	22	37.3	21	55.3	6	54.5	49	45.4
	女	37	62.7	17	44.7	5	45.5	59	54.6
	小计	59	100.0	38	100.0	11	100.0	108	100.0
	%	54.6		35.2		10.2		100.0	

3. 教师的政治面貌

在被调查的111名教师中，有108人填写了自己的"职称"信息，其中又有4个人没有填写自己的"政治面貌"信息（表11中的"不详"类）。在全体讲师中，党员占55.9%，团员占27.1%，群众占13.6%。在副教授当中，党员占55.3%，团员占10.5%，群众占31.6%。教授中的党员占63.6%，群众占27.3%。在被调查教师达到一定规模的西南民族大学（37名教师）和西藏大学（60名教师），群众分别占18.9%和26.7%，团员比例分别占16.2%和13.3%，而党员的比例则高达59.5%和58.3%。从这些数据来看，这些大学的藏族教师是与党团组织关系比较密切的，他们当中的大多数应当是党组织的依靠对象。

表 11　四所大学被调查教师的政治面貌

学校	性别	中共党员 人数	中共党员 %	共青团员 人数	共青团员 %	群众 人数	群众 %	不详 人数	不详 %	合计 人数	合计 %
西藏民院	副教授	2	66.7	1	33.3	0	0.0	0	0.0	3	100.0
	小计	2	66.7	1	33.3	0	0.0	0	0.0	3	100.0
西南民大	讲师	14	70.0	4	20.0	1	5.0	1	5.0	20	100.0
	副教授	7	53.8	2	15.4	4	30.8	0	0.0	13	100.0
	教授	1	25.0	0	0.0	2	50.0	1	25.0	4	100.0
	小计	22	59.5	6	16.2	7	18.9	2	5.4	37	100.0
中央民大	讲师	1	16.7	4	66.7	0	0.0	1	16.7	6	100.0
	副教授	1	50.0	1	50.0	0	0.0	0	0.0	2	100.0
	小计	2	25.0	5	62.5	0	0.0	1	12.5	8	100.0
西藏大学	讲师	18	54.5	8	24.2	7	21.2	0	0.0	33	100.0
	副教授	11	55.0	0	0.0	8	40.0	1	5.0	20	100.0
	教授	6	85.7	0	0.0	1	14.3	0	0.0	7	100.0
	小计	35	58.3	8	13.3	16	26.7	1	1.7	60	100.0
总计	讲师	33	55.9	16	27.1	8	13.6	2	3.4	59	100.0
	副教授	21	55.3	4	10.5	12	31.6	1	2.6	38	100.0
	教授	7	63.6	0	0.0	3	27.3	1	9.1	11	100.0
	小计	61	56.5	20	18.5	23	21.3	4	3.7	108	100.0

三　被调查学生对于所在学校学习环境的评价

在问卷调查中，被访学生被要求对于自己所在学校的学习环境给出自己的一个整体性评价，同时详细写出自己提出相关评价的 3 个主要理由。由于被访者的回答是开放式的，所以学生们填写的这些以不同方式表述出来的理由必须进行合并归纳，把大致相近的回答归为一类，根据对这些回答的肯定或否定来进行编码并作进一步的分析。

1. 学生们对学校学习环境的评价

表 12 是被访学生对学校的学习环境的整体评价：表示"很满意"的占 40.1%，表示"一般"的占 57.4%，明确表示"不满意"的仅占 2%，还有 6 人未作评价。由此来看，藏族学生对自己所在学校的整体评价还是比较正面的。

表 12　被调查学生对所在学校整体学习环境的评价

		频　数	百分比	有效百分比	累积百分比
有效值	很满意	477	40.1	40.3	40.3
	一　般	682	57.4	57.7	98.0
	不满意	24	2.0	2.0	100.0
	总　计	1183	99.5	100.0	
缺失值	System	6	.5		
总　计		1189	100.0		

2. 被调查学生对所在学校硬件条件的评价

在问卷调查中，我们要求学生对以上评价举出 3 个主要理由，并把学生们的回答归并为 7 个方面。下面我们把学生们对学校学习环境的整体评价和对这 7 个方面的评价结合起来进行讨论和分析。

第一个方面是对所在学校硬件条件的评价。在我们归纳为学校"硬件条件"的回答中，学生们举出的具体方面包括：校园风景、教室、宿舍、食堂、图书馆、体育馆、网络等条件（例如填写：校园环境景色优美；图书馆有很多书；食堂伙食挺好；交通方便等）

从表 13 来看，对学校学习环境整体满意的学生中，98.7% 对校园的硬件设施条件给予肯定。认为学校整体条件"一般"的学生只有41.5%对硬件条件予以肯定，其中西南民族大学和西藏大学的学生对硬件设施条件的满意度要高于中央民族大学和西藏民族学院。这也从侧面反映出这几所大学在硬件建设方面的投入及改善情况。12名对学校整体评价"不满意"的学生，无一例外地认为所在学校的硬件设施"不好"。

表 13　被调查学生对所在学校硬件条件的评估

学　校	学校的硬件条件	学习环境整体评价							
		很满意		一　般		不满意		合　计	
		人数	%	人数	%	人数	%	人数	%
西藏民院	好	86	96.6	12	21.1	0	0.0	98	65.3
	不好	3	3.4	45	78.9	4	100.0	52	34.7
	小计	89	100.0	57	100.0	4	100.0	150	100.0
	%	**59.3**		**38.0**		**2.7**		**100.0**	
西南民大	好	142	100.0	27	54.0	0	0.0	169	86.2
	不好	0	0.0	23	46.0	4	100.0	27	13.8
	小计	142	100.0	50	100.0	4	100.0	196	100.0
	%	**72.4**		**25.6**		**2.0**		**100.0**	
中央民大	好	45	97.8	6	30.0	0	0.0	51	71.8
	不好	1	2.2	14	70.0	4	100.0	19	28.2
	小计	46	100.0	20	100.0	4	100.0	70	100.0
	%	**64.8**		**28.2**		**7.0**		**100.0**	
西藏大学	好	97	99.0	38	52.1	0	0.0	135	78.9
	不好	1	1.0	35	47.9	0	0.0	36	21.1
	小计	98	100.0	73	100.0	0	—	171	100.0
	%	**57.3**		**42.7**		**0.0**		**100.0**	
总　　计	好	370	98.7	83	41.5	0	0.0	453	**77.0**
	不好	5	1.3	117	58.5	12	100.0	134	**23.0**
	小计	375	100.0	200	100.0	12	100.0	587	100.0
	%	**63.9**		**34.1**		**2.0**		**100.0**	

3. 被调查学生对所在学校软件条件的评价

在我们归纳为学校"软件条件"的回答中，学生们加以评价的具体方

面包括：师资力量、学习风气等（例如填写：课程教学质量优良；教师很
负责敬业；同学们学习中充满竞争活力）。

　　在对学校学习环境整体表示满意的学生中，99.2%对校园软件条件的
评价是"好"。只有两名学生对软件条件不满意。对校园整体学习环境评价
为"一般"的学生当中，有61.2%认为软件条件"不好"（见表14）。这4
所大学在这方面的情况相差不是很大，中央民族大学的学生对软件条件
（师资、课程、学习风气等）表示不满的比例，相比之下要稍高一些。

表14　被调查学生对所在学校软件条件的评估

学　校	学校的软件条件	学习环境整体评价							
		很满意		一　般		不满意		合　计	
		人数	%	人数	%	人数	%	人数	%
西藏民院	好	57	98.3	8	44.4	0	0.0	65	65.3
	不好	1	1.7	10	55.6	0	—	11	34.7
	小计	58	100.0	18	100.0	0	100.0	76	100.0
	%	76.3		33.7		0.0		100.0	
西南民大	好	77	98.7	15	38.5	1	50.0	93	78.2
	不好	1	1.3	24	61.5	1	50.0	26	21.8
	小计	78	100.0	39	100.0	2	100.0	119	100.0
	%	65.5		32.8		1.7		100.0	
中央民大	好	48	100.0	5	33.3	0	0.0	53	80.3
	不好	0	0.0	10	66.7	3	100.0	13	19.7
	小计	48	100.0	15	100.0	3	100.0	66	100.0
	%	72.7		22.7		4.6		100.0	
西藏大学	好	70	100.0	19	38.8	1	50.0	90	74.4
	不好	0	0.0	30	61.2	1	50.0	31	25.6
	小计	70	100.0	49	100.0	2	100.0	121	100.0
	%	57.8		40.5		1.7		100.0	
总　计	好	252	99.2	47	38.8	2	28.6	301	78.8
	不好	2	0.8	74	61.2	5	71.4	81	21.2
	小计	254	100.0	121	100.0	7	100.0	382	100.0
	%	66.5		31.7		1.8		100.0	

4. 被调查学生对所在学校人际关系的评价

在我们归纳为学校"人际关系"方面的回答中，学生们举出的具体方面包括：师生关系、同学关系、同事关系等（具体填写如：同学之间比较团结，班级团结互助，老师很关心学生）。

对学校学习环境整体表示满意的学生们，全体对校园人际关系给出"好"的评价。在131名对这一方面给予评价的学生中，只有7名学生（占5.3%）认为学校的人际关系"不好"。西藏民族学院学生没有人认为该校"人际关系不好"，西南民族大学和西藏大学分别有3名同学评价该校人际关系"不好"。可能反映出被调查学生所在班级在人际关系方面存在一些具体问题。

表15　被调查学生对所在学校人际关系的评估

学　校	学校的人际条件	学习环境整体评价							
		很满意		一　般		不满意		合　计	
		人数	%	人数	%	人数	%	人数	%
西藏民院	好	40	100.0	3	100.0	0	0.0	43	100.0
	不好	0	0.0	0	0.0	0	0.0	0	0.0
	小计	40	100.0	3	100.0	0	—	43	100.0
	%	**97.0**		**3.0**		**0.0**		**100.0**	
西南民大	好	43	100.0	3	60.0	0	0.0	46	
	不好	0	0.0	2	40.0	1	100.0	3	
	小计	43	100.0	5	100.0	1	100.0	49	100.0
	%	**87.8**		**10.2**		**2.0**		**100.0**	
中央民大	好	1	100.0	1	100.0	0	0.0	2	66.7
	不好	0	0.0	0	0.0	1	100.0	1	33.3
	小计	1	100.0	1	100.0	1	100.0	3	100.0
	%	**33.3**		**33.3**		**33.3**		**100.0**	
西藏大学	好	22	100.0	11	78.6	0	0.0	33	91.7
	不好	0	0.0	3	21.4	0	0.0	3	8.3
	小计	22	100.0	14	100.0	0	—	36	100.0
	%	**61.1**		**38.9**		**0.0**		**100.0**	
总　计	好	106	100.0	18	78.3	0	0.0	124	94.7
	不好	0	0.0	5	21.7	2	100.0	7	5.3
	小计	106	100.0	23	100.0	2	100.0	131	100.0
	%	**80.9**		**17.6**		**1.5**		**100.0**	

5. 被调查学生对在学校的个人发展机会的评价

在我们归纳为学校"个人发展机会"方面的回答中，学生们举出的具体方面包括：学习和获取知识、提高业务能力、拓宽视野等方面的评价（例如填写：有利于形成自己生活上的独立；能够拓展人际关系）。

有 131 名同学在举例中提到"个人发展机会"方面，对学校整体评价满意的 74 名学生一致认为该校提供的个人发展机会好。对学校整体评价"一般"的 38 名学生当中，有 10 人认为自己的个人发展机会"不好"，其中西藏大学 5 名，西南民族大学和中央民族大学各两名，西藏民族学院 1 名。而对学校整体评价"不满意"的两名学生，都对自己的个人发展机会不满意。

表 16　被调查学生对所在学校的个人发展机会的评估

学　校	个人发展机会	学习环境整体评价							
		很满意		一　般		不满意		合　计	
		人数	%	人数	%	人数	%	人数	%
西藏民院	好	7	100.0	2	66.7	0	0.0	9	90.0
	不好	0	0.0	1	33.3	0	0.0	1	10.0
	小计	7	100.0	3	100.0	0	—	10	100.0
	%	70.0		30.0		0.0		100.0	
西南民大	好	30	100.0	12	85.7	1	100.0	43	
	不好	0	0.0	2	14.3	0	0.0	2	
	小计	30	100.0	14	100.0	1	100.0	45	100.0
	%	66.7		31.1		2.2		100.0	
中央民大	好	13	100.0	1	33.3	1	100.0	15	88.2
	不好	0	0.0	2	66.7	0	0.0	2	11.8
	小计	13	100.0	3	100.0	1	100.0	17	100.0
	%	76.5		17.6		5.9		100.0	
西藏大学	好	24	100.0	13	72.2	0	0.0	37	88.1
	不好	0	0.0	5	27.8	0	0.0	5	11.9
	小计	24	100.0	18	100.0	0	—	42	100.0
	%	57.1		42.9		0.0		100.0	
总　计	好	74	100.0	28	73.7	0	0.0	104	91.2
	不好	0	0.0	10	26.3	2	100.0	10	8.8
	小计	74	100.0	38	100.0	2	100.0	114	100.0
	%	64.9		33.3		1.8		100.0	

6. 被调查学生对学校管理制度的评价

在我们归纳为学校"管理制度"方面的回答中，学生们举出的具体方面包括：对学生出入校门、作息时间、上课考勤等具体的管理制度与校规（例如填写：在上课迟到制度方面管理过严，学生在出入校门方面应有更多自由）。

有65名同学对学校做出整体性评价时提及了该校一些具体管理制度，有的给予肯定，有的表示不满。值得关注的是有30名学生对学校管理制度提出批评，甚至对学校整体评价为"很满意"的37名学生中也有12人认为学校的某些管理制度"不好"，其中9人属于西藏民族学院。西藏民族学院对学校管理制度不满意的共有21人，西藏大学有8人，中央民族大学和西南民族大学学生似乎对所在学校的管理制度意见较少。

表 17　被调查学生对所在学校管理制度的评估

学　校	学校管理制度	学习环境整体评价							
		很满意		一　般		不满意		合　计	
		人数	%	人数	%	人数	%	人数	%
西藏民院	好	9	50.0	2	16.7	0	0.0	11	34.4
	不好	9	50.0	10	83.3	2	100.0	21	65.6
	小计	18	100.0	12	100.0	2	100.0	32	100.0
	%	**56.3**		**37.5**		**6.3**		**100.0**	
西南民大	好	6	100.0	3	75.0	0	—	9	90.0
	不好	0	0.0	1	25.0	0	—	1	10.0
	小计	6	100.0	4	100.0	0	—	10	100.0
	%	**60.0**		**40.0**		**0.0**		**100.0**	
中央民大	好	1	100.0	0	—	0	—	1	100.0
	不好	0	0.0	0	—	0	—	0	0.0
	小计	1	100.0	0	—	0	—	1	100.0
	%	**100.0**		**0.0**		**0.0**		**100.0**	
西藏大学	好	9	75.0	5	50.0	0	—	14	63.6
	不好	3	25.0	5	50.0	0	—	8	36.4
	小计	12	100.0	10	100.0	0	—	22	100.0
	%	**54.4**		**45.5**		**0.0**		**100.0**	

续表

学　校	学校管理制度	学习环境整体评价							
		很满意		一　般		不满意		合　计	
		人数	%	人数	%	人数	%	人数	%
总　　计	好	25	67.6	10	38.5	0	0.0	35	53.8
	不好	12	32.4	16	61.5	2	100.0	30	46.2
	小计	37	100.0	26	100.0	2	100.0	65	100.0
	%	**56.9**		**40.0**		**3.1**		**100.0**	

7. 被调查学生对自己学习成本方面的看法

"学习成本"主要涉及的是学生上学所需交纳的学费、住宿费、教材文具费、生活费等。在我们归纳为在学校"学习成本"方面的回答中，只有西藏大学的5名同学提及了这一方面，其中3名学生对上学的成本情况表示满意，认为学费比较合理，学校提供补助；另外2名表示不满意，认为校园各项消费偏高，学生家里负担重。对于目前在校大学生的经济负担究竟是怎样一个情况，还需要今后作进一步的专题调查。

表18　被调查学生对学习成本方面的看法

学　校	上学成本	学习环境整体评价							
		很满意		一　般		不满意		合　计	
		人数	%	人数	%	人数	%	人数	%
西藏民院	好	2	100.0	1	33.3	0	100.0	3	60.0
	不好	0	0.0	2	66.7	0	100.0	2	40.0
	小计	2	100.0	3	100.0	0	—	5	100.0
	%	**40.0**		**60.0**		**0.0**		**100.0**	

8. 被调查学生对校园文化多样性的看法

有45名学生在对学校环境进行评价时提到了学校"文化多样性"方面，学生们提到的具体方面包括：师生中民族成分众多，校园文化具有多样性等。这些同学一致对校园文化多样性给予肯定。这也说明在尊重各民族的文化与习俗差异方面，这几所大学做得是比较好的。

表 19　被调查学生对校园的文化多样性方面的看法

学　校	文化多样性	学习环境整体评价							
		很满意		一　般		不满意		合　计	
		人数	%	人数	%	人数	%	人数	%
西藏民院	好	1	100.0	0	—	0	—	1	100.0
	不好	0	0.0	0	—	0	—	0	0.0
	小计	1	100.0	0	—	0	—	1	100.0
	%	100.0		0.0		0.0		100.0	
西南民大	好	21	100.0	9	100.0	0	—	30	100.0
	不好	0	0.0	0	0.0	0	—	0	0.0
	小计	21	100.0	9	100.0	0	—	30	100.0
	%	70.0		30.0		0.0		100.0	
中央民大	好	12	100.0	0	—	0	—	12	100.0
	不好	0	0.0	0	—	0	—	0	0.0
	小计	12	100.0	0	—	0	—	12	100.0
	%	100.0		0.0		0.0		100.0	
西藏大学	好	2	100.0	0	—	0	—	2	100.0
	不好	0	0.0	0	—	0	—	0	0.0
	小计	2	100.0	0	—	0	—	2	100.0
	%	100.0		0.0		0.0		100.0	
总　计	好	36	100.0	9	100.0	0	—	45	100.0
	不好	0	0.0	0	0.0	0	—	0	0.0
	小计	36	100.0	9	100.0	0	—	45	100.0
	%	80.0		20.0		0.0		100.0	

四　被调查学生对于自己家乡社会经济发展状况的评价

在问卷调查中，要求被访学生对于自己家乡的社会与经济发展状况做出一个整体性评价，同时详细写出自己提出相关评价的 3 个主要理由。由于被访者的回答是开放式的，我们把学生们以不同方式表述出来的理由进行合并归纳，把大致相近的回答归为一类，再根据对这些回答的肯定或否定进行编码并进行分析。

1. 学生们对自己家乡社会经济发展情况的整体评价

表 20 是被访学生对自己家乡发展情况与态势的整体评价：表示"非常好"的占 3.7%，表示"很好"的占 25.1%，这两组加在一起是 28.9%，表示"一般"的占 57.6%，明确表示"不好"的占 11.5%，强烈表示"很不好"的占 2%，这两组加在一起是 13.5%，还有 11 人未作评价。由此来看，藏族学生对自己家乡发展状况和态势的整体评价以"一般"为主体，正面的评价和负面的评价同时存在。

表 20　学生们对自己家乡社会经济发展的整体评价

		频　数	百分比	有效百分比	累积百分比
有效值	非常好	44	3.7	3.7	3.7
	很　好	296	24.9	25.1	28.8
	一　般	679	57.1	57.6	86.4
	不　好	136	11.4	11.5	97.9
	很不好	23	1.9	2.0	99.9
	总　计	1178	99.1	99.9	
缺失值	System	11	.9		
总　计		1189	100.0		

2. 学生对家乡经济发展速度和水平的评价

在对被调查学生的评价进行归纳时，我们把涉及家乡地区的产业发展、个人收入，居民消费水平、生活条件等都统一归类为"经济发展"。

共有 645 名同学在对家乡社会经济发展状况进行评价时提到了以上"经济发展"方面的速度和水平，其中 231 人认为经济发展比较快和比较好，另有 414 人表示经济发展慢，发展水平不好，分别占 35.8% 和 64.2%。换言之，约三分之二的学生对家乡的发展状况并不满意，而且相对集中在西藏农村（163 人）和其他藏区农村（174 人），两部分加在一起，占了所有不满意学生总数的 81.4%。

在那些对家乡经济发展表示满意的学生当中，来自西藏自治区城市和县镇的学生所占比例较高。如来自西藏自治区城市（拉萨、日喀则）的 90 名学生中，有 67 名（74.4%）表示家乡的经济发展快，来自西藏县镇的

55 名学生中，30 名（54.5%）表示家乡发展快。与之相比，来自其他藏区的藏族学生中，无论是来自城市、县镇和乡村，80% 以上都对家乡的经济发展不满意。这些年来，中央政府不断加大对西藏自治区的投入和政策优惠，显著促进了西藏城乡经济的发展。但是对其他藏区的经济发展也需要给予同样的关注和支持。

表 21　学生对家乡经济发展速度和水平的评价

| | | | 家　乡 | | | | | | | Total |
			西藏城市	西藏县镇	西藏乡村	其他藏区城市	其他藏区县镇	其他藏区乡村	非藏区	
经济发展	快、好	Count	67	30	89	1	39	0	231	
		Within 经济发展（%）	29.0	13.0	38.5	.4	2.2	16.9	.0	100.0
		Within 家乡（%）	74.4	54.5	35.3	16.7	17.9	18.3	.0	35.8
	慢、不好	Count	23	25	163	5	23	174	1	414
		Within 经济发展（%）	5.6	6.0	39.4	1.2	5.6	42.0	.2	100.0
		Within 家乡（%）	25.6	245.5	64.7	83.3	82.1	81.7	100.0	64.2
Total		Count	90	55	252	6	28	213	1	645
		Within 经济发展（%）	14.0	8.5	39.1	.9	4.3	33.0	.2	100.0
		Within 家乡（%）	100.0	100.0	100.0	100.0	100.0	100.0	100.0	100.0

3. 学生对家乡基础设施建设的评价

在学生们的家乡发展情况评价中，评价理由被归类于"基础设施"所具体涵盖的领域是：交通条件、通信设施、城市建设、公共服务设施建设等。

在问卷调查中，共有 434 名学生在评价家乡社会经济发展时提到了基础设施建设，其中 163 人（37.6%）认为建设得比较好，另有 271 人

（62.4%）认为"不好"。这271人主要来自西藏农村（112人）和其他藏区农村（108人），因此，今后藏区基础设施建设的重点还是农村地区。而对基础设施建设评价好的163人当中，82人来自西藏农村，39人来自西藏城市，从这两组数字的比较来看，西藏农村基础设施建设在不同地区的发展很可能是不平衡的，有的地区农村建设得让农民很满意，另一些地区的农村基础设施建设相对滞后。这与西藏不同地区的自然地理条件也有密切关系，邻近城市和主要交通线、平原地区的农村建设相对投入较多，一些海拔较高、人口密度低、建设难度大的偏远乡村，基础设施水平的提高可能需要较长的时间。但是，西藏乡村地区基础设施建设的不平衡性无疑是今后社会经济发展中需要关注的一个问题。

表22　学生对家乡基础设施建设情况的评价

			家乡					Total
			西藏城市	西藏县镇	西藏乡村	其他藏区城市	其他藏区县镇	其他藏区乡村	
基础设施	好	Count	39	23	82	0	6	13	163
		Within 基础设施（%）	23.9	14.1	50.3	.0	3.7	8.0	100.0
		Within 家乡（%）	79.6	59.0	42.3	.0	21.4	10.7	37.6
	不好	Count	10	16	112	3	22	108	271
		Within 基础设施（%）	3.7	5.9	41.3	1.1	8.1	39.9	100.0
		Within 家乡（%）	20.4	41.0	57.7	100.0	78.6	89.3	62.4
Total		Count	49	39	194	3	28	121	434
		Within 基础设施（%）	11.3	9.0	44.7	.7	6.5	27.9	100.0
		Within 家乡（%）	100.0	100.0	100.0	100.0	100.0	100.0	100.0

4. 学生对家乡社会公平情况的评价

在学生们的家乡发展情况评价中，评价理由被归类于"社会公平"的包括了社会保障、地区发展差距、居民贫富差距等议题。

在问卷调查中，共有60名学生在评价家乡社会经济发展时提到了"社会公平"，特别需要关注的是其中只有5人认可"社会公平"。另外有55人明确认为"社会不公平"，其中20人来自西藏农村，22人来自其他藏区农村，8人来自西藏城市。由此可见，无论是西藏自治区还是其他藏区，农村居民的"社会不公平"感要明显强于城镇居民。至于导致农村居民"社会不公平"感的主要来源，究竟是政府的制度和政策在资源分配时（耕地、社会福利、就业机会等）存在不公平的缺陷，还是基层干部在落实政策时的具体做法有失公平，则需要通过基层的深入调查才能够进一步查明。

表 23　学生对家乡社会公平情况的评价

			家　乡						Total
			西藏城市	西藏县镇	西藏乡村	其他藏区城市	其他藏区县镇	其他藏区乡村	
社会公平	公平	Count	3	0	1	0	0	1	5
		Within 社会公平（%）	60.0	.0	20.0	.0	.0	20.0	100.0
		Within 家乡（%）	27.3	.0	4.8	.0	.0	4.3	8.3
	不公平	Count	8	1	20	3	1	22	55
		Within 社会公平（%）	14.5	1.8	36.4	5.5	1.8	40.0	100.0
		Within 家乡（%）	72.7	100.0	95.2	100.0	100.0	95.7	91.7
Total		Count	11	1	21	3	1	23	60
		Within 社会公平（%）	18.3	1.7	35.0	5.0	1.7	38.3	100.0
		Within 家乡（%）	100.0	100.0	100.0	100.0	100.0	100.0	100.0

5. 学生对家乡就业情况的评价

在学生们的家乡发展情况评价中，"就业情况"被27名学生作为他们用以评价家乡社会经济发展的理由之一。12 人认为家乡的就业情况较好，15 人则表示家乡的就业情况不好，其中 11 人来自其他藏区的农村，3 人来自西藏自治区内农村。来自其他藏区农村的 12 名藏族学生当中，只有 1 人表示家乡的就业情况较好。由此可见，农村青年就业特别是西藏以外藏区农村的就业问题特别需要政府就业部门的关注。

表 24　学生对家乡就业情况的评价

			家　乡					Total
			西藏城市	西藏县镇	西藏乡村	其他藏区城市	其他藏区乡村	
就业情况	好	Count	8	1	2	0	1	12
		Within 就业情况（%）	66.7	8.3	16.7	.0	8.3	100.0
		Within 家乡（%）	100.0	100.0	40.0	.0	8.3	44.4
	不公平	Count	0	0	3	1	11	15
		Within 就业情况（%）	.0	.0	20.0	6.7	73.3	100.0
		Within 家乡（%）	.0	.0	60.0	100.0	91.7	55.6
Total		Count	8	1	5	1	12	27
		Within 就业情况（%）	29.6	3.7	18.5	3.7	44.4	100.0
		Within 家乡（%）	100.0	100.0	100.0	100.0	100.0	100.0

6. 学生对家乡人口素质情况的评价

在学生们的家乡发展情况评价中，被归纳到"人口素质"一类的包括以下方面：文化水平即受教育程度、法律意识、创业精神，经济头脑等。有 148 名学生从这些方面来评价家乡的社会经济发展情况。其中 22 人（14.9%）认为家乡的人口素质高，另有 126 人（85.1%）认为家乡社区的人口素质低（见表 25），而且这些对家乡人口素质评价低的学生主要来自西藏农村和其他藏区农村的学生当中。各藏区农村的教育条件明显比不上城市和县镇，一定数量的农牧民创业与经营的意识和能力较弱，影响了农村的社会经济发展。很显然，农村人口素质的提高是藏区基层社区今后推动社会与经济发展的一个关键因素。

表 25　学生对家乡人口素质情况的评价

			家　乡					Total
			西藏城市	西藏县镇	西藏乡村	其他藏区县镇	其他藏区乡村	
人口素质	高	Count	11	1	6	0	4	22
		Within 人口素质（%）	50.0	4.5	27.3	.0	18.2	100.0
		Within 家乡（%）	61.1	14.3	10.5	.0	7.3	14.9
	低	Count	7	6	51	11	51	126
		Within 人口素质（%）	5.6	4.8	40.5	8.7	40.5	100.0
		Within 家乡（%）	38.9	85.7	89.5	100.0	92.7	85.1
Total		Count	18	7	57	11	55	148
		Within 人口素质（%）	12.2	4.7	38.5	7.4	37.2	100.0
		Within 家乡（%）	100.0	100.0	100.0	100.0	100.0	100.0

7. 学生对家乡"教育发展"情况的评价

在学生们对家乡发展情况进行评价的理由中，被归纳到"教育发展"一类的包括以下方面：学校建设、教育政策和政府教育投入等。122 名学生提及了这些方面，只有 21 名学生（17.2%）认为家乡的教育发展情况"好"，101 名学生（82.8%）认为"不好"（见表 26）。与对"人口素质"做出负面评价的情况相似，这些对家乡教育发展情况评价不好的学生主要来自西藏和其他藏区的农村地区。但是值得关注的是，在来自西藏城市的10 名学生中，有 8 人认为家乡的教育发展情况不好。

表 26　学生对家乡教育发展情况的评价

			家　乡						Total
			西藏城市	西藏县镇	西藏乡村	其他藏区城市	其他藏区县镇	其他藏区乡村	
教育发展	好	Count	2	2	11	0	1	5	21
		Within 教育发展（%）	9.5	9.5	52.4	.0	4.8	23.8	100.0
		Within 家乡（%）	20.0	50.0	26.2	.0	33.3	8.1	17.2
	不好	Count	8	2	31	1	2	57	101
		Within 教育发展（%）	7.9	2.0	30.7	1.0	2.0	56.4	100.0
		Within 家乡（%）	80.0	50.0	73.8	100.0	66.7	91.9	82.8
Total		Count	10	4	42	1	3	62	122
		Within 教育发展（%）	8.2	3.3	34.4	.8	2.5	50.8	100.0
		Within 家乡（%）	100.0	100.0	100.0	100.0	100.0	100.0	100.0

8. 学生对家乡"地理、环境、资源条件"情况的评价

在我们归纳入"地理、环境、资源条件"一类的理由中，包括了学生对家乡的地理自然条件、生态环境、矿产资源等方面的评价。共有 178 名学生提及了这些方面，其中 52 人（29.2%）认为这方面较好，以此作为对家乡社会经济发展情况评价为"好"或"较好"的理由。另外 126 人（70.8%）认为这方面条件不好。其中 78.5% 来自西藏和其他藏区农村。

表 27　学生对家乡地理、环境、资源条件的评价

			家　乡							Total
			西藏城市	西藏县镇	西藏乡村	其他藏区城市	其他藏区县镇	其他藏区乡村	非藏区	
地理环境资源	好	Count	13	3	24	0	1	10	1	52
		Within 地理环境资源（%）	25.0	5.8	46.2	.0	1.9	19.2	1.9	100.0
		Within 家乡（%）	68.4	21.4	35.8	.0	12.5	15.2	100.0	29.2
	差、存在问题	Count	6	11	43	3	7	56	0	126
		Within 地理环境资源（%）	4.8	8.7	34.1	2.4	5.6	44.4	.0	100.0
		Within 家乡（%）	31.6	78.6	64.2	100.0	87.5	84.8	.0	70.8
Total		Count	19	14	67	3	8	66	1	178
		Within 地理环境资源（%）	10.7	7.9	37.6	1.7	4.5	37.1	.6	100.0
		Within 家乡（%）	100.0	100.0	100.0	100.0	100.0	100.0	100.0	100.0

9. 学生对家乡实施的"国家政策"的评价

在被归纳入"国家政策"一类的理由中，包括了国家对少数民族地区的扶持政策、环境生态保护政策、援藏政策等方面的评价。共有 67 名学生提及了这些方面，其中 56 人（83.6%）认为这方面较好，另外 11 人（16.4%）认为这方面政策做得还不好。相比之下，来自西藏乡村的 29 名学生中，只有 1 人认为"不好"，其余 28 人对国家政策表示肯定，在来自其他藏区农村的 16 名学生中，认为政府政策"好"的和以为"不好"的各占一半（见表 28）。这也可以从一个侧面反映近年来政府在西藏农村的扶贫、生态保护、社会保障等方面的工作是得到农牧民肯定的，但是其他藏区农村的工作需要加强。

表 28　学生对家乡实施的国家政策的评价

			家　乡				Total
			西藏城市	西藏县镇	西藏乡村	其他藏区乡村	
国家政策	好	Count	15	5	28	8	56
		Within 国家政策（%）	26.8	8.9	50.0	14.3	100.0
		Within 家乡（%）	88.2	100.0	96.6	50.0	83.6
	不好	Count	2	0	1	8	11
		Within 国家政策（%）	18.2	.0	9.1	72.7	100.0
		Within 家乡（%）	11.8	.0	3.4	50.0	16.4
Total		Count	17	5	29	16	67
		Within 国家政策（%）	25.4	7.5	43.3	23.9	100.0
		Within 家乡（%）	100.0	100.0	100.0	100.0	100.0

10. 学生对家乡"社会风尚"的评价

被归纳入"社会风尚"一类的理由包括了社会风气、人们之间的关怀互助、社会治安、伦理道德等。共有 46 名学生提及了以上方面，其中 24 人（52.2%）认为家乡社会风气好，22 人认为社会风气不好。22 名对社会风气持有负面看法的学生，主要来自西藏农村（8 人）和其他藏区农村（12 人），另外两人来自西藏城市，无人来自县镇。这也许显示农村的社会风气需要引起关注，在拉萨存在一定的社会风气问题（如治安等），而在各地的县镇相对问题不突出。

表 29　学生对家乡"社会风尚"的评价

			家　乡				Total
			西藏城市	西藏县镇	西藏乡村	其他藏区乡村	
社会风尚	好	Count	11	1	12	0	24
		Within 社会风尚（%）	45.8	4.2	50.0	.0	100.0
		Within 家乡（%）	84.6	100.0	60.0	.0	52.2
	不好	Count	2	0	8	12	22
		Within 社会风尚（%）	9.1	.0	36.4	54.5	100.0
		Within 家乡（%）	15.4	.0	40.0	100.0	47.8
Total		Count	13	1	20	12	46
		Within 社会风尚（%）	28.3	2.2	43.5	26.1	100.0
		Within 家乡（%）	100.0	100.0	100.0	100.0	100.0

11. 学生对家乡"政府机构工作"的评价

被归入家乡"政府机构工作"一类的理由包括政府管理工作的方式、行政人员的素质、政府官员的腐败等方面。共有 54 名学生提及了这些方面，其中 13 人（24.1%）认为家乡的政府工作人员作风较好，41 人（75.9%）认为不好。41 名对政府工作作风持有负面看法的学生，主要来自西藏农村（12 人）和其他藏区农村（21 人），另外 8 名来自西藏农村的学生对政府工作人员表示满意。来自西藏城市的 8 名学生中，对政府工作作风表示满意和不满意的各占一半。

表 30　学生对家乡"政府机构工作"的评价

			家　乡					Total
			西藏城市	西藏县镇	西藏乡村	其他藏区县镇	其他藏区乡村	
政府行为	好	Count	4	1	8	0	0	13
		Within 政府行为（%）	30.8	7.7	61.5	.0	.0	100.0
		Within 家乡（%）	50.0	33.3	40.0	.0	.0	24.1
	不好	Count	4	2	12	2	21	41
		Within 政策行为（%）	9.8	4.9	29.3	4.9	51.2	100.0
		Within 家乡（%）	50.0	66.7	60.0	100.0	100.0	75.9
Total		Count	8	3	20	2	21	54
		Within 政府行为（%）	14.8	5.6	37.0	3.7	38.9	100.0
		Within 家乡（%）	100.0	100.0	100.0	100.0	100.0	100.0

12. 学生对家乡"政治氛围"的评价

与家乡"政治氛围"相关联的理由包括：政治上的松宽程度、社会的政治气候等方面。只有 3 名学生提及了这些方面，一致认为家乡的政治氛围不够松宽，分别来自西藏农村、其他藏区农村和非藏区。现在各级政府的一项重要工作就是保证社会稳定，有许多与"维稳"工作相关的社会管理措施，包括外出跨省、出国旅行的管理办法，对于宗教活动的管理等。学生们的评价在一定程度上与这些管理办法有关。绝大多数被调查学生没有提及这一方面。

表 31　学生对家乡"政治氛围"的评价

			家　乡			Total
			西藏乡村	其他藏区乡村	非藏区	
政治气氛	差	Count	1	1	1	3
		Within 政治气氛（%）	33.3	33.3	33.3	100.0
		Within 家乡（%）	100.0	100.0	100.0	100.0
Total		Count	1	1	1	3
		Within 政治气氛（%）	33.3	33.3	33.3	100.0
		Within 家乡（%）	100.0	100.0	100.0	100.0

13. 学生对家乡"少数民族发展空间"的评价

被纳入家乡"少数民族发展空间"相关联的理由主要指少数民族向上的社会流动渠道，包括了政治上、经济上以及文化方面的发展空间。只有 2 名来自西藏农村的学生提及了这些方面，表达了负面的评价。

表 32　学生对家乡"少数民族发展空间"的评价

			家　乡	Total
			西藏乡村	
少数民族发展空间	不好	Count	2	2
		Within 少数民族发展空间（%）	100.0	100.0
		Within 家乡（%）	100.0	100.0
Total		Count	2	2
		Within 少数民族发展空间（%）	100.0	100.0
		Within 家乡（%）	100.0	100.0

14. 学生对家乡"少数民族文化发展"情况的评价

与学生家乡"少数民族文化发展"这个主题相关联的方面包括：少数

民族语言的传承、民族传统文化的延续、传统生活习俗的保护、传统宗教活动的传播等。有 10 名学生提及了这些方面，3 名表达了肯定的意见，另有 7 名表达了负面的评价，其中 5 人来自乡村。

表 33　学生对家乡"少数民族文化发展"的评价

			家　乡			Total
			西藏城市	西藏乡村	其他藏区乡村	
民族文化发展	好	Count	0	1	2	3
		Within 民族文化发展（%）	.0	33.3	66.7	100.0
		Within 家乡（%）	.0	33.3	40.0	30.0
	不好	Count	2	2	3	7
		Within 民族文化发展（%）	28.6	28.6	42.9	100.0
		Within 家乡（%）	100.0	66.7	60.0	70.0
Total		Count	2	3	5	10
		Within 民族文化发展（%）	22.0	30.0	50.0	100.0
		Within 家乡（%）	100.0	100.0	100.0	100.0

15. 学生对家乡"地方资源的掠夺性开采"情况的评价

有 3 名被调查学生在对家乡社会经济发展状况进行评价时提出了"地方资源的掠夺性开采"这方面的问题，分别来自西藏和其他藏区的农村，这反映出在政府各项政策执行不够严格的部分农村出现了对当地自然资源（矿产、动植物资源等）存在掠夺性开采的现象。

表 34　学生对家乡"地方资源的掠夺性开采"的评价

			家　乡		Total
			西藏乡村	其他藏区乡村	
掠夺问题	有	Count	1	2	3
		Within 掠夺问题（%）	33.3	66.7	100.0
		Within 家乡（%）	100.0	100.0	100.0
Total		Count	1	2	3
		Within 掠夺问题（%）	33.3	66.7	100.0
		Within 家乡（%）	100.0	100.0	100.0

五 藏族学生的语言学习

语言学习这部分包括了几个方面的信息：（1）藏族学生在学校里开始正式学习藏语和汉语的时间（年级）；（2）掌握藏语和汉语的能力；（3）如何看待目前正在家乡学校里推行的"双语教育"。

1. 藏族学生学习汉语文的时间和掌握汉语文能力

在回答了语言学习问题的 1162 名藏族学生中，2.4% 是在学前班开始接触汉语文学习的，72.7% 在小学一年级开始有汉语文课，7% 和 10.2% 分别从小学二年级和三年级开始学汉语文。从这次调查结果来看，大约 90% 的学生在小学三年级或之前即开始正式接触汉语文学习。这表明西藏自治区和各藏区小学的汉语文已经逐步普及，只有 3% 的学生在初中阶段才刚刚接受汉语文教育。但是我们也必须注意到，一些教育条件较差的偏远农牧区很可能汉语文教学比较滞后，由于那里的学生成绩较差，没有机会进入大学学习并被纳入这次调查的范围，所以这次调查的样本只能代表那些幸运地考入大学的藏族学生。

表 35 藏族学生学习汉语文的时间和掌握汉语文的能力

开始学习汉语时间		目前汉语文水平							（%）
		交流困难	可以交流	充分交流	可写作	交流/写作	可充分交流/写作	总 计	
学前班	人数	0	9	5	10	0	4	28	2.4
	%	0.0	32.1	17.9	35.7	0.0	14.3	100.0	
小学一年级	人数	33	307	232	213	15	45	845	72.7
	%	3.9	36.3	27.5	25.2	1.8	5.3	100.0	
小学二年级	人数	3	41	15	16	2	4	81	7.0
	%	3.7	50.6	18.5	19.8	2.5	4.9	100.0	
小学三年级	人数	5	78	21	13	1	0	118	10.2
	%	4.2	66.1	17.8	11.0	0.8	0.0	100.0	
小学四年级	人数	2	25	8	4	0	1	40	3.4
	%	5.0	62.5	20.0	10.0	0.0	2.5	100.0	
小学五年级	人数	3	3	3	1	0	1	11	0.9
	%	27.3	27.3	27.3	9.1	0.0	9.1	100.0	

续表

开始学习 汉语时间		目前汉语文水平						总　计	（％）
		交流 困难	可以 交流	充分 交流	可写作	交流/ 写作	可充分 交流/写作		
小　学 六年级	人数	0	2	1	1	0	0	4	0.3
	%	0.0	50.0	25.0	25.0	0.0	0.0	100.0	
初　中 一年级	人数	5	22	4	2	0	2	35	3.0
	%	14.3	62.9	11.4	5.7	0.0	5.7	100.0	
合　计	人数	51	487	289	260	18	57	1162	100.0
	%	4.4	41.9	24.9	22.4	1.5	4.9	100.0	

从汉语文学习效果即实际掌握和运用汉语文的能力水平来考察，其实并不那么乐观。从表35中的调查数据来看，仅有4.9%的藏族学生（57人）可使用汉语进行充分的口头交流并用汉文写作，另有1.5%（18人）可进行一般性口头交流和使用汉文。汉语口语很好的学生占24.9%，可以写汉文但口头交流较弱的占22.4%，可以口头简单交流对话的占41.9%，口头交流仍有困难的占4.4%（51人）。这就是1162名被调查藏族学生掌握汉语文情况的概貌。

在熟练掌握汉语文的57名学生中，45人从小学一年级开始上汉语文课，但是在至今使用汉语交流仍有困难的51名学生中，也有33人是从小学一年级开始学习汉语的。也许这个数字对比可以说明，那些从小学一年级开始上汉语文课的学校之间，实际教学效果的差距很大。现在各级政府重视加强汉语文教学，除了争取尽早在小学开设汉语文课外，普遍提高小学汉语文课的教学水平和教学效果也许是一个需要给予同样重视的问题。

2. 藏族学生学习藏语文的时间和掌握藏语文的能力

在1158名回答了相关问题的学生们当中，有82%的学生从小学一年级开始学习藏语文，5.9%的学生从学前班开始学习藏语文，加在一起是1018人。其余的藏族学生为什么没有在小学一年级开始学习藏语文，是需要进一步了解的问题。有些云南、四川籍藏族同学所在地藏语文普及率较差，到了初中甚至到高中才学藏文。还有一个可能性是小部分藏族学生从小跟随父母在内地生活，最初在汉区学校上学，到初中阶段返回藏区读书。被调查学生中有

12 人在初一年级才开始学习藏语文，属于"其他情况"的 35 人，也许是到初二甚至高中阶段才开始接触藏语文，这些学生可能属于以上所说的情况。

表 36　藏族学生学习藏语文的时间和掌握藏语文能力
的交叉分析

			藏语水平			Total
			不太好，阅读有困难	一般可以阅读，但写有困难	读写熟练	
学藏语时间	学前	Count	0	19	49	68
		Within 学藏语时间（%）	.0	27.9	72.1	100.0
		Of Total（%）	.0	1.6	4.2	5.9
	小学 1 年级	Count	34	243	673	950
		Within 学藏语时间（%）	3.6	25.6	70.8	100.0
		Of Total（%）	2.9	21.0	58.1	82.0
	小学 2 年级	Count	3	4	4	11
		Within 学藏语时间（%）	27.3	36.4	36.4	100.0
		Of Total（%）	.3	.3	.3	.9
	小学 3 年级	Count	2	9	15	26
		Within 学藏语时间（%）	7.7	34.6	57.7	100.0
		Of Total（%）	.2	.8	1.3	2.2
	小学 4 年级	Count	5	6	3	14
		Within 学藏语时间（%）	35.7	42.9	21.4	100.0
		Of Total（%）	.4	.5	.3	1.2
	小学 5 年级	Count	1	1	0	2
		Within 学藏语时间（%）	50.0	50.0	.0	100.0
		Of Total（%）	.1	.1	.0	.2
	小学 6 年级	Count	0	1	0	1
		Within 学藏语时间（%）	.0	100.0	.0	100.0
		Of Total（%）	.0	.1	.0	.1
	初　一	Count	12	20	8	40
		Within 学藏语时间（%）	30.0	50.0	20.0	100.0
		Of Total（%）	1.0	1.7	.7	3.5
	其　他	Count	35	9	2	46
		Within 学藏语时间（%）	76.1	19.6	4.3	100.0
		Of Total（%）	3.0	.8	.2	4.0
Total		Count	92	312	754	1158
		Within 学藏语时间（%）	7.9	26.9	65.1	100.0
		Of Total（%）	7.9	26.9	65.1	100.0

被调查藏族学生中有 65.1% 阅读和写作藏文都达到熟练程度，26.9% 的学生阅读藏文没有问题，但是藏文写作有一定困难，另外有 7.9% 的学生在藏文阅读上仍有困难，这些人可能是较晚才开始上藏文课的学生。

3. 如何看待现在藏区中小学校推行的"双语教育"

在问卷中列出与"双语教育"有关的 10 个观点，请被调查学生对这些观点表达自己的看法，表示"同意"或者"不同意"，在回答时可以对这些问题进行选择，可选择其中部分观点回答，也可以对所有观点提出看法。共有 848 名学生（占总数 71.3%）回答了问卷中有关双语教育的这 10 个问题。表 37 对这些回答进行了归纳。

表 37　藏族学生对与"双语教育"相关观点的意见

有关双语教育观点	同意		不同意		合　计	
	人数	%	人数	%	人数	%
（1）应强调汉语学习是对的，但藏语文学习弱化了	449	52.9	399	47.1	848	100.0
（2）应该加强汉语学习，因为有利于学生的学习和就业	221	26.1	627	73.9	848	100.0
（3）最好是让学生实现"藏汉兼通"，熟练掌握两种语言	762	89.9	86	10.1	848	100.0
（4）汉语应当学，但是没有合格的好老师，学习效果不好	174	20.5	674	79.5	848	100.0
（5）藏语文课本内容脱离藏区生活，学生没有兴趣	187	22.1	661	77.9	848	100.0
（6）汉语文课本内容脱离藏区生活，学生也没有兴趣	183	21.6	665	78.4	848	100.0
（7）缺乏藏文课外读物，现有藏文读物内容单调	432	50.9	416	49.1	848	100.0
（8）汉文课外读物与藏区生活无关，没有兴趣去读	127	15.0	721	85.0	848	100.0
（9）小学老师的知识和教学经验不足，满足不了学生期望	154	18.2	694	81.8	848	100.0
（10）初中老师的知识和教学经验不足，满足不了学生期望	145	17.1	703	82.9	848	100.0

这 10 个观点和被调查学生的看法如下：

（1）对于"强调汉语学习是对的，但是目前学校的藏语文学习被弱化了"，52.9% 的学生对此表示赞同，即超过半数的藏族学生对学校藏语文教学的前景表示担心，但也不反对强调汉语文学习。

（2）对于"应该加强汉语学习，因为有利于学生的学习和就业"，79.3% 表示不赞同，这个结果有点令人意外，因为作为全国通用语言，汉语能力对藏族学生的学习和就业很有帮助，这是一个明显的客观现实。也许这一态度表示近 80% 的藏族学生对今后加强汉语教学有可能进一步弱化藏语的某种担心。有位藏族学生认为这个回答的结果有几个原因：一是被调查学生中有90%是学人文类学科的学生，其中44.5%学生出身于藏语言文学专业，这类学生一般具有高估本族语言应用价值的倾向；当藏语和汉语的应用性被认为同等重要的时候，他们才能接受汉语对学生学习和就业的重要性；二是由于这类学生专业所限，其知识结构和视野并未真正进一步拓展到更大更广阔的领域，使得他们没能真正了解到本民族语言文字在某些领域存在的缺陷和不足，同时看不到汉语在这方面所具有的重要价值；三是我们的调查对象主要是在校就读生，没有真正踏入社会，尚未真正经历就业市场所要求的通用语言对自己就业前景的考验。

（3）"最好是让学生实现'藏汉兼通'，熟练掌握两种语言"，对此近90%的学生表示赞同，由此我们可以推论出藏族学生并不反对学习汉语，但是存在对藏语被弱化的担心。

（4）"汉语应当学，但是没有合格的好老师，学习效果不好"，对此20.5%的同学表示同意，79.5%的同学不赞成这一观点。这表示大多数同学对自己上学时的汉语老师还是肯定的，1/5的同学则明确表示当年的学习效果不好。

（5）对于"藏语文课本内容脱离藏区生活，学生没有兴趣"这一问题，我们在藏区调查时，曾有人反映藏语文课本的内容是从人民教育出版社的统编汉语文教材翻译的，内容情节脱离藏区日常生活。为此我们设计了这个问题。但是调查表明，77.9%的藏族同学并不赞同这一观点。有的藏族学生认为藏语文教材是由五省区统一编辑的，大多内容与藏族文化和社会有关，所以这方面的意见较少。藏族学生的一些意见集中在教材的"本土化"上，认为历史教材应当增加藏族的历史、文化的内容。

（6）"汉语文课本内容脱离藏区生活，学生也没有兴趣"，对此78.4%的同学也表示不赞同，换言之，大多数学生对目前使用的汉语文、藏语文教材的内容还是接受的，不满意的是少数。但是，即使有20%的学生不满意，对于这部分学生的意见我们的教材编写者仍然必须关注，相关教材仍然需要逐步改进。

（7）"缺乏藏文课外读物，现有藏文读物内容单调"，对此表示同意和不同意的同学大致各占一半。总体而言，我国关于现代人文知识和各学科知识的藏文出版物还是偏少，藏文各类出版物的种类还需要不断增加。

（8）"汉文课外读物与藏区生活无关，没有兴趣去读"，对此表示不同意的占85%，可见大多数同学对于汉文出版物是有阅读兴趣的。

（9）"小学老师的知识和教学经验不足，满足不了学生期望"和（10）"初中老师的知识和教学经验不足，满足不了学生期望"，我们希望通过这两个问题来了解学生对他们在小学和初中学习期间对任教教师的评价。对自己过去小学和初中老师的评价比较正面的分别占81.8%和82.9%，整体评价还是比较好的。

4. 中学阶段是否在"内地西藏班"学习上

在1170名回答了这一问题的学生中，只有75人是"内地西藏班"的毕业生，占总数的6.4%。在这些原"西藏内地班"毕业的学生中，对"内地班"评价为"非常好"的占17.3%，评价为"很好"的占52%，两组相加为69.3%，评价为"一般"的占28%，认为"不好"和"很不好"的各有1人（各占1.3%）。

但是当问卷要求学生对这一评价举出若干理由时，只有不到3%的学生对自己对"内地班"的评价提出具体理由。在75名具有"内地西藏班"学习经历的藏族学生中，72人回答了这段经历对自己有什么影响的问题，其中44.4%认为"帮助非常大"，51.4%认为"有些帮助"，4.2%认为"没有太大帮助"。由此可见，毕业于内地西藏班的学生中的绝大多数还是比较认可这一办学模式的。

表38　原"内地班"学生对"内地班"的评价

		频　数	百分比	有效百分比	累积百分比
有效值	非常好	13	1.1	17.3	17.3
	很　好	39	3.3	52.0	69.3
	一　般	21	1.8	28.0	97.3
	不　好	1	.1	1.3	98.7
	很不好	1	.1	1.3	100.0
	Total	75	6.3	100.0	
缺失值	System	1114	93.7		
总　计		1189	100.0		

表39　"内地班"的学习对这些学生有什么帮助

		频　数	百分比	有效百分比	累积百分比
有效值	帮助非常大	32	2.7	44.4	44.4
	有些帮助	37	3.1	51.4	95.8
	没有太大帮助	3	.3	4.2	100.0
	总计	72	6.1	100.0	
缺失值	System	1117	93.9		
总　计		1189	100.0		

六　藏族学生的经历和个人交往情况

一个人的知识结构、价值伦理、世界观、国家观和族群观的形成与演变都与其青少年时期的生活学习环境和社会阅历密切相关。为了更好地理解这些青年藏族学生和他们思想观念的形成，我们在问卷中设计了一些问题来了解他们的生活阅历和个人的社会交往情况。

1. 藏族学生离开家乡的外出经历

其中一个问题是"你离开家乡，最远去过的地方是哪里"？有1091人回答了这个问题，占样本总数的91.8%。其中241人（占22.1%）回答咸阳，这些都是西藏民族学院的学生，咸阳就是他们到过的最远的地方。229人（21%）去过离家乡最远的地方是北京，这些应该都是中央民族大学的学生。有171人（15.7%）去过离家乡最远的地方是成都，这些都是西南民族大学的大学生。有223人（20.4%）去过的离家最远的地方是拉萨，应该全部是西藏大学的学生。这4组学生加在一起是864名学生，占总数的79.2%。换言之，有近80%的藏族学生去过的最远的地方就是他们目前学校的所在地。

这次被调查的学生中有97名研究生，通过跨校考研和假期旅游，研究生比本科生有更多的机会访问学校所在地以外的其他城市。从表41反映的信息来看，外出目的地相对集中的有：27名同学访问过上海，12名学生访问过重庆，12名学生访问过海南，9名访问过广州，7名访问过杭州。特别

表 40　学生们最远去过什么地方

		频　数	百分比	有效百分比	累积百分比
有效值	咸阳	241	20.3	22.1	22.1
	成都	171	14.4	15.7	37.8
	北京	229	19.3	21.0	58.8
	上海	27	2.3	2.5	61.2
	武汉	3	.3	.3	61.5
	天津	6	.5	.5	62.1
	甘孜	2	.2	.2	62.2
	重庆	12	1.0	1.1	63.3
	海南	12	1.0	1.1	64.4
	常州	3	.3	.3	64.7
	南昌	3	.3	.3	65.0
	韩国	1	.1	.1	65.1
	昆明	6	.5	.5	65.6
	沈阳	6	.5	.5	66.2
	济南	6	.5	.5	66.7
	杭州	7	.6	.6	67.4
	贵阳	1	.1	.1	67.5
	南京	3	.3	.3	67.7
	福州	4	.3	.4	68.1
	德州	1	.1	.1	68.2
	银川	3	.3	.3	68.5
	呼和浩特	1	.1	.1	68.6
	太原	4	.3	.4	68.9
	吉安	1	.1	.1	69.0
	广州	9	.8	.8	69.8
	深圳	4	.3	.4	70.2
	郑州	2	.2	.2	70.4
	尼泊尔	2	.2	.2	70.6
	印度	3	.3	.3	70.9
	日本	1	.1	.1	70.9
	拉萨	223	18.8	20.4	91.4
	澳门	3	.3	.3	91.7
	阿里	9	.8	.8	92.5
	西宁	7	.6	.6	93.1
	长沙	1	.1	.1	93.2
	南宁	1	.1	.1	93.3
	西安	4	.3	.4	93.7
	哈尔滨	4	.3	.4	94.0
	香港	4	.3	.4	94.4
	美国	6	.5	.5	95.0
	合作	1	.1	.1	95.1

		频　数	百分比	有效百分比	累积百分比
有效值	大理	1	.1	.1	95.1
	本溪	1	.1	.1	95.2
	泰国	2	.2	.2	95.4
	法国	1	.1	.1	95.5
	台湾	1	.1	.1	95.6
	乌鲁木齐	1	.1	.1	95.7
	蒙古人民共和国	2	.2	.2	95.9
	新西兰	1	.1	.1	96.0
	兰州	4	.3	.4	96.3
	缅甸	1	.1	.1	96.4
	林芝	14	1.2	1.3	97.7
	昌都	2	.2	.2	97.9
	日喀则	5	.4	.5	98.4
	石家庄	1	.1	.1	98.4
	山南	7	.6	.6	99.1
	那曲	7	.6	.6	99.7
	格尔本	2	.2	.2	99.9
	亚东	1	.1	.1	100.0
	总计	1091	91.8	100.0	
缺失值	System	98	8.2		
总　计		1189	100.0		

　　值得关注的是有 6 名学生访问过美国，3 名访问过印度，访问过尼泊尔、泰国和蒙古国的各有 2 名，访问过日本、韩国、法国、新西兰、缅甸的各有 1 名，以上有出国访问经历的共 20 名。另有 4 名和 3 名学生访问过香港和澳门，1 名访问过台湾。也许与其他大学的汉族学生相比，这些藏族学生访问家乡以外其他地方的机会很可能要相对少一些。但是与以前藏区与外界之间较为封闭的情况相比，藏族学生的外出社会阅历情况已有很大改观。

　　但是与此同时，我们也发现有 14 名同学最远去过的地方是林芝，9 名是阿里，各有 7 名是山南和那曲，这些主要是西藏特别是出生在拉萨的学生，他们访问西藏自治区内的这些城市和地区可能兼顾了探亲和旅游。所以一方面有少部分藏族学生已有出国的阅历，同时另一部分同学始终没有出过西藏自治区。

表 41　学生们去家乡以外地区的主要原因

		频　数	百分比	有效百分比	累积百分比
有效值	上　　学	820	69.0	74.7	74.7
	探　　亲	46	3.9	4.2	78.9
	旅　　游	132	11.1	12.0	91.0
	学校组织	37	3.1	3.4	94.3
	其他原因	62	5.2	5.7	100.0
	总　　计	1097	92.3	100.0	
缺失值	System	92	7.7		
总计		1189	100.0		

在 1097 名填写了外出主要原因的藏族学生中，"上学"有 820 人（占 74.7%），"旅游"为 132 人（占 12%），"探亲"为 46 人（占 4.2%），"学校组织"有 37 人（占 3.4%），"其他原因"有 62 人（占 5.7%）。出国及曾经赴港澳台访问的 28 人，他们应该都属于学校组织去参加交流活动的。去其他大城市的访问活动，大多属于旅游。另有 4 名和 3 名学生访问过香港和澳门，1 名访问过台湾。也许与其他大学的汉族学生相比，这些藏族学生访问家乡以外其他地方的机会很可能要相对少一些。但是比起以前藏区与外界之间较为封闭的情况相比，藏族学生的外出社会阅历情况已有很大改观。

2. 藏族学生与汉族的交往情况

问卷中提出的问题是"你平时学习、工作之余与汉族同学、同事的私人交往如何"？有 1143 名藏族同学回答了这个问题（见表 42）。有 444 名学生（占 38.8%）表示有很多交往，有 575 名学生（50.3%）表示只是"偶尔交往"，另有 124 人（占 10.8%）表示"很少交往"。

表 42 学生日常与汉族的交往

		频 数	百分比	有效百分比	累积百分比
有效值	很多交往	444	37.3	38.8	38.8
	偶尔交往	575	48.4	50.3	89.2
	很少交往	124	10.4	10.8	100.0
	总 计	1143	96.1	100.0	
缺失值	System	46	3.9		
总 计		1189	100.0		

关于为什么出现以上与汉族交往的不同情况，学生们也举出了一些主要理由，我们在编码时将其归纳为 5 个方面，依次介绍如下：

（1）"交流机会"即日常学习和生活中与汉族交往的可能性。在提及这一方面的 637 名学生中，一方面是与汉族交往较多的 441 名学生表示他们有很多的交流机会，另一方面有 196 名学生（30.8%）表示他们很少有机会与汉族交往。在我们调查的学生样本中，有 529 名学生（44.5%）在藏学专业学习，就读的藏学院基本上是清一色的藏族师生，在这一专业学习的学生缺乏接触汉族师生的客观条件。从以上情况看，各民族院校中的藏学院应当组织更多的汉藏学生之间的交流和联谊活动，促进各族学生之间的日常交流。

表 43 学生与汉族的交往机会

与汉族交往	人 数	（%）
有较多交往机会	441	69.2
交往机会少	196	30.8
总 计	637	100.0

（2）"语言能力"即掌握汉语的能力。现在几乎没有汉族人能说藏语，同时许多藏族学生家乡社区的通用语言是藏语，他们只能在学校课堂里学习汉语文。在这样的语言使用格局下，假如藏族学生的汉语能力不强，无疑会阻碍他们与汉族学生之间的交往。在 98 名提及"汉语能力"这一因素的学生中，有 17 人表示自己的汉语能力较强，另外 81 人表示自己汉语能力弱并影响与汉族学生的交往。

表 44　藏族学生掌握汉语的能力

与汉族交往时影响因素	人　数	（％）
汉语能力强	17	17.3
汉语能力弱	81	82.7
总　　　计	98	100.0

（3）有 231 名学生在解释自己与汉族交往情况时提及"文化价值观差异"。藏族人口主要居住在青藏高原，使用历史悠久的藏语文，信仰藏传佛教，在语言文字、宗教信仰和文化习俗等方面与汉族有很大差异，在提及"文化价值观差异"的藏族学生中，55.8％表示与汉族交往中存在的一个障碍是文化差异，另外 44.2％ 认为这些差异并不重要。由此可见，在相当部分的藏族学生中，文化差异确实是阻碍他们与汉族交往的因素之一。

表 45　汉藏之间的文化价值观差异

与汉族交往	人　数	（％）
感到没有文化价值差异	102	44.2
感到有文化价值差异	129	55.8
总　　　计	231	100.0

（4）有些藏族学生认为人际交流中的个人特质（如是"外向型"还是"内向型"，是"主动型"还是"被动型"）对汉藏交往也是有影响的，表现在交流中的"个人意愿"。有 456 名学生在回答关于与汉族学生交往情况时提及了"个人意愿"，其中 360 人表示自己有较强的个人意愿与汉族学生交往。

表 46　与汉族学生交往时的个人意愿

与汉族学生交往	人　数	（％）
个人意愿强	360	78.9
个人意愿弱	96	21.1
总　　　计	456	100.0

（5）有些藏族学生认为与汉族学生交流较少的主要原因之一是感觉到"被歧视感"。共有 31 名同学提及这一方面，其中 27 人明确有被歧视感，4 人表示没有。由此可见，部分汉族师生在自己言行中表现出了一定程度的

"大民族主义"，校园里少数民族学生的"被歧视感"依然是一个值得学校管理部门加以重视的问题。

表 47　与汉族交往时是否有被歧视感

与汉族交往	人　数	（%）
没有被歧视感	4	12.9
有被歧视感	27	87.1
总　　计	31	100.0

3. 藏族学生对配偶和亲密异性朋友的族别选择

问卷中提出的问题是"你对配偶或（男、女）朋友的民族身份有什么考虑"？有 599 名藏族学生回答了这一问题，估计是少数已婚研究生和已有固定朋友关系的高年级学生，其他 590 名学生没有回答这个问题。在给出明确回答的学生中，91.2% 回答是藏族，37 人（6.2%）回答是汉族，5 人回答是蒙古族，分别有 2 人回答是彝族和门巴族，其余 7 人分别回答为其他民族（见表 48）。

表 48　藏族学生对配偶和亲密异性朋友的族别选择

		频　数	百分比	有效百分比	累积百分比
有效值	藏　　族	546	45.9	91.2	91.2
	汉　　族	37	3.1	6.2	97.3
	门 巴 族	2	.2	.3	97.3
	土　　族	1	.1	.2	97.8
	蒙 古 族	5	.4	.8	98.7
	维吾尔族	1	.1	.2	98.8
	哈萨克族	1	.1	.2	99.0
	彝　　族	2	.2	.3	99.3
	苗　　族	1	.1	.2	99.5
	朝 鲜 族	1	.1	.2	99.7
	傣　　族	1	.1	.2	99.8
	白　　族	1	.1	.2	100.0
	总　　计	599	50.4	100.0	
缺失值	System	590	49.6		
总　计		1189	100.0		

根据课题组多年在少数民族地区开展社会调查的经验，我们总结出少数民族青年在涉及族际通婚时主要考虑的 5 个方面，请这次调查的藏族学生对这些方面表示是否认同，是否是他们自身的考虑因素。学生可对这些问题选择回答。从表 49 对这些回答的归纳汇总来看，69% 的同学倾向于与本族通婚，63.9% 认为本族通婚的主要原因是语言习俗相同。但是有81.8% 表示自己不认同"坚持族内婚"，由于这一表态与第一种表述的回答结果完全相反，是否学生中存在对这一表述的误读，尚需进一步验证。对于"如果两人感情好，找其他民族也可以"的观点，67.9% 表示不认同，这表示这些学生认为"民族身份和群体认同必然超越个人感情"，还是表示他们认为"不同族群之间不可能感情好"？对于这更深一层次的问题，还需要深入调查才能回答。对于在配偶选择时"自己并不排斥其他民族，但是父母、亲友反对"这一观点，88.7% 的学生表示不认同，这从侧面显示在藏族青年择偶的族群身份选择上，父母和亲友的因素并不重要。与此相对照的是，我们在与维吾尔族学生的接触过程中，感到父母、亲友态度因素具有很大的影响，这可能与维吾尔族的宗教信仰有关。

表 49　学生选择配偶和异性朋友的主要原因

选择配偶和异性朋友的主要原因	表示认同		表示不认同		回答学生合计	
	人数	%	人数	%	人数	%
认为还是应当在本民族内找	696	69.0	163	31.0	1009	100.0
找本民族的主要原因是语言、习俗相通	647	63.9	366	36.1	1013	100.0
认为应当坚持族内婚，不主张跨族通婚	184	18.2	829	81.8	1013	100.0
如果两人感情好，找其他民族也可以	325	32.1	688	67.9	1013	100.0
自己并不排斥其他民族，但是父母、亲友反对	114	11.3	989	88.7	1012	100.0

4. 关于学生的课外阅读情况

我们在问卷中举出 6 类课外阅读材料供学生选择，表示自己对各类读物有所阅读或没有读过。由于每人可以选择多项，所以各类读物的回答人数是不一样的。藏族学生选择阅读人数最多的是藏文文学作品（81%），第二是汉文文学作品（75.5%），排在第三的是藏文宗教读物（58.3%），可见宗教文化在学生中的影响是很大的，第四是汉文专业杂志（50.4%），各科各专业的指定阅读中会包括一些汉文专业杂志文章，第五是汉文科技读物和英文读物。这与此次调查中的理工科专业学生数量很少有关。

表 50 学生课外阅读情况

课外阅读	阅读学生		未阅读学生		回答学生合计	
	人 数	%	人 数	%	人 数	%
藏文文学作品	945	81.0	222	19.0	1167	100.0
藏文宗教读物	490	58.3	350	41.7	840	100.0
汉文文学作品	880	75.5	24.1	24.5	1166	100.0
汉文科技读物	277	23.8	889	76.2	1166	100.0
汉文专业杂志	423	50.4	417	49.6	840	100.0
英文读物	262	22.5	904	77.5	1166	100.0

关于这些学生选择各自的课外阅读材料的理由，问卷也归纳出 5 个理由征求被调查学生的看法，询问他们对这些理由是否认同，可做多种选择（见表 51）。

大约 1150 名同学对此给出了回答，这 5 个理由和学生们的认可情况如下：

（1）"学好并掌握自己的母语文字和文化传统"。有 85.9% 的同学表示认同，主要是那些选择藏文读物的同学。

（2）"熟悉了解汉族的传统文化与社会发展"。有 55% 的同学表示认同，可见希望系统了解汉族传统文化和社会发展情况的藏族学生并不占大多数。这也多少显示出年青一代藏族学生对待中国主流群体（汉族）及其文化传统的某种态度。

（3）"学习先进科学技术知识"。认同这一选择课外读物理由的仅有 37.1%，不知能否表示藏族年青一代知识分子对待科学技术知识的基本态度。因为藏族整体社会经济发展滞后于沿海地区，而且藏族地区的科学技术工作主要由汉族人员来承担，这是否造成了一种氛围，使年青一代的藏族学生感觉不到学习先进科学技术的客观压力和迫切性。此外还有一个原因，这就是部分学生受到自身知识结构和所学专业的限制，尚未看到这一问题的紧迫性。这是一个群体是否能够全面参与国家现代化发展的深层次结构性问题，值得藏族学者和中央政府加以关注。

（4）"学习了解本专业的前沿发展，提高自己专业知识"。这里的"专业知识"不仅包括科学技术专业知识，也包括藏语文、历史、民族学类的人文专业和社会科学专业的知识。从这个范围来理解，有58.2%的学生对这个提法表示认可，这个结果与上面关于"科学技术"回答的讨论就不冲突了。

（5）"提高英语水平，希望能够出国留学"。对此认可的只有18.9%，这与上面介绍的阅读英文读物的学生占22.5%是密切相关的。但是抱有出国留学愿望的人数在藏族学生中具有近19%的比例，这也预示了部分藏族学生未来的发展潜力。

表51　学生选择课外阅读的主要原因

选择课外阅读的主要原因	表示认同		表示不认同		回答学生合计	
	人数	%	人数	%	人数	%
学好并掌握自己的母语文字和文化传统	990	85.9	163	14.1	1153	100.0
熟悉了解汉族的传统文化与社会发展	634	55.0	519	45.0	1153	100.0
学习先进科学技术知识	427	37.1	724	62.9	1151	100.0
了解本专业前沿发展，提高自己专业知识	671	58.2	481	41.8	1152	100.0
提高英语水平，希望能够出国留学	218	18.9	934	81.1	1152	100.0

5. 学生平时喜欢看的影视节目

我们在问卷中举出了10大类影视节目，有1160名同学对自己平时喜欢看的电影和连续剧做出了选择。从表52归纳的信息来看，只有美国原声电影（汉文字幕）这类节目获得了超过半数学生的喜欢，其后依次的顺序是：韩国电影（汉语配音）、印度电影（汉语配音）、国产藏语配音影视节目、美国电影（汉语配音）、国产生活类题材影视、国产历史题材影视、国产战争类题材影视、其他国家电影，最后是日本电影。青年学生的文化生活是他们获取知识、感悟社会、形成个人价值观的重要源泉之一，在以上10类影视节目的喜爱程度排序中，国产汉语电影排在第6至第8名，这个文化现象是否显示出在文化认同方面的某种倾向？形成这一现象的原因都有哪些？如何才能使广大藏族学生接受并喜爱国产影视节目？这些问题无疑都需要有关部门开展进一步的调查并制订具体的改进措施。

表52　被访学生平时喜欢看哪些类型的电影/连续剧

平时喜欢看的电影/连续剧及排名	喜　欢		不喜欢		合　计	
	人数	%	人数	%	人数	%
1. 美国原声电影（汉文字幕）	623	53.7	537	46.3	1160	100.0
2. 韩国电影（汉语配音）	553	47.7	607	52.3	1160	100.0
3. 印度电影（汉语配音）	548	47.2	612	52.8	1160	100.0
4. 国产藏语配音影视	485	41.8	675	58.2	1160	100.0
5. 美国电影（汉语配音）	455	39.2	705	60.8	1160	100.0
6. 国产生活类题材	431	37.2	729	62.8	1160	100.0
7. 国产历史类题材	369	31.8	791	68.2	1160	100.0
8. 国产战争类题材	269	23.2	891	74.9	1160	100.0
9. 其他国家电影	186	16.0	974	84.0	1160	100.0
10. 日本电影（汉语配音）	155	13.4	1005	86.6	1160	100.0

六　藏族学生对周围群体的印象和未来工作地点的考虑

除了位于拉萨的西藏大学外，在其他3所大学就读的藏族学生绝大多数在学习期间远离自己的家乡和亲人，校园和所在城市周边社区都是以汉族居民为主体的汉文化区，也正是在这样一个相对陌生的学习和生活环境中，这些藏族学生获得了对学校教师和身边汉族民众的感性认识。这些感性认识对于这些藏族青年学生是否能够建立对中华民族、中华文化和国家的政治认同、文化认同起到了极为重要的作用。

由于涉及政治认同的议题比较敏感，我们在问卷中设计了三个问题来了解学生与自身接触较多三个群体的人际交往印象，期望通过这些印象间接探索学生的认同意识状况。第一个是学生对所在学校教师的印象，这里涉及师生关系、学生对教师队伍的整体评价、学生对我国现行教育制度的认可等；第二个是学生对身边汉族市民的印象，涉及文化差异对交流的影响，对汉族社会的整体印象等；第三个是学生对自己家乡基层干部（以藏族为绝大多数）的印象，涉及对当前我国基层行政体制的看法，对基层藏族干部基本素质的评价等。

1. 被调查学生对所在学校教师的印象

在 1189 名被调查的藏族学生中，约有 1150 人回答了他们对所在学校教师的印象。其中 78.3% 肯定教师们的敬业与勤奋；75.5% 认为教师关心学生；42.3% 认为教师们的业务能力较好，同时只有 4.8% 同意"教师业务能力很差"这个说法；有 4.2% 的学生认为教师存在官僚主义和武断的问题；对"特别关心藏族学生"这一说法只有 28.7% 的同学表示赞同，同时有 6.2%（74 名学生）教师存在歧视藏族学生的现象。我们的教师队伍自身素质也是良莠不齐的，学生们得到十分不同的印象也比较自然。但是，这些数据也说明，一些学生对教师不满的现象确实存在。由于教师在师生关系中处于主动和权威的地位上，这些交往中出现的问题很大程度上应当归咎于教师。毫无疑问，目前大学里教师队伍的政治素质和业务能力都有待提高。

表 53　被调查学生对所在学校教师的印象

对学校里的老师，是什么印象	同　意		不同意		未回答		总　计	
	人数	%	人数	%	人数	%	人数	%
敬业，勤奋	931	78.3	222	18.7	36	3.0	1189	100.0
官僚主义，武断	50	4.2	1102	92.7	37	3.1	1189	100.0
对学生都很关心	898	75.5	254	21.4	37	3.1	1189	100.0
不大关心学生	105	8.8	1048	88.1	36	3.0	1189	100.0
业务能力很强	503	42.3	650	54.7	36	3.0	1189	100.0
业务能力很差	57	4.8	1096	92.2	36	3.0	1189	100.0
歧视藏族学生	74	6.2	1078	90.7	37	3.1	1189	100.0
特别关心藏族学生	341	28.7	812	68.3	36	3.0	1189	100.0

2. 被调查学生对身边汉族市民的印象

约 1140 名学生回答了这一问题，值得关注的是有 31.7% 的藏族学生认为汉族市民对他们有某种歧视心理，有 50.2% 的学生认为汉族市民对藏族"完全不了解"，有 41.7% 的藏族学生感到汉族市民对他们关心并愿意提供帮助，同时有 23.3% 的同学感到汉族市民对他们冷淡并不愿接触，有 31.7% 的同学感到汉族市民在文化上较宽容，但也有 18.6% 的同学感到汉族市民对其他文化持排斥态度，64.8% 的同学发现汉族市民对藏传佛教很好奇但缺乏了解，另有 35.5% 的同学发现有些汉族市民对藏传佛教很认同并愿意学习藏传佛教。

从以上数据来看，这些学校所在城市汉族市民们留给这些藏族学生的整体印象是偏向正面和积极的，同时约有 1/3 的同学感受到部分汉族市民的文化狭隘心态和对藏族的歧视。这体现出汉族地区学校教育和教材体系中非常缺乏对于我国少数民族（包括藏族）历史、文化等各方面知识的介绍，非常缺乏对于接受文化多样性与欣赏其他文化的人文素质教育。如果对这些基本掌握汉语、进入大学校园的少数民族大学生都持有一种歧视和排斥的态度，那么，这些汉族市民在与汉语不好、受教育水平较低的藏族、维吾尔族流动人员相遇时，必然会更加排斥，并有可能对所在城市的族群关系造成非常恶劣的影响。以上数据也为内地城市的民族工作敲响了警钟。

表 54　被访学生与身边汉族市民接触得到的印象

在与汉族市民接触时，他们是否给你留下以下印象	同　意		不同意		未回答		总　计	
	人数	%	人数	%	人数	%	人数	%
对藏族有歧视心理	377	31.7	766	64.4	46	3.9	1189	100.0
对藏族完全不了解	597	50.2	545	45.8	47	4.0	1189	100.0
对藏族很关心，愿意提供帮助	496	41.7	646	54.3	47	4.0	1189	100.0
对藏族冷淡，不愿意接触	277	23.3	865	72.8	47	4.0	1189	100.0
对不同文化很宽容	377	31.7	765	64.3	47	4.0	1189	100.0
观念狭隘，排斥其他文化	221	18.6	920	77.4	48	4.0	1189	100.0
对藏传佛教很好奇，但缺乏知识	771	64.8	370	31.1	48	4.0	1189	100.0
对藏传佛教很认同，愿意学习并信仰藏传佛教	422	35.5	719	60.5	48	4.0	1189	100.0

3. 被调查学生对家乡政府干部的印象

这些接受调查的藏族学生，在进入大学校园之前与自己家乡的基层干部有着不同程度的接触，而且也会从自己的父母、亲友那里获得对基层干部的间接印象。各地政府基层干部在普通民众中就是政府的代表，是落实政府各项政策的具体执行者，他们在民众中留下的印象无疑影响着党和中央政府在藏族民众的威信。

大约 1144 名学生回答了有关家乡基层干部印象的问题，其中认为干部"廉洁公正"的仅占 28.3%，认为干部"官僚主义、办事霸道"的占 19.8%，认为干部"辛苦勤奋"的占 40.4%，认为干部"不做事，应付上级"的占 36.9%，认为干部"努力为人民服务"的占 39.9%，认为干部"腐败，谋私利"的占 26%，认为干部只是"普通人，挣份工资，没有抱负和事业心"的占 35.7%。从以上归纳可以显示出藏区基层政府干部的基本状况：（1）廉洁公正、辛苦勤奋、为民众服务的占 28% ~40%；（2）不做事、应付上级，挣份工资的占 35% ~37%；（3）腐败谋私、官僚主义、办事霸道的占 20% ~26%。这样一个政治素质和工作能力的干部结构与普通民众对干部的期待存在很大距离，也很难将中央的各项精神、政策在基层社区很有效地加以落实。

表 55　被访学生对家乡政府干部的印象

对家乡政府干部的印象	同　意		不同意		总　计	
	人数	%	人数	%	人数	%
廉洁，公正	324	28.3	821	71.7	1145	100.0
官僚主义，霸道	227	19.8	917	80.2	1144	100.0
辛苦勤奋	462	40.4	682	59.6	1144	100.0
不做事，应付上级	422	36.9	722	63.1	1144	100.0
努力为人民服务	457	39.9	687	60.1	1144	100.0
腐败，谋私利	298	26.0	846	74.0	1144	100.0
普通人，挣份工资，没有抱负和事业心	408	35.7	736	64.3	1144	100.0

4. 藏族学生对未来工作和生活地点的考虑

我们在问卷中提出的问题是"是否考虑今后在内地和沿海汉族聚居区工作与生活？"有 1146 名藏族学生（占总数的 96.4%）回答了这个问题。其中 46.7% 明确表示"想回家乡"，26.8% 表示"想去其他藏区"，因为有些来自 4 省藏区的藏族学生曾向我们表示想去拉萨工作，这组学生很可能属于这一类；另有 25.6% 表示愿意考虑在汉族地区就业和生活，有些理工科专业的学生曾表示他们所学习的专业发展空间主要是在内地，如果在内地高校或科研机构能够找到工作，也愿意今后在内地工作与生活。与他们相比，那些在藏学专业学习的藏族学生在内地找到本专业工作的机会就非常少。从这里我们也可看出，藏族学生在大学期间的专业在很大程度上影响了他们毕业后工作地点的选择。

表56　藏族学生是否愿意选择汉族地区作为未来就业和生活地点

生活/就业地点	人　数	％
考虑留在汉族地区	304	26.5
想回家乡	535	46.7
想去其他藏区	307	26.8
总　　计	1146	100.0

关于工作地点选择的主要原因，学生们提出了11类原因：

（1）亲缘关系（对亲人、朋友等关系的考虑）：有345人提到这一因素，其中248人（71.9%）以此作为回家乡就业的原因，89人作为选择拉萨工作的原因，另有8人（可能已与内地汉族通婚）以此作为留在内地工作的原因。

（2）人文环境的适应（风俗、宗教、文化、生活习惯等方面的适应）：263人提及这一因素，其中167人（63.5%）认为回到家乡自己更容易适应，89人认为拉萨的环境更好，仅有8人认为已适应内地社会文化环境。

（3）社会经济发展条件（公共资源的提供程度，经济资源的优势等）：128人强调指出这一因素，其中68名（53.1%）表示选择内地就业的学生认为内地的社会经济发展条件更好，50人认为拉萨的社会经济发展条件好，只有10人认为家乡的发展条件好。

（4）自然环境（风景、地理位置、气候等）：85人提及这一因素，其中39人认为拉萨的自然环境好，33人认为家乡自然环境好，只有13人认为内地的自然环境好。这些藏族学生生长在高原环境中，大多数人感觉自己更喜欢和适应于高原环境是十分自然的。

（5）与家乡的空间距离：有65人强调这一因素，33名来自拉萨的学生愿意回拉萨，32人愿意回自己的家乡。

（6）生活方便程度（公共资源的可及性、直接与个人生活相关的各种条件的便利程度、生活压力等方面的考虑）：83人提及这一因素，其中41人认为在家乡生活更方便，32人认为回家乡生活更方便，只有10人认为内地的生活条件很便利。回到家乡就业和工作（未必回到乡村，而是在相邻的县城、地区首府工作）确实有一定的便利条件，生活费用较低。如果毕业后留在内地大城市工作，高额房租和生活费对于那些缺乏家庭财政支持的藏族学生来说，无疑是十分沉重的负担。

（7）个人意愿（为家乡发展做出贡献的意愿、对工作地的个人喜好）：有462人提到这一因素，其中402人表示这一点并不重要，只有60人表示这是他们选择回到家乡工作的原因。

（8）个人成长（职业发展机会、知识的获取、了解他族文化等方面的考虑）：有298人提及这一因素，其中214人（71.8%）认为内地的职业发展条件好，都属于愿意考虑在内地就业的304名学生范围之内。另有55人认为拉萨的发展机会更多，只有29人认为自己家乡的职业发展机会更好。

（9）个人优势（基于个人语言能力、专业知识、性格）：39名学生谈到了这一方面，16人认为自己在内地发展有优势，16人认为回到家乡自己有优势，另有7名学生认为自己去拉萨就业有优势。

（10）他人影响（被动地受父母、朋友、老师等安排或影响）：27名学生认为自己的选择在很大程度是受到他人的影响，这些学生中13人选择回家乡，8人计划去拉萨，6人决定留在内地。

（11）国家政策（政策扶持的条件差异）：仅有1名选择回家乡的学生表示，做出这一决定的主要原因是国家的政策在自己的家乡实施得比较好。

5. 藏族学生对国家民族政策的建议

问卷中的最后一个问题是"你对国家的民族政策有哪些具体建议？"每个学生和教师可以同时做出多种选择。我们希望能够从对这个问题的回答中了解藏族师生的政治诉求和对国家政策的愿望。但是，我们发现积极向政府提出政策建议的学生和教师的人数并不多，这可能与藏区当前的"维稳"形势和学校的严格管理有关。但是在1189名接受调查的藏族学生中，还是有两百多名学生（22%）大胆地提出了关于国家政策的具体建议，在111名藏族教师中也有40名提出了具体建议。

在学生们提出的各项建议中最集中的是"保护和发展少数民族语言文字"（22.1%，见表57），居于第二位的是"发展教育（资金投入/师资培养/加强双语教育/人才结构优化）"（19.8%），排在第三位的是"营造团结、互

表 57 你对国家的民族政策有哪些具体建议？

具体建议内容	建议学生	%	建议教师	%
保护和发展少数民族语言文字	263	22.1	26	22.4
尊重宗教信仰自由及风俗习惯	140	11.8	6	5.4
加强民族平等（发展与出国机会）	115	9.7	10	9.0
培养少数民族干部，加强民族区域自治	61	5.1	12	10.8
营造团结、互助、互相尊重并共同学习、交流融合气氛	164	13.8	13	11.7
加强落实、执行好民族政策	68	5.7	12	10.8
提高政府执政能力（干部素质/效率/掌握民族语言/了解民族地区情况/公平公正）	97	8.2	5	4.5
加强基础设施建设（交通/医疗/通信/公共设施）	95	8.0	14	12.6
加强经济发展（结构优化/科技创新/发展民族特色企业）	82	6.9	14	12.6
促进就业（就业政策调整/加大就业扶持力度）	50	4.2	2	1.8
发展教育（资金投入/师资培养/加强双语教育/人才结构优化）	236	19.8	40	36.0
促进社会公平，完善社会保障体系（医疗/养老/扶贫）	92	7.7	2	1.8
保护生态环境	29	2.4	4	3.6
避免宗教、文化问题"政治化"，营造宽松政治气氛	20	1.7	1	0.9
自然资源开发收益的公平分配（能源/矿产/水利/植物）	6	0.5	0	0.0
适当限制外来移民	9	0.8	0	0.0
加强法治	3	0.3	2	1.8
公共便民服务中的工作人员能够运用藏汉双语	3	0.3	1	0.9
加强对少数民族的优惠政策	36	3.0	2	1.8
被访学生总计	1189	100.0	111	100.0

助、互相尊重并共同学习、交流融合气氛"（13.8%），排在第四位的是"尊重宗教信仰自由及风俗习惯"（11.8%），排在第五位的是"加强民族平等（发展与出国机会）"（9.7%），排在第六位的是"提高政府执政能力（干部素质/效率/掌握民族语言/了解民族地区情况/公平公正）"（8.2%），排在第七位的是"加强基础设施建设（交通/医疗/通信/公共设施）"（8%），排在第八位的是"促进社会公平，完善社会保障体系（医疗/养老/扶贫）"（7.7%），排在第九位的是"加强经济发展（结构优化/科技创新/发展民族特色企业）"（6.9%）；随后是"加强落实、执行好民族政策"

（5.7%），"培养少数民族干部，加强民族区域自治"（5.1%），"促进就业（就业政策调整/加大就业扶持力度）"（4.2%），"加强对少数民族的优惠政策"（3%），"保护生态环境"（2.4%），"避免宗教、文化问题'政治化'，营造宽松政治气氛"（1.7%），"适当限制外来移民"（0.8%），"自然资源开发收益的公平分配（能源/矿产/水利/植物）"（0.5%），"加强法治"（0.3%），"公共便民服务中工作人员能够运用藏汉双语"（0.3%）。

在教师们提出的政策性建议中，最为集中的是"发展教育"（36%），第二是"保护和发展少数民族语言文字"（22.4%），第三是"加强基础设施建设"和"加强经济发展"（12.6%），第四是"营造团结、互助、互相尊重并共同学习、交流融合的气氛"（11.7%），第五是并列的"培养少数民族干部，加强民族区域自治"和"落实执行好民族政策"（10.8%），第六是"加强民族平等"（9%）。

从以上介绍和排序中我们可以了解到藏族学生和藏族教师的思想状况和他们所关心的社会问题，以及他们对党和国家政策的某种期待。所有这些政策建议都比较正面和积极，也都是党中央、中央政府在民族关系和西藏社会经济发展中所关注的主要问题，与2014年9月召开的中央民族工作会议的核心精神也是比较一致的。这就是今后我国各藏区社会发展和加强民族团结的重要基础。从这些具体的政策性建议来看，中央民族工作会议的主要精神完全符合藏区民众和藏族青年学生的愿望和心理预期。今后各藏区和大学藏族学生的工作的主要任务是抓好基层的实际落实。

· 结束语

课题组所承接的子项目"藏区意识形态、特别是知识分子、青年学生中的思想动态研究"是一个政治上比较敏感、实际调查面临很大难度的课题。许多涉及政治认同、文化认同、族际关系的问题如果直接提出，藏族学生在回答时必然有多重顾虑，即使得到了问卷填写信息，其可信度也需要打问号。因此，我们在问卷设计时采取的是询问学生的生活阅历、学习感受等方面的具体信息，希望能够从这些具体信息中感知到这些藏族学生内心的想法。从以上对收集到的问卷回答信息、数据的归纳分析来看，这个目的基本上达到了。

第一，我们考察了这 4 所有代表性的民族院校中在校藏族学生的基本结构性特征，包括性别、年龄、所学专业、学历、政治面貌、家乡分布等基本情况；第二，我们询问了这些藏族学生对学校学习环境、家乡社会经济发展的评价；第三，我们了解了他们的语言（藏语、汉语）的学习情况和语言能力；第四，对于有"内地班"经历的学生，询问了他们对"内地班"的评价；第五，询问了这些藏族学生在校园和所在城市与汉族师生、市民的交往及印象；第六，询问了藏族学生的课外阅读内容和喜欢的影视节目；第七，了解学生们对学校教师、家乡基层干部的印象。第八，询问了他们在择偶中的族群身份和今后就业地点的考虑，第九，询问了这些藏族学生对今后国家民族政策的建议。这些方面都包括在 3 页问卷的 20 个问题中。

我们从这次问卷调查的数据分析中注意到以下问题：

1. 我国藏族大学生在学校各专业中的分布不均衡，44.5% 属于传统藏学专业，45.4% 属于文科，只有 9.9% 属于理工科。这不仅对学生毕业后的就业前景有一定影响，从长远看还会影响到藏族知识分子队伍的整体专业结构，这样一个专业结构能否培养一个能够适应现代化就业市场，并通过在各行业发挥作用带领本民族参与国家的现代化事业的少数民族知识分子队伍，是否会影响藏族全面参与我国社会的现代化发展与建设事业的潜力和话语权，这是我国少数民族教育发展事业中的一个值得认真思考的问题。我国维吾尔族、哈萨克族、蒙古族的"民考民"学生大致也存在类似现象。

2. 藏族学生对就读学校的各方面环境与条件基本上感到满意，但是无论是来自城市、县镇和乡村，还是来自西藏以外其他藏区的学生中有 80% 以上对家乡的经济发展不满意。这从一个侧面反映出国家对其他藏区的投入与支持力度明显赶不上西藏自治区。在目前学生不愿对社会与政治议题表态的氛围中，实际上不满意的学生所占百分比很可能会更多。这对藏族学生的政治认同、社会认同肯定具有负面影响。

3. 在问卷调查中有 60 名学生在评价家乡社会经济发展时提到"社会公平"，其中只有 5 人认可"社会公平"。另外 55 人明确认为"社会不公平"，其中 20 人来自西藏农村，22 人来自其他藏区农村，8 人来自西藏城市。由此可见农村居民的"社会不公平"感要明显强于城镇居民。至于导致农村居民"社会不公平"感的主要来源，究竟是政府的制度和政策在资源分配时（耕地、社会福利、就业机会等）存在不公平的缺陷，还是基层干部在落实政策时的具体做法有失公平，则需要通过基层的深入调查才能够进一步查明。

4. 藏族学生和藏族教师都十分关心藏语文的继承与发展。调查发现，藏族大学生中有 7.9% 阅读藏文有困难，"双语教育"的推行不能以削弱藏语教学为代价。大多数藏族学生从小学一年级开始学习汉语文，但是进入大学后，仍有 4.4% 用汉语交流有困难，41.9% 只能进行简单口头交流，这表明藏区中小学的汉语教学质量亟待提高。在被调查学生中，82.8% 对家乡的学校建设、教育政策和政府教育投入情况给出负面评价，主要来自农村地区。在提出的政策建议方面，无论是藏族学生还是藏族教师都十分强调应加快发展藏区的学校教育。有"内地班"经历的学生，对自己在"内地班"的学习基本上给予积极评价。

5. 有 1160 名同学介绍了平时喜欢看的影视节目。只有美国原声电影（汉文字幕）这类节目获得超过半数学生的喜欢，其后依次的顺序是：韩国电影（汉语配音）、印度电影（汉语配音）、国产藏语配音影视节目、美国电影（汉语配音）、国产生活类题材影视、国产历史题材影视、国产战争类题材影视、其他国家电影，最后是日本电影。青年学生的文化生活是他们获取知识、感悟社会、形成个人价值观的重要源泉之一，在以上 10 类影视节目的喜爱程度排序中，国产汉语电影排在第 6 至第 8 名，这个文化现象是否显示出在文化认同方面的某种倾向？形成这一现象的原因都有哪些？如何才能使广大藏族学生接受并喜爱国产影视节目？这些问题无疑都需要有关部门开展进一步的调查并制订具体的改进措施。

6. 问卷数据向我们展示的藏区基层政府干部基本状况是：（1）廉洁公正、辛苦勤奋、为民众服务的占 28% ~ 40%；（2）不做事、应付上级，挣份工资的占 35% ~ 37%；（3）腐败谋私、官僚主义、办事霸道的占 20% ~ 26%。如果这一结构符合客观现实，那么这样一个政治素质和工作能力的干部结构与普通民众的期待无疑存在距离，也很难将中央的各项精神、政策在基层社区很有效地加以落实。

　　我们感到这些藏族学生的精神面貌基本上是积极向上的，他们当中70%来自西藏和其他藏区农村，在回答了政治面貌的学生中，有90%是党团员，但性别比例有些失衡，女性明显多于男性。这些学生对学校学习环境、家乡社会经济发展态势、汉族师生和民众的整体评价是比较正面的，但是在他们对一些问题的回答，也比较间接地提出了一些在社会经济、干部作风、政府民族政策等方面的问题与建议。这些信息对于我们理解这些年青一代的藏族大学生、了解他们家乡的发展情况、了解藏族基层社会存在的问题，都是十分宝贵和有价值的。

附件1　藏族学生和年轻教师职工调查问卷

（北京大学 社会学人类学研究所，2014）

　　1. 编号_____年龄_____性别_____
　　2. 如果你是一个学生，在_____学校_____院系_____专业（专、本科、研究生）入学时间_____如果已经工作，你是（专、本科、研究生）毕业于_____年，_____年正式参加工作，现工作单位是_____，性质（国家机关、事业单位、企业、私营），现任职称、职务_____。
　　3. 你的政治面貌：中共党员_____共青团员_____群众_____
　　4. 你的家乡在哪里？（指出生地和少年时成长的地方）（自治区/省）_____（自治州/地区）_____（市/自治县/县）_____（区/乡/镇）_____（村）
　　5. 你如何评价你的大学学习环境（或者）工作环境？
　　很满意_____　　一般_____　　满意_____
　　如果很满意，或者很不满意，请举出3个理由来加以说明：
　　（1）_____
　　（2）_____
　　（3）_____

其他原因：_____

6. 你认为自己家乡的社会与经济发展情况如何？

非常好_____　很好_____　一般_____　不好_____　很不好_____

7. 请举出你做出以上评价的三个主要理由：

（1）_____

（2）_____

（3）_____

其他原因：_____

8. 你从什么时候开始在学校学习汉语？

小学_____年级，初中_____年级

你认为自己的汉语水平达到什么程度？

不太好，交流有困难_____一般可以交流_____可充分交流_____可以写作_____

9. 你从什么时候开始在学校学习藏文课？

小学_____年级，初中_____年级，其他_____

你认为自己的藏文阅读和写作达到什么程度？

不太好，阅读有困难_____一般，可以阅读，但写有困难_____读写熟练_____

10. 你如何看待现在藏区中小学校推行的"双语教育"？你是否同意以下观点（可多选）：

（1）强调汉语学习是对的，但藏语文学习弱化了_____

（2）应该加强汉语学习，因为有利于学生的学习和就业_____

（3）最好是让学生实现"藏汉兼通"，熟练掌握两种语言_____

（4）汉语应当学，但是没有合格的好老师，学习效果不好_____

（5）藏语文课本内容脱离藏区生活，学生没有兴趣_____

（6）汉语文课本内容脱离藏区生活，学生也没有兴趣 ＿＿＿＿＿＿＿＿

（7）缺乏藏文课外读物，现有藏文读物内容单调 ＿＿＿＿＿＿＿＿

（8）汉文课外读物与藏区生活无关，没有兴趣去读 ＿＿＿＿＿＿＿＿

（9）小学老师的知识和教学经验不足，满足不了学生期望 ＿＿＿＿＿＿＿＿

（10）初中老师的知识和教学经验不足，满足不了学生期望 ＿＿＿＿＿＿＿＿

11. 你在课程与工作之外主要阅读的是哪些书？（可多选）

（1）藏文文学作品＿＿＿＿＿＿　　（2）藏文宗教读物＿＿＿＿＿＿

（3）汉文文学作品＿＿＿＿＿＿　　（4）汉文科技读物＿＿＿＿＿＿

（5）汉文专业杂志＿＿＿＿＿＿　　（6）英文读物＿＿＿＿＿＿＿＿

你选择这些读物的主要原因是什么？

（1）学好并掌握自己的母语文字和文化传统＿＿＿＿＿＿＿＿＿＿

（2）熟悉了解汉族的传统文化与社会发展＿＿＿＿＿＿＿＿＿＿＿

（3）学习先进科学技术知识＿＿＿＿＿＿＿＿＿＿＿＿＿＿＿＿

（4）了解本专业的前沿发展动态，提高自己专业知识＿＿＿＿＿＿＿＿

（5）提高英语水平，希望能够出国留学＿＿＿＿＿＿＿＿＿＿

12. 你离开家乡，最远去过的地方是哪里？＿＿＿＿＿＿＿＿

你是怎么去这个地方的？　上学＿＿＿＿，探亲＿＿＿＿，旅游＿＿＿＿

　　　　　　　　　　学校组织＿＿＿＿，其他原因＿＿＿＿

你在那里住了多久？＿＿＿＿＿＿＿＿＿＿＿＿＿＿＿＿＿＿＿＿＿．

13. 你是"内地西藏班"的学生吗？是＿＿＿＿＿＿，否＿＿＿＿＿＿。

如果是，你在"内地班"学习时间是＿＿＿＿＿＿年至＿＿＿＿＿＿年。

你如何整体评价你在"内地班"的学习情况？

非常好＿＿＿＿　很好＿＿＿＿　一般＿＿＿＿　不好＿＿＿＿　很不好＿＿＿＿

请举出你做出以上评价的三个主要理由：

（1）＿＿＿＿＿＿＿＿＿＿＿＿＿＿＿＿＿＿＿＿＿＿＿

（2）＿＿＿＿＿＿＿＿＿＿＿＿＿＿＿＿＿＿＿＿＿＿＿

（3）＿＿＿＿＿＿＿＿＿＿＿＿＿＿＿＿＿＿＿＿＿＿＿

其他原因：＿＿＿＿＿＿＿＿＿＿＿＿＿＿＿＿＿＿＿＿＿＿

你认为"内地班"的学习经历对自己的学习、就业和人生发展有什么影响？

帮助非常大＿＿＿＿　　有些帮助＿＿＿＿　　没有太大帮助＿＿＿＿

14. 你平时学习、工作之余与汉族同学、同事的私人交往如何？

有很多交往＿＿＿＿　　偶尔交往＿＿＿＿　　很少交往＿＿＿＿

请举出出现以上交往情况的主要原因：

（1）＿＿＿＿＿＿＿＿＿＿＿＿＿＿＿＿＿＿＿＿＿＿＿

（2）＿＿＿＿＿＿＿＿＿＿＿＿＿＿＿＿＿＿＿＿＿＿＿

（3）＿＿＿＿＿＿＿＿＿＿＿＿＿＿＿＿＿＿＿＿＿＿＿

（4）＿＿＿＿＿＿＿＿＿＿＿＿＿＿＿＿＿＿＿＿＿＿＿

（5）＿＿＿＿＿＿＿＿＿＿＿＿＿＿＿＿＿＿＿＿＿＿＿

（6）＿＿＿＿＿＿＿＿＿＿＿＿＿＿＿＿＿＿＿＿＿＿＿

15. 你的配偶或者（男、女）朋友属于哪个民族？＿＿＿＿＿＿＿＿＿＿＿＿＿

你对结婚对象和（男、女）朋友的民族身份有什么考虑？

（1）认为还是应当在本民族内找＿＿＿＿＿＿＿＿＿＿

（2）找本民族的主要原因是语言、习俗相通＿＿＿＿＿＿＿＿＿

（3）认为应当坚持族内婚，不主张跨族通婚＿＿＿＿＿＿＿＿＿

（4）如果两人感情好，找其他民族也可以＿＿＿＿＿＿＿＿＿

（5）自己并不排斥其他民族，但是父母亲友反对＿＿＿＿＿＿＿＿

16. 你是否考虑今后在内地和沿海汉族聚居区工作与生活？

愿意考虑＿＿＿＿＿，想回家乡＿＿＿＿＿，想去其他藏区（如拉萨）＿＿＿＿＿

请举出做出以上考虑的主要原因：

（1）＿＿＿＿＿＿＿＿＿＿＿＿＿＿＿＿＿＿＿＿＿＿＿

（2）＿＿＿＿＿＿＿＿＿＿＿＿＿＿＿＿＿＿＿＿＿＿＿

（3）_____

（4）_____

（5）_____

（6）_____

17. 你平时喜欢看哪一类电影/连续剧？（可多选）

（1）国产生活类电影/连续剧_____

（2）国产战争类电影/连续剧_____

（3）国产历史电影/连续剧_____

（3）国产藏语配音电影/连续剧_____

（5）印度电影（汉语配音）_____

（6）美国电影（汉语配音）_____

（7）美国原声电影（汉文字幕）_____

（8）日本电影（汉语配音）_____

（9）韩国电影（汉语配音）_____

（10）其他国家电影_____

18. 你对家乡的基层干部是什么印象？（可多选）

（1）廉洁公正_____

（2）官僚主义、霸道_____

（3）辛苦勤奋_____

（4）不做事，应付上级_____

（5）努力为民众服务_____

（6）腐败，谋私利_____

（7）普通人，挣一份工资，没有抱负和事业心_____

19. 你对上学时学校的老师是什么印象？（可多选）

（1）敬业、勤奋_____

（2）官僚主义、武断_____

（3）对学生都很关心_____

（4）不大关心学生_____

（5）业务能力很强_____

（6）业务能力很差_____

（7）对藏族学生歧视_____

（8）特别关心藏族学生_____

20. 你和学校及工作地点的汉族普通市民有接触吗，基本上是什么印象？

你接触过的是否有以下几类人？（可多选）

（1）对藏族有歧视心理_____

（2）对藏族完全不了解_____

（3）对藏族很关心，愿意帮助_____

（4）对藏族冷淡，不愿意接触_____

（5）文化上很宽容_____

（6）观念狭隘，排斥其他文化_____

（7）对藏传佛教很好奇，但缺乏了解_____

（8）对藏传佛教很认同，愿意学习并信仰藏传佛教_____

（9）其他类型，请描述_____

21. 你对国家的民族政策有哪些具体建议？

（1）_____

（2）_____

（3）_____

（4）_____

（5）_____

（6）_____

（7）_____

（8）_____

（9）_____

（10）_____

附件2　问卷开放题变量提炼及编码设置

一、学习环境的评价

1. 学校硬件条件（风景、教室、宿舍、食堂、图书馆、体育馆、网络等条件）。

举例：校园环境景色优美；图书馆有很多书；食堂伙食好；交通方便。

2. 学校软件条件（师资力量、学习风气等）。举例：教学优良；教师负责；充满竞争力。

3. 学校人际关系（师生、同学、同事关系等）。举例：同学比较团结；老师很关心学生。

4. 个人发展机会（获取知识、提高能力、拓宽视野等方面的评价）。

5. 举例：有利于让自己在生活上独立；能够拓展人际关系；

6. 学校管理制度（对学生出入校门、作息时间、上课考勤等规定）。举例：上课不准迟到。

7. 上学成本。举例：学费高、校园消费高等。

8. 文化多样（民族众多、文化多样）。

9. 教师待遇（工资、条件）。

10. 科研环境（科研行政化问题等）。

说明：以上每项的赋值1为正面的，2为负面的。

二、家乡发展评价理由

1. 经济发展（包括个人收入、产业发展、人们消费水平、生活条件等）。

2. 基础设施（包括交通、通信、城市化、公共服务）。

3. 社会公平（包括社会保障、贫富差距、地区发展差距）。

4. 就业情况。

5. 人口素质（文化水平、法律意识、创业意识、经济意识）。

6. 教育发展（学校建设、教育政策、教育投入等）。

7. 地理、环境、资源条件（地理位置、生态、矿产等，包括自然的、人为的）。

8. 国家政策（国家政策对民族地区的扶持、生态保护政策、援藏政策等）。

9. 社会风尚（社会环境、社会风气、人文关怀、治安、伦理道德等）。

10. 政府行为（包括政府管理方式、行政人员素质、腐败问题等）。

11. 政治气氛（政治宽松程度、社会的政治气候）。

12. 少数民族发展空间（社会往上流动，包括政治的、经济的、文化的）。

13. 民族文化发展。

14. 掠夺问题（对本地资源的掠夺性开发）。

说明：以上每项的赋值 1 为正面的，2 为负面的。

三、内地班评价理由

1. 学校硬件环境（包括城市、校园建筑、硬件设施等）。

2. 学校软件环境（学习气氛、师资、教学质量等）。

3. 对本民族语言、文化能力的影响。

4. 学校人际关系 1（师生关系）。

5. 学校人际关系 2（本民族同学关系）。

6. 学校人际关系 3（与汉族同学关系）。

7. 学校管理制度（考勤、查宿、政治学习、对学业要求）。

8. 对个人发展的影响（考大学、未来就业、汉语水平、综合素质、人际网络）。

9. 适应程度（生活、学习、文化上的适应问题）。

说明：以上每项的赋值 1 为正面的，2 为负面的。

四、交往理由

1. 交流机会（在学习、生活、工作中接触汉族的可能性）。

2. 语言使用能力（汉语使用能力）。

3. 文化、价值观差异。

4. 个人意愿（外向－内向、主动性）。

5. 被歧视感。

说明：第三项和第五项的赋值，1 为不存在，2 为存在，其他的跟上面的一样。

五、工作地点选择原因

1. 亲缘关系（对亲人、朋友等关系的考虑）；

2. 人文环境的适应（风俗、宗教、文化、生活习惯等方面的适应）；

3. 社会经济发展条件（公共资源的提供程度，经济资源的优势等）；

4. 自然环境（风景、地理位置、气候等）；

5. 与家乡的空间距离;

6. 生活方便程度(公共资源的可及性、直接与个人生活相关的各种条件的便利程度、生活压力等方面的考虑);

7. 个人意愿(为家乡发展付出贡献的意愿、对工作地的个人喜好);

8. 个人成长(职业发展机会、知识的获取、了解他族文化等方面的考虑);

9. 个人优势(基于个人语言能力、专业知识、性格);

10. 他人影响(被动的受父母、朋友、老师等的安排或影响);

11. 国家政策(政策扶持的条件差异)。

说明:这一项赋值与前几道题不一样,主要是从填卷者基于各种因素的考量做出最优选择的结果出发,1为内地,2为家乡,3为其他藏区(拉萨)。

六、政策建议

1. 保护并发展少数民族语言文字(包括加强语言文字的应用及其范围);

2. 尊重宗教信仰自由及风俗习惯;

3. 加强民族平等(权利、地位上的,发展机会上的);

例如:少数民族和汉族应有平等的发展机会;学生有同等的出国权等。

4. 培养少数民族干部、加强民族区域自治(包括干部选拔制度的改革,干部双语素质的强调);

5. 营造团结、互助、互相尊重并共同学习、交流融合的气氛(包括互不歧视);

6. 加强落实、执行好民族政策(包括在互相的共识基础上制定政策,立足实际状况制定、调整政策);

7. 提高政府执政能力(政府工作人员态度、素质、办事效率、掌握少数民族语言、文化知识,了解民族地区实际情况的能力,决策层人员结构的调整、反腐、公平公正的作风);

8. 加强基础设施建设(交通、医疗设施、通信设备、公共设施等);

9. 加强经济发展(产业布局、经济结构优化、科技创新、培养人才、鼓励创业,包括发展民族特色企业等);

10. 促进就业（就业政策的调整、加大就业扶持力度）；

11. 发展教育（资金投入、师资培养、丰富教学内容、合理教育结构、加强双语教育、培养高端人才、人才结构优化等）；

12. 促进社会公平、完善社会保障体系（医疗、养老、扶贫，减小城乡差距）；

13. 保护生态环境，例如：不能因开发资源、产业等而破坏生态环境；

14. 避免宗教、文化问题"政治化"，营造宽松的政治气氛；

比如：要把"文化、宗教问题"与"政治问题"区别开来。

15. 自然资源开发收益的公平分配（能源、矿产、水力、植物）；

16. 适当限制外来移民；

17. 加强法治；

18. 公共便民服务中的工作人员能够运用藏汉双语；

19. 加强对少数民族的优惠政策（包括教育、到内地学习和工作的机会）；

20. 其他。

说明：支持以上各项被赋值为1，不支持的被赋值为2，没有提到的为空。

他山之石：美国种族关系困境症结与启示[*]

马 戎

近两年美国国内的种族关系问题开始引起全世界的关注。2014 年 8 月弗格森镇黑人青年布朗被白人警察枪杀案一度引发全美抗议浪潮，随后是纽约市黑人加纳"锁喉案"涉案警察被判无罪，以及 2015 年 5 月巴尔的摩市的弗雷迪·格雷"非正常死亡案"。全世界的新闻媒体都对这些案件和民众抗议活动进行了大量报道。国际舆论普遍热议美国社会存在的种族歧视现象和警察暴力执法问题，我国媒体和民众也在网上发表不少评论。人们不禁要问，作为世界上唯一超级霸权国家的美国，在境外动辄对一些主权国家发动战争（如阿富汗、伊拉克），对另外一些国家实施制裁（如伊朗、俄罗斯），还对一些盟国政府首脑实行监听（如德国），宣称要派军舰军机进入中国所属南海岛礁的 12 海里领海，公然挑战中国捍卫主权的决心，摆出一副"全球警察"凭靠武力执法的架势。然而，在美国对外政策如此霸道强势的同时，为什么国内又会屡屡出现种族关系的恶性事件，并导致全国性抗议风潮？中国政府的管理功能渗透到民众生活各个方面，因此，对于中国民众来说，更是难以理解为何美国人均 GDP 达 53867 美元，作为国

---

* 本文刊发在《学术月刊》2015 年第 8 期，第 99 ~ 117 页。在写作中得到美国纽约大学皇后学院孙雁教授的许多帮助，特此致谢。

际贮备货币可以狂印美钞，美军基地遍布世界，拥有强大的情报和司法警察队伍，但长期难以控制和改善本国的种族关系。

2008 年和 2012 年美国两次选出有黑人血统的奥巴马担任美利坚合众国总统，人们曾经一度将其视为美国种族关系改善的标志。那么，在奥巴马任期内为什么美国社会的种族关系反而呈现恶化趋势？自 20 世纪 60 年代的"民权运动"至今，美国的种族关系发生了哪些重要的结构性变化？今天美国种族冲突的主要症结是什么？改善美国种族关系的出路在哪里？本文试图通过对美国种族关系变迁过程的初步梳理，对以上问题进行分析和讨论，希望这些讨论能够对我们思考中国当前的族群关系问题提供某些有益的启示。

一　近期爆发的群众抗议事件是不是黑人反对白人的运动？

首先，让我们来归纳一下与近期美国黑人抗议事件相关的几个现象：

1. 游行抗议者的主要标语和口号是："黑人的命也是命"（Black lives matter），"举起手后不要开枪"（hands up，do not shot），"警察的暴力和谋杀必须停止"（Police brutality and murder must stop），"给布朗公正"（Justice for Mike Brown），"我们不反对警察，反对的是暴行"（Do not against police，but brutality），"黑人公民不是敌人"（Black citizens are not enemy）。从这些主要口号来看，各地抗议者所反对的不是美国宪法，不是美国的政治制度和司法制度，并不针对白人群体，而是反对警察带有种族歧视色彩的执法行为和野蛮执法。

2. 在抗议游行队伍中可以看到少数白人和其他族裔人士参与，有的白人抗议者态度言辞也很激烈。因此，对警察野蛮执法和带有种族歧视行为深感不满的，包括美国社会各阶层带有自由主义与人类平等理念的各族人士，并不仅限于黑人民众。

3. 在巴尔的摩市的格雷案中，该市市长斯蒂芬妮·罗林斯布莱克是黑人，宣布对逮捕格雷的 6 名警察提出刑事指控的市首席检察官玛丽莲·莫斯比是黑人。6 名被指控的警察中有 3 名是黑人，其中黑人警察西泽·古德森受到的指控最为严重（包括二级谋杀、过失杀人、二级人身侵犯、驾车致人死亡和渎职等）。从这里可以看出，尽管这些事件中受歧视的对象是黑人，但是涉案地区的市政府、市司法机构高级官员和警察中都有黑人，因此，这些事件并不能被简单地解读为"白人压迫黑人"。民众的抗议针对的是警察部门执法行为带有的种族歧视色彩（即种族选择性），但整个事件并不是界限分明的两个种族集团之间的矛盾①。

4. 近期在纽约等大城市举行的游行示威活动相对比较平和，主要原因是居住在大城市的黑人就业状况较好，也是外来黑人移民集中居住的地区，所以主要采取和平示威的方式来表达不满。但小城市和郊区黑人聚居社区是失业黑人集中和犯罪率最高的地方，这里爆发的示威活动通常伴随着抢劫商店、焚烧公共建筑设施的暴力活动，甚至有人向警察开枪。在美国，涉及黑人案件的民众示威活动通常都伴随类似的暴力犯罪事件，暴力活动的参与者主要是本地黑人②。

以上现象表明，近期美国发生的这些涉及黑人的事件并不能将其简单地归因于种族矛盾和种族压迫。那么，我们应当如何解读这些事件背后的深层次社会问题？应当如何通过这些事件来认识美国种族关系的历史变迁和未来走向？

二　美国种族关系演变历史

由于美国种族问题十分复杂，源头可追溯到殖民地时期导致黑人迁移美洲的奴隶贸易，以及美国先后针对黑人实行的奴隶制和种族隔离制度。为了把当代美国的种族问题放到一个历史进程中加以理解，简要回顾一下相关制度的演变历程和重要事件，有助于我们认识美国种族关系发展的历史背景。美国历史上的种族矛盾头绪较多，既有欧洲白人殖民者与土著印

---

① 一些外国评论指出："黑人在美国人口中占13%，然而被警察枪杀的受害者中有30%都是黑人。上述问题绝非巴尔的摩独有，类似现象在华盛顿距离白宫数公里远的街区也频频发生。在政界、警界、司法界主要职务皆由黑人担任的巴尔的摩，这些现象不能只用种族主义来解释"（西班牙《国家报》，引自《参考消息》2015年5月5日第8版）。

② 例如1991年殴打黑人司机的4名警察被判无罪，在随后发生的洛杉矶暴乱中死亡人数超过50名，受伤人数超过2000名，超过1000幢大小建筑物被焚毁，经济损失在10亿美元左右。http://club.kdnet.net/dispbbs.asp?boardid=1&id=1069661

第安人的关系问题，也有白人、黑人、亚裔和其他族群之间的关系。本文关注的主要是白人与黑人的关系。

1. 奴隶制

黑人来到美洲的历史从奴隶贸易开始。"1517 年巴托罗米奥卡萨斯主教通过许可西班牙人向美洲输入非洲奴隶以鼓励向新大陆移民时，新大陆贩卖人口的贸易就正式开始了"（富兰克林，1988：44）。16～19 世纪被贩运到新大陆的黑人总数约为 1388.75 万人（富兰克林，1988：52）。1825年，美国的奴隶占西半球奴隶总数的 1/3 以上（索威尔，1993：235）。黑人奴隶主要在美国南部种植园从事农业劳动。为了永久性使用这些黑人奴隶，殖民者在北美恢复了在欧洲早已废除的奴隶制。1661 年弗吉尼亚英国殖民政府通过了北美第一部明文确认奴隶制度的永久性并包括奴隶子孙后代的法律，此后所有黑奴及其子女在制度上都属于"永久奴隶"。奴隶制的正式确立是美国黑人史上的第一件大事。

在出售和购买黑人奴隶时，奴隶贩子和农场主刻意把来自非洲不同地区、不同部落的黑人加以混杂，使他们无法用母语沟通，彼此之间缺乏传统的血缘和地缘网络，以便于农场主控制和管理黑人奴隶。这些做法完全破坏了黑人社会原有的组织和权威体系，以及与此相关的社会伦理传统。分散在各农场的黑人奴隶被迫接受白人农场主强加于他们的所有规则。"他们（指白人农场主）不准奴隶使用姓氏，甚至连奴隶使用'我姐姐'（妹妹）或'我母亲'这样的称谓都可能遭到惩罚"（索威尔，1993：239）。奴隶们必须忘掉自己原来拥有的一切，只能学习讲英语，进农场主规定的教堂，在监工的皮鞭下劳作，无法拥有正常的婚姻与家庭。原属部落的社会组织、语言和文化传统在黑人当中完全失去传承的空间与可能性，这种文化传统的断裂至今仍然深深地影响着美国黑人的思维行为方式和社会发展空间。这是理解当代美国黑人问题时不能忽视的一个重要因素。

"南方奴隶条例禁止奴隶拥有财产，未经允许不能离开主人地界，天黑不得外出，除教堂活动外不得与其他奴隶聚会，不得携带武器，即使是自卫也不得反击白人。条例不许白人教奴隶读书写字，并剥夺黑人法庭做证、指控白人的权利。……如果主人在惩罚奴隶时使其丧命，在法律上不构成犯罪。条例还包括确定一个人种族的严格规定：任何哪怕有一丝非洲血统

的人都应确定为黑人"（布林克利，2014：317）。这被称为"一滴血规则
（one - drop rule）"，这一规则直到 1910 年才在田纳西州废除。这些规定充
分显示，黑人奴隶在美国的奴隶制社会中不具备任何基本人权。

黑人奴隶可大致分为两个部分：家庭仆役和种植园劳工。人数很少的
黑人家庭仆役较快掌握了英语，与主人一起进教堂，接受主人信仰的宗教
和价值伦理，有的甚至被允许组建家庭生育子女，在日常交往中建立起与
上层社会的某种接触。与之相比，广大种植园的劳工奴隶则在监工管理下
辛苦劳作，可被任意出售或杀戮，对白人怀有更深的仇恨，他们无法建立
稳定的两性关系和家庭，在宗教信仰和价值伦理方面也与白人主流社会有
较大距离，更不认同"白人的秩序"。早在奴隶制时代，在美国黑人内部即
已经出现了结构性的阶层群体分化。这是我们理解美国黑人问题时不可忽
视的另一个因素。

1776 年美国《独立宣言》宣布"造物者创造了平等的个人，并赋予他
们若干不可剥夺的权利，其中包括生命权、自由权和追求幸福的权利"（布
林克利，2014：981），但是独立后的美国政府却在奴隶制和奴隶贸易这一
议题上保持沉默。在强大的国际压力下，直至 1808 年英美两国才同意禁止
贩卖奴隶的国际贸易。美国独立后，北方各州反对奴隶制，称为"禁奴
州"，而南方各州坚持奴隶制，称为"蓄奴州"。延续了 348 年（1517 ~
1865 年）的奴隶制是美国黑人史的第一个时期。

2. 种族隔离制度

美国种族关系史的第二件大事就是废除奴隶制。1862 年 9 月林肯总统
发表《解放黑奴宣言》，宣布自 1863 年 1 月 1 日所有奴隶获得自由。1865
年南北战争胜利后，黑人在法律上解除了奴隶身份。1871 年政府颁布了制
止"三 K 党"活动的法律。

南北战争后，黑人逐渐迁离南部并定居在全国各地，20 世纪初期逐渐
聚居在美国大城市。1982 年以来美国黑人的城镇人口比例高达 99%。黑人
构成城市贫民主体，因此黑人与白人的种族冲突也主要发生在城市地区。

1896 年美国最高法院裁定，"分离但平等"的设施是符合宪法的，从
而为在公共设施实行普遍而严格的种族隔离政策提供了法律依据。这一种
族隔离制度的范围包括了居住、学校、军队、公共服务设施（旅店、火车、

公共汽车、商店、餐馆）和娱乐场所（剧院、游乐场）等。美国各州在学校和公共服务设施中实行严格的种族隔离制度，黑人和白人分别居住在各自的住宅区，黑人孩子在黑人区的黑人学校学习，进黑人区的黑人教堂。如果黑人去工厂或各类公司机构上班，必须乘坐黑人专用的公共汽车或车上的专用座位，他们被限制在黑人专用餐厅就餐，使用专用厕所。即使是一些在政府任职或有一定资产、拥有自己公司的黑人精英人士，也不能进入白人旅馆、俱乐部和购物、娱乐场所。因此，美国黑人特别是黑人精英阶层对这一歧视制度非常愤恨。

20 世纪初美国开始出现有组织的黑人运动，著名的有"尼亚拉加运动"和"全国有色人种协进会"，其中发挥重要作用的是黑人学者杜波依斯（William Edward B. Du Bois）[1]。在这一时期，美国黑人不同阶层的人士团结在一起，共同反对种族歧视和种族隔离制度，黑人中间新涌现的中产阶级和知识分子成为黑人运动的组织者、发言人和政治领袖。同时，一些具有进步思想的白人精英人士也参与了争取黑人平等权利的运动（富兰克林，1988：383）。延续了 69 年（1895～1964 年）的种族隔离制是美国黑人史的第二个时期。

三 20 世纪中叶的民权运动和"民权法案"

美国黑人史上的第三件大事是第二次世界大战后的"民权运动"。第二次世界大战时期，黑人大批应征参军。战争后期，美国军队里逐步取消种族隔离[2]。"二战"结束后，一些黑人士兵根据美国政府的复员军人优惠政策进入大学读书。自 20 世纪 60 年代中期，在美国社会开始出现一个规模日益扩大的黑人中产阶级。1965～1972 年期间，黑人的大学年龄组人口中进入高校的比例增加了一倍，而白人几乎没有变化。"1960～1972 年间，从事专门职业的白人人数大约增加了 20%，而黑人在这方面的人数却几乎翻了一番。……黑人充当工头、工匠和警察的人数，增加到两倍，黑人工

---

① 1959 年杜波依斯访华时，曾受到毛泽东主席接见。
② 在朝鲜战争中，美国军队里取消种族隔离部队所占比例从 9% 上升到 30%。

程师的人数则增加到三倍"（索威尔，1993：284）。一些获得高等教育和一定社会地位的黑人精英人士开始在各领域抵制种族隔离制度，他们以美国《宪法》为武器，以人权为口号，对各州、各城市实施的具体隔离政策提出法律诉讼。这些抗议和诉讼活动首先在北部各州得到进展，并逐步扩展到南部。

1. 对住房和公共服务设施种族隔离制度的抗议

在黑人的抗议浪潮和法律诉讼活动的推动下，1950 年美国北部有 9 个州和 8 个城市通过法令，正式废除了公共住房中实行的种族隔离。1953 年经最高法院裁决，华盛顿的旅店开始向黑人开放。1955 年 12 月一名黑人人权运动领袖罗莎·帕克斯女士因在阿拉巴马州蒙哥马利市公共汽车上坚持不给白人让座位而被捕入狱，引发各地黑人民众对公交车种族隔离制度的抗议浪潮，一些州的火车和公共汽车开始废除种族隔离。这件事成为美国取消公共设施种族隔离制度运动的著名事件。1960 年 2 月，北卡来罗纳州夏洛特市黑人学生遭餐厅服务员拒绝，在伍尔沃思午餐店静坐示威，几星期内类似抗议活动遍布南方各州。1961 年"种族平等协会"（CORE）成员集体乘坐长途汽车到南方各地，努力迫使各地汽车站取消种族隔离制度，并与当地白人发生冲突。最后，肯尼迪总统下令取消美国所有汽车站、火车站的隔离政策（布林克利，2014：864）。

2. 对学校种族隔离制度的抗议

由于黑人学校教学条件、师资水平、教学质量都比较差，严重影响了黑人学生毕业后的就业和发展。因此，打破学校种族隔离，使黑人学生能够进入白人学校成为黑人运动的另一个重要目标。在这一进程中，法律诉讼同样成为最主要的抗争手段。1954 年，联邦最高法院在"布朗诉托皮卡教育局案"的判决中宣布"隔离的教育设施本身就不可能平等"，判黑人女学生布朗胜诉①。1955 年联邦最高法院第二项判决要求各地"尽全力迅速"结束学校隔离现象，但将具体执行的时间期限留给下层法院决定。

1957 年秋，南方 3000 个校区中只有 684 个取消了种族隔离。1957 年 9

---

① 布朗是一名黑人小学生，"她每天步行几英里到一所黑人隔离学校上学，而她家旁边几步之遥就有一所白人小学"。布朗因此到法院投诉当地的学校隔离制度无法使她就近入学（布林克利，2014：843）。

月，在阿肯色州小石城中心学校黑人入学案中，艾森豪威尔总统动用了联邦军队强制执行最高法院裁定，成为当时废除学校种族隔离制度的标志性事件（布林克利，2014：843－844）。在第二年9月，州长福布斯关闭了该州所有中学长达一年，以示抗议（莫鲁瓦，1977：389）。1962年，联邦法院裁定密西西比大学必须招收它的第一名黑人大学生詹姆斯梅·雷迪斯，因州长拒绝执行，肯尼迪总统派联邦军队执行这一判决。1963年，亚拉巴马州州长公开抵制联邦法院关于黑人学生进入亚拉巴马大学的判决，最后联邦执法队和首席检察长罗伯特·肯尼迪迫使其让步，判决得以实施（布林克利，2014：864－865）。"1965年的《中小学教育法令》加上13亿美元的拨款，进一步促进学校遵照民权法办事。到1965年9月，除南部和边界各州的124个学校地区之外，都提出了可以接受的遵照民权法取消种族歧视的计划，包括自由选择计划"（富兰克林，1988：567）。但是直至1965年，仍有80%的白人学生在学生总数90%～100%为白人的学校读书，65%的黑人学生在学生总数中65%～100%为黑人的学校读书。

3. 黑人争取平等政治权利的抗争和《民权法案》

无论是在奴隶制还是在种族隔离时期，美国黑人并不享有与白人相同的社会身份和平等的政治权利。甚至直至1958年，根据当地法律，"在南卡罗来纳、阿拉巴玛、佐治亚和其他南方各州，杀害黑人是不受任何惩罚的"（富兰克林，1988：543）。

"二战"后形势开始改变，"艾森豪威尔总统完成了军队的种族整合，并于1957年签署'人权法案'，为希望注册选举的黑人提供联邦保障"（布林克利，2014：845）。在积极推动《民权法案》的肯尼迪总统于1963年11月22日遇刺后不久，美国众议院和参议院1964年2月和6月先后通过了《1964年民权法案》，禁止在联邦资助的工程和计划中实行种族歧视。

1965年《选举权法》经约翰逊总统提出，获得议会通过。《选举权法》颁布后，黑人获得了选举权与被选举权，得以参与地方选举。1959年出现了第一名黑人众议员，1973年，黑人选出15位众议员和1位参议员（富兰克林，1988：574）。

在这个时期颁布的重要行政法令，值得一提的还有肯尼迪1961年第10925号总统行政令，明确提出当任何人向联邦政府以及与联邦政府有合同关系的机构谋职的时候，无论其种族、信仰、肤色和祖籍国，必须促进和保证人人都有平等机会。1965 年第 11246 号发布的约翰逊总统行政令，更加具体地规定凡与联邦政府有含一万美金以上合同的机构，都需接受"肯定性行动"的限定。尼克松总统 1969 年提出的"费城计划"首次要求承包政府项目的企业书面保证执行"肯定性行动"的量化目标（numerical targets）和时间表（time tables）。

4. 黑人运动中的两个倾向

整体来看，在 60 年代美国黑人运动中同时存在政治诉求目标和斗争形式完全不同的两个倾向。一个可以被称为"理性派"，另一个可被称为"激进派"。

黑人运动的"理性派"主要是传统的、强调与善良白人合作的黑人组织。其中包括"有色人种协进会""全国城市联盟"及马丁·路德·金博士领导的"南方基督教领袖会议"。马丁·路德·金博士是亚特兰大市著名牧师的儿子，自己是浸礼会牧师，他坚持"非暴力原则"，"要求黑人一定要坚持和平抗议，可以任人逮捕，必要时可以忍受毒打，而且要以爱心对待仇恨"（布林克利，2014：845）。1963 年 8 月 28 日 20 多万示威者在华盛顿林肯纪念堂前举行示威活动，马丁·路德·金博士发表"我有一个梦"的著名演说，这次示威活动成为人权运动的高潮①。

但是到 60 年代中期，美国出现一些完全脱离人权运动主流的黑人组织。一个具有代表性的黑人"激进派"组织是"黑豹党"。"黑豹党是一个准军事化组织，在公共场合耀武扬威地携带武器……（显示）武装起来的黑人自愿通过枪杆子为正义而战"（布林克利，2014：864）。"黑豹党"的发言人埃尔德里奇·克利弗宣称：美国面临的选择是"黑人的彻底自由，要不就是美国的彻底毁灭"（富兰克林，1988：571）。激进派的代表人物有北卡莱罗纳州黑人领袖罗伯特·威廉，他是《带枪的黑人》的作者，他反对马丁·路德·金的思路，主张黑人在必要时采取自卫还击，"用革命的暴力来反抗反革命的暴力"（黄绍湘，1979：718）。这一时期美国曾有 114 个城市爆发武装冲突和巷战，造成数千人死亡。"黑人权力会议"1967 年

---

① 1968 年马丁·路德·金博士被白人种族主义分子枪杀。

在新泽西州纽瓦克市召开，会议提出的目标是"把美国分为两个独立的国家，一个是白人的祖国，另一个是美国黑人的祖国"，进一步号召黑人参与武装暴力抗争（富兰克林，1988：571）。

在黑人运动发展过程中也出现了在宗教上不认同白人主流社会基督新教的思潮，一些人改信伊斯兰教并改为穆斯林姓氏。黑人种族团体"伊斯兰国"成立于 1931 年，这个组织在 60 年代开始活跃。最著名的"黑人穆斯林"是马尔科姆·利特尔，他参加黑人运动后改名马尔科姆·X，以 X 来代表自己失去的非洲姓氏。他曾是一个吸毒者和皮条客，有坐牢经历，成为"伊斯兰国"领袖后于 1963 年 5 月在华盛顿设立"伊斯兰国"总部。他成为名望仅次于马丁·路德·金博士的黑人领袖（布林克利，2014：868）[1]。

但是，通过联邦民权法案获得选举权后，部分激进的黑人却没有积极利用这一合法渠道来争取自己的平等权益。"令人泄气的是，18 到 24 岁的青年黑人的冷漠态度是那样严重，以至于在 1976 年登记的只有 38%，投票的更只有 26%"（富兰克林，1988：578）。

特别值得注意的是，美国黑人的抗议示威时常伴随着暴力活动。例如 1964 年纽约哈勒姆区和 1965 年洛杉矶市沃茨区发生的种族骚乱导致 36 人死亡，1966 年在芝加哥和克利夫兰等地曾发生 43 起种族骚乱，在 1967 年发生的 8 起重大种族骚乱事件中共死亡 43 人（布林克利，2014：867）。这些暴力活动和伴随的抢劫商店、焚烧公共设施等活动，引发白人民众的普遍反感，也成为政府中的白人种族主义者镇压黑人抗议活动的最好借口。

5. "民权运动"的推动力量

20 世纪中叶美国的"民权运动"的兴起，由几个不同的因素和社会力量所推动。

（1）"二战"经历是最重要的因素之一。黑人中下层民众有许多人曾经参加"二战"、朝鲜战争和越南战争或在战时工厂工作过，他们有较丰富的社会阅历，形成某种组织网络，其中一些人因政府的退伍军人政策获得

---

[1] 1963 年，当马尔科姆·X"把肯尼迪总统的被暗杀说成是'得到了恶报'时，他被黑色穆斯林开除了。马尔科姆·埃克斯本人于 1965 年初在纽约被暗杀，当时他正在参加他新组成的与黑色穆斯林相对抗的团体的群众大会"（富兰克林，1988：492）。

高等教育，但是就业状况恶劣，对美国社会的种族隔离和种族歧视极为反感。在 60 年代黑人运动中提出"武装斗争建立黑人国家"的"黑豹党"就是其中一些激进分子的代表。

（2）战后都市黑人中产阶级的出现。这些人在战后受过较好教育并在就业中取得一定成就，在社会中获得了一定的影响力。但是由于种族隔离制度和社会普遍的种族歧视氛围，这些黑人中产阶级不能堂堂正正地迁入高收入住宅区、进入白人俱乐部和消费场所。从自身的经历中，这些黑人精英深感黑人在美国是"二等公民"，没有平等的政治权利和社会地位，因此他们积极参与民权运动，带领底层黑人民众进行抗争。同时，这些黑人精英十分理性地反对暴力，更不认为美国黑人通过"民族自决""独立建国"是可取和可行的政治目标。马丁·路德·金博士是这一群体的代表人物。

（3）"电视及其他通俗文化形式是唤醒黑人种族意识的另一个因素。战后一代黑人比以往任何黑人都能更多地、更生动地观察到一种现实——白人主体是在如何生活，黑人是如何被排除在这个世界之外的。电视同样将示威活动播放给全国观众，使一个地区的抵抗运动能迅速激发其他地区的类似运动"（布林克利，2014：845 - 846）。新的传播手段完全改变了美国社会运动的组织形式和动员方式。

（4）黑人的各种合法组织在民权运动也起到了动员民众的积极作用。"黑人成员占相当比例的各行业工会同样在声援（或资助）人权运动中发挥着不可忽视的重要作用"（布林克利，2014：846）。

（5）白人青年参与民权运动的一个重要历史背景是越南战争。1965 年在南越的美军规模已达 10 万人，1967 年底达到 50 万人。越战耗费了 1500 亿美元的直接经济损失，美军死亡 5.5 万人，伤残 30 多万人。美军在越南屠杀平民的残暴行径和士兵的战争经历及伤残牺牲，经新闻媒体和影视节目的传播引发美国民众的极大反弹，许多白人青年（包括出身中产阶级家庭的大学生群体）积极投身反战活动。在许多大专院校的学生中出现了白人"新左派"①，他们集体烧毁征兵证，崇拜格瓦拉、毛泽东和胡志明，在

---

① "与'新左派'运动密切相关的是一种公开挑战中产阶级社会的价值和传统的青年文化新潮。这种思潮被称作'反文化'。"其表现形式包括年轻人蓄长发、穿奇装异服、吸毒、性解放、嬉皮士、玩摇滚乐等（布林克利，2014：890 - 895）。

反越战的同时热心支持黑人和少数族群人权活动。1970 年 5 月 4 日国民卫队向示威学生开枪，导致俄亥俄肯特州立大学 4 名学生丧生，9 人受伤。10 天后密西西比杰克逊州立大学两名黑人示威学生被打死，这些流血事件迅速引发全国性抗议示威（布林克利，2014：890，906）。

由于在政治指向和时间上与反对越战、反对政府外交政策的社会风潮合拍，这使美国黑人争取平等权利和取消种族隔离制度的斗争得到相当数量的白人民众和青年学生的同情与支持。由于黑人仅占美国总人口的 11%，没有白人大多数民众的同情与支持，《民权法案》等是难以在美国国会获得通过并顺利实施的。

此外，"二战"后非洲许多前殖民地先后获得独立建国，也提高了美国黑人的自尊心。"撒哈拉沙漠以南国家的独立大大改变了美国种族问题的世界意义，并且有力地推动了美国的种族平等运动"（富兰克林，1988：546）。前往非洲"寻根"甚至号召美国黑人"返回非洲"（主要目的国是尼日利亚）（McLemore. Et al, 2001：275），在黑人民众中曾经成为一股潮流，也从侧面助长了黑人激进分子在美国"独立建国"的世纪想象。

美国废除种族隔离制度带来的另一个社会后果，就是进一步吸引了西印度群岛和非洲国家的黑人移民。早在 20 世纪 20 年代，"（纽约）哈莱姆的居民有四分之一是西印度群岛人。从全国来看，西印度群岛人已大约占到黑人总人口的 1%，但他们在黑人专业人员、生意人或知名人士中，占有额外突出的比例"（索威尔，1993：276 - 277）。非洲一些国家独立后，一些非洲黑人学生开始申请到美国学习。这些来自西印度群岛特别是非洲的黑人有许多出身于富裕家庭，向黑人学生开放的美国大学对这些黑人青年具有很大的吸引力，而他们成长的社会、文化与家庭环境与美国本土黑人之间存在巨大差异。研究者不能将他们与有漫长苦难经历的美国本土黑人混为一谈，这是我们在理解美国黑人问题时需要注意的另外一个因素。

四　美国新一代黑人精英阶层的出现

在一系列涉及黑人权利的法案和行政法令中，《肯定性行动》（Affirmative Action，也译作"平权法案""平权措施""反歧视行动"等）明确规定公立学校必须参照所在城镇人口的种族比例招收相应数量的黑人学生，要求大学在招收黑人等少数族裔学生时设立单独名额，实行优惠政策（Schuman，et al，1997：194；王凡妹，2009）。这些法令不仅使黑人学生可以进入优秀中小学，而且大学校园也逐步向黑人优秀青年敞开。

　　例如以哈佛大学为首的"常春藤名校"在2006年至2009年这4年里，每年招收的少数族裔学生占招生总数的34%～42%，其中黑人学生占8.8%～10.5%①。2006年黑人占美国总人口的12%，美国顶尖名校每年招收黑人学生的比例接近黑人在人口中的比例。相关政策的实施使美国社会涌现出一大批出身名校、进入上层社会网络并在美国政界、司法界、军界、教育界、科技界崭露头角的黑人精英人士。奥巴马、赖斯、鲍威尔等人即是这些黑人精英的代表。近期有关"常春藤名校"招生情况的分析报告指出，哈佛大学招收的黑人学生中多达2/3是来自西印度群岛的黑人学生、非洲移民子女或者种族通婚的后代，来自本土贫民区的黑人学生实际上很难进入一流大学。1981年就有美国学者指出："地位显赫或引人注目的黑人，迄今一直大多出身于黑人精英世家，或出身于西印度群岛人家族"（索威尔，1993：287）。在美国黑人内部的阶层分化转型过程中，具有不同历史背景和文化传统的外来移民这一因素不可忽视②。

1. "民权运动"后涌现的新一代黑人精英的特点

　　（1）新一代黑人精英首先获益于《民权法案》和《肯定性行动》法案，这在制度上使他们得以受到良好教育和顺利就业，否则即使是非洲移民、西印度群岛黑人移民后裔（如鲍威尔是牙买加移民后裔）或混血黑人（如奥巴马父亲是肯尼亚黑人）在种族隔离制度下也不可能进入美国一流大学。在《民权法案》和《肯定性行动》政策的大环境下，这些黑人青年在哈佛大学等名校校园成长，与周围的白人师生结成社会网络，这为他们毕业后的发展开拓了广阔的空间。美国社会为他们的"向上流动"打开了大

----

① http：//ivysuccess.com/index.html.
② 与美国本土黑人相比，"西印度群岛人节俭得多，勤劳得多，而且更具创业精神。他们的子女在学校里学习较刻苦，成绩高出土生土长的黑人儿童。在美国的西印度群岛人，其生育率和犯罪率既低于美国黑人，也低于美国白人。……美国黑人称他们为'黑人犹太'"（索威尔，1993：281）。

门，他们很快进入中产阶级行列。

（2）在废除种族隔离制度后，新一代黑人精英就业成功后迁离黑人区，住进白人区并努力融入上层社会。他们努力使自己表现得像主流社会的"美国人"而不仅仅是美国黑人。他们当中有不少人尽量和黑人底层社区保持距离，避免被主流社会看作是"黑人代表人物"，特别是西印度群岛或非洲移民后裔在内心并不认同美国本土黑人，这种身份认同在客观上阻碍了他们去关心底层黑人民众的社会境遇以及为他们的权利和利益去呼吁。

有的文章这样描述这一过程："黑人族群中已经涌现了不少精英，涌现的过程中'黑人名额'给了一些助力。这些精英成为精英的方式是离开黑人聚居的社区，和大部分不是黑人的同阶层人士交往，再一代一代地'进化'到精英社会。而那些在很差的学区长大、父母都没怎么认真上过学，甚至大部分都没有一个完整家庭的黑人孩子，他们作为一个整体渐渐走向精英的机会，甚至是过上体面的生活的机会，都很渺茫"①。

在新一代黑人精英中，甚至存在某些对自身所属种族的负面刻板印象。一项调查表明，认为"黑人富有侵略性和暴力倾向"的比例在白人被访者中为52％，而在黑人被访者中则高达59％；认为"黑人生性懒惰"者在白人中所占的比例为34％，而持有这种观点的黑人为39％。"当问题涉及黑人作为一个整体是否具有讨厌的社会特性时，而且当调查结果显示出白人与黑人在观点上的显著差异时，被调查的黑人对于其他黑人总是表现出比白人更为负面的评价"（Sniderman and Piazza，1999：232）。一些黑人精英人士不仅在地理空间上脱离了底层黑人社区，而且在感情上也与黑人社区渐行渐远。

（3）学校和就业环境培育出新一代黑人精英的身份认同。这些有机会获得良好教育和体面职业的黑人精英们已经实现了自己的"美国梦"，他们从心底里认同美国精神，其中一些人的政治认同发生根本转变，已经不再自视为是"黑人精英"，而转型为美国的"国家精英"。人们形象地把这些"脱胎换骨"的新一代黑人精英人士称为"黑皮白心"。这样的政治认同与身份定位使他们不再参与黑人的社会运动，甚至与草根黑人运动保持一定

---

① http：//hx. cnd. org/？ p = 110296.

的距离。因此，自 20 世纪 70 年代以后，我们再也看不到像杜波依斯、马丁·路德·金博士、马尔科姆·X 那样既得到黑人民众普遍拥护，又能博得白人民众的同情、为黑人权利奋斗牺牲的黑人运动领袖。近期美国发生了多次抗议警察暴力执法的游行聚会，我们在电视屏幕和网络图片上看到的游行示威大多是群龙无首的自发行动，既没有统一的口号和明确的政治诉求，也缺乏有效的组织和有威望的领袖与代言人。

2. 新一代白人精英人士如何看待美国种族关系

在 20 世纪中叶，当时的美国白人精英和中产阶级主流社会在意识形态和道义上是反对种族主义的，许多白人积极主张种族平等，这与战后美国社会流行的自由主义思潮有关。但是，在《肯定性行动》推行四十几年后，新一代白人青年在竞争中切身感受到的是发展竞争中出现的"逆向歧视"，同时，他们在日常生活接触中感受到的是底层黑人社区具有负面色彩的"社区文化"（高犯罪率、辍学、毒品与黑社会、失业、对政府福利的高度依赖、不稳定的两性关系和破碎的家庭）。因此，他们虽然在政治表态时支持种族平等，对于历史上的奴隶制或多或少仍有某种负疚感，但在现实交往中却对黑人持有负面印象。在美国生活过一段时间的许多人都可以感觉到，真正关心如何改善底层黑人大众社会状况的白人精英人士其实并不多。影响白人对黑人态度的有以下几个因素。

（1）对《肯定性行动》法案带来的"逆向歧视"的反感

在"肯定性行动"法案刚刚通过后不久，哈佛大学著名社会学家格雷泽（Nathan Glazer）就出版了《肯定性歧视》（*Affirmative Discrimination*：*Ethnic Inequality and Public Policy*）一书，把"肯定性行动"称之为针对白人公民的逆向歧视制度（Glazer, 1975）。随后，各地区陆续都发生了一些由于《肯定性行动》优惠政策的实施而利益和发展机会受损的白人提出的法律诉讼，都以美国宪法为武器来反对"逆向歧视"。

最著名的案例是 1978 年加利福尼亚大学董事会诉巴基案（Regents of University of California v. Bakke）。艾伦·巴基（Allen Bakke）为白人男性，1973 年和 1974 年先后两次向加州大学戴维斯分校医学院递交申请。1973 年，巴基的基准分高达 500 分中的 468 分，但遭淘汰。在巴基被淘汰之时，给"特别招生计划"（以少数族裔为对象）预留的 16 个名额中仍有 4 个名额空缺。1974 年，巴基提交申请的基准分达到 600 分中的 549 分，然而再次被拒。由于这两年通过特别招生计划进入戴维斯分校医学院的申请者各项分数都远低于巴基的相应分数，巴基于是将加州大学告上了法庭，认为自己遭受了"逆向歧视"（王凡妹，2009）。该案引发全美对于"肯定性行动"是否违宪和对少数族裔优惠政策是否属于对白人歧视的大讨论，最后由联邦最高法院裁定，巴基有权利在戴维斯分校医学院学习，同时戴维斯分校医学院对黑人实行"特别招生计划"也不违反宪法。

老一代白人由于自己对历史上歧视黑人的种族隔离制度和黑人的不幸境遇有亲身感受，大多对黑人表示同情。而一些年轻白人缺乏这些切身感受，往往从宪法规定的平等权利和自身权益受侵犯的角度来考虑，因而认为"肯定性行动"属于歧视。"在一般的白人当中该法（《肯定性行动》法案）造成了强烈的愤懑情绪，这种情绪又被日渐抬头的种族主义组织如三K党和美国纳粹党等所利用"（索威尔，1993：286）。白人主流社会的"代际更替"和新一代白人反对优惠政策的抗议诉讼，迫使美国各州根据本州白人的反弹力度逐步降低了"肯定性行动"的执行力度。

（2）对少数黑人暴发户"炫富"行为的反感

另一个造成白人对黑人态度渐趋负面的现象是部分黑人暴发户的"炫富"和与新教徒传统价值不同的黑人社区文化。受过良好教育的新一代黑人精英大多在政界、司法界、教育界等机构任职，遵循主流社会的价值观和行为规范。但是，还有一部分黑人通过个人掌握的特殊技艺成为体育界、娱乐界的明星级人物。这些人迅速进入美国社会收入最高的人群，他们购买豪宅别墅、出入高档俱乐部、拥有豪华游艇和私人飞机。这些黑人暴发户人数并不多，但是他们的"炫富"行为与许多白人富豪的低调生活和慈善捐献行为形成鲜明对比。当时发生的一些刑事案件也增加了白人民众对黑人的负面印象。如 1994 年辛普森杀妻案中，虽然辛普森最终被判无罪，但许多白人民众并不接受这一判决①。这些事件无疑不利于在年青一代白人民众心目中延续老一代白人对黑人历史境遇的同情。

---

① "当全世界大多数人从证据上认定辛普森有罪时，超过 70% 以上的黑人却根据辛普森的肤色认定其无罪"（http://tieba.baidu.com/p/2204916604）。后来辛普森在 2009 年又因绑架、武装抢劫等 12 项罪名被判入狱 33 年。

（3） 不认同黑人贫民社区的"社区文化"

黑人贫民社区普遍存在几个严重的社会问题，一是高犯罪率（抢劫、毒品、卖淫等），二是中小学生的高辍学率，三是黑社会帮派团伙横行，四是单亲家庭比例高，五是许多人对国家福利制度的高度依赖。以上述社会问题为特征的底层黑人社区文化模式与白人主流社会的新教价值理念和行为规范存在明显距离。黑人社区普遍存在的这些社会与文化现象使新一代白人和新一代黑人的心理和社会距离越来越大。

五　美国"族群分层"的整体发展态势

社会学把"社会分层"概念和研究方法引入族群关系研究，相关研究被称为"族群分层"（ethnic stratification），主要是分析在一个社会中不同族群在社会经济结构中的相对地位，从而对这个社会的族群平等和各族群的社会流动趋势进行评价并分析其影响因素。

在 20 世纪 60 年代的《民权法案》《肯定性行动》及相关法案、法令的帮助下，一批黑人青少年获得了接收优质高等教育的机会，处在美国高等教育金字塔尖的 8 所"常春藤"名校本科生招收中的黑人学生比例长期以来大致接近黑人在全国人口中的比例。这些毕业于名校的黑人高才生逐渐进入美国社会的上层。与此同时，我们也看到黑人内部开始出现严重的阶层分化和阶层隔离，看到社会底层黑人民众的教育、就业、收入情况急剧恶化。黑人内部的这种"两极化"的发展趋势部分表现在社会阶层隔离与种族隔离现象的重合与并立。在传统的"族群分层"研究中，我们看到的主要研究成果，大多是黑人与白人群体之间各种指标的相互比较。毫无疑问，这些量化指标的比较向我们清晰地展示了社会结构中两个种族之间的相对发展态势，使我们能够在群体的层面了解美国种族关系的宏观图景。关于黑人群体内部的阶层分化问题，将在下一节讨论。

1. 白人群体和黑人群体在受教育水平上的差距

从表 1 可以看出，2001～2002 学年白人与黑人的大学资格考试成绩存在明显差距，黑人成绩甚至不如拉丁美洲裔学生。亚裔、拉美裔学生中有1/3 的母语不是英语，但是他们的成绩超过母语是英语的黑人学生。我们考察的其他年份（图 1 为 2005 年）各族群考试成绩的差距大致如此，黑人学生的考试成绩始终排在印第安人和拉美裔的成绩之后。

在 1977～1990 年期间，每年美国黑人获得博士学位的人数比前一个时期减少 25% 以上，但是同期每年亚裔人士获得博士学位的数目增长了 82%（Ellison and Martin，1999：327）。2007 年白人中有大学本科学历的比例为 30.5%，黑人为 17.3%，而亚裔高达 49.5%。近些年来，黑人与其他族群在受教育水平方面的差距不仅没有缩小，而是在持续扩大。这一趋势无疑会对黑人青年未来的学习、就业和个人发展带来负面影响。

表 1　美国大学资格考试成绩族际差距（2001～2002 年）

	白　人	黑　人	拉美裔	亚　裔
平均分数（总分 1600）	1060	857	936	1070
低收入组、高分数组分数差	144	212	265	259
父母大学毕业比例（%）	59.7	37.0	31.4	58.3
英语非母语（%）	2.4	2.9	32.4	36.8
家庭年收入 3 万美元以下（%）	11.8	45.7	46.1	35.3
家庭年收入 10 万美元以上（%）	23.6	5.1	7.1	15.0

2005 年，在全美国的学术评价考试（Scholastic Assessment Test，简称 SAT）中，各族群考生的平均分数为：亚裔 1091 分，白人 1068 分，印第安人 982 分，墨西哥裔 916 分，波多黎各人 917 分，其他西班牙语裔 932 分，黑人 864 分（见图 1）。黑人学生的考试成绩明显低于其他各群体。

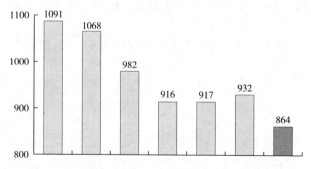

图 1　美国大学资格考试成绩族际差距（2005 年）

资料来源：美国纽约大学皇后学院孙雁教授提供。

有人把黑人受教育水平低的原因归之于黑人家庭收入低。但是一些调查发现，当家庭收入背景这一变量被带入受教育水平的族群差异分析时，

学者发现来自年收入 5 万~6 万美元家庭的黑人学生的成绩与来自年收入 1
万~2 万美元的亚裔学生相似，以此说明黑人学习成绩较低并不是单纯地
受家庭经济情况的影响（Sniderman and Piazza，1999：231）。

2. 白人群体与黑人群体之间的失业率差距

据统计，"1977 年白人失业率是 6.3%，黑人则为 13.2%。白人青年的
失业率约为 15%，黑人青年则为 40%~55%"（富兰克林，1988：579）。
1995 年，美国全国黑人的平均失业率达到 12%，而白人仅为 3%。1999
年，美国黑人的失业率为 7.9%，白人为 4.3%（Popenoe，2000：255）。
2012 年数据显示，弗格森镇所在的县，黑人失业率高达 26%，而白人失业
率仅为 6.2%。黑人与白人在就业率方面的悬殊差距，与受教育水平、就业
态度、犯罪率等因素密切相关①。

3. 白人群体与黑人群体之间的收入差距

1994 年美国四口之家的"贫困线"标准是 15141 美元，该年度黑人家
庭收入的中位数是 21027 美元。1994 年白人家庭的贫困率为 11.7%，黑人
家庭的贫困率是 30.6%（《华盛顿邮报》1995 年 10 月 6 日）。1997 年美国
全国贫困人口占总数的 13.7%，在白人中占 8.4%，在黑人中为 23.6%，
在拉美裔中为 24.7%。2006 年低于贫困线以下的人口比例为：白人 8.6%，
黑人 11.8%，亚裔 23.2%，西班牙语裔 24.7%（美国全国为 11.1%）。黑
人家庭的平均收入一般为白人家庭平均收入的 60% 左右（见表 2）。

表 2　1950~1995 年美国各族群家庭平均收入变化

年　份	白人（美元）	黑人（美元）	拉美裔（美元）	占白人收入（%）		与白人实际收入差距	
				黑　人	拉美裔	黑　人	拉美裔
1950	3445	1869	—	54.3	—	1576	—
1960	5835	3233	—	55.4	—	2602	—
1970	10236	6516	—	63.7	—	3720	—
1980	21904	13843	14716	63.2	67.2	8061	7188
1990	36915	21423	23431	58.0	63.5	15492	13484
1995	42464	25970	24570	60.9	57.6	16676	18076

资料来源：帕里罗等，2002：184。

---

① 有多次犯罪记录的人，在他们出狱后通常在求职时遇到阻力。

"杜克大学和位于华盛顿的咨询机构全球政策研究中心 2014 年的一项研究发现，非洲裔美国人家庭的流动财富（可轻松变换成现金的资产）中位数为 200 美元，拉丁裔家庭为 340 美元，而白人家庭为 2.3 万美元。"① 另一项研究认为 2005 年"黑人家庭的资产净值平均为 6100 美元，而白人家庭则高达 6.7 万美元，几乎是黑人家庭的 10 倍。在住房方面，只有略高于 48% 的黑人家庭拥有自己的住房，白人家庭的住房拥有率却高于 75%"②。这些指标显示出大多数黑人家庭的贫困状况。

4. 黑人群体与白人群体的犯罪率差距

在美国各族群当中，黑人的犯罪率高居首位。据 1990 年美国政府的统计，黑人因谋杀被逮捕的人数是白人的 8.53 倍，因抢劫被逮捕的人数是白人的 14.3 倍，因盗窃被逮捕的人数是白人的 3.5 倍。1990 年，美国 20 ~ 29 岁的黑人男性中有 23% 正在坐牢或者处在缓刑或假释期（Ellison and Martin，1999：367 – 368）。1995 年，美国 20 ~ 29 岁的黑人男性当中有 1/3 因犯罪进过监狱（新加坡《联合早报》1995 年 10 月 19 日）。2000 年共有 791600 名男性黑人在服刑，规模大大超过同年黑人男性在校大学生（603000 人）。2010 年黑人占美国人口 13.6%，但黑人占 2009 年全美监狱犯人总数的 46.1%（见表 3）。《美国司法统计》（US Bureau of Justice Statistics）表明在 2010 年，黑人男性中每 10 万人中有 4347 人正在监狱服刑，白人每 10 万人中有 678 人。图 2 表明，无论在男性中还是在女性中，黑人的犯罪率从长期精远高于其他族群。

表 3　美国在监狱服刑犯人种族比例

单位:%

	1930 年	1950 年	1970 年	2000 年	2010 年
白人	76.7	69.1	60.5	36.1	33.0
黑人	22.4	29.7	35.8	46.3	46.1
其他（拉美裔为主）	0.9	1.2	3.7	17.6	20.9

为什么美国社会有这么高的黑人入狱率？一些人认为 20 世纪 90 年代美国联邦政府和 24 个州通过的一条名为"三振出局"（three strikes and you

① 美国《时代》周刊 2015 年 5 月 18 日文章，引自《参考消息》2015 年 5 月 9 日第 6 版。
② http：//wenda. haosou. com/q/1377343044063528？ src = 140。

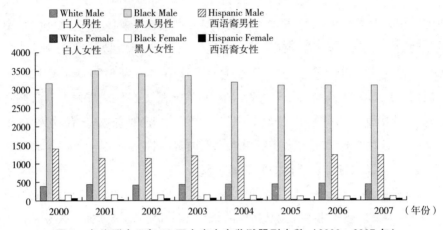

图 2　各族群人口每 10 万人当中在监狱服刑人数（2000～2007 年）
资料来源：美国纽约大学皇后学院孙雁教授提供。

are out）的法例是导致这一现象的重要原因。这一法例的"内容是以个人如果犯过两次案被定罪的话，第三次再犯时无论所犯罪名多么轻微（如只偷了几块饼），假如裁定有罪，他会被判坐牢 25 年以至终身监禁"（陈纪安，2002：112）。

因为黑人社区男性的超高犯罪率，美国警察为了控制当地的犯罪率和提高工作效率，就很自然地把这些黑人男性作为街头盘查的重要对象群体①。因为许多黑人屡抓屡犯，从司法部门的角度看，最简单有效的预防犯罪的办法，就是把屡犯者终身监禁。而这些做法又反过来造成许多黑人家庭破碎甚至无法组建家庭，出现大量私生子，那些家中母亲做工、父亲坐牢的黑人少年辍学加入街头帮派，参与犯罪活动，形成了一个不断重复的恶性循环。

5. 黑人与白人在婚姻与家庭模式上的差异

黑人社区的两性关系和家庭状况也是美国社会学家关注的另一个社会问题。许多黑人青少年从小就没有一个完整的家庭。"以母亲为家长的黑人

---

① 毋庸回避的是，死于美国警察枪下的布朗，据报道当天有抢劫商店的嫌疑，民众抗议的是布朗举起手后，警察不应开枪，抗议口号是"举起手后不要开枪"（hands up, do not shot）。死于"锁喉案"的加纳，据说有贩卖私烟的前科，"但罪不至死"。抗议的口号是"我不能呼吸"（I can't breathe）。

单亲家庭，从 1950 年占黑人家庭总数的 18% 上升到 1973 年的 33%"（索威尔，1993：285）。1997 年女性户主家庭在所有户数中的比例：白人为9%，黑人为 32%。80 年代初，48% 的有 18 岁以下未成年人的黑人家庭以女性为户主，而同类情况的白人家庭占 14%；在由 15～24 岁黑人女性生育的孩子当中，68% 是未婚母亲。全部黑人妇女中有 69% 从未结过婚（Ellison and Martin，1999：368）。

1981 年美国白人已婚人口的离婚率为 10%，黑人的离婚率为 23.3%（罗贝，1988：185）。1981 年，50% 以上的黑人婴儿是由未婚妇女生育的，同期白人未婚妇女生育的婴儿仅占白人婴儿的 7%。1990 年，63.7% 黑人婴儿为婚外生育，56.2% 的黑人家庭是以女性为户主（Sniderman and Piazza，1999：231）。由于美国对未婚母亲及子女、失业者、低收入贫困家庭在住房、医疗、生活费用（食品卷）等方面有很好的福利，许多不完整家庭的生活费用依靠的是政府的福利补贴。

不稳定的婚姻和不完整的家庭被普遍视作导致黑人诸多社会问题的最重要的原因。家庭是孩子学习社会规范、培养自身观念与能力的重要场所，大量黑人婴儿属于非婚生儿童，得不到一个正常的家庭环境，收入来源在很大程度上依赖于政府福利项目，女孩无法从母亲那里学习关于婚姻的伦理规范，男孩从未见过父亲或无法从父亲那里学习如何通过一个正常职业谋生的伦理和能力，在这样的家庭和社区环境中成长的黑人青年自然很难在美国社会找到个人发展和实现向上"社会流动"的机会和空间。造成这些现象的原因是多方面的，一是在奴隶制时期，黑人传统的社会组织和婚姻、家庭伦理未能得到传承，二是高犯罪率导致大量黑人男性入狱和家庭破碎，三是美国社会福利制度并不鼓励人们积极就业和辛苦劳动。这些因素的综合影响导致黑人社区出现普遍的非婚姻两性关系、高比例未婚生育子女、大量单亲家庭和不能在正常家庭环境中成长和接受社会规范教育的年青一代黑人。

六　社会底层黑人的"文化模式"

在上文中我们采用的是族群社会学常用的"族群分层"指标进行群体分析，即把黑人群体和白人群体各自作为一个人口单元来进行比较。从引用的数据中，我们看到在黑人整体与白人整体之间存在明显的族别差异。但是，这个比较方法也存在一个严重的局限性，即忽视了白人和黑人各自群体内部的阶级分化状况。在群体比较中应用的指标，实际上是白人群体和黑人群体的平均值或中位数。假如黑人内部出现严重的阶层分化，上述比较方法很可能会掩盖许多深层次的社会问题和社会矛盾。我们可以设想一下，假如黑人贫困社区人口占黑人总数的3/5，那么把以整群人口进行统计的这些数值集中到这部分人口上，相关的指标数字很可能会更加触目惊心。由于无法获得美国黑人群体内部社会分层的统计数据，下面通过一些描述性报道来帮助我们了解基层社会社区的生活状况。这些信息的代表性无法确认，但是生动地展示了黑人底层社区民众生活的现象。

1. 黑人贫困社区的学校与日常生活图景

许多来源提供的观察与分析都向我们证实，在美国黑人内部确实存在十分严重的阶层分化现象。一方面美国有一批社会地位很高的富裕黑人，另一方面也生活着许多居于社会底层、十分贫困的黑人民众。网上有一些对黑人贫困社区实际生活的非常生动的描述。例如一位曾在底特律公立学校任教的华人教师这样来描述底特律市贫困街区黑人的生活状况：

> "（在底特律的）城区学校，6岁一年级的小黑孩就可以向老师扔椅子，骂老师bitch（母狗），初高中什么样就可想而知了。""你能想象你的学校期末考试95%的人不及格吗？何况这考试根本就是弱爆了，八年级的学生，考题是一百以内加减法，就这样还有95%的人不及格！""偷窃……太平常了。小到老师的午饭，大到电脑、投影仪、手机。最狠的是有一次我们学校一个老师的汽车钥匙放在桌子上被偷了，学生直接翘课就开着车就去找黑dealer卖车了。老师发现钥匙没有后报了警。学校查监控录像，发现是这名学生，首先安排juvenile court（少年罪犯法庭）去控制车牌号，然后去抓人。但是由于底特律警力缺乏，居然没有立刻找到那辆车。但是由于这名学生只是初中生，驾驶技术不行，车子撞到别的车子惹了事，才控制住。"[1]

---

[1] http://bbs.wenxuecity.com/currentevent/723340.html.

在这些社区，"一早起来，少数有工作的人会去上班，那些没工作的人，会去市中心的赌场，或者去固定的地点开始准备犯罪。不愿犯罪的人就会去教会，等着吃免费午餐。再有些人会去上街，或者去附近的地方找零工打，还有些人在家打游戏。中午的时候，附近的教堂会异常热闹：大家来吃免费午餐了。吃过饭后，大家就会懒洋洋地聊天说话，吸点毒品，砸个玻璃抢个包，拦几个倒霉鬼要个小钱啥的。（帮派）火拼的一般都是下午，少的时候一边三五个人，多则七八个甚至十几个"。①

2. 美国的福利制度和部分黑人对社会福利的依赖

美国社会有很好的福利政策，对失业者、单亲母亲、贫困家庭、病残者等都有很好的福利补贴。但是有时这些资助并没有能够帮助黑人重新就业，而是出现了另外一种风气，使一些人产生依赖感，甚至把政府发放的"食品券"去换取现金，用来买毒品或赌博。一位曾在费城外卖店打工的华人学生这样在网上介绍费城的黑人区：

> "黑人区的外卖店除了卖一些炸鸡翅和炒饭等一些速食外，还有一项很来钱的生意，就是换食品券（food stamp）。很多低收入家庭每月都能从政府领到几百、上千美元的食品券，本意是给他们用来买食物的，不可以换成现金，但很多黑人都拿它来换钱。而黑人区的外卖店就以7美元现金换10元食品券的比例，从黑人那大量收购食品券，然后再到唐人街以9美元的比价换现金。每1000元食品券外卖店老板可以获得200元的净利润，20%的利润。所以尽管这种兑换食品券的生意属于非法，政府常常派暗探来钓鱼执法，但因为利润太好了，那时大部分黑人区的外卖店都做这一勾当。政府食品券的发放是月底，所以外卖店月底到月初这10来天的生意最好，尤其每月的头五六天，黑人来店里换钱的络绎不绝，好的时候一天能换六七千美元的食品券，差的时候也有两三千。"②

一篇描述底特律黑人区生活的文章这样写道：

① http://bbs.wenxuecity.com/currentevent/723340.html.
② http://tieba.baidu.com/p/2204916604.

　　"白人如果不工作的话，真的是会饿死的——因为底特律财政太差
劲了，白人的补助发不出来，而且基本不给白人解决住处的。至于黑
人嘛，不工作政府也会养着，黑人的补助不存在发不下来这么一说，
这是政府要想尽一切办法确保的。有些黑人，政府还会给他们租房子
住。总结一句就是黑人的福利要远好于白人，且更有保障。这也就解
释了为啥就连这里很穷的白人都跑了。"①

　　我们当然可以对这些描述的代表性提出疑问，但是一些严肃的学术著
作也指出："确实，在70年代有那么多黑人家庭失业而靠福利救济过活，
因此美国很可能养了整整一代从来没有干过任何工作来养活自己的黑人。
这种可能情况的含义是如此可怕，简直不堪设想"（富兰克林，1988：
579）。写下这段话的约翰·富兰克林本人是一位著名黑人历史学家，哈佛
大学博士，他在《美国黑人史》这本书中多次表达了对美国黑人社会发展
前景的忧虑。

　　网上有篇文章这样分析美国黑人的发展态势："为什么美国黑人没有跟
上时代的步伐，没有得到世人应有的尊敬？这里面当然有很多因素包括黑
人的某些传统，但根本的原因是国家给予了美国黑人太多的照顾。使他们
不靠自己的努力也可以自在的生活，从而导致了多数美国黑人缺乏上进的
动力。再举新奥尔良的例子：新奥尔良是黑人势力最大的城市之一，几十
年来一直是黑人民主党执政。但新奥尔良的黑人生活却是最贫穷的，社会
治安和环境奇差。黑人政客虽然可以给黑人群体带来更多的福利，但福利
不能改变黑人的贫穷，反而使黑人越穷越依赖政府的救济。"②

　　"现在美国领取福利券的高达4800万人，差不多每6个美国人就有一
个领福利。而事实是，美国根本不存在每6人就有一个活不下去的情况。
太多的人在钻福利制度的空子。底特律黑人比例高，领取福利的人更多。
有福利可领，那些在鬼城废弃房屋旁转悠、在曼哈顿黑人区哈莱姆的街头
游手好闲的黑人等，才可以不去工作，因为可以躺在福利上吃别人，吃勤

────────────

① http://bbs.wenxuecity.com/currentevent/723340.html.
② http://tieba.baidu.com/p/2204916604.

劳创造者的财富。"①

美国有很好的福利制度，但是并不是高福利就可以解决贫困问题，如果这些资金发放得不得法，恐怕会导致政府和民众预想不到的社会效果。

3. 黑人社区青少年的成长环境

在黑人区文化氛围中成长起来的黑人青少年，在心理上往往处于阴影之中。一名华人学生在与黑人学生接触后写下这样的话：

> "许多黑人都有一种与生俱来的愤怒，他们的祖祖辈辈可以追溯到黑奴时代。我曾在上学时的小组讨论会上问过他们，为什么时至今日，他们还在纠缠那段时光，并找出中国人的例子，问他们为什么不好好读书。他们的回答是：第一，你们至少知道你们是哪里来的；第二，当你生活在一个没有希望的家庭、环境、地区时，你没法不绝望。"……

> "后来，一个黑人同事告诉我说，许多黑人小孩从小就只有参加帮派这一条路，因为父亲长兄等都是这样过来的。十几岁的孩子已经不敢计划将来，因为预计 20 岁就要死于帮派混战。他们生活的地区只有几条街之内，出了自己的地界就有生命危险。刚参加帮派时，他们需要证明自己有勇气，一种方法是射杀无辜者。例如在高速路上晚上不开车灯，如果有车好心鸣笛示意，那就会成为受害者。"②

黑人社区的这种文化模式进一步恶化了黑人青少年的社会流动状况，导致黑人远高于美国其他族群的犯罪率，并把黑人青少年推到了美国警察和司法体系的对立面，形成了社会底层黑人青少年与街头执法警察之间冲突不断的恶性循环。近日随着警察暴力执法事件和黑人的抗议活动，也出现多起白人警察被枪击身亡的事件（《参考消息》2015 年 5 月 11 日第 8 版）。这说明极少数黑人底层激进分子开始活跃起来，可以说是当年"黑豹党"精神的继续，即通过暴力来发泄内心的不满和愤怒，而不是通过和平示威来表达政治诉求。

---

① http://xueqiu.com/9081360174/25531164.
② 美国纽约大学皇后学院孙雁教授提供。

4. 黑人与警察之间的互动

黑人社区有许多青少年并不愿意刻苦学习，其中一些人的梦想是练好篮球技术，进 NBA 球队，或者在田径场和各类体育比赛中一举成名，或者像迈克·杰克逊那样成为歌唱天才，这些都是凭特殊技艺而不用多年刻苦读书考试就可以出名挣大钱的捷径。所以，我们看到许多黑人青少年在街区的篮球场练习球技，在街头跳"街舞"，但是在学校的平均成绩却低于其他族群。另外一些人希望在帮派中混到"老大"的地位，有钱有势有派头。为了提高自己在帮派中的地位，他们通过参加斗殴凶杀来显示自己的残忍和取得信任，走上一条无法回头的人生之路。

1987 年春轰动全美国的新闻事件是纽约地铁枪杀案。一个每天乘地铁上下班的白人白领职员，由于一年里在地铁站台上被黑人青年抢窃 30 余次，屡次报案都不了了之，实在气不忿，自己买了一把手枪，这天早上在站台再次遇到 4 名黑人青少年持刀抢劫时，就向这 4 个人开枪，导致多名重伤，后来这名白人被全国通缉。当这个人的经历被电视媒体介绍给公众后，许多白人公开同情和支持这名开枪者，有的白人在报纸上登广告表示欢迎他来自己的家，称他是"我的朋友"。而黑人则万口一词地谴责开枪者，认为他防卫过当，属于种族歧视①。当时我几乎天天观看电视节目中对这一案件的持续争论，印象极为深刻。

关于警察暴力执法现象，还有一篇文章是这样介绍费城警察的。

"费城警察殴打黑人有个特点，动手的基本上都是黑人警察，白人警察都在旁边看着。有次两个黑人青年毒贩被警察堵在店里，进来四个警察，两个黑人警察，两个白人警察。两个黑人警察对那两个黑人青年拳打脚踢，还用电棍捅，两个黑人青年被打得鲜血直流，在地板上打滚，而那两个白人警察则堵在门口，袖手旁观。第一次看到美国

---

① 到了 2015 年，对于警察执法行为仍然在不同的态度。"美国全国广播公司和莫里斯舆情研究所本周最新公布的民意调查显示……47% 的受访者认为执法人员对白人和黑人采取双重标准，44% 的受访者认为没有这个问题。82% 的黑人受访者认为警察采取双重标准，51% 的白人受访者不赞同这种看法。调查还显示，50% 的白人受访者相信警察不会在抓捕嫌犯时过度使用武力，而黑人受访者中只有 13% 的人持这种看法"　　（http://news.sina.com.cn/w/2014 - 12 - 11/000431270622.shtml）。

警察打人，而且是黑人警察打黑人，当时我心里很是震撼。后来类似的情景发生过好几次，几乎都是黑人警察动手，白人警察旁观。我进一步观察发现，到费城黑人区巡逻的警察以黑人警察为主，最少也是一黑一白搭配，绝少看到纯白人警察的巡逻车。联想到最近美国频繁发生的抗议白人警察射杀黑人的事件，而在费城这种抗议事件基本没发生，我想这是费城当局以黑人制黑人政策的成功。"①

以上这些社会现象生动地勾画出黑人贫民区的"社区文化"，报刊媒体的持续报道也逐渐在美国主流社会中加深了对"黑人"的负面"刻板印象"（stereotype）。另外，美国许多州的枪械管制很松，社会上有大量枪支，许多犯罪分子使用枪支与警察对峙，美国警察的死亡率是全世界最高的。也正因为美国警察每天面临死亡的高风险，政府和司法部门对警察使用枪械不当案例的惩罚也相对比较宽容。

社会学家戈登在1964年曾这样描述黑人的低等阶级："黑人低等阶级居住在北部和大都市中，他们的生活世界可以反映出他们来自南部乡村的社会背景。尽管他们现在居住在北部城市的贫民区，他们的日常口语依然带着浓厚的南部乡村低等阶级的口音。在他们的家庭和性生活模式中所反映出来的现象，是成年男子经常在外游荡着寻找工作，在家的女性则设法养家糊口，这就是他们的基本生活方式。遗弃、离婚、非法同居、私生子、家庭暴力都属于十分常见的现象，而且妇女成为家庭单元中占主导的稳定因素。由于她们必须长时间在外面工作来挣钱养家，孩子们通常得不到照料和管教，导致青少年犯罪率很高。"（戈登，2015：158）

5. 底层黑人社区的现状与部分黑人精英的腐败相关

美国并不是一个杜绝腐败现象的社会，在"选票决定官员"的民主社会，一个政客（包括黑人政客）完全可以通过提高社会福利来争取选票，选民的种族人口比例也使一些黑人政客在选举中打"种族牌"，借此掩盖个人的腐败行为。一篇报道这样描述底特律市黑人官员的腐败现象：

"上任黑人市长克瓦姆·基尔帕特里克（当政6年），因欺诈、勒

---

① http：/blog. sina. cn/s/blog_ 4894898b0102vqma. html.

索、贪污、受贿等 24 项罪行，被判刑 20 年。现任黑人市长戴维炳，是退役的 NBA 球员。据福克斯电视记者斯托赛（John Stossel）的报道，这位黑人球星市长也是腐败无能，他坐公家的豪华礼车去'夜总会'多达 50 次，还把 29 个亲戚朋友安插到市政府部门。为什么底特律市政府如此腐败却能继续掌权，就因为他们得到黑人的支持，很多黑人不问是非，只问肤色。……黑人多支持左翼民主党，所以当选的黑人左派市长、议员们就热衷实行大政府、高税收、高福利、宽容犯罪等社会主义政策。"①

在一个竞争激烈的市场经济国家，这样的福利政策对于黑人社区带来的社会后果很可能是一把双刃剑。一部分确实需要救助的黑人家庭因此得到政府的资助，这无疑是好事，但是如果高福利制度形成了一种带有惯性的社区文化，出现了许多黑人家庭对政府福利的高度依赖，那对大多数黑人青少年在学校努力学习，在就业中努力工作，切实提高自己的社会竞争能力就有可能带来负面作用。从长远看，也不利于黑人民众提高自己的自信心和自尊心，在美国社会争取真正的平等地位。

七　美国黑人群体内部的阶层性断裂与空间、心理区隔

为了与主流社会保持一致，许多进入社会上层的黑人精英加入了批评黑人社区负面现象的行列，并努力与这些贫穷社区保持距离。在一些社会调查中，我们看到一些黑人被访者对黑人有负面评价的一些提法也表示认同。同时，虽然也有部分高校的黑人学者始终关心底层黑人民众的生活状况和种族歧视现象，但是他们无论对黑人社区的影响力还是对政府的影响力都十分有限。

在任何一个现代社会中的少数族群社区，族群精英人士的领袖角色和引领作用是非常重要的，他们大多受过较好教育，有较宽阔的视野，也有与政府和其他族群打交道的经验。他们是这个群体的大脑和心脏。我们在

---

① http://bbs.wenxuecity.com/currentevent/723340.html.

考察一个多族群社会中的少数族群的社会发展时，一个很重要的方面就是看看这个族群的精英集团是否与本族大多数民众保持密切联系，他们是否能够引导本族民众在继承文化传统的同时积极开拓思路、学习吸收在现代化进程中领先族群的知识体系和文化模式，他们是否提倡发展现代教育，以此提高本族青少年在社会流动中的竞争能力，是否鼓励他们以个人自身实力在主流社会中争取发展机会，从而逐步达到族群整体的向上社会流动，并在主流社会获得受尊重的地位和平等的话语权。概而言之，看看他们是否发挥了积极引导本族民众走上现代化的历史作用。在今天世界上的生存空间里，对于一个族群的生存和发展来说，是否拥有一个从内心深爱本族广大民众，同时在族群发展路径上又能够做出理性选择的族群精英集团，是至关重要的。

总之，我们看到在美国黑人上层精英人士与低层黑人社区之间出现的结构"断裂"和空间"区隔"，使这一联系和推动作用基本上消失，导致失去领袖人物的黑人社区和底层广大民众的境况持续恶化，也使许多黑人青少人感到前景"毫无希望"而放弃自身努力。

尽管美国在法律上废除了居住中的种族隔离制度，但是由于各种原因，今天在美国各地实际依然存在边界大致清楚的"白人居住区"和"黑人居住区"。多种因素导致白人社区排斥黑人入住：（1）白人害怕黑人住户把犯罪活动带入社区，造成治安问题；（2）白人家长害怕子女与黑人交友，受到黑人文化影响，导致学习成绩下降；（3）白人父母害怕女儿跟黑人男孩约会；（4）居住区的黑人住户多，会影响房价和租售；（5）白人如居住在种族混合社区，会被主流社会视为地位下降。这种事实上的种族居住隔离使黑人社区的生存条件每况愈下：（1）2005年，48%的黑人小学生及49%的拉美裔小学生集中于"高度贫困区"；（2）在黑人占学生半数以上的学校里，有1/4的数学老师无该科目学位①。在这样的居住社区与学校环境中，是无法走出事业上有前途的黑人青年的。

哈佛大学社会学博士龚小夏在2014年写了一篇题目为"种族隔离与黑人社区的人才流失"的短文，描述并分析了美国黑人精英与底层黑人社区

① http：//www.edweek.org/ew/issues/achievement‑gap/.

之间的隔离程度，以及这种隔离对黑人社区带来的严重负面影响。她的分析指出，废除居住方面种族隔离制度的目的是争取黑人的平等权利，但是在实际生活中，却给黑人社区带来了未曾料想的负面影响。

"自从 1954 年的布朗诉教育委员会案件以来，种族隔离在法律上已经被废除。1965 年的民权法案，保障了少数族裔在各方面的平等权利。如今，如果少数族裔在就业、入学、住房、提升的时候遭受到任何歧视，可以根据平权法案上告法庭。然而，为什么过了半个世纪之后，黑人的贫民窟并没有消失、黑白之间的差距仍然如此之大？仅仅是因为种族歧视，还是有更多复杂的、深层的原因？"

在观察了多个南方的小市镇——它们与最近的新闻热点密苏里州的弗格森镇有共同特点——之后，我发现了一个很重要的现象：黑人的社区只有贫民窟和蓝领阶级。上升到中产阶级和上层阶级地位的黑人绝大部分都搬走了。即便是在黑人聚居的社区里面，商店的店主多数并不是黑人，而是白人或者其他少数族裔。……为什么黑人社区里缺少黑人的小企业主？……亚特兰大的马丁·路德·金中心……的一位工作人员比亚特丽斯对我的问题做出了一番非常有启发意义的解答。

比亚特丽斯说，黑人社区在 20 世纪上半叶涌现出了大批中产阶级职业人士。由于种族隔离制度，黑人必须住在一起。医生、律师、教师、牧师、银行家等等，都是本社区之内的人。当时黑人赚的钱，在本社区内要转八圈才会转到外面去。（当今的犹太人社区内，钱要转十二圈。亚裔的数字恐怕更高）。这样本社区内的企业经营者也就有了可以保证的市场。种族隔离取消之后，黑人中的职业人士渐渐地离开了。现在黑人赚的钱，在本社区内连一圈都转不够，马上就在外面花掉了。……

马丁·路德·金本人就出生在亚特兰大市一个相当富裕的家庭。父亲当牧师，母亲持家，兄弟姐妹三人都受过良好的教育。当时他们的生活水平与白人上层中产阶级不相上下。他的家庭拥有一座漂亮的两层小楼，坐落在亚特兰大一个 19 世纪中后期兴建的德国式建筑的小区里。不过，就在他们家房子的对面，有一排供穷人住的简易房子……这是种族隔离时代的现象。在今天，这种情况绝不可能出现，由于地产状况的变化，现在美国的穷人和富人之间隔着一道地理上的鸿沟。而黑人中富裕与受过良好教育的阶层与贫民之间同样也存在这样的鸿沟。

在马丁·路德·金时代，黑人的中上层阶级与下层阶级居住在同一个街区，上同一个教堂，去同一个商店，孩子们在一同玩耍，人们对彼此之间的生活状况了如指掌。黑人的领袖人物通常出身于受过教育的人当中。他们给整个社区树立了榜样，带领社区共同去争取权利与推动社会进步。我们看到，在 20 世纪五六十年代的黑人民权运动中，受过良好教育的黑人起了关键性的作用。以马丁·路德·金为代表的那个年代的黑人民权领袖的政治主张有几个特点。

首先，他们坚持非暴力。马丁·路德·金在哲学上奉印度的圣雄甘地为精神导师。尽管当时的警察使用暴力现象比如今严重不知道多少倍，可是他们并不主张以暴抗暴。这一方面固然是他们从根本上相信美国的民主制度、相信通过合法的途径来推动进步，另一方面也是作为经济上的中上层阶级，他们并不希望砸烂现有的秩序。而且历史证明，非暴力的民权运动的确通过民主与法制的程序为少数族裔争取到了平等权利。

其次，这批民权运动领袖是教育的得益者，也是教育的提倡者。南北战争之后，最早涌现出来的一批黑人社区领袖将教育作为头等大事。比如奴隶出身、在阿拉巴马州兴办了著名的塔斯克基学院（Tuskegee Institute）的布克·T. 华盛顿，在 1895 年代表南部的黑人与白人达成了"亚特兰大妥协"，承诺容忍种族隔离与歧视，条件是黑人必须免费获得基本教育。到了 20 世纪中叶，黑人已经普遍有阅读和书写的能力，越来越多的黑人进入了高等院校。教育被认为是改善个人和族裔境遇的重要途径。因此，民权运动开始于在教育领域打破种族隔离是有历史根源的。

最后但并非最不重要的一点，是民权领袖们对家庭和宗教价值观的重视。自奴隶制时代以来，南部的黑人就笃信宗教。而废奴之后，黑人社区都成立了自身的教堂（主要是基督教新教的浸信会和卫理会）。教堂的牧师就是当地的精神领袖，在他们中间涌现了许多著名的民权活动人士。他们的社会价值观是相当传统的，包括主张维护婚姻家庭、父母对儿女尽责，反对酗酒、吸毒等行为。他们尤其重视为黑人男性树立榜样，从穿戴举止到言语行动，要对外界树立起有尊严的形象。

今天美国黑人的成功人士，就是遵循着这条路走过来的。可是，随着种族隔离被打破，黑人和其他少数族裔在各行各业获得的机会增加，受过教育的黑人不断地离开原来的社区。民权运动过去半个世纪之后，非洲裔美国人中大约一半的人口居住在多种族的郊区。在各行各业的高层中——包括白宫里——都有大批黑人的身影。然而，黑人社区却失去了大批领袖以及有可能成为领袖的人。留在贫民区里的黑人青年也失去了模仿的榜样。虽然政府的社会福利制度保证了人们基本的衣食住，但是这又从另一方面增强了人们的无力感。中产阶级流失得越多，社区也就越贫穷；社区领袖离开了，地痞流氓就有机会横行；家庭楷模不见了，不负责任的父亲和单身母亲家庭的数目便直线上升；好教师走了，学校就败坏得惨不忍睹。

在这样的社区里，毒品与犯罪经常在光天化日之下进行。警察与社区之间的关系自然也就随之紧张。警察枪击嫌疑犯时有发生，而嫌疑犯枪击警察的事件也同样频繁。于是就有了弗格森那一幕。

这种在社会学上被称作"brain drain"（人才流失）的现象到处都存在——发达国家吸引发展中国家的人才，富裕社区吸引贫穷社区的人才。毕竟，人都愿意往高处走。……由于历史的原因，黑人社区的人才流失比其他社区的规模更大更快。如何才能重建黑人社区？如何才能使中产阶级向社区回流？或者如何尽快解决贫民窟的现象，使得种族之间进一步融合？这些都是摆在美国社会面前的紧迫议题。①

美国黑人群体内部的阶层性断裂与空间—心理区隔似乎是致命的，而且恰恰是 20 世纪中叶"民权运动"和"肯定性行动"等一系列为黑人争

---

① http://www.voachinese.com/content/us - segregation - loss - of - talent - 20140824/2427316.html.

取平等权利的法律得以实施，才为这样一个黑人内部的阶层性断裂与空间－心理区隔创造了条件。历史似乎和美国黑人开了一个玩笑。

美国黑人与白人在语言与宗教信仰方面基本相同，母语是英语，信仰基督新教或天主教，这是二百多年彼此共处而形成的，可以说是一种"无形的共性"。无论是白人还是黑人心目中的价值伦理和行为规范，在一定程度上是与自身所属的社会阶层挂钩，而不是与种族身份挂钩。换言之，白人上层人士与黑人上层人士的价值伦理和行为规范是相似的，白人贫民与黑人贫民在价值伦理和行为规范是相似的。这使得有机会改进自身社会地位的黑人精英人士，在思想上认同并很愿意加入白人主流的上层社会，也正因为如此，他们对阻碍他们这样做的种族隔离制度极其痛恨。

但是，与种族相关的肤色及其他体质特征，又使得黑人在外观上极易与白人相互区分，成为一种"有形的差异"并产生距离感。在如何对待这一现实障碍时，有的黑人失去自尊并在内心痛恨自己的肤色。电影《士兵的故事》（The Soldier's Story）描述的就是这样一位黑人军曹，他责备上帝把自己生为黑人，并且经常虐待其他黑人士兵，最后被愤怒的黑人士兵杀死。另外一些黑人对此生出另一种反弹心理，宣称"黑色是美丽的"（Black is beautiful），鼓励黑人青少年不仅不要因为自己的肤色而自卑，而是应当自傲。

从白人方面来看，经过南北战争和"民权运动"之后，大多数白人精英和普通民众接受了种族平等的政治理念，黑人在许多城市已成为人口的多数，所以美国白人必须适应与黑人共同生存，而没有其他选择。在这样的前提下，那些与白人共享基本价值伦理与行为规范的黑人上层精英被白人上层社会所接纳，他们接受了奥巴马和其他与之相似的黑人精英。这些黑人精英也在依照白人主流社会的行为规范做事，就像近期巴尔的摩的黑人市长、黑人检察官和黑人警察在遇到黑人嫌犯时所做的那样。因此，美国社会中肤色差异所带来的距离感也许主要存在于社会阶层之间。

图3也许可以帮助我们认识美国"民权运动"废止种族隔离制度并为黑人提供了社会流动机会后发生的变化。在左图中，由于种族居住的制度性隔离，黑人和白人分别居住在各自的居住区，少量中上层黑人对黑人区下层民众发挥了激励的引领作用。右图显示的是在种族隔离制度废除后的

居住模式，黑人和白人以不同比例散居在由贫富程度划定的三个居住区中，上层黑人迁入以白人为主的富人区，收入在贫困线上下的黑人和白人居住在中间区，在底层的贫民区则聚居着大多数黑人和极个别赤贫的白人。此时尽管没有从前的清晰的居住区界线，但是房价/房租等无形的界线仍然使人们清楚地感受到这种区域分割。这种以贫富位标准的分区居住，客观上隔断了中上层黑人与底层黑人的日常接触，并在黑人贫民区形成了恶性循环的负面社区文化。

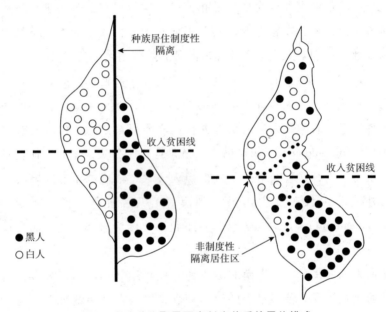

图 3　废除种族聚居隔离制度前后的居住模式

从自身接受的主流社会价值观和个人利益出发，中产阶级和上层社会的白人青年和精英人士不会接受下层贫民区的"社区文化"（不完整家庭、高辍学率、高犯罪率、对社会福利的高度依赖等）。他们与底层社会的白人穷人之间同样保持距离，但是当他们遇到底层社会的黑人穷人时，这种距离感是双重的，造成这种局面的既有社会阶层之间在价值伦理和行为规范方面的"无形的差异"，又加上一层不同肤色的"有形的差异"。甚至一些接受新教伦理的中下层白人民众（包括普通警察、职员、工人等），也会因为不认同黑人贫民社区的"社区文化"而与这些底层黑人保持距离。这就使得黑人社区处在完全无助和毫无希望的境地。这里的居民和青少年感到自己被本族精英所抛弃，从白人中产阶级那里得不到实质性的帮助，与白人下层民众的接触大多是就业机会的无情竞争，和他们之间没有距离感的，也许只剩下那些与他们共享这一"社区文化"的白人底层群体。

2010年，黑人男性每10万人中有4347人正在监狱服刑，在黑人人口中的比例高达4.35%，白人每10万人中有678人，占白人的0.67%。从这一数据对比中可以估算出黑人的犯罪率约为白人的6.4倍。只要黑人社区延续这样的高犯罪率，美国警察以下层黑人男性为主要盘查与执法对象的情形就不会改变，类似近期发生的布朗案、加纳案、格雷案等警察暴力执法的事件也难以杜绝①。近期几起含种族色彩的事件所引发的民众抗议活动，人数最多的只有两三万人，持续时间两三天。20世纪中叶"民权运动"时动辄几十万人的游行抗议场面已成为历史。这几起事件引发的风波已经平息，但是我们不禁要问，美国下层黑人社会的发展前景是什么？在这些社区中成长起来的无数黑人青少年的人生道路已经无法改变了吗？美国如何才能走出当前在种族关系上面临的困局？对于这些问题，我们无法得出确切的答案。但是针对这些现象所引发的普遍反思，会引导我们的认识更加接近美国的社会现实。

结束语

美国建国的历史与种族关系的演变史代表了殖民主义发展过程中国家与民族构建（state and nation building）的一种类型，在许多方面是中国社会无法进行类比的。但是，这并不妨碍我们在观察美国社会种族关系变迁时思考一些人类社会具有共性的特征和进行社会结构演变进程的比较。

美国种族关系演变也许可以为我们思考中国民族问题提供以下几点启示。

（1）族群平等、社会公正是一个社会正常运行的基本原则，种族压迫和种族歧视必然导致被歧视群体的反抗。我们必须坚持民族平等，相互尊重，无论是作为中国主流群体的汉族，还是各自治地方的"自治民族"，都

---

① 假如美国各地警察参照上述费城警察局的做法，淡化这类事件中的种族色彩，也许美国社会对这类事件的关注度会有所下降。

不享有任何特殊的权利。我们必须坚持反对大汉族主义和少数民族中的狭隘民族主义。种族隔离制度不利于各族民众之间的交流交往，更谈不上交融。这也是为什么美国"民权运动"要从废除学校的种族隔离和公共服务设施中的种族隔离入手，争取开拓一个各族民众可以平等交往的社区与学习环境。中国目前的教育制度也需要借鉴这样一个思路，努力为民汉合校、民汉合班创造条件。一些地区各族群之间存在的语言差异不应当成为一道不可逾越的障碍。少数族群学生掌握汉语是他们在中国社会成长发展的重要条件，而少数族群聚居区的汉族学生学习和掌握当地族群语言也是他们在当地发展的重要条件。

（2）在少数族群争取平等权利的斗争中，和平理性抗争的长远社会效果通常优于暴力斗争。在强大的国家机器面前，以武力抗争的激进的"黑豹党"只能是昙花一现。而主张非暴力、以切实兑现宪法中的平等人权为斗争目标的理性抗争，既可以团结本族的绝大多数成员，也可以获得主流群体广大民众的同情与支持，最后把各族民众和精英中（如民主党的肯尼迪总统和约翰逊总统）的积极力量汇总到一起，从制度和法律上改变少数族群的传统不利地位，为下一代青年争取平等竞争和发展的机会与空间。

（3）族群优惠政策（如"肯定性行动"）在制度变革（废除种族隔离制度）之后的一个时期产生了积极正面的社会效果。但是随着主流群体的人口代际更替，主流群体的新一代人必然会质疑族群优惠政策的公平性。其中一部分人会像当年的"民权运动"的做法，同样以"兑现宪法中的平等人权"为旗帜开展法律诉讼，引发有关"逆向歧视"的社会反弹抗议。另一部分人则会因此而丧失对黑人境遇的同情，这同样不利于各种族成员之间的良性互动。目前美国各州根据本地民众的反弹程度逐步调整"肯定性行动"对特定族群的优惠力度，是明智的做法。中国多年来也在一些领域（计划生育、大学招生等）对少数族群实行优惠政策，这些政策在最初推行时，获得主流群体的普遍支持。但是我们同样观察到，这些政策实行了几十年后，人口的"代际更替"和社会经济的快速发展同样带来主流群体新一代对"逆向歧视"的反弹。这无疑十分不利于各族群之间的良性互动。

（4）美国实施的"肯定性行动"在培养新一代少数族裔精英方面取得显著的成功。美国政坛、司法界、军界、企业家中已经涌现出一大批杰出黑人精英人士。而且，这些在美国一流大学校园培养出来的黑人青年人才已经完全把自己的政治认同和身份定位为美国的"国家精英"，而不再像民权运动时期的黑人精英那样主要是代表黑人利益的"族群领袖"。虽然美国本土黑人的这一向上"社会流动"的渠道是否足够畅通，是否这些政策客观上为黑人移民第二代提供了更多的机会，这一点仍可争议，但是本土黑人中确有才华的青年一代毕竟获得了一定的发展机会。新一代黑人精英人士的政治认同和身份定位的改变，有效地化解了种族之间的整体性冲突，因此，在今天的美国已经看不到有领袖、有组织、有明确政治目标的黑人运动，20世纪60年代风起云涌的黑人运动与目前发生的关于警察暴力执法的小规模抗议活动的性质很不相同。从消除族群民族主义和维护国家统一的角度来看，这是一种"釜底抽薪"的做法。美国通过一流大学培养少数族群新一代精英的思路成效显著。

中国目前的思路仍然是把优秀的少数族裔学生选送到民族院校来培养，这些大学的少数族群教师和学生相对集中、强调学习马列主义民族理论（实际上是斯大林理论）、偏重少数族群语言和历史学科教育的学习环境。我们能否借鉴美国的思路和做法，把各少数族群的优秀学生通过一定的优惠政策选送到北京大学、清华大学这样的中国一流大学来培养，为他们创造一个更开放的学习空间，为他们创造一个更广阔的个人发展道路。这样的学习环境对于加强新一代少数族群青年对中华民族和中华文化的认同，应当能够起到积极的作用。这些青年的成功经历又为广大各族青年起到一个示范的作用，这样无疑会促进中华各族之间的交流交往交融。

（5）美国有很好的社会福利制度，但是看起来这样的高福利并没有真正解决下层黑人的贫困问题，结果反而造成了许多人对国家福利的依赖。这种依赖性一旦形成，任何调整或消减福利的做法都会导致底层民众的强烈反弹而造成社会动荡，变成"欲罢不能"的尴尬局面。美国今天一些城市（如底特律）甚至联邦政府出现的严重财政赤字，在一定程度上也与美国现行的福利制度相关。

中国正在努力步入"小康社会"，随着经济大快速发展，中央政府在财政状况明显好转，也有实力不断提高社会福利，包括在少数族群聚居区实施许多带有福利性质的住房建设、社会保障项目等，对于这些福利项目在实施中的社会效果，需要通过深入的社会调查来进行了解。目前为了保持社会稳定，许多少数族群聚居区的地方政府积极向中央政府申请财政支持，用以提高当地少数族群民众的社会福利，这些申请通常也得到中央政府的大力支持。但是，考虑到美国自 20 世纪 60 年代以来长期施行福利政策的实际效果，中国政府和主流社会必须考虑这样一个问题，即假如这些福利补贴发放得不得法，恐怕会导致政府和民众预想不到的社会后果，而且这一社会后果真正的严重性就在于其难以逆转。

（6）我们看到美国"民权运动"以来在改善种族关系方面的实践产生了一个新的社会问题。假如种族隔离制度的废除和吸收少数族裔优秀青年进入一流大学，其结果是造成新一代少数族裔精英脱离了本族群民众，在族群内部阶级分化的进程中与本族下层民众、青年在地理空间和心理情感上出现"断裂"，使本族大多数民众失去前进中的正确引领，从而导致本族下层民众和青少年失去了向上流动的兴趣、动力和基本能力，产生了一个极具负面色彩的"社区文化模式"（包括青少年的普遍厌学和高辍学率、帮派与黑社会泛滥、高犯罪率、不稳定的两性关系、家庭的不完整和高贫困率，对国家福利的高依赖率、与警察之间的恶性互动）。这个社会于是出现了带有种族色彩的新的社会问题，种族矛盾以新的形式出现并危及社会和谐与稳定。

一个多族群社会的少数族裔精英人士，应当担负起双重责任，第一个方面是理性地引导本族群与主流社会和中央政府进行良性互动。在这样的互动中积极为本族群争取平等权益，包括本族成员在选举、被选举和官员任用方面的政治权利，在语言使用和宗教信仰等方面的文化权利，与主流群体学生一样在国内一流大学学习的权利，平等参与国内各项经济活动和就业的权利，保护本地生态环境和可持续发展能力，等等。第二个方面是维系与本族中下层民众和社区成员（他们是本族人口的大多数）的密切交流，努力与本族大多数成员保持良性互动。在这种互动过程中关心他们当中出现的各种社会、经济、文化问题，引导他们认清国家发展的大形势，引导他们辩证和历史地看待本族群的文化遗产，继承精华，剔除糟粕，推陈出新，引导他们客观地认识本族历史以及各族之间的交往历程，认识到族群之间的交往交流交融是历史发展的大趋势。中国的少数族群精英应当鼓励本族青年建立对中华民族和中华文化的认同感，同时还要鼓励本族青少年积极投身于传授现代知识体系的学校教育，在继承本族语言文化的同时积极学习国家通用语言，努力提高自己的竞争能力来参与国家的现代化发展进程。与此同时，当本族部分青少年因个人发展不顺利而步入歧途时，我们必须努力防止类似美国黑人贫民区"社区文化"的成形与蔓延。我国一些少数族群聚居区出现的吸毒、犯罪、黑社会团伙现象已不容忽视，需要引起中央政府、主流社会和少数族群精英人士的高度关注。

少数族群精英人士一方面应该在政治上把自己定位于"国家精英"，另一方面又要担负起引领本族民众进入现代化进程的社会历史责任，那么，这两者的角色会不会发生冲突？如果我们站在"中华民族多元一体"框架的角度上来思考，多元与一体之间完全可以是一种辩证的统一。正因为把自己定位为国家精英，少数族群精英人士必须站在国家整体的高度来看待和处理各项与少数族群相关的事务，但同时由于他们出身于少数族群，对本族群的历史文化和群体心理有更深的了解和情感，所以应当对本族民众和青少年负有引领的责任。假如有些人自己进入国家干部和知识分子行列后，对于本族出现的社会问题除了发发牢骚外，并不去实际做一些可以切实改善本族境遇和纠正负面倾向的事，那么出现少数族群精英与本族底层民众之间的"断裂"现象及后续的严重社会后果，恐怕就是难以避免的了。美国黑人社会问题出现目前困局的要害，很可能就在这里。

参考文献

B. 罗贝，1988，《美国人民：从人口学角度看美国社会》，北京：国际文化出版公司。

艾伦·布林克利，2014，《美国史》，邵旭东译，海口：海南出版社。

安德烈·莫鲁瓦，1977，《美国史：从威尔逊到肯尼迪》，复旦大学历史系世界史组译，
　　上海：上海人民出版社。

陈纪安，2002，《美国法律》，北京：中国科学技术大学出版社。

黄绍湘，1979，《美国通史简编》，北京：人民出版社。

密尔顿·戈登，2015，《美国社会中的同化》，马戎译，南京：译林出版社。

托马斯·索威尔，1993，《美国种族简史》，沈宗美译，南京：南京大学出版社。

王凡妹，2009，《美国"肯定性行动"的历史沿革——从法律性文件的角度进行回顾与分析》，《民族社会学研究通讯》第 53 期（2009 年 7 月）。

文森特·帕里罗等，2002，《当代社会问题》，周兵译，北京：华夏出版社。

约翰·霍普·富兰克林，1988，《美国黑人史》，张冰姿等译，北京：商务印书馆。

Ellison, Christopher G. and W. Allen Martin, 1999, *Race and Ethnic Relations in the United States: Readings for the 21st Century*, Los Angeles: Roxbury Publishing Company.

Glazer, Nathan 1975, *Affirmative Discrimination: Ethnic Inequality and Public Policy*, New York: Basic Books.

McLemore. S. Dale, Harriett D. Romo, and Susan G. Baker, 2001, *Racial and Ethnic Relations in America* (Sixth edition), Boston: Allyn and Bacon.

Popenoe, David 2000, *Sociology* (11th edition), New Jersey: Prentice Hall.

Schuman, Howard, Charlotte Steeh, Lawrence Bobo, and Maria Krysan, 1997, *Racial Attitudes in America*, Cambridge: Harvard University Press.

Sniderman, Paul M. and Thomas Piazza, 1999, "Pictures in the Mind", C. Ellison and W. A. Martin, eds. *Race and Ethnic Relations in the United States: Readings for the 21st Century*, Los Angeles: Roxbury Publishing Company, pp. 230 – 237.

民族平等与群体优惠政策*

种族冲突与族群矛盾是长期困扰人类社会的一个核心议题。近年来中国的族群问题越来越受到全国民众和世界各国关注。其中，族群平等和中国政府的少数族群优惠政策逐渐成为讨论焦点之一。我们应当如何理解"民族/族群平等"这个被普遍接受的普世性原则？应当如何分析政府以少数族群成员为对象的各种优惠政策的理论和法律依据？应当如何看待这些优惠政策的社会合理性和历史局限性？中国的民族优惠政策自20世纪50年代开始实施，在80年代进一步强化，这些政策在今天的实际效果究竟如何？在实践中带来了哪些积极和消极的影响？今后这些优惠政策是应当继续强化，还是应当根据各地实际效果逐步进行调整？应当如何思考和确定政策调整的方向？作为主流群体的汉族和从这些优惠政策中受益的少数族群，各自应当如何评价和思考这些政策的发展前景？

当我们对以上问题进行讨论时，有四点需要注意。一是这些政策设计涉及抽象的政治原理，涉及"公平""平等""多元主义"这些核心概念，相关的理论探索是研究的基础；二是对这些政策进行评价时，必须以社会各界民众对这些政策的实际感受为基础，不能从"经典"或文件出发，毕竟"实践是检验真理的唯一标准"，这些政策的受惠群体和非受惠群体可能

---

* 本文刊发在《中南民族大学学报》2015年第6期，第1~15页。

有不同感受；三是各族群都存在"人口代际更替"的自然现象，政策最初设计和实施时各族民众对这些政策的态度与感受，很可能与 20 年、40 年后第二代、第三代人的态度与感受不一样；四是随着社会经济的发展变化，每项政策的预期效果可能随社会制度的转型和演进而出现变化。在政策设计时就可能存在"短期效果"和"长远效果"两种不同考量，二者之间可能存在某种辩证的关系，即政策的近期效果有可能与远期效果存在冲突。如果只考虑眼前效果如通过加大优惠力度来换取部分民众的支持，有可能在未来不得不做出必要的政策调整时出现难以克服的阻力。

本文试图对以上方面进行一些初步探讨，希望能够引起大家更多思考和讨论。我们相信对于这些问题的探讨将有助于国人在今后的民族问题讨论中集思广益、逐步达成共识，并在中华各族的交流交往交融中维护国家统一，实现各族群的共同繁荣。

1. 人类社会发展过程中演化出三大种族和各类群体

在人口迁移和群际通婚的历史演变过程中，在世界不同地区逐渐演化出具有不同体质特征的多个种族，美国《哥伦比亚百科全书》简略地归纳为三大种族（Bridgwater and Kurtz, 1963: 1757 - 1758）。与此同时，世界各地也出现了以祖先血缘、语言文化、宗教信仰、经济活动类型、生活习俗、迁入时间等为标志的各种群体归类，由于不同地域的群体演化过程与话语体系不同，各地群体归类的内涵、口径和称谓也各有特色，互不相通。有关群体边界如何界定、群体演变的历史叙事甚至族称的来源等，都难免受到各种影响并含有某种"想象"成分。

随着文艺复兴、宗教改革、启蒙运动和工业革命的发展，在 16 世纪的欧洲出现"民族主义"运动。1648 年《威斯特伐利亚条约》签订后，西欧逐渐以"民族国家"为政治实体单元建立一个全新国际秩序，随后发展起来的欧洲各国在对外殖民侵略的过程中又把源自欧洲的"民族"概念和"民族国家"这一政治体制介绍给世界其他地区（Smith, 1991: 9 - 11）。在近代世界各国之间的政治、经济、文化、人口交流大潮中，各国开始流行的帝国、国家、种族、部族、国族、民族、族群、部落、村社、社区等概念大多由欧洲学者界定但在交流中转用本国语言词汇来表述，这些具有不同历史背景及内涵差距极大的政治/学术概念与本地词汇的结合，不仅创造了许多外来语和新词汇①，而且在世界各国引发本地学者和民众的不同解读和实地应用。

　　由于各国社会与文化发展轨迹很不相同，这些源自西方的概念（如"民族""族群"）与各国本土的政治概念（如中国的"天下""夷夏之辨"等）在本国思想界、学术界混杂使用，甚至衍生一些新词（如"国族"）②。在对这些概念的理解方面，由于受到传统思维和外来意识形态的影响，人们有时很难达成共识。在把"民族""族群"等概念应用到本国时，任何群体差异和名称认定都有现实的政治背景和实用性目的，即要根据某些原则或特质把不同的人群彼此区分开来，并把他们放在不同的社会地位上区别对待③。因此，在如何对待一国内部不同群体以及相关制度和政策的设计方面，各国主流社会也持有各自不同的立场和观点，并根据本国的不同发展目标分别实施不同的政策，也必然产生十分不同的社会效果。

2. 平等竞争的公平性取决于竞争双方能力是否具有相似水准

　　由于各种条件的限制和历史发展机遇的影响，世界各国和各国内部不同群体的发展道路并不相同，发展的进程和水准也不平衡。殖民主义时代是西欧工业化国家强行侵入世界各国开拓市场与殖民地的时代。当具有不同发展经历和不同竞争能力的两个群体相遇时，两群体下属个体之间的彼此竞争，实际上代表和展现的是各自群体的发展水平与竞争能力，带有所属群体的历史印记。此时如果完全以群体及所属个体之间相互竞争的方式来决定生存与优劣，那就等于承认并接受"弱肉强食"的丛林法则。我们所看到的这种竞争的后果，就是首先进入工业化的欧洲国家在亚非拉对土著居民个体的无情杀戮和奴役，以及对土著居民整体实行的野蛮殖民统治。在这里，人类群体以竞争能力的强弱或军事装备的优劣被分为"优等民族"和"劣等民族"，而且"优等民族"对"劣等民族"的奴役在这一法则下完全合法和合理。于是我们发现，貌似"平等的竞争"最终造成的结果是

---

① 如当代汉语中大部分现代词汇来自日本汉字。参见裴钰，2009，《当代中国汉语七成是日货：日本汉语无处不在》，《联合早报》2009年2月9日。

② 如孙中山在1924年把英文的nation表述为"国族"（2000：2）。

③ 如晚清时期汉文中出现的"汉民族""满洲民族""蒙古民族""藏民族""中国本部"等称谓，就来自日本汉字（顾颉刚，1939；孙隆基，2004：17）。

强势群体主导的对弱势群体的压迫，以及在强势群体话语体系中对人类群体的"不平等分类"。

因此，一个竞争体系是否"平等"，其前提是双方的竞争能力应当具有相似的水准。这就如同在两军对垒的战场上，手持刀剑的一方是无法与用枪炮武装起来的另一方"平等"竞争的，体力、顽强和牺牲精神不是决定胜利的因素；在就业市场的求职竞争中，没有受过正规学校教育的求职者是无法和大学毕业生"平等"竞争的，仅凭认真和辛苦也不足以胜任岗位的要求。假如竞争的双方完全不在同一个基础之上，那么貌似"平等竞争"的理论在现实互动中很可能毫无"平等"可言。

我们把竞争场景限定为一国内部不同群体之间，这些群体同样也可能出现竞争力相差悬殊的情况，而且少数群体也许仅仅因为语言差异就在以主流群体语言作为主要工具语言的就业市场上居于劣势。假如弱势群体人数众多而且因竞争失败而陷入困境，那么必然导致矛盾不断升级和社会持续的不稳定，这是任何一个现代国家的政府都不希望出现的结果。因此，在竞争实力水准相差悬殊的两个群体相遇共处并出现在同一个竞争平台上时，对弱势群体的某种照顾或优惠恰恰是为了体现竞争的公平性，符合社会整体的共同利益。从这个角度来说，群体优惠政策在特定情况下是维护社会和谐和推动全社会共同进步的措施。但是这种群体竞争中的相对意义上的公平性，从长远发展的角度来看，其代价是牺牲了个人竞争中的绝对意义上的公平性。

3. 两类族群政策：所有各族成员一视同仁 vs. 不同群体差别对待

今天研究国内族群关系的人，必然关注本国的族群制度和政策。在一个地域辽阔、国内不同地域、不同群体的发展速度呈现多元化的国家，中央和地方政府对国内不同群体成员采取的是完全平等的政策，还是根据具体国情采取差别性对待（或是歧视，或是优待）的政策？这些政策的实施效果对于本国族群关系的未来走向产生了哪些作用？是否与主流社会和政府设定的政策目标相符？由于关系到国家统一和社会稳定，这些问题无疑是本国政府和学术界必须关注的核心议题。

在任何一个多种族/族群国家，执政的中央政府和主流社会的族群政策可大致分为两类。一类是对本国所有成员（即具有合法身份的全体国民）

采用一视同仁的平等政策，每个公民在政治权利、受教育和就业权利、个人发展权利等各方面均可享受完全平等的权利与机会。另一类是把本国国民分成不同类别，每个国民均持有标志族群（如种族、民族）或类别（如阶级、种姓）的特定身份，而不同类别的国民在不同地区、不同领域里享受标准不同的国民权利和内容不同的政策待遇。"在多族群社会里实行优待政策是很普遍的，但这些政策所包含的范围、是否正式颁布、内容是否清晰，则各有不同。有些政策局限于公共部门的就业机会，有些政策扩展到私营机构；有些不仅仅涉及就业，还延伸到商业活动和教育系统之中，有些政策只在特定的范围内实施，如高等教育和政府行政部门；有些政策是正式颁布并公开执行，而另一些政策的实施则是静悄悄的"（Horowitz，1985：654）。

第一类政策通常被视为理想化的现代公民社会的政策。不仅列宁主义主张民族平等，西方主流社会也主张"人人生而平等"，所有公民在为自己争取各种学习、就业和发展机会时，在彼此竞争中采用的评价标准是同一的。没有人可以享受特权，也没有人受到歧视。这类政策体现了人类理想中的社会公平与正义。

4. 在思考族群平等时使用的比较单元

族群平等的具体操作和实践可以放在两个基本层面来分析，一个以个体成员为单元，另一个以族群（一个国家内各族群的整体或部分成员）为单元。不同的场景涉及不同的层面，二者在实际研究中各有不同的侧重，同时具有不同的意义。但是最彻底的平等仍是社会中所有个体间的平等。

在一个国家内部，族群"平等"包括许多方面的内容，其中最重要的体现在每个公民个体权利的平等，包括政治上的平等权利（宪法赋予的各种公民权，选举权和被选举权，平等享受社会公共设施和社会福利公益的权利、受教育权、争取各类公共职位的权利等），法律上的平等权利（应用完全相同的法律条文，诉讼中的起诉、辩护、上诉权等），经济上的平等权利（就业竞争、同工同酬、职位晋升等）。这些平等权利在具体实施时必须能够具体落实到每个公民个体，在考察这些权利是否得到落实时，主要以个体公民为单元来检验是否受到平等对待，应有的各项权利是否受到侵犯。

另一类分析使用族群作为比较单元，譬如分析一个国家中各族群整体在职业结构、行政职位分配、平均收入方面是否"平等"。西方社会学开展的"族群分层"（ethnic stratification）研究，分析的主要指标包括：各族群在教育（获得各级学校教育的结构比例）、行业（从事农业、工业、服务业、金融业等各行业的人数与比例）、职业（担任政府公职、专业人员、管理人员、工人、农民等各职业的人数与比例）、收入（收入分组与结构）等方面的"结构性差异"。各族群的结构性差异可以被视为族群之间"事实上的不平等"，这种结构性差异是族群间整体社会地位和收入水平"不平等"的重要根源。

5. 法律上的平等与"事实上的平等"之间的性质差异

法律平等在实践中所面对的只能是公民个人，而不应考虑他（她）属于哪个族群。全体公民拥有完全平等的权利、义务和公平竞争的机会，既包括个人在政治生活和法律面前的平等权利，也包括资源分配和发展机会方面平等竞争的权利。

同时，每个公民之间在具体经济领域中的"事实上的平等"只能是相对的，不平等是绝对的。由于每个人天赋和健康状况不同、学习中付出的辛劳不同、工作中的努力程度不同、实际做出的成果业绩不同，不同个体得到的报酬自然也不同。报酬通常只应根据业绩来衡量，否则就违反了"同工同酬""按劳分配"这些最基本的法律上的公平原则。所以，当我们谈及个体间的平等时，只能指法律上或竞争机会的平等，不可能指事实上或分配结果的平等。当然，在一些社会确实存在"同工不同酬"的现象，一个原因是单位（企业）领导者或分配决策者的个人决定，这无疑违反公平原则。另一个原因是制度上存在针对某个群体成员的某种"优惠政策"，而这正是本文所要讨论的现象。这两种情况都会激起感到受到"不公平对待"的其他人的反弹，引发有关社会公平问题的讨论。

一个族群的整体社会地位、平均收入水平等宏观经济指标是由该族群全体成员的个体情况汇集在一起计算得出，并由族群的社会分层结构指标来显示。所以，只有在两个族群整体在"社会分层"结构方面完全相似的条件下，族群间在经济领域里才有可能实现大致的"事实上"的平等。由于各族群成员们的情况也在不断变化，因此族群间的"事实上"的平等只能是相对的，而不平等是绝对的。如果族群间在社会分层结构上存在明显差异，那么，在个人层次上实行的"法律上的平等"（如公平竞争）就必然导致在群体层次上出现比较明显的"事实上的不平等"。

6. 列宁主义的"民族平等"观

列宁主义[①]在民族问题上的核心观点和思维逻辑是：（1）"反对一切民族压迫和一切民族特权"（列宁，1919a：552），"我们要求国内各民族绝对平等，并无条件地保护一切少数民族的权利"（列宁，1913：100）；（2）为了达到这一目标，首先通过革命建立无产阶级的政权，通过政府立法实现各族群在法律上的平等；（3）由于各族群在社会经济发展水平方面不平衡，所以存在较先进的族群和相对落后的族群；（4）为了实现真正的族群平等，先进族群要帮助落后族群赶上来，具体方法是在社会主义制度下对少数族群实行各项优惠政策，逐步使各族群"达到事实上的平等"（列宁，1919b：102）；（5）对落后族群实行优惠政策，其实质也是对先进族群的"不平等"，但这是为了巩固民族团结和帮助落后族群发展的必要措施。"国际主义，不仅在于遵守形式上的民族平等，而且在于遵守对压迫民族即大民族的不平等，这种不平等可以抵偿生活上实际形成的不平等"（列宁，1922：628）[②]；（6）当落后族群在整体社会经济水平上赶上先进族群后，就实现了族群间"事实上的平等"。社会主义将"使一切民族完全平等、密切亲近和进而融合"（列宁，1916b：340），"社会主义的目的不只是要消灭人类分为许多小国家的现象和各民族间的任何隔离状态，不只是要使各民族接近，而且要使各民族融合"（列宁1916a：140）。

综上所述，列宁主义主张世界上各民族一律平等，主张各主权国家内部的各族群也一律平等，在无产阶级专政体制下实现国内各民族/族群在法律上的平等，通过对少数民族/族群施行优惠政策帮助它们发展并赶上先进民族/族群，最终实现民族/族群融合。如果用社会学的语言来说，就是只

---

① 我们在这里使用"列宁主义"而不用"马列主义"，因为马克思和恩格斯关于"民族"和"民族主义"的论著与列宁、斯大林的论著分别处于不同的社会历史环境，在主要观点和内涵上存在重要区别（马戎，2010；马戎，2012）。

② 在半个多世纪后，列宁的有关观点几乎完全被美国的一些政治家所接受。1978年美国最高法院法官布莱克门（Harry Blackmun）曾经这样说："为了跨越种族主义，我们必须首先考虑种族因素……为了使一些人得到平等的待遇，我们必须以不同的方法来对待他们。"（Thernstrom and Thernstrom，2002：19）

有消除了先进族群和落后族群之间在"社会分层"中的差距后，才可能实现族群的"事实上的平等"。所以消除"族群分层"，是实现"事实上平等"的核心问题。不考虑这个问题，只谈族群整体在平均收入等方面的差距，或者族群个别成员之间的收入差距，强调这就是列宁提到的"事实上不平等"，那就完全歪曲了列宁的原意。

列宁提出应当通过优惠政策帮助各少数族群发展并最终达到族群间"事实上的平等"，但是列宁同时承认，优惠政策本身也是对"大民族的不平等"。所以，从理论上讲，在一些领域实行的这种不平等只能是无产阶级夺取政权后在一个过渡时期实施的暂时性政策，待到劣势族群发展到与优势族群相似的水平时，就具备取消这些优惠政策的条件，并在各领域全面实行"法律上的平等"。根据这一观点，在无产阶级革命取得胜利后，对少数族群在各方面实行优惠政策是促进民族团结和共同发展的重要手段。苏联和 1949 年后我国政府实行的少数族群优惠政策即遵循的是这一思路。

7. 必须从消除"族群分层"中结构差异的角度来理解族群间的"事实上的平等"

假如国内存在两个族群，各自的社会分层结构差异很大，如 A 族群有80% 的成员具有高等教育背景并在技术含量高、收入高的行业就业，B 族群有 80% 的成员只是小学毕业，从事普通体力劳动而且收入较低。如果我们强调两个族群的收入差距并强调群体"事实上的平等"，通过政府政策强行把 B 族成员提升到收入高的职业上（如规定企业高管人员中的族群比例），这种做法在个人权利的角度上看无疑不平等，必然引发 A 族的不满，而且因为违反经济规律（以能力定岗位、按劳分配）将损害企业的发展。如果为了缓和国内族群矛盾，在短期内实行这样的政策举措，可以用损害企业利益和经济发展的代价换取族群关系的临时性改善。但这一做法显然不可持续。既能满足群体平等（即各群体大多数人的就业与收入状况基本相似），又能满足个人平等（个体在就业与升迁的竞争中凭靠本人能力而不是族群身份）的前提条件，是两个族群的社会分层结构趋于相似，A 族的高层人才与 B 族高层人才比例相近并平等竞争，A 族的低等人才与 B 族低等人才比例相近并平等竞争，在各个层次上，双方都认同平等的竞争规则。所以，我们必须从消除"族群分层"中结构差异的角度来理解族群间的

"事实上平等"。

假如两个族群劳动力产业结构不同、职业结构不同，它们整体的收入平均水平必然不相同，表现出来的整体消费水平也不相同。如果我们忽视了对产生收入差距的结构性（教育水平、行业、职业等）原因和个人情况（脑力、体力和努力程度）的系统分析，仅仅由于看到两族群成员整体之间存在收入水平、消费水平之间的差距而提出"民族平等"问题，甚至以此质疑"法律上的平等"，那就是把无产阶级革命取得胜利后已经实现了的"法律上的平等"和努力争取在未来共产主义社会实现的"事实上的平等"这两个分属不同历史时期和性质完全不同的问题混淆了。

8. 区别开族群整体性结构差异和个人因素引起的个体差异

族群整体性的"社会分层"结构差异与因个人因素带来的个人之间职业和收入差异，分属两个不同的范畴。由于各种个人原因（健康、家庭负担、努力程度等），每个族群既有穷人和在社会上发展不顺利的成员，也有事业非常成功的人士。美国白人中有乞丐，黑人也可能被选为总统。这与"族群平等"毫不相干。个人之间竞争机会的平等和族群之间"结构性"的平等是不应混淆的两个问题。如果不存在以某个族群在受教育、就业、分配等方面的制度化歧视（族群或种族歧视），就不能说在法律上存在族群不平等。如果存在以特定族群为对象的优惠政策，那么就存在以非优惠族群为对象的法律或制度上的不平等。

举两个例子。在第一种情况中，如果一个 A 族成员和一个 B 族成员具有同样的资历与能力，他们有同样的机会得到同样的工作并取得同样的报酬，这就是机会的平等，也是在个体层面上同时存在着"法律上的平等"和"事实上的平等"。第二种情况以第一种情况为前提，但是就整体而言，A 族从事高薪工作者占 A 族就业者总数的 50%，而 B 族的比例只有 15%，这样 B 族就业者整体的平均收入明显低于 A 族就业者的平均收入。在第二种情况下，在承认个体层面上存在"法律上的平等"和"事实上的平等"的同时，也存在群体层面上的"事实上的不平等"。

面对第二种情况时，应当怎样做呢？第一种方法是不管实际工作的性质和应当得到的报酬，用行政手段把高职位 A 族职工的工资水平降下来，或者把低职位 B 族职工的工资水平提上去，从而使 A 族就业者整体平均收入与 B 族整体的平均收入相等。这显然对就业者不公平而且不利于调动劳动者的积极性，通过这种方法来达到"事实上的平等"显然不是列宁的初衷也违反公平原则。第二种方法，就是不去指责这种"事实上的不平等"，而是调查分析造成这些族群结构性差异的原因，研究影响其结构形成与演变的各类因素，积极探讨改变现有结构的各种措施（包括具体政策），努力通过提高教育水平或开展培训项目使 B 族中有能力从事高薪工作者的比例逐渐达到与 A 族相同的水平。很显然，第二种方法才是公正的并且真正解决问题的合理途径。

列宁主义民族理论所讲的要达到族群间"事实上的平等"，指的是经过社会经济的发展过程，逐步使各族群的劳动力在受教育水平、产业和职业结构等方面达到大致相近，从而使与之相关的整体收入结构大致相当，绝不是不顾这些条件而简单地要求达到各族群整体收入水平的相等。从某种意义上讲，只有到了真正能够实行"各尽所能，按需分配"的共产主义社会，族群之间、个人之间"生活上实际存在的不平等"才会真正消失。而这无疑是非常非常遥远的理想世界的事。列宁主义的族群平等理论为我们指出了人类社会的长远奋斗目标，在目前我们所处的"初级阶段"，只能依照实际本国的实际国情来理解和引导社会的发展。

9. 群体权利与个体权利在本质上是相互冲突的吗？

从个人权利的角度来看，群体优惠政策违反了公平原则的政策，因为对某个个体的优惠即意味对其他个体的歧视，对某个群体成员的优惠即意味着对其他群体成员的歧视。例如对某族群成员在大学录取中实行加分政策（或设立另外的名额，降分录取），这便使其他群体的考生在录取中面对的是另外一个评价标准。所以美国 20 世纪 60 年代通过"肯定性行动法案"对黑人考生实行优惠政策时，许多白人学者指出这是违反美国宪法的"反向歧视"（Glazer，1975）。他们指出，在美国历史上的奴隶制时代和种族隔离时期，黑人确实受到歧视，但是在"民权运动"后实施的种族优惠政策，又导致白人在竞争中遭受群体歧视，这同样是不公平的政策。

在这一争论中，黑人强调历史上黑人群体所遭受的奴隶制和种族隔离制度的伤害与歧视，认为"肯定性行动"为代表的群体优惠政策有助于实现黑人的"集体权利"，而白人则强调美国宪法中的"人人生而平等"，认为这一政策损害了白人公民在现实竞争中应当享有的"个体平等权利"。从不同的角度看问题，双方各有各的道理，很难达成共识。那么，群体权利与个体权利在本质上是相互冲突的吗？群体权利的平等与个体权利的平等在本质上是相互冲突的吗？在什么条件下，群体权利与个体权利的"平等"议题会完全重合？

我们再回到社会学的"族群分层和社会流动"理论，它为我们提供了一个有用的视角。从这一视角出发，真正实现中国族群平等的前提就是努力达到各族群在社会分层结构方面的同构性，即达到中国各族群内部的社会分层结构与全国劳动者的社会分层结构基本相同（马戎，2013）。族群优惠政策的最终目的，应当是努力推进社会现实向这一目标前进，而不是"捍卫群体权利"。如果族群优惠政策的实施效果并没有朝这个方面有所进步，而是把这些政策转变为某些族群的"特权"，持续增强了这一族群对政府扶助政策的依赖性，甚至降低了该族年青一代的学习积极性和事业进取心，那么，这样的优惠政策就在客观上起到了负面的效果，并与当初设计这些优惠政策的初衷完全相背离。所以，衡量族群优惠政策效果的标准，就是考察在该政策实行后的一个时期内，该族群的社会分层结构是否得到明显的改善，该族年青一代的学习积极性、进取心和学习成绩是否明显得到提高。而这里作为衡量标准的学习成绩，只能与其他学生同样以考试绝对水准作为指标。群体权利和个人权利之争，只有在这样的发展目标和衡量体系中才能真正统一起来。

10. 作为群体权利之一的文化权利

上面提到的群体权利，主要是在现代化进程中不同族群在受教育、就业等经济竞争中的群体权利与个人权利。有些学者在提到"群体权利"时，所强调的是文化权利。因为不同族群可能有不同的语言文字、不同的宗教信仰、不同的生活习俗，少数群体的这些"文化权利"应当如何得到保障？由于不同的文化体系之间具有不可比性，每种文化都是人类社会的文化遗产，具有独特和不可替代的文化价值，因此每个族群特有文化的保护与传承也成为各国和人类社会共同的责任，这方面的工作应当主要由各国文化部门和联合国教科文组织来负责和承担。从少数族群语言文字的传承来看，在该族群聚居区的公立学校应当开设相关语言课程，推行双语教育。在大学和国家下属人文研究部门，应当设立该语言文字的研究机构和研究项目，在这里自然不能用经济效益指标来对相关语言专业和研究机构进行评估，而应当视为特定的"文化事业"。通过这些语言学习课程和文化研究机构、项目的设置与运行，少数族群在文化方面的"群体权利"应当能够得到妥善保障。人文学者和议会代表们可以对这些语言专业课程和文化事业的发展情况进行评估并提出改善的建议。另外，各族群的文化传统的实际发展情况也并不同步。有的群体发展出完善的语言文字系统，并有大量的历史文献传世，而有的族群只有口头语言而没有书写文字，并无文献流传。所以少数族群"文化权利"的保障与传承也需要实事求是、因地制宜，不能采取相互攀比或"一刀切"的简单做法。

在保障少数族群语言权利的同时，为了少数族群大多数成员能够顺利进入现代化，在国家的社会分层结构中占有自己应有的地位，为了掌握学习和交流所必需的工具性语言，少数族群学生需要在学校中系统学习国家通用语和国际通用语。这与学习传承本族母语并不冲突，完全可以在课程安排中妥善解决。把继承母语与学习国家通用语对立起来，是一种僵化和短视的思维方式，对于改善本族的社会发展态势和提升下一代竞争能力十分不利。

在中国社会的场景中，汉族学生在学校里可以学习外语，而少数族群学生则需要系统学习汉语普通话，同时为了与国际社会交流还需要学习一门外语。这样少数族群学生在学习语言方面要比汉族学生付出更多时间和精力，这是不争的事实，但这是在中国语言格局中不可避免的语言学习模式。为了承认和尊重少数族群学生掌握母语的文化功能价值，可以在高考等竞争中把少数族群语文单列为一门考试科目，成绩加入总分，而汉族或其他族群学生也允许申请这门考试并同样加入总分。在一些少数族群聚居区（如藏区或南疆），当地汉族学校应当开设当地族群的语言课程，并列入考试科目。这些少数族群聚居区的公务员或公共事业单位招募人员时，应正式把当地族群语文列入考试内容。这样一是可以鼓励汉族学习当地语言，二是保证这些机构的职工可以更好地为当地民众提供服务。这些都是在语言和文化领域进一步促进公平和保障少数族群权利的做法。

11. "自由主义的多元主义"和"团体的多元主义"

近年来，多元主义在西方社会学的族群关系研究中是讨论较多的理论框架。美国社会学家戈登在批判了种族歧视和"同化主义"这两种政策思路后，着重从"多元主义"理论的角度来讨论现代公民社会在种族/族群关系的指导理论和相关政策方面的设计原则。

"自由主义的多元主义"（liberal pluralism）的重要特征，就是政府与社会对于每个个体的族群身份"不进行甚至禁止进行任何法律上的或官方的认定，以防止将不同种族、宗教、语言或不同族群起源的群体看作在法律或政府程序中占有一席之地的统一实体，同时它也禁止应用进行任何形式的族群标准，不管应用这种标准是为了任何类型的族群歧视的目的还是为了对少数族群特殊照顾的目的。当然，按照这种结构，这些少数族群中的许多成员，也都会受惠予以解决有关问题为目标的立法，如反贫困法案、住房、教育和福利计划等。这里，处于劣势地位的族群成员，是因为他们个人在社会法案中合适的资格而受益，而不是因为他们的族群背景的作用作为群体而受益。…… 这样一个社会里平等主义的规范强调的是机会的平等，对个人的评价也是基于评价其表现的普遍标准"（戈登，2010：122）。

另外两位美国学者格莱泽和莫尼汉也指出：（美国）"1964 年的《民权法案》是对'自由主义期望'的具体化。'种族、肤色、宗教、性别、族群血统'等所有这些先赋的范畴都被宣布为非法（outlawed）。这些早期的侵犯性词语不再用于对人进行分类，政府尤其要戒除肤色分别"（格莱泽和莫尼汉，2010：30）。

以上所述的社会结构的"自由主义的多元主义"设计思路完全刻意地忽视族群区别，在资源分配与机会竞争中完全不考虑个体的族群背景，强调的是机会的平等，同时承认个体能力的差别，认为这才真正体现出人类社会的"平等"理念和"公平"原则。

另一个政策设计思路是"团体的多元主义"（corporate pluralism）。戈登认为其具有以下特征："种族和族群通常都被看作具有法律地位的实体，在社会中具有官方的身份。经济和政治的酬赏，无论是公共领域还是私人领域，都按照数量定额分配，定额的标准是人口的相对数量或由政治程序

规定的其他方式所决定。这类平等主义强调的更多是结果的平等，而不是机会的平等。"（戈登，2010：122）

这一思路与苏联和1949年后我国实行的对待少数族群的优惠政策有相似之处，即都以族群整体为政策对象。戈登所说的"结果的平等"意即对各族群来说，社会分配结果（如各种资源与利益）应当体现出"事实上的平等"。如采取资源或机会按人头平均分配的方法，不考虑个体能力的差异。这类政策的核心精神是强调群体之间的平等与公平，而不是个体之间的平等与公平。比如接受高等教育的机会，按照这个思路可以设计一个考试录取政策（如使用不同试卷，或采用不同的录取标准），努力使各族群上大学者在学龄人口中所占比例相同。我国新疆维吾尔自治区制定的高考录取政策，即符合这一思路。考虑到一些因历史原因教育较落后族群考生的实际情况，这样的政策可以为这些族群提供更多机会，加快这些族群的教育发展，有利于族群团结和社会整体性发展，具有积极的意义。但是"团体的多元主义"政策毫无疑问会使部分利益受损的多数族群成员对竞争规则的公平性提出质疑，而且这些大幅降分录取的少数族群学生的实际学习效果和就业状况也是普遍遭到人们质疑的议题。

12. 群体优惠政策将导致"被歧视群体"反弹：人口代际更替将扭转对优惠政策的民众支持

实行群体优惠政策的出发点，是考虑并承认某个群体由于竞争能力在"质"的方面处于弱势。实行优惠政策的目的，就是通过相关政策帮助该群体在一定时期内有效地提高自身的竞争能力，从而最终实现全体社会成员能够在完全平等的条件下进行公平的竞争与发展。从这个意义上讲，群体优惠政策只能是在一个过渡时期内实施的暂时性政策，不具有可持续性。假如长期实行，必然会带来另一个方面的社会问题，即不享受优惠政策群体的反弹。

"人口代际更替"是社会学分析社会变迁的一个重要视角。社会环境的变化会使新生的第二代对运行的社会政策持有与父辈不同的看法，父辈理解和支持的政策未必会得到第二代的理解和支持。美国社会学家最早使用这一视角分析在外来移民第一代、第二代和第三代身上对迁入国的政治与文化认同发生了怎样的变化①。我们可以将这一视角应用于不同代际民众对族群优惠政策的理解与态度变化。

如果我们从美国"民权运动"的发展历程来看，可以观察到几个现象。

（1）在20世纪60年代，大多数美国白人民众和知识阶层赞成废除种族隔离制度，当年20～50岁的一代白人民众亲身感受到种族隔离制度对黑人的歧视与伤害，他们同情黑人群体的遭遇并赞成对黑人实行优惠政策。这是《民权法案》在美国议会获得通过的民意基础。尽管有些学者在群体优惠政策实行初期即指出这是一种"反向歧视"，但在当时并没有引发强烈的反对《民权法案》的运动。

（2）真正开始对"肯定性行动"的优惠政策提出挑战的是70年代末和80年代，例如著名的"巴基诉加州大学戴维斯分校医学院案"（1978年）和"韦伯诉美国钢铁工人联合会案"（1979年）等（王凡妹，2009）。这些白人个体（学生、工人）实际上是年轻的第二代。此时种族隔离制度已经废除十余年，黑人的社会境遇已有相当改善，白人学生与民众对黑人历史遭遇的印象开始淡漠，在入学和就业中因优惠政策导致的"不平等竞争"开始引发白人的反感。他们认为优惠政策严重损害了他们个人的权利，因而通过法律诉讼来追求平等与公正。这样的"反向歧视"诉讼案开始逐年增加并引发白人民众的广泛同情。白人的第二代和第三代生活成长在一个没有种族歧视制度的年代，开始不接受对黑人的优惠政策，甚至出于对种族优惠政策的反感，反而激发出中下层白人对黑人整体的反感和"新一轮"的种族主义心理②。而黑人的第二代和第三代出生和成长在种族优惠政策和福利政策的社会环境中，他们认为这些优惠是自然而然的天然权利，对主流社会并无感激之情。双方第二代对优惠政策出现了与双方第一代性质完全不同的认知，也必然出现情感上的空前差距和对立情绪。这恐怕是

---

① 通常第一代移民努力适应美国的政治制度与文化环境，但仍对母国持有很深感情；第二代出生在美国获得公民身份，语言和就业已完全没有障碍并开始与本地人通婚，但仍在一定程度掌握母语并对本族社区有经常性联系；第三代对母国基本没有印象，完全认同美国，大多忘记母语并有很高通婚率（Waters，2000；Portes and Rumbaut，2001）。

② 近些年美国年青一代白人中开始出现一些激进的种族主义分子，如2015年6月南卡罗来纳州查尔斯顿市黑人教堂枪击案的凶手白人迪伦·鲁夫年仅21岁，http://news.163.com/15/0620/03/ASH84OG500014Q4P.html。

60年代努力争取与支持种族优惠政策的那一代白人和黑人所没有预想到的。

（3）到了90年代，各州白人提出的"反向歧视"诉讼案不断增加并引发社会舆论普遍支持。同时，一些事业成功的黑人也认为这些优惠政策使黑人青年产生某种依赖性，反而不利于黑人青年发奋上进，认为"优惠照顾"政策本身即表示承认黑人属于"低能"，"照顾"的背后仍是歧视，认为只有取消优惠政策，才能真正激发年青一代黑人青年的奋斗精神。在这样的社会氛围中，美国各州根据本州民众的反弹力度开始逐步削弱优惠政策的力度。

（4）群体优惠政策的对象是一个群体的全体成员，一旦群体性歧视制度被废止甚至获得制度性优惠后，该群体每个个体成员的发展情况各不相同，有的个体迅速改变了自己的境遇并发展得很好，如有的黑人进入政界并成功竞选为市长、议员、总统，有的进入大学并成为社会地位很高的医生、教授和法官，他们为自己的子女提供了良好的受教育条件和社会关系网络，如果只根据种族身份而对这些人士和他们的子女继续实行优惠政策加以特殊优待，他们身边的白人青年肯定感到不公平。

（5）尽管美国的"肯定性行动"已实行了半个多世纪，但是美国黑人整体的平均收入大致保持在白人整体收入的2/3，黑人的中学辍学率、成年男性的犯罪率和入狱率始终居高不下，黑人整体在受教育、社会福利等方面享受政策照顾的结果，却是黑人内部的高度社会分化，底层黑人的生活状况令人触目惊心（马戎，2000：308-311；龚小夏，2014）。这使得美国社会（包括白人和黑人）近年来也在对群体优惠政策执行多年后的负面社会效果进行反思。

这些现象同样出现在对少数族群实行优惠政策的中国。（1）在20世纪50年代和60年代，中央政府对少数族群如维吾尔族、藏族等实行优惠政策，降分录取少数族群大学生，当时的汉族民众完全支持，当时的少数族群民众也对这些政策心存感激；（2）到了80年代，那些对少数族群在新中国成立前的境遇没有亲身体会的汉族年青一代开始对这些优惠政策感到不公平，而少数族群学生认为这些优惠是"应有的权利"；（3）到了21世纪，凡是优惠政策力度越大的自治地方（如新疆维吾尔自治区少数族群学生大学录取总分数线比汉族低近百分，数学最低分仅30多分），当地汉族学生和家长的反弹就越大，民族隔阂也越深。同时部分维吾尔族学者也感到本族学生在这样的政策下缺乏学习动力，成绩越来越差；（4）新中国成立后各项民族优惠政策实行了60多年，中国各少数族群已经涌现出一大批干部和知识分子并获得了相应的社会资源。如新疆维吾尔自治区政府领导的孩子无疑可以享受到乌鲁木齐市最好的教育资源，他的孩子仅仅因为自己的少数族群身份而在高考中享受100多分的降分录取①，其他人肯定感到非常不公平。此时族群优惠政策在中国开始呈现明显负面效果。

我们还可以举出应用"人口代际更替"概念解释社会变迁的另两个例子。一个是法国的阿尔及利亚移民，20世纪50～60年代法国经济恢复急需劳动力，从法属殖民地阿尔及利亚引入大量阿拉伯裔劳工，这第一代移民劳工感到法国的收入和生活条件远优于阿尔及利亚，即使他们的工资明显低于法国同行，他们仍感到满意并心怀感激。但是他们在法国出生的第二代第三代在法国学校里接受了"平等"和"公平"等理念后，对于父辈的低工资和自己的就业困境深感不满，这是2005年巴黎大骚乱的群众基础。

另一个例子是中国1949年后开始推行的国有制和计划经济。新中国成立前为资本家干活、没有稳定工作和缺乏工资、医疗、住房和养老保障的老一代工人在50年代和60年代对这一制度极为满意，努力工作、以厂为家。但是新中国成立后出生的第二代工人认为这些保障都是自己天然的权利，于是"大锅饭"和"铁饭碗"的弊病开始显现。可见完全同样的制度和政策，在社会发生变革时的第一代和变革后出生的第二代，对于变革初期设计并实施的政策很可能有完全不同的认知和感受，因此可以发生十分不同的社会效果。族群优惠政策并不是这方面的唯一例子。

13. 在计划经济体制下，群体差异政策不以个体竞争的形式表现出来

除了需要考虑"人口代际更替"这个因素外，大国内部不同区域的政策不同步性和经济制度大环境的改变也是我们必须考虑的另一个因素，族群优惠政策在不同经济制度下的实施效果可能十分不同。

国家之间的发展进程很可能不平衡，各国内部聚居在不同地区的各族

---

① 2015年新疆维吾尔自治区的理科一本录取线为：汉语考生446分，民语考生334分（数学最低分35分）。

群的发展进程也可能不同步。对于像中国这样幅员辽阔、各地区自然地理
条件差异很大的国家而言，区域差异之悬殊显而易见。东部沿海地区自鸦
片战争后就被迫对外开放通商，以各国租界为据点，欧洲工矿业、商贸企
业和现代基础设施开始发展起来，在 20 世纪初，现代学校教育体系也逐步
建立，在制造业、采矿业和运输业开始出现了中国第一批产业工人队伍。
相比之下，西部边疆地区如西藏直到 1951 年才设立第一所小学，川藏、青
藏公路在 50 年代才开始修建。连接新疆和内地的兰新铁路修建于 1952 ~
1962 年期间。中国东部、中部和西部地区在基础设施、教育事业和社会经
济发展方面存在明显差距。

在计划经济体制下，这些区域之间、各地区族群之间在发展水平方面
的差距通过中央政府直接管理的全国性工资、物价和劳动就业体系得以协
调并实现整体平衡，各地干部职工和农牧民收入大致平等。区域之间的发
展水平差距并没有显著地体现在各地民众的生活条件和收入水平上。政府
为了全面发展国民经济，会在不同的地区、针对不同族群成员采用不同的
发展政策如加大投资力度、吸收职工等，但是这些差别性政策并不表现为
地区之间、企业之间、个体之间的直接竞争。各企业之间不存在竞争，各
地区之间不存在竞争，各族国民个体之间也不存在竞争。全国一盘棋，统
收统支，企业如何发展，个人如何发展，一切发展机会和劳动回报都由政
府决定和安排。在工作条件恶劣的偏远地区，国家制定的职工工资标准还
略高于发达地区，因此在个体层面，各族民众在计划经济时代感受到的是
公平和保障。

但是 20 世纪 80 年代中国实行经济体制改革后，新的市场机制取代了
新中国成立后实行的计划经济体制，发展的机会和劳动的回报都由企业和
劳动者个体之间彼此在市场上的直接竞争来决定。而发达地区和不发达地
区企业和劳动者个体的竞争能力是不一样的，所以 80 年代后新疆各地县国
有企业（如毛纺厂）在市场竞争中几乎全部破产，当地少数族群职工集体
下岗，加上来自东部的新企业很少雇用当地职工，引发一系列新的社会问
题和族群矛盾。

在实行体制改革的同时，政府开始加强以少数族群成员为对象的群体
性优惠政策。在计划经济体制下虽然在招工、大学招生中也曾有过一些优

先招收少数族群的做法，但是这些做法是在国家的计划安排之中，无论是力度还是持续性都无法和 80 年代以后的优惠政策相比，在当时也没有激起主流群体的任何反弹。原因之一是当时社会上占主导的是意识形态的"阶级认同"而非"民族认同"，人们并不把自己的"民族身份"看得很重。原因之二是无论是由于政府宣传还是来自民众的亲身感受，都认为少数族群在新中国成立前受到反动政府的压迫剥削，需要特殊扶助，因此人们普遍同情少数族群并支持对其给予特殊优惠待遇，各学校、各单位对新招收的少数族群学生和职工都给予热情的照顾和帮助。但是在新的市场经济体制下，情况开始迅速转变。

14. 新的市场经济体制下，优惠政策的"公平性"开始被社会公众所质疑

自中央推行"改革开放"的 80 年代以来，全国推动了全面的体制改革，城乡经济改制和新的社会服务、商贸体系改革已经完成，尽管东部地区和西部边疆在这些机构和服务水准上仍然存在一定差距，但是毕竟同属于一个政府和一个组织体系，城乡差距一般要超过地区差距。自 60 年代后出生和成长起来的一代人对于新中国成立前的区域差距和族群差距没有切身的感受，此时开始实施的族群优惠政策的广度和力度又明显超过计划经济年代。例如：自 80 年代初开始实施的计划生育政策基本上没有在许多少数族群地区推行；在高校入学考试的录取分数线方面，一些自治区制定的政策给少数族群学生加 20 分至近百分；自治地方各级公务员的职位往往与"民族身份"挂钩（其中部分领导职位由《民族区域自治法》明确规定）；甚至 1984 年开始在司法领域推行"两少一宽"政策，在社会福利方面也出台针对不同族群的各种优惠政策。这些政策直接涉及每个国民个体的切身利益和发展空间。

与此同时，随着对"文化大革命"和"以阶级斗争为纲"路线的批判，各族民众尤其是 60 年代后期出生的年青一代完成了认同意识从"阶级认同"到"民族认同"的关键转变。区域之间传统发展差距的缩小，对历史上的族群不公平现象缺乏感性认识，优惠政策对个人利益和权益的直接冲击，这些因素都导致年青一代对现行的族群优惠政策是否具有"公平性"开始提出质疑。特别是 80 年代全国有约 1300 万人更改"民族身份"以争取享受优惠政策，近年来各地的"高考移民"、为高考加分通过非法途径更改"民族身份"等现象更加剧了人们对优惠政策的负面看法。客观地来看，这些质疑是有一定道理的，而且也引发公众对于这些现行族群优惠政策是否需要加以调整的讨论。"人口代际更替"中的"第二代效应"开始发挥显著作用，特别是在各民族自治地区的汉族和当地少数族群青少年中，与上一代人所持思想观念的背离和逆反开始成为常态，对现行的族群优惠政策开始表现出明显的不满。

政府的优惠政策使被优惠族群的成员在社会流动机会和经济资源分配方面具有特殊"优先权"并得到实惠，而且这些利益是制度化并由政府保障的。这就使得具有被优惠的"族群身份"本身具有"含金量"并且是可以遗传的"社会资本"。林南教授在分析"社会资本"提出三个衡量标准：财富、权力、社会地位（Lin，2001）。如果不从族群整体层面而仅从个人层面来分析个人竞争机会，族群优惠政策的作用在不同程度上体现在这三个方面：少数族群成员在经济上（税收、福利）多得到一些优惠；在同等资历和同等能力的条件下，干部选拔和提升一般首先考虑少数族群成员；由于在教育、就业、提干以及税收、计划生育等方面可以得到优惠待遇，对提高少数族群成员的社会地位有正面影响。正是为了追求这一"社会资本"，有些人会千方百计地试图为自己或子女改变"族群身份"，这一社会现象也反映出了优惠政策所带来的追求资源和利益的动力。

15. 西方学者对一些国家实行族群优惠政策的评价与反思

美国学者霍洛维茨讨论了一些发展中国家如马来西亚、印度等国实行族群优惠政策的短期效果，他认为这些政策"代价高于收益"。他的讨论涉及了以下3个领域：

（1）教育领域的优惠政策可以在短期内改变公立学校学生的族群比例，但是受歧视族群学生（华人、泰米尔人）会大量进入私立学校或去国外（新加坡、印度）留学，同时导致公立学校学习成绩整体下降，以及受优待族群在学校中的比例大大超过人口比例，导致为"矫枉过正"。霍洛维茨认为，在马来西亚和斯里兰卡对多数族群（马来人、僧伽罗人）实行的教育优惠政策，与20世纪70年代后华人外迁和泰米尔人分裂主义运动有密切的关系（霍洛维茨，1997b：431 - 435）。

（2）商业领域的优惠政策在所有权、商业执照、合同等方面实行后，短期内付出明显代价但是长期的收益难以估测。优待政策导致被优待族群成员在经济活动中担当"挂名人物"（领取开业执照）并因此得到一笔报酬，而在企业活动中不担任任何实际角色，为了保证政府不去干扰这种"挂名"活动，企业必须向政府官员行贿，因此优待政策的实际后果有三个，一是使被优待族群成员因为"挂名"得到收入，二是官员因允许和审批"挂名"收取贿赂，三是前两笔开支实际上加到企业成本上，使企业竞争能力下降（霍洛维茨，1997b：437）。

（3）就业领域实行优先录取某些族群的优惠政策。由于就业市场被歧视的族群很难找到其他出路而产生愤恨情绪，社会为此付出代价。如果因政策的比例规定导致被优待族群劳动力求大于供，那么不合格人员将被录用，降低工作效率，雇主必须另外雇用合格人员，这将增加成本。在印度，人们认为"就业优待政策激起的族群冲突超过了它所能缓解的族群冲突"（霍洛维茨，1997b：442）。

美国学者康奎斯特对苏联政府对少数族群实行的优惠政策进行了系统评价。他认为这些政策产生两个负面后果：①在利益驱动下，少数族群成员的"民族成分"被固定下来，减少了少数族群与大族群的融合，甚至通过更改身份和通婚子女申报少数族群导致少数族群人口明显增长，他称之为"逆向民族成分再确定"，"由于苏联在教育和就业机会方面有各种配额和积极的措施，因此，尽管有表面上的民族'融合'政策，逆向民族成分再确定实际上受到了激发"（康奎斯特，1993：233）；②人们把优惠政策提供的利益看作是"公有资源"，少数族群民众通过多生孩子尽可能占用更多"公有资源"。有些人把穆斯林族群高生育率解释为宗教传统的影响，康奎斯特指出，"如此得体、理智的结果表明，突厥–穆斯林少数民族的高生育率不仅合乎传统，而且是一种理性的选择"（康奎斯特，1993：233）。这两个后果当然都不是制定优惠政策的初衷。

康奎斯特从族群整体发展态势来分析优惠政策的实际效果，认为这些政策阻碍了族群融合的进展，鼓励了落后族群的人口超常增长。高生育率实际上对族群整体素质的提高不利，增加人口对自然资源的压力，减少社会和家庭对于下一代教育的人均投入，因为人口迅速增长，政府和社会不得不增加在住房、学校、医院、社会福利等方面的投入，这对当地经济建设会带来不利影响。

许多国外的专题研究发现，如果政府实施以特定族群为目标的政策，将会增强本国各族群的群体意识并激发以族群动员为基础的集体性社会运动。"那些把利益附加到族群身份上的政治政策，将鼓励以新的族群统计方法来进行族群动员。"（Olzak and Nagel，1986：4，10）这些政策将不可避免地带来族群隔阂，造成以族群分界的社会矛盾，不利于社会稳定和族群发展。

16. 对于优惠政策社会效果的总体分析

在分析族群优惠政策时，有三点需要注意：（1）优惠政策既然是不平等的政策，就不可能是长期性或永久性的政策，而只能是过渡时期的暂时性政策，美国社会学者明确指出，以族群为对象的优惠政策即"赞助性行动从来没有打算要成为一个永久性政策，而不过只是一个给少数民族提供足够的帮助以使他们克服以前故意压迫所留下的后果的办法"（波普诺，1999：315）。新中国成立 60 多年，不可能设想在 50 年或 100 年后中国仍然需要执行同样内容、同样力度的优惠政策。（2）需要确认和验证这些优惠政策是否真正促进了少数族群在竞争能力方面的提高与发展，需要设计一些反映真实水平与发展变化的衡量指标，避免一些"虚假"的发展成绩掩盖这些优惠政策执行中的实际状况。（3）少数族群必须保持自己的族群自尊心，必须努力尽快提高本族群素质和能力，凭自己的实力争取真正的平等，不能依赖政府的优惠政策生活和发展，更不能认为这些优惠政策是必然的和永久性的天然权利。否则优惠政策就显现出它的副作用。

西方国家在讨论"平等"观念时注意了两个层次：（1）对于整体社会的意识形态教育来说，强调的是"个人之间的竞争机会平等"（法律上的平等），以此作为学校和媒体宣传教育的主调，尽可能降低少数族群因优惠政策而产生的依赖心理的副作用；（2）但是在以具体族群或个人为对象的政策实际操作的"个案"中，在实践中仍会考虑和照顾到族群差异的协调，对弱势族群给予适当照顾。

我国的族群优惠政策在理论和宣传方面有时过于强调以"民族"而不是以个人为单位的"事实上的平等"，同时也没有指出现时的优惠政策只是过渡时期的暂时性政策，没有指出只有改变族群社会分层的结构性差距才有可能达到列宁提出的族群"事实上的平等"，这就使得目前的宣传对各族广大干部和群众思考问题的角度有一定的误导。造成的后果是汉族和少数族群对于政府实施的相应优惠政策都不满意：汉族成员从个人角度考虑，认为自己受到不公平待遇（没有在法律或制度上得到平等的竞争机会），从而降低了学习、工作热情和帮助少数族群的积极性；而得到优待的少数族群同样不满意，他们从族群层面考虑，认为本族群还没有达到"真正事实上的平等"。当少数族群成员的实际竞争能力较弱而又希望得到照顾时，"事实上平等"概念和相关的优惠政策是他们享有某些"特权"的理论和政策依据。这种各自从不同层面（少数族群的参照系是"民族"，汉族的参照系是个体）考虑"平等"和进行比较的思路，只会持续不断地加大族群之间的隔阂和不满。

　　总的来说，随着社会发展和族群融合的历史进程，各族群之间由历史造成的发展距离在缩短，我们已经开始需要考虑从"争取族群之间利益分配的平等"（即不考虑社会分层因素而强调的"事实上的平等"）观念逐步向"争取个人之间竞争机会的平等"（即把"法律上的平等"从政治、司法领域扩展到教育、经济领域）观念过渡。唯有这样，才可能通过少数族群成员社会、教育、经济等方面的真正而非"照顾"的发展，通过基本消除"族群分层"的结构性差异，最终达到在个人实力基础上的族群间事实上的平等。

17. 关于我国少数族群优惠政策实施效果的总结

　　积极帮助少数族群在各方面尽快发展起来，使他们达到与主流族群相似的发展水准，这是普遍承认并接受的目标。但是应当采用什么样的社会结构和机制来达到这个目标，经过了我国60多年的社会实践后，对比其他国家的经验教训，值得我们反思。

　　一种是列宁主义的思路和做法，即在现时历史时期内实行对于"大族群"成员的整体性的不平等来"补偿"少数族群成员在历史上曾经受到的整体性不平等，用行政手段明确各个族群成员之间的身份边界并对少数族群全体成员实行"整体性"优待，对此我们可以称之为"通过族群优待以达到族群平等"的思路，也可以归类于戈登所说的"团体的多元主义"。

这种做法可以在一定时期内取得明显成效，但是也可能带来一些没有预料到的问题。长期以来苏联的族群政策似乎比较成功，但在苏联解体之后，族群矛盾却以人们没有预想到的形式和深度暴露出来，苏联解体的重要原因之一，就是俄罗斯人不愿在经济上继续为其他族群做"奶牛"，所以俄罗斯联邦议会首先通过了《主权宣言》，另一个原因是一些加盟共和国希望获得政治上的完全独立。因此，对少数族群实行优惠政策和推动少数族群地区的经济发展并没有真正解决苏联的民族问题。新中国成立后，我国政府对于少数族群也有一些制度性安排并实行优惠政策，少数族群地区也得到了很大的发展，但是在这些政策实行了半个多世纪之后，我们发现无论是少数族群还是多数族群中都有相当一部分人仍然存在不满情绪。

另一个思路和做法，就是戈登说的"自由主义的多元主义"，淡化甚至无视族群背景，而单纯依照每个具体人员的客观状况，一视同仁地根据实际需要对个体而不是族群进行照顾和实行优惠。例如进行扶贫补助时，不管哪个族群的成员，只要收入低于政府规定的"贫困"线，就一律按同一标准给予补助，这体现了个体之间"机会的平等"和"竞争的公平"。当然，这一思路也同样存在问题，当国内存在一些在受教育水平、掌握通用语言能力、就业能力等方面与汉族、朝鲜族等存在明显差距的群体时，这些少数族群成员在与教育水平高的其他族群成员进行平等竞争时，很难得到机会，所以这一政策的实行结果是劣势族群的发展速度必然受到制约，缩小族群差距这个社会目标的实现也将变得遥遥无期。

鉴于以上讨论，我们在现实社会中需要对这两种做法结合起来加以运用，要充分考虑到每种做法的利与弊。在从族群政治不平等的社会进入到平等的社会之后的一个时期内，如"十月革命"后的苏联和1949年后的中国，需要采用"团体的多元主义"，但是无论在认识上还是在宣传上，都需要说清楚这种政策的利与弊，让人们认识到这仅是过渡时期的暂时性政策，使受益者理解这种安排不可能是永久性的，使受损者理解这只是社会发展中调整阶段的暂时性牺牲。当社会发展到一定程度时，就需要制订调整措施，逐步向取消优惠政策的方向过渡，最后调整到"自由主义的多元主义"。

在讨论和比较这两种不同的做法时，我们需要注意四点：（1）每种针对一个特定群体的优惠政策在执行了一个时期之后，都会形成一个惯性，形成社会上的一种习惯的观念和期待，从而使被优惠族群的成员们把优惠政策视作自己当然的基本权利。一旦政策调整，就会引发成新的矛盾焦点。（2）需要对两种不同政策执行后的短期效果与长期效果进行比较，短期效果好的政策，长期效果不一定好，不能形而上学和僵化地看待这些政策。（3）需要实事求是地开展调查研究，分析与设计对于这两种政策之间的过渡应当如何引导，如何安排时间表，如何调整具体措施。（4）需要注意在某种意识形态和社会制度下，一种政策可能实施效果较好，但是当主导意识形态和社会体制发生转变后，同一种政策的效果可能会出现变化。

总的来说，我们应当以"自由主义的多元主义"为长远目标，以"团体的多元主义"为过渡手段。在政府主导的理论探讨、学校教育和公开宣传上，要逐步树立"自由主义的多元主义"的理念，要强调各项政策只针对个体的客观需求，在社会流动机制中提倡和鼓励个体的努力；同时在政府的实际操作层面，在教育、就业、福利等具体工作的"个案"处理中要考虑到对弱势族群个体成员的适当照顾与扶助。

在社会实践中，长期实行"团体的多元主义"政策是会出问题的。苏联解体前俄罗斯人中的"民族主义"情绪，一定程度上是对苏联长期实行这一政策的反弹。以族群为优惠对象会导致族群间的隔阂和矛盾，当这一政策涉及个体利益时也会引发隔阂和矛盾。在共产主义意识形态下，假定先进分子是可以而且应当牺牲自己个人的利益去帮助那些"需要帮助"的劳苦大众和少数族群。但是在市场经济和实行法治的社会体制下，个人的合法权益应当得到尊重和保护，那些不是从"无私奉献"而是从捍卫自己合法权益的角度思考问题的人就会提问：政府在利益和机会分配方面应该具有多大的权力？全国人民代表大会和地方政府通过的具体法规和政策是否必须严格遵循《宪法》？什么是全体公民都应当拥有的合法权益？应当通过什么程序立法或修改立法？政府哪些行为和政策属于"合法"？参照国家《宪法》，有关部门制订的族群优惠政策和具体法规所具有的合理性和法律基础是什么？哪些是符合社会长远利益和基本原则的基本法规？哪些是着眼于短期社会效果的过渡性措施？这些问题都是不得不回答的。

我国政府目前对少数族群成员和少数族群聚居地区实行的一些优惠政

策，在今后一段时期内还是必要的和有积极作用的，但是我们对于"民族平等"的宣传，需要进行必要的调整，对于优惠政策的过渡性质，需要有十分清醒的认识。要使全社会认识到，我们的社会需要从实行对少数族群优惠政策的历史时期向实际上不再需要并可以逐步取消这些优惠政策的历史时期过渡。少数族群干部群众要把这一点看作是自己努力的目标。从"依赖"心态转变为"自强"的心态，观念的改变是少数族群实际竞争能力改变的前提。

18. 今后我国如何帮助弱势族群尽快发展并实现共同繁荣

这是一个全国民众和政府都在思考的问题，而且随着一些地区民族关系的演变，这一任务显得愈加紧迫。

（1）谁是真正最需要帮助的人？

我国政府正式认定了 56 个"民族"，人们通常认为汉族是强势群体而少数族群是弱势群体。如果我们以"族群分层"的几个核心指标来衡量，就会发现这个印象并不完全符合实际情况。

首先比较受教育结构：2010 年汉族 6 岁以上完成大学本科教育及以上的比例为 4.10%，高于这一比例的有朝鲜族（8.56%）、蒙古族（6.58%）、满族（5.40%）、回族（4.25%）等 16 个族群。再比较人口普查的职业结构，2010 年汉族的"专业技术人员"在 16 岁以上就业人口中的比例为 7.00%，高于这一比例的有朝鲜族（13.45%）、蒙古族（9.09%）、满族（7.35%）等 13 个族群，汉族的"农业劳动者"的比例为 46.40%，低于这一比例的有朝鲜族（26.36%）等 6 个族群，而高于这一比例的有藏族（82.96%）、维吾尔族（82.74%）、彝族（82.58）、蒙古族（63.25%）等 51 个族群（马戎，2013：663 - 664，675 - 676）。

由此可见，在 56 个族群中，有些族群的社会分层结构优于汉族，另一些族群明显不如汉族，少数族群不是当然的弱势群体。有些群体的受教育和城镇化的水平较低，在很大程度上是因为他们居住地域的地理条件（高原、戈壁、山区、严重干旱区等），而这些地区的汉族居民面临同样的发展困境并陷入贫困。尽管大都市和沿海发达地区居民以汉族为主，我们也不宜笼统说汉人就一定处于强势。回到前面关于"自由主义的多元主义"和"团体的多元主义"的讨论，最公平和最能被大多数人接受的观点是："最需要帮助的那些人（不论是什么族群背景），就是政府和社会最应当帮助的人。"政府近期提出的"精准扶贫"，以特定的贫困农户作为扶贫对象，而不是一个地区、一个村落泛泛地进行扶助，这完全符合"自由主义的多元主义"和个体公民权利的现代社会精神。

（2）如何帮助这些最需要帮助的人？

前面讲到，一些群体和居民生活贫困、受教育水平低、很难进入城镇化的主要原因是他们居住地域的地理条件恶劣（高原、戈壁、山区、严重干旱区等）。政府所需要开展的扶贫工作的重点应当是通过政府建设项目改善这些地区的交通通信条件、水利设施、环境植被、能源供应、抗震民居、医疗卫生及各项公共服务设施。这些项目并不是以某个族群的成员为对象，而是生活在这些地区的全体各族居民为对象，目标是整体改善当地的生活条件和经济发展条件，也符合全国国土基本建设这个长远发展任务。

居住在同一地区的各族居民，作为国家公民应当享受到水平大致相同的公共服务。为此2015年中央民族工作会议也明确提出要"尽可能减少同一地区中民族之间的公共服务政策差异"这一工作目标。由于地理客观条件和历史原因，一些边远地区的公共服务设施还比较落后，有一些"欠账"。我们最终的建设目标，就是全体国民无论他们居住在什么地区，都能够享受到大致相同的公共服务条件，唯有这样，这些边疆地区的各族居民才能感受到"祖国大家庭的温暖"，才能有作为一个中国人的自豪感，才能在全体国民中牢牢地建立起对国家的认同感。令人高兴的是，这些年来我国的主要扶贫工作和边疆建设工作，正是沿着这样的思路在推进。假如西部边疆地区不稳定，不仅中央提出的"一带一路"发展规划有可能落空，甚至因各地"维稳"工作付出的人力、财力也是中华民族和平崛起过程中难以承受的巨大负担。

公共服务设施中的医疗卫生服务，关系到居民的生老病死和健康状况，因病致贫在社会贫困现象中占有相当比重，如何把边疆地区的医疗卫生服务水平提高到全国平均水平（其中最重要的是医护人员的水平，而不仅仅是硬件水平），是中央政府在帮助边疆地区各族民众脱贫发展方面需要下大气力完成的任务。公共服务设施中的另一项是学校教育，关系到下一代劳动力的基本素质与竞争能力。20世纪亚洲"四小龙"实现经济起飞，一个重要因素就是这些国家和地区的教育经费投入远超周边其他各国。我国近期才实现国民生产总值的 4% 投入教育，而且教育投入的重点并不在边疆和农村基层学校，而是偏重城市和"重点大学"。国家教育发展战略的重点究竟应该在哪里，似乎也是今后需要讨论的一个议题。

（3）逐步从族群优惠过渡到区域扶助

在从"团体的多元主义"族群优惠政策向"自由主义的多元主义"目标过渡时，有哪些选项可以帮助政府和社会实现这一平稳？各国学者也在持续讨论这一问题。美国学者霍洛维茨就曾明确建议采用"用地域代替族群特性作为确定受优待范围的根据"（霍洛维茨，2010：370）。

我们觉得以"欠发达地区"代替"欠发达族群"作为政府扶助政策的对象，是一个可以考虑的过渡性办法。以高考加分政策为例，当各地区之间的教育资源分配状况的差距明显大于地区内部各族群受教育状况的差距时，就可以考虑把以族群全体成员为优惠对象的做法调整为以某个教育资源明显落后地区的全体居民为优惠政策的对象。以新疆为例，就可以考虑把全自治区高考加分政策从以"民族身份"为对象，调整为以教育资源相对较差的喀什、和田地区的考生为对象。这样，居住在乌鲁木齐市的自治区主席和其他少数族群高级干部的子女就不享受加分，而喀什、和田的少数汉族考生也可享受加分。我想人们都会承认这样的加分政策更加公平，也更容易被绝大多数各族民众所接受。因为在高考中的优惠对象，应该是照顾那些教育资源较差地区的考生，正是这些学生需要照顾。而从我国目前现行的优惠政策中获益最多的，其实并不是那些少数族群中最需要照顾和扶助的社会底层民众，恰恰是并不那么需要照顾的居住在城市的少数族群上层人士和他们的子女。这一点自然成为一些人批评优惠政策的主要理由，而且他们的批评是有一定道理的。

（4）最需要帮助的领域是什么？

在现代工业化社会，一个人的职业生涯和发展空间在很大程度上取决于青少年时期所接受教育的程度和质量。一个国家要想加快发展，就需要持续地加大对本国教育事业的投入。"授人以鱼，不如授人以渔"，这已经成为共识。现在藏区和南疆如果要想尽快摆脱贫困的现状，从长远来看，最核心的"扶贫"项目应该就是在学校教育事业的长期和大力度的投入。

我们在南疆农村学校的调查发现，这些学校的师资素质和教学能力与内地学校相差悬殊，这只要与当地中小学的教师和学生们进行几次深入的交谈，就完全可以发现问题之严重。"教师是人类灵魂的工程师"，有什么样的教师，就会有什么样的学生。教师不仅向学生传授书本知识，也在教育学生如何做人，培育学生的政治认同和文化认同。要想让新疆实现长治久安，各级学校教师队伍的整顿与重建是关键。只要把这项工作认真做好，坚持不懈，新疆和藏区 10 年后就会涌现一代新人。

教育投入有两个特点，一是像个"无底洞"，二是短期不可能见成效。所以目前各级政府干部的短期任职制不可能使主管干部真正从长远发展的角度来制定学校发展规划（教师引进与培训，教学质量如何提高等）。通常基层教育机构所做的日常工作一是把上面拨来的教育经费如数发下去，二是统计各类指标（入学率、升学率、教师资格合格率、毕业生签约率等）制表上报，甚至对这些统计指标的真假和水分也不去深究。南疆和藏区的教育机构基础薄弱，人员复杂，涉及双语教育、宗教文化等许多特殊性，不仅需要教育管理部门和教育工作者的全身心投入，而且还需要一种因地制宜的创新精神，才有可能把工作做好。目前各级教育部门的工作状态距离这一要求还存在很大距离。

2014 年的中央民族工作会议提出，"要制定激励政策，吸引更多优秀人才投身民族地区教育事业。……对扎根边疆、扎根乡村的教师，要给予更多的关爱和培养。国家教育经费要注意向民族地区、边疆地区倾斜。这是一个大账、长远账，要想明白、算清楚"。但是这还只是一个笼统的号召。中央政府需要在深入调查的基础上，把南疆基层中小学教师队伍的基本情况摸清楚，制定出两个五年计划的奋斗目标和具体的实施办法，包括原有教师队伍的培训和新教师的招募规划，硬件条件（包括教学设施和教师住房等）的改善，然而最重要的还是要使这些南疆的基层中小学能够真正吸引到合格的教师。

而要做到这一点，基本条件之一就是大幅度提高教师的工资和福利。现在我国各类学校的收入水平是与工作环境成反比的，即越困难的边远地区的基层学校，教师工资越低，越是大城市中的学校特别是所谓"重点学校"，教师工资越高。作为公立学校，这是不合理的工资制度，只会不断扩大社会的两极分化现象和"富二代"和"穷二代"的代际延续。所以，为了从根本上改变目前不合理的教师工资制度，就应当把现有的制度调转过来，越是在边远地区基层学校任教的教师，工资应当越高，而大城市的学校教师，工资应该低。那么边疆地区基层学校教师的工资应该多高呢？我们的目标是使这些学校能够吸引真正合格的优秀教师并使他们留下来安心任教，能够实现这一目标的工资标准就是合适的工资标准，具体数字可以根据各地区的实际情况在实践中摸索确定，那些真正能够熟练运用双语开展教学的教师应当得到明显高于其他教师的报酬。也许私立学校可以按照商业模式来运作，但是公立学校就应当以服务于全社会的公共利益为目标，而改善边远地区、少数族群地区学生的学习质量，使他们能够与大城市的孩子们平等竞争，缩小城乡差别，缩小各族群在受教育水平方面的差距，就是公立学校义不容辞的责任。

（5）少数族群学生高考加分的问题

在2014年举行的中央民族工作会议上也讨论了族群优惠政策问题。对于其中国内民众比较关心的两项政策即高考加分和计划生育政策，会议也作了明确表态，"对少数民族学生高考加分问题，对国家通用语言已经普遍、教育水平大体相同的地区，可以逐步缩小差距，逐步做到一律平等；对语言文化差异较大、教育质量还不高的一些地区的少数民族学生，除应该大力普及双语教育、调整专业设置、提高教学质量外，还是要实行高考加分政策，这是支持少数民族学生取得较好教育水平的重要措施"。这是对不同情况的少数族群实行分类对待的比较可行的办法。例如北京市对以汉语为母语的满族、回族学生，2014年已经将加10分降为加5分。我们可以参照美国的做法，把调整高考加分政策幅度与速度的决策权留给各地方政府，让他们根据本地的实际情况和民情来逐步推行，而不必做出"一刀切"的全国性规定。

（6）少数族群干部问题

《民族区域自治法》第二章第十七条规定"自治区主席、自治州州长、自治县县长由实行区域自治的民族的公民担任。自治区、自治州、自治县的人民政府的其他组成人员，应当合理配备实行区域自治的民族和其他少数民族的人员"（宋才发，2003：361）。自1984年《民族区域自治法》颁布后各地正是按照这一规定具体执行的。

在思考我国的少数族群干部问题时，有三个现象是值得关注的，一是许多民族自治地方党政机关、事业单位的领导职位在任免过程中实际上已经相对固化，哪个职位"属于哪个民族"已有不成文的规定。这无疑是强化每个政府工作人员各自的"民族意识"并形成某种"民族集团"的制度性基础。二是逐渐出现了一个"汉族任书记，少数族群任行政首脑"的定式，而书记作为"一把手"实际主持工作，这是许多少数族群干部感到不满的一种任职安排。三是少数族群干部大多在本组自治地方任职，似乎干部调配也存在这样一个以民族划圈的"地域范围"。这无疑也不利于加强各少数族群干部对中央政府和国内其他地区的认同感，不利于"四个认同"（认同伟大祖国、中华民族、中华文化、中国特色的社会主义道路）。

其实前两个现象密切关联，假如突破了《民族区域自治法》有关自治地方行政首脑必须选自自治民族的规定，相信在许多民族自治地方，少数族群干部当书记 - 汉族人行政首脑的情况会多起来。现在西藏和新疆一些地区已经出现了少数族群书记，表示这一传统模式正在发生变化。2014 年中央民族工作会议讲道："对政治过硬、敢于担当的优秀少数民族干部要大胆使用，放到重要领导岗位上来，让他们当主官、挑大梁，还可以交流到内地、中央和国家机关任职。"这段话已经涉及了上面所说的三个现象，相信在少数族群干部任用方面很快就会出现一个新局面。少数族群干部首先是中国公民，中国 960 万平方公里的国土都是他们的发展空间，少数族群干部到中央机关和沿海、中部省份任职将推动这些地区和西部边疆的政治互动、经济商贸、人才往来和广泛的合作。中国未来比较理想的族群人口分布格局，就是逐步打破各族群相对聚居的传统模式，出现一个各族群混居共处合作的新局面。

（7）计划生育政策问题

中央民族工作会议指出，"对计划生育政策，则情况有所不同，应该更多考虑同一地区、同一城市内不同民族的均衡"。据说南疆地区汉族居民的生育限制已有所放宽，而维吾尔族居民的"三胎"政策也在逐步落实。自20 世纪 80 年代以来的计划生育政策在不同地区和不同族群成员中的实施力度差别很大，特别是南疆地区，长期以来对当地维吾尔族农民实际上并没有任何限制。我们在南疆调查发现，维吾尔族农民多年的高生育率已经导致人均耕地大幅下降和严重的青年待业问题。这些现象与康奎斯特对苏联中亚地区少数族群高生育率所带来社会效果的分析大致相同。第二次新疆工作座谈会和第四次中央民族工作会议都谈到计划生育政策问题，表明在一些地区在计划生育方面的"民族优惠"方面已有所转变。

结束语

中国作为一个延续几千年保持统一的多族群国家，在鸦片战争后经历了非常复杂的社会转型，在原有国土上努力构建一个新的民族国家。这一进程自晚清开始，在经历了中华民国的 38 年后，终于在打败日本侵略者的基础上再次实现了大陆国土的统一。但是这一艰巨的历史任务还没有最终完成，因为在我国的一些地区和一些族群中仍然存在对中华民族的认同问题，仍然存在国家分裂的风险（马戎，2011）。在 21 世纪，建立共同的政治认同和文化认同将始终是当今中国族群关系中最核心的主题。在这一过程中，大汉族主义和狭隘民族主义都是我们必须坚决反对的错误倾向，汉族成员要克服"把汉文化等同于中华文化"的错误意识，少数族群成员要克服"把本民族文化自外于中华文化、对中华文化缺乏认同"的错误观念。我们必须坚持"民族/族群平等"，当少数族群民众在社会经济发展过程中所遇到的各种困难必须给予同情和必要的帮助。族群优惠政策将一直是政府用来协调各族群发展步调、扶助弱势群体的必要手段。但是在这一发展过程中，我们的头脑必须十分清楚，方向必须十分明确，要在中国社会发展的新的历史阶段坚持实事求是，解放思想，不断创新，和 13 亿国民一同实现我们的"中国梦"。

参考文献

D. 波普诺，1999，《社会学》，北京：中国人民大学出版社。

D. 霍洛维茨，2010，《减少族群冲突的优待政策》，马戎编《西方民族社会学经典读本》，北京：北京大学出版社，第 349～371 页。

N. 格莱泽和 D. P. 莫尼汉，2010，《关于族群研究》，马戎编《西方民族社会学经典读本》，北京：北京大学出版社，第 23～42 页。

M. 戈登，2010，《种族和族群关系理论的探索》，马戎编《西方民族社会学经典读本》，北京：北京大学出版社，第 107～121 页。

龚小夏，2014，《种族隔离与黑人社区的人才流失》，http://www.voachinese.com/content/us-segregation-loss-of-talent-20140824/2427316.html。

顾颉刚，1939，《中华民族是一个》，《益世报》《边疆周刊》第 9 期（1939 年 2 月 13 日）。

R. 康奎斯特主编，1993，《最后的帝国——民族问题与苏联的前途》，上海：华东师范大学出版社。

列宁，1913，《拉脱维亚边区社会民主党第四次代表大会纲领草案》，《列宁全集》第 19 卷，北京：人民出版社 1959 年版，第 94～103 页。

列宁，1916a，《社会主义革命和民族自决权》，《列宁全集》第 22 卷，北京：人民出版社 1958 年版，第 137～150 页。

列宁，1916b，《关于自决问题的争论总结》，《列宁全集》第 22 卷，北京：人民出版社 1958 年版，第 314～354 页。

列宁，1919a，《再论按民族分校》，《列宁全集》第 19 卷，北京：人民出版社 1959 年版，第 552～554 页。

列宁，1919b，《俄共（布）党纲草案》，《列宁全集》第 29 卷，北京：人民出版社 1956 年版，第 75～115 页。

列宁，1922，《关于民族或"自治化"问题》，《列宁全集》第 36 卷，北京：人民出版社 1959 年版，第 628～634 页。

马戎，2000，《民族与社会发展》，北京：民族出版社。

马戎，2010，《略谈列宁、斯大林有关民族问题的论述》，《科学社会主义》2010 年第 2 期，第 23～25 页。

马戎，2011，《21 世纪的中国是否面临国家分裂的风险》（上）、（下），《领导者》2011 年 2 月（总第 38 期），第 88～108 页；2011 年 4 月（总第 39 期），第 72～85 页。

马戎，2012，《如何理解马克思、恩格斯论著中的"民族"和"民族主义"》，《中国学术》第 32 辑，北京：商务印书馆，第 146～219 页。

马戎，2013，《我国部分少数民族就业人口的职业结构变迁与跨地域流动——2010 年人口普查数据的初步分析》，《中南民族大学学报》2013 年第 4 期，第 1～15 页。

裴钰，2009，《当代中国汉语七成是日货：日本汉语无处不在》，（新加坡）《联合早报》2009 年 2 月 9 日。

宋才发主编，2003，《民族区域自治法通论》，北京：民族出版社。

孙隆基，2004，《历史学家的经线》，桂林：广西师范大学出版社。

孙中山，1924，《民族主义第一讲》，《三民主义》，长沙：岳麓书社 2000 年版。

王凡妹，2009，《美国"肯定性行动"的历史沿革》，《民族社会学研究通讯》第 53 期（2009 年 7 月 10 日）。

Bridgwater, William and Seymour Kurtz, eds. , 1963, *The Columbia Encyclopedia* (3rd edition) , New York: Columbia University Press.

Glazer, N, 1975, *Affirmative Discrimination: Ethnic Inequality and Public Policy*, New York: Basic Books.

Horowitz, Donald L. , 1985, *Ethnic Groups in Conflicts*, Berkeley: University of California Press.

Lin, Nan, 2001, *Social Capital*, Cambridge: Cambridge University Press.

Olzak, Susan and Joane Nagel, eds. , 1986, *Competitive Ethnic Relations*, New York: The Academic Press.

Portes, Alejandro and Ruben G. Rumbaut, 2001, *Legacies: The Story of the Immigrant Second Generation*, Berkeley: University of California Press.

Smith, Anthony D. , 1991, *National Identity*, Reno: University of Nevada Press.

Thernstrom, Abigail and Stephan Thernstrom, eds. , 2002, *Beyond the Color Line: New Perspectives on Race and Ethnicity in America*, Stanford: Hoover Institution Press.

Waters, M. C. , 1990, *Ethnic Options*. Berkeley: University of California Press.

戈登《美国生活中的同化》译后记

米尔顿·M. 戈登（Milton M. Gordon）出生于 1918 年，是美国马萨诸塞大学阿姆赫斯特分校的社会学教授，也是国际学术界研究种族和族群问题的著名学者，他先后出版了 4 部著作：1964 年的 *Assimilation in American Life*：*the Role of Race*，*Religion*，*and National Origins*（Oxford University Press），1978 年的 *Human Nature*，*Class*，*and Ethnicity*（Oxford University Press），1981 年主编的 *America as a Multicultural Society*（American Academy of Political and Social Science）和 1988 年的 *The Scope of Sociology*（Oxford University Press）。在这 4 部著作当中，影响最大的还是他在 1964 年出版的第一本书《美国人生活中的同化：种族、宗教和民族来源的角色》（*Assimilation in American Life*：*The Role of Race*，*Religion*，*and National Origins*），这本书出版的第二年即分别获得两个奖项，一个是 Anishield – Wolf Award in Race Relations，一个是 Brotherhood Award of the National Conference of Christians and Jews。四十多年来，这本书始终是美国研究种族和族群问题研究生的必读参考书，具有广泛的学术影响并被奉为研究美国种族和族群问题的世纪经典，其原因就是这本书对理解和指导美国种族关系的基本理论和政策方向的历史演变进行了精辟的宏观梳理，首次提出理解和分析族群同化的变量体系，系统分析了美国社会的族群结构和各个族群亚社会的演变历史，讨论了美国社会和学术界探讨族群政策的各种代表性观点，并对美国社会种族和族群关系的未来发展趋势和政策建议提出自己独特的见解。

1984 年我在美国学习时首次读到这本书，它是这一年我选修的"Eth-nicity"（族群问题）研讨课的主要理论参考书之一。那时我主要关注的是戈登提出的关于分析和测度族群融合的七变量模型，这个模型及其主要变量也成为我博士论文借鉴的理论框架和 1985 年在内蒙古赤峰地区进行户访问卷调查的重要参考。在撰写学位论文期间，为了全面地了解国际学术界有关种族、族群、民族主义等问题的基本理论、研究方法以及各国民族制度与政策设计背后的政治理念与分析逻辑，我系统地阅读了西方国家（主要是美国）社会学家们发表的相关著作和文章，这对我拓展自己的学术视野和社会历史知识有极大帮助。

美国是一个以移民及其后裔为人口主体建立起来的一个新兴工业国，至今每年吸收的移民规模仍在百万人，因此，它从殖民地时期开始就必然面临各种涉及种族、祖籍国、语言、宗教、生活习俗等因素而且极为复杂和棘手的族群关系问题。特别值得关注的就是历史遗留下来的黑人问题，种族问题不仅引发了美国历史上唯一的内战，在 20 世纪 60 年代还一度造成严重的社会分裂和全国性的暴力冲突，但是通过"民权运动"和随后几十年在族群关系方面的逐步调整，美国整体的种族、族群关系出现了明显的好转。2008 年有黑人血统的奥巴马高票当选为美国总统，这是美国白人主流社会在种族观念上的一个历史性的转折点，同时，近年来我们也看到华裔、西班牙语裔人士在美国政坛和司法界开始崭露头角。纵观美国两百多年的族群关系史，跌宕起伏，令人感叹。在人们的思想观念、社会的制度、政府的政策逐步转变和调整的整个过程中，应当说美国社会科学家们所发挥的作用功不可没。在阅读这些关于美国种族族群关系现实状况、发展态势的调查报告、政策反思、理论探讨的学术著述时，我经常被这些学者们的严谨学风和实证精神所吸引，也被在相关论述中体现出来的人道关怀和理性思考所折服。

我认为在调查和研究当今中国社会的民族问题时，中国学者需要从四个方面吸收相关的知识体系和实践经验：（1）中国的民族关系发展史，在中国几千年民族交往历史中形成了颇具特色的群体观和看待群体关系的传统思想与实践，相关历史文献至今仍然是我们研究中国民族关系史的宝藏；

（2）欧洲和美国的"民族观"及其演变，我们可从多部族帝国时代（罗马帝国、拜占庭帝国、奥匈帝国、沙皇俄国等）追溯到 17 世纪开始的"民族主义运动"（建立民族国家）的理论与实践，以及美国等欧洲移民建立的国家中演变出来的"族群"观念和处理族群关系的实践；（3）马列主义民族理论及其在社会主义国家（苏联、东欧国家、中国等）的实践，包括"民族"定义、民族识别与身份认定、对少数民族的各项扶助与优惠政策，以民族为单位的联邦制或区域自治制度等；（4）其他发展中国家民族 - 族群的历史演变，例如印度、印度尼西亚、墨西哥、阿拉伯国家、非洲和拉丁美洲等有殖民地经历的国家，独立后如何在原殖民地的行政区划内进行各自的"民族 - 构建"（Nation - building）的理论讨论与实践。

在以上这四个知识体系中，目前中国研究民族的学者最熟悉的，主要是马列主义民族理论特别是斯大林的著述，但同时对苏联时期及解体后各国的民族关系实际发展情况很少关注。此外，中国民族史的研究在资料发掘和理论提炼上尚有很大空间，采用规范的社会学研究方法对民族关系现状与存在问题开展实证性调查研究，只是近些年来才在中国的许多地区逐步开展。近几年，欧洲有关"民族主义"研究的一些经典著作开始译成汉文出版，但是系统介绍美国族群社会学研究的经典著作仍然没有被译成汉文。在苏联解体后，对于苏联的民族理论和民族政策对国民的政治和文化认同方面造成什么影响，以及这些影响与国家解体之间存在什么关联等问题，我国学者对此的理论反思也远远赶不上西方学者。所以，广泛阅读国外出版的相关学术著作，尽可能地拓宽学术眼界，以解放思想的科学精神来吸收人类社会发展出来的所有知识，以实事求是的科学态度来调查和思考中国当前的各种民族关系问题，这是摆在我国民族问题研究者面前的一个历史性任务。

我在 1987 年 3 月回到北京大学任教，1988 年开始在社会学系开设"民族社会学"研究生课程，在选择教学阅读材料时，我深感国内学术界对西方国家族群研究的理论和方法介绍得太少，所以我在 1988 年就选编了一本英文参考文献文集，复印了作为选课学生的阅读材料，其中就有戈登这本书第二章有关同化模式的变量体系这一部分。这本参考文献文集的汉文版在 1997 年由天津人民出版社以"西方民族社会学的理论与方法"为书名正式出版，修订版在 2010 年以"西方民族社会学经典读本"为书名由北京大学出版社出版。

与此同时，我开始向一些出版社推荐书单，希望能够把一些西方最经典的有关族群社会学基础理论和研究方法的著作翻译成汉文并介绍给国内的学生和研究者。当时我草拟了一个推荐翻译的 8 本书的书单，其中就包括了戈登的这本书。我从 1988 年开始先后联系过 7 家与我曾有出版合作关系的出版社，但是最后都是不了了之。我想，这有可能是出版社认为这类书不可能热销而缺乏积极性，也可能是联系版权转让的手续过于烦琐。总而言之，这件事一直拖了 20 多年，没有任何结果。

2011 年我有一次和清华国学院的刘东教授一起吃饭，他是我国学术界很有影响的著名学者，也是多部影响重大的丛书翻译系列的主持人。他和陈来教授离开北大转入清华国学院，我始终认为这是北京大学不可弥补的重大损失。我在席间顺便提起想翻译国外族群研究经典著作的事，刘东兄当即要我把这个书单发给他，他表示愿意尝试着帮我联系出版社，这自然使我喜出望外，但是经过了 20 多年的挫折之后，我对此实在不敢抱有太大的希望。回顾此事，我当时还是大大地低估了刘东兄的影响和能量。也就是在几个月之后，他就告诉我，译林出版社愿意出版并已经开始与版权所有者联系相关版权转让事宜，并将纳入他主编的"人文与社会译丛"。当我得知这个消息时，真是悲喜交加，喜的是这些经典著作的翻译事宜终于尘埃落定，中国将会有更多的研究者、学生和关心民族问题的读者可以通过汉文版了解这些在西方早已普及多年的基础知识，悲的是这件事在我的生命历程中迟到了 20 多年，我这个年过六旬、即将退休的人，已经没有当年充沛的精力来面对这项工作了。

译林出版社确定了版权的目前有三本书，分别是戈登的《美国生活中的同化：种族、宗教和民族来源的角色》、乔治·伊顿·辛普森（George Eaton Simpson）和米尔顿·英格尔（J. Milton Yinger）合著的《种族与文化的少数群体——关于偏见与歧视的研究》（*Racial and Cultural Minorities: An Analysis of Prejudice and Discrimination*）和安东尼·史密斯的《民族认同》（*National Identity*）。我最先开始动手翻译的，是辛普森和英格尔合著的《种族与文化的少数群体》，2012 年春天我在波士顿访问的三个月期间，主要的工作就是翻译这本书。也许是年龄的原因，也许是这本书的内容涉及多个学科同时篇幅太大，在翻译过程中自己颇感精力不济，三个月里只勉强译完了全书18章中的前7章，考虑到手边还有必须完成的其他事，我只好调整自己的工作计划，决定把后半部分的9章委托给我已毕业的一个学生继续完成，以便能够把自己有限的时间和精力集中到翻译戈登这本书的工作上来。

正巧2012年秋季台湾中研院的王明珂教授访问北京，见面时我曾向他提起是否有可能短期到台湾访问一事，他这几年正在台湾中兴大学兼职，表示愿意安排邀请我来中兴大学访问三个月，我当时心里的计划就是利用这三个月的时间来翻译戈登的这本书。中兴大学位于台中市的南区，远离台北的中研院和其他大学，所以相对比较清静，可以专心做事。到了4月底，这本书的各章基本译完，这项工作可告一段落。尽管我对自己的译文并不满意，各类错误在所难免，每次重读必有修订之处，但是终于接近尾声，很快即可发给译林出版社进入编辑程序。因此这本书的排版付印，很可能要在辛普森和英格尔的那本大书之前了。至于另外那本安东尼·史密斯的《民族认同》一书的翻译，我也计划委托我的另一名学生来做。无论如何，我自20世纪80年代后期即开始做的这个翻译英文族群研究经典著作的梦，到今天总算是看到了一点曙光，可以部分释怀了。我最应该感谢的，自然还是刘东教授，没有他的大力推荐，恐怕此事至今还是没有眉目。同时我还要特别感谢译林出版社，出版这三本译著也许并不能给出版社带来多少效益，但是它们在促进中国民族社会学的理论建设和实际研究工作方面所发挥出来的作用，绝不是金钱能够衡量的，我只能说"功德无量"这四个字。

下面对于戈登的这本书再多讲几句话。

作为一个多种族、多宗教、多族群的移民国家，美国如何在这些历史、语言和文化传统差别极大的多元化人群中形成"美利坚民族"的凝聚力，如何化解历史上遗留、累积下来的种族矛盾和族群隔阂，这是独立后许多美国政治家和学者长期思考的一个核心问题，这个问题没有得到解决或者解决得不好，也就不会有一个统一和强大的美国。戈登这本书围绕着美国各族群的同化和融合问题从理论和政策方面来进行分析和讨论，苦苦探索和发掘美国社会中可能存在的凝聚因素、凝聚框架和凝聚力量，寻找构建美利坚民族的"正能量"，期望美国的族群"亚社会"的问题最终能够有一个比较理想的解决途径。他把许多全新的核心概念和分析思路引入美国种族和族群问题研究的理论视野之中，这正是这位资深社会学家的勇于创新之处。

纵观全书，我们处处可以感受到戈登教授不仅是一位有着深刻历史洞察力的睿智学者，而且是一位深深关切美国族群关系未来良性发展的善良的人，他从内心企盼每一个美国人（包括黑人和所有少数族群的成员们）都能够与白人共享美国的社会理想和民主制度，都能够享有真正平等和最完全的公民权。在书中讨论美国新教徒中的极端宗教排外主义的倾向时，戈登引用了亚伯拉罕·林肯（Abraham Lincoln）在一封信中写下的话："在我看来，我们堕落的速度真的很快。最初，我们宣称'所有的人生来平等'并以此成为一个民族（nation）。现在我们在实践中把这句话读作'所有的人生来平等，但是黑人除外'。当'一无所知'（Know‐Nothing）党徒们控制了国家时，这句话将被读作'所有的人生来平等，但是黑人、外国人和天主教徒除外'。当这一切发生时，我将选择移民去其他至少不会虚伪地装作热爱自由的国家例如俄国，在那里君主专制是公开和纯粹的，没有掺杂着虚伪。"在这段话中，我们读出了坚持废除奴隶制的林肯总统对于民主、平等和自由理想的热切追求和他对族群民族主义者的极端鄙视，也感悟到戈登教授对这一理念的充分肯定和推崇。

中国今天也面临着严峻的民族关系问题，2008年拉萨的"3·14事件"和2009年乌鲁木齐的"7·5事件"就是我们这个古老民族身上最新出现的惨痛伤痕。自鸦片战争之后，中国在长达一百多年的时间里持续地经历了多个帝国主义的野蛮侵略和分割，山河破碎、骨肉分离，各族民众几代人所期待的就是和平、平等、和谐、繁荣的幸福生活。1949年后，外国势力彻底离开了中国，我们再也见不到洋兵洋警在中国的土地上耀武扬威。经历了多次政治运动的冲击和经济体制变迁的反复探索后，我们的日子逐渐好起来了，但是在社会的迅速发展和经济活动的拓展中必然会出现这样那样的问题，出现各种社会矛盾和群体冲突，这是任何一个社会在发展进程中都不可避免的。仔细读一读美国史，20世纪60年代席卷全美一百多个城市的"黑色风暴"依然会使我们感到触目惊心。面对中国当前在民族关系方面出现的各种问题，我们应当静下心来，不慌不乱，一方面深入各少数民族聚居区开展社会调查，以完全开放的态度和虚心学习的心态来倾听当地各族干部、知识分子、普通民众对于我们各项制度、政策和具体工作的看法和意见，采取各种切实有效的措施来满足民众的合理需求并从根本上加强民族之间的感情；另一方面还需要拓展视野，从世界各国特别是多种族、多族群国家的理论探索和政策实践中吸取养料和智慧。别的国家走过的弯路甚至翻车的覆辙，我们实在不应去重蹈，而那些经实践证明对改善族群关系有明显正面效果的经验和思路，我们为什么不去吸取？一个没有忧患意识的民族是没有前途的民族，而一个不善于从其他国家（甚至是自己过去的敌手）那里学习的民族是一个愚蠢的民族。

中国各民族有着几千年交往合作的悠久历史，在近代历次反对帝国主义侵略的战争中，各族人民也曾肩并肩地站在一起，1949 年中华人民共和国成立之后，我们也曾长期彼此相互尊重、水乳交融、团结合作。我有信心在这样的基础上充分发挥我们的智慧和潜能，努力克服目前存在的一切不和谐的因素，让我们的各个民族重新走上团结合作的新历程。

在翻译本书的过程中，最令我感慨的就是戈登教授在全书最后的结束语："对于一个社会来说，最重要的是什么？那就是人们在这个社会里可以并排站在一起，以同等的自豪并毫无顾虑地说：'我是一个犹太人，（或者是）一个天主教徒，一个新教徒，一个黑人，一个印第安人，一个东方人，一个波多黎各人'；'我是一个美国人'，还有'我是一个人'。"

我希望我们中国各族成员们有一天也能够并排站在一起，以同等的自豪并毫无顾虑地说："我是一个藏族人，（或者是）一个维吾尔族人，一个蒙古族人，一个朝鲜族人，一个彝族人，一个满族人，一个汉人"，"我是一个中国人"，最后，"我是一个人"！

国家建设视角下的中国民族问题[*]

——马戎教授访谈

知识创造的规律，就是任何知识最后必须落实为一个具体的人的思想创造。而一种学术思想的来源，也往往和创造者本人的人生阅历有关系。马戎老师，可否谈谈您的成长历程？

我是 1950 年出生，可以大致算是共和国同龄人。1949 年新中国成立后，整个社会气氛积极向上，朝气蓬勃，夜不闭户，路不拾遗，那时的社会风气真的很好。人们觉得进入新社会，就要做新社会的人，要有新社会的新道德、新风尚，如果自己做了什么违反公共道德的事，既要承受来自社会的压力，还要承受来自自己内心的压力。我们成长的社会环境和文化氛围，与 60 年代以后出生的那几代人的成长环境差别很大。总的来说，我们那一代人的人生观和价值观在"文化大革命"前已经形成并基本定型。那时的革命传统教育对我们的影响很大，大家学雷锋，读《毛选》，生活艰苦朴素，树立为人民服务的理想，努力为社会奉献。当然，50 年代也有政治运动如"反右"，但整个社会的风气总的来说是积极向上的，自然对毛泽东也存在个人崇拜。我们那一代人就是在那样一个社会氛围中进幼儿园，

* 本访谈刊载在《学术月刊》2015 年第 8 期，第 169～176 页。采访者关凯，中央民族大学民族学与社会学院教授。

上小学，上中学，参加"文化大革命"，响应号召去农村牧区插队。1968
年8月我去内蒙古锡林郭勒盟东乌珠穆沁旗沙麦公社呼日其格大队插队
当牧民，那是一个位于中蒙边境的草原牧区，牧民不懂汉语，过着四季
游牧的生活。蒙古族牧民们对我们这些北京知识青年非常爱护和关心，
手把手地教我们如何放牧，如何在草原上生活，我们也与这些善良淳朴
的牧民们建立起深厚的感情。直至今日，北京知青们还经常回到当年生活
过的大队探望这些牧民，关心草原的发展。插队经历帮助我们认识了草原
上的蒙古族牧民，实践并理解了游牧生产方式，这对我后来研究中国民族
关系，理解中国在民族构成和经济方式上的多元性和各族之间紧密契合的
历史联系极为重要。

　　1990年我刚到国家民委工作的时候，看的第一本书就是您父亲马寅先
生主编的那本《中国少数民族》。马寅先生是民族工作的老前辈，曾经在延
安民族学院做过教员，而延安民族学院实际上后来成为中国民族理论和民
族政策的大本营。用现在时髦的话说，您是红二代，也是老知青，还是
"文革"后的大学生。你们那一代人后来又去西方留学的人并不多，但您却
是美国常青藤名校的博士。留学经历对您有什么影响？

　　我父亲1936年加入中国共产党，到了延安后，先去了陕北公学，后来
从陕北工学转到新组建的延安民族学院当老师，还被派到邻近的回民地区
去发展党组织。他和老一辈少数民族干部和民族问题工作者都很熟，包括
乌兰夫、刘春等。"文化大革命"前他在民族出版社工作，"文化大革命"
后，父亲转到国家民委工作，可以说是民族工作战线上的老人。通过日常
生活接触和倾听父辈的交谈，我从小对我国少数民族的情况和民族政策等
并不陌生。

　　和今天的青年人相比，我们这一代人的生活和求学经历要复杂得多。
我在1982年很幸运地获得了联合国人口基金的奖学金去美国布朗大学社会
学系读书，在1984年和1987年先后获得社会学硕士和博士学位。美国研
究型大学在博士生培养方面有一套制度和规范，每门课程的要求都很严格。
我那时的英语很差，我先后修了二十几门课，是硬着头皮努力把课程修完
的。今天回过头去看，正是当时的大量阅读和课程论文写作构成了我今天

在北大任教和从事研究的学术基础。

我的学科基础是社会学，这是一门十分重视实证分析的学科，讨论问题从事实的认定与分析出发，而不是从书本或经典著作出发，甚至鼓励学生通过对社会事实的分析论证去挑战传统的理论，认为只有这样才能推动人类知识的创新和发展。我想，这应该是社会科学的精髓，而且与我们党提倡的"实事求是"和"实践是检验真理的唯一标准"也是一致的。美国大学的社会学专业教学比较系统，学位论文要求比较严格，在美国的留学经历和专业训练为我后来的学术研究工作打下一个很好的基础。

1996 年您出版了《西藏的人口与社会》，后来我在哥伦比亚大学读书的朋友告诉我这是他们上课的参考书。您最早开始做社会科学化的西藏研究，那时您从美国回来，为什么想到去做西藏研究？

我从小就对西藏感兴趣，感到这是一块神秘的土地。50 年代后期从收音机收听《五彩路》的小说联播，60 年代初看了电影《农奴》，这些都给我留下很深的印象。所以 1987 年春我回国到北京大学社会学所任教后，主动提出想做西藏研究。当时费孝通先生是我们的所长，他对此很支持。那时我父亲在中国藏学研究中心工作，他联系了中国藏学中心的多杰才让总干事，多杰才让老师和费先生见面后商定组织一个北大社会学所和藏学中心的合作项目，具体由我负责。旦增伦珠当时在藏学中心的科研处，藏学中心派他负责联系协调西藏课题的实地调查工作。这样 1988 年课题组在西藏三个地区组织了西藏历史上第一次大规模社会学问卷调查。1997 年旦增伦珠成为我的学生，在北京大学获得社会学博士学位。我现在还有几个在读的藏族研究生，我们都很关心西藏和其他藏区的社会发展。

辛亥革命之后，清帝逊位，中华民国成为亚洲第一个共和政体。随后没几年，"一战"爆发，欧亚大陆上的帝国纷纷崩溃，欧洲全部民族国家化。"二战"之后，殖民主义体系瓦解，第三世界纷纷民族国家化。在革命的 20 世纪，中国却基本保持了国家统一和疆域完整，这几乎是一个历史奇迹。对于一个多民族国家来说，您认为为什么中国共产党能够重建国家的政治大一统格局？中国共产党自延安开始系统性提出解决民族问题的方案，那么，解决民族问题的延安经验是什么？

近代中国的政治危机主要来自外部，康乾盛世后清朝在下辖各地区的统治是稳固的。鸦片战争后的一系列帝国主义侵略，激发中国各族军民的联合抵抗，也促成了中国从一个传统的多部族帝国向现代民族国家的转型。特别是 1931～1945 年的抗日战争，实际上使中国各族精英民众对清朝的传统归属认同转变为对于中华民族国家的新的政治认同。民国时期的北洋政府、各地军阀和南京政府都与各帝国主义之间有着千丝万缕的政治与经济联系，它们很难彻底废除帝国主义强加于中国的各个不平等条约，包括许多城市中的外国租界、外国直接经营的矿山铁路等。中国共产党没有这些政治包袱，当时英美法等帝国主义敌视中国共产党和新政权，在财政、军事、外交等方面支持蒋介石。因此，在 1949 年取代了南京政府后，新的中央政府在各族人民的支持下干净彻底地清除了在华帝国主义势力及其走狗，对以前历届政府签订的不平等条约一概不予承认，取消租界，没收帝国主义企业在华资产。当时可以说进入一个新政权重新统一国家领土的新纪元，除了出于策略考虑保留了香港、澳门原状外，新中国政府行政体制的建设深入到民国政府长期无力达到的边疆地区。全国统一的政权组织和经济体制的建设，使中国在新意识形态的指导下，以新的政治体制和经济体制重建了国家统一的大格局。中国共产党自 1921 年建党以后，在意识形态和政治理论上长期受苏联的影响，在民族问题上也是如此。1922 年提出民族自决和联邦制，1945 年后把口号逐步调整为"民族区域自治"。所以，所谓"延安经验"的特点就是"民族区域自治"。同时，新中国成立后颁布的历次宪法明确规定"民族自治地方是中华人民共和国不可分离的部分"，在主张"民族区域自治"的同时强调维护中国的政治统一。

在我看来，在三四十年代，中国共产党在延安时期的民族政策考虑里边也包含了强烈的社会动员动机。另外，在 1994 年江平、黄铸主编的《中国民族问题的理论与实践》一书中，呈现了中国共产党民族政策的演变过程，即从苏维埃时期全面承认民族独立、民族自决权，经过长征开始进入到民族自决和民族自治的混合提法，最后确定为民族区域自治。您认为这些变化的核心线索是什么，为什么会出现这些变化？

在这一过程当中，中国共产党对于中国的民族制度的提法和口号在不断地演变，这反映出中共领导人在国内外形势下对中国民族问题认识的不断深化和斗争策略的不断调整。我想在当时的中国共产党领导人的内心存在着一对彼此冲突的矛盾。一方面作为共产党员，应该坚持"工人无祖国"，"全世界无产者联合起来"这种经典和超越现实的、理想的马列主义原理。为了在夺权革命中争取同盟者，可以宣布并承认任何群体都有权独立，对于无产者而言，封建统治者和资产阶级建立的民族国家都是没有意义的。另外一方面，作为一个有悠久大一统历史并在近代饱受外国欺凌的中国人，难免要关心国家统一和领土完整，在内心深处是具有某种民族主义情怀的国家主义者。

陈独秀、李大钊之所以不出席第一届党代会，就是担心中国共产党有可能变成苏联共产党的附庸，从而丧失中国共产党的政治独立性。他们不愿意在第一次党的成立大会上跟共产国际代表发生直接冲突，所以派代表而不亲自出席。这个行为也许暗藏着中国共产党人内心深处的民族主义，陈独秀是个典型的例子。这个时期也是苏联在共产主义意识形态的旗帜下控制了中国共产党领导权的时期，是第一种思路在中国共产党领导层中占统治地位的时期。实际上，斯大林是打着国际共产主义的旗号让其他国家的共产党组织为他的国家服务，他自己就是民族主义者，虽然他是格鲁吉亚人，却是个彻底的俄罗斯沙文主义者。这在"二战"结束后苏联的领土扩张中显示得更清楚。

1931 年九一八事变后，蒋介石对日军侵略采取不抵抗政策，同时积极内战"剿共"。此时全国各阶层民众兴起抗日运动，学生、工人、商界都要求政府停止内战，坚决抗日。中国共产党在江西苏区时期就主张抗日，在西安事变中，中国共产党出于抗日大局，积极调停，促成国共合作共同抗日。随后八路军、新四军的积极抗战也为中国共产党赢得了全国人民的尊重，延安成为中国抗日青年的圣地。中国共产党靠高举民族主义和抗日救国的旗帜赢得了中国的民心，并最终夺取了全国政权。这是第二种思路发挥主要作用的时期。这两种思路在中国社会的实践中究竟带来了哪些后果，在历史进程中是非常清楚的。

现在和那时相比，历史条件已经发生了很大变化。在当代中国，在民族主义问题上存在三种思想倾向。第一种，当一个群体自认为是一个民族时，认为自己应该成为一个民族国家，通过自决获得政治独立，这是分裂主义倾向，而这一倾向背后通常有外国势力的鼓励与支持，这是第一个思路。第二个思路认为在当前严峻的国际形势下，全体中国人必须团结，必须坚持中华民族这个民族国家的国家主义，这是第二个思路。第三种观点基本上等同于民族虚无主义，认为世界发展到今天，国家的边界不重要，国内一些地区和群体分裂出去没有什么不好，有些穷地方分出去可以减轻国家财政负担，香港人闹就让它独立，台湾也不必统一，认为一些人申请美国国籍也很好。这些人自称是世界主义者，甚至嘲笑爱国主义，称之为"爱国贼"。在这个问题上，我们必须冷静地思考，一个分裂的中国，到底谁能从中获益？

对民族问题的不同认识，也是由来已久。民国时期的民族知识实际上大约是三套体系在起作用，第一个是列宁主义的"民族问题"，这个传统是从延安开始的；第二个偏重从中国历史传统出发，以傅斯年、顾颉刚为代表，强调中华民族；第三个是"燕京学派"，以吴文藻、费孝通等为代表，更偏重社会学、人类学对文化多样性的考虑。其实这些思想脉络对今日中国社会的民族观都有影响，对此您怎么看？

所谓列宁主义的民族理论，实质上是斯大林的理论。这套概念和思路从建党开始一直对中国共产党有深刻的影响，一度作为"马列主义民族理论"成为新中国的民族理论和民族工作的指导思想，延续至今。而坚持中国历史传统的"中华民族论"，在抗日战争时期一度发挥了凝聚全国各族人民的作用，在新中国成立后受到"民族识别"等做法的影响被弱化，新中国的宪法里只有"中国各民族""中国各族人民"而没有"中华民族"的提法。

"文革"后革命意识形态凝聚力显著下降，各少数民族的民族意识显著加强，在新形势下"中华民族论"开始重新引起学术界的关注。中华民族内部各群体的文化多样性是客观存在，尊重文化多样性是完全必要的，在这一点上其实并没有不同意见。1939 年发生在顾颉刚和费先生之间的争论主要在于是否应该把中国境内有不同历史发展经历和不同文化特征的群体叫作"民族"。源于欧洲的人类学传统更看重文化差异性，倾向于把差异大的群体称为"民族"。历史学家们从中国历史传统的角度看，认为这些群体都已经是中华国家的组成部分，从现代"民族国家"的政治话语来看，这些群体不应称为"民族"（nation）。日本帝国主义就是利用这一点把满、蒙、回、藏等都称为"民族"，搞出来"满洲国""蒙古自治政府"，还在努力促成"回回国"，因此顾颉刚先生在抗日救亡的危急关头大声疾呼"中华民族是一个"。

新中国成立后费孝通先生的观点发生很大变化，在他1989年发表的《中华民族多元一体格局》一文中，他虽然把汉、满、蒙、回、藏等仍然称为"民族"，但是明确指出这些"民族"都是中华民族密不可分的组成部分，你中有我，我中有你，共同组成中华民族。我觉得这是费先生在尊重各族群文化多样性的同时，向"中华民族论"的某种回归。

马老师，关于"族群"和"民族"概念的争论，从1980年代开始到现在学界仍无共识。这从一个侧面反映出目前我们分析和解释民族问题的知识工具困境，"武器的批判"和"批判的武器"混为一谈。对此您怎么看？

我认为在当今世界的政治体系中形成了独立国家的，都是以民族为基础来构建国家，即使是那些内部在体质、语言、习俗等方面存在许多重大差异群体的国家，也是以国家为单位来构建国家化的现代民族，国民即是该国民族的成员，这样的现代民族可以称为"国家民族"，如印度民族和美利坚民族，以及现在俄罗斯试图构建的"俄罗斯国家民族"，我想中华民族也应当属于这一类。在这些国家内部具有不同体质、语言、习俗特征的群体，通常被叫作"族群"（ethnic groups）。但是有许多人从西方人类学的视角来看，把国家内部具有不同体质、语言、习俗特征的群体称作"民族"。而且新中国在50年代进行了"民族识别"后，这些群体已经被称为"民族"六十多年了，如果改称"族群"就感到自己的政治地位被贬低了，因为"民族"在政治上有自决权、自治权，而"族群"通常只强调文化权利。这二者之间自然是存在质的差别的。也正是由于强调的我国内部少数群体权利的不同层面和不同性质，出现了"民族"和"族群"的称谓之争。我想，这个争论还会持续一段时间。

　　有些人把民族主义本质化，而且政治化。首先把不同的民族群体看作是完全不同的两种人。这不符合人类发展历史。中国几千年文字可考的历史文献清楚表明，许多群体都是在历史发展进程中形成的，而且形成以后又经历了迁移、通婚等各种演变，语言文字、生活习俗都存在彼此交流渗透的现象，不能把他们看作是几千年僵化不变的人群。过去曾经发生过变化，今后仍会继续变化。所以，从本质主义的视角来看"民族"，是违背历史和不客观的。从本质主义的角度看"民族"，而且强调"民族自决权"，必然会走到"一个民族，一个国家"的方向上去。

　　这是欧洲的民族主义基本原理，即"一个民族应建立一个国家"。所有的民族都有自决权，认为只有这样才能实现民族的平等。列宁和斯大林的民族理论遵循的也是这个逻辑。我觉得这套逻辑它实际上是法国大革命以后西欧的传统，主权在民，把民变成 nation，由民族建立国家。这一套知识逻辑延续下来，最后进入到列宁和斯大林在俄国革命的实践。但在中国我们看到一个有趣的现象，我们接受了列宁主义、斯大林的民族定义和相关的民族理论话语，但是新中国从 1949 年开始，在李维汉给毛主席建议实行民族区域自治那一刻开始，中国共产党恰恰放弃了这个理论最为核心的地方——民族自决权。我们没有在宪法里承认自决权。尽管 1980 年代出版的最权威的民族理论教科书，几乎用了三分之二的篇幅强调民族自决权。所以真正的问题，或许可以说是"民族自决权的复辟"，1982 年似乎出现了一场理论界的"民族自决权复辟"。

　　在苏联的民族国家试验中，俄国的各个民族，在俄语的称谓中分了几个层次，名称是不一样的。有的学者告诉我这几个层次的民族，有不同的俄语名称。最高一层的群体可以建立加盟共和国，次一层的群体可以建立自治共和国，再低一层的设立边疆区和自治州，等等。这些被介绍到新中国之后，这些词汇如何翻译，有的是不是叫"部族"，有的是不是叫"部类"。据说最后毛泽东拍板，说中国的少数群体统统叫"民族"，表示各民族一律平等。其实这些人口规模差异很大、文化差异程度悬殊的不同群体，在国家的政治话语体系中实际上是很难实现群体平等的。一个几亿人的群体和一个几百人的群体，它们的话语权和影响力的平等程度如何去衡量？

一个小群体在全国人民代表大会或地方政府里有了一个席位，就算是平等了吗？可以衡量的平等，只能是对不同的公民个体在政治、经济、文化各方面权利和利益方面的平等。群体的平等和个体的平等，其实根本不是同一个概念。

但是新中国在"民族识别"工作中依据的主要还是斯大林的民族理论，在 50 年代新中国的"民族构建"中，实际上把各少数群体的"民族"意识和民族身份强化了。而且构建出清晰的自治地方边界，美国学者认为苏联实行联邦制时把各民族"领土化"，这里的内涵是一致的，只是名字不一样。所以美国学者认为，为什么苏联解体时这些"民族"都能够很容易地独立建国，就是因为苏联时期在设计联邦体制时，每个民族都在行政区划体系中被"领土化"（territorized）了。在沙皇时期，各群体之间的地理边界是模糊的，人口边界也是模糊的，但是苏联为各民族划分出各自的"自治共和国"，在所有国民的身份证上都清楚地标注出"民族身份"后，民族就在领土和人口这两个方面被清晰地标注出了边界。我们建立的是自治区、自治州和自治县，但是在划定群体的地域边界上，其意义与苏联的做法是一致的。在 20 世纪 80 年代的"拨乱反正"过程中，确实在民族和宗教工作中出现了矫枉过正的现象。如西藏大规模撤出汉族干部，新疆从公社一级撤出汉族干部，新疆废弃了新中国成立后推行的使用拉丁字母的维吾尔文和哈萨克文新文字而恢复了老文字，约有 1300 万人把成分从汉族改为少数民族，满族和土家族人口翻了一番还要多，新建了一批自治州、自治县和自治乡。

1990 年代末期，我在读硕士的时候，您就在课堂上讲中国的民族问题会越来越严重。今天看来，您当时的话更像是一种预言。我们今天看到的图景，是族群冲突在全世界都是一个严重的社会问题。您提出的族群问题"去政治化"是基于某种美国经验的。最近我读到一篇文章，讲底特律的黑人问题，那里的底层黑人问题很严重，中小学生不学习、街头暴力、家庭吸毒、犯罪、滥交，等等。您怎么看这些问题？

这三十年来我一直关注中国的民族问题。我先后在内蒙古、西藏、新疆、青海、甘肃等许多民族地区进行过实地调查，也关注历次人口普查数据和政府各项统计数字。可以说是在长期调查和思考的基础上，我感到需要从源头即"民族"概念的层面上思考中国各族民众心目中认同体系的构建过程，提出了"中国少数族群问题去政治化"的议题。我在西藏和新疆的实地调查中感觉到当地各族民众之间存在很深的民族隔阂，无论是少数民族还是生活在当地的汉族，都有很强的民族意识，而且彼此之间的成见很深。如果在少数民族聚居的边疆地区，当地民众对作为中国主流群体的汉人和中央政府缺乏认同，民族关系必然越来越紧张，中国的民族问题必然越来越严重。

今天美国的种族问题，既有历史的因素，也受到60年代"民权运动"以来美国社会演变的制度与政策因素的影响。但是我们从近期美国一些城市发生的黑人被警察枪杀事件和游行示威来看，可以总结出几个特点。一是规模有限，各地的游行人数有几千或几万人，但是比起60年代动辄几十万人的游行集会，规模已经小得多了，持续时间也不长。二是多为民众自发参与，没有什么团体来组织这些游行，也看不到有声望的政治人物来领导和组织这些抗议示威活动，在60年代曾经涌现出许多很有社会影响的黑人领袖，如马丁·路德·金博士。没有那样深孚众望的黑人领袖、没有那种强大号召力的组织，黑人参加的规模远不如过去。另外我们看到巴尔的摩市宣布起诉立案的法官是黑人，立案的六个警察当中有三个是黑人，罪名最重的那名警察是黑人。我们在新闻图片中看到游行队伍中也有一些白人，所以并不是简单的"白人压迫黑人"的种族问题。在这些事件和随后的抗议活动中交织着种族问题和阶级问题。自"民权运动"以来，黑人得到了一定的社会流动的机会，导致美国黑人社会的急剧分化，有的黑人当上总统、大法官、国务卿、市长和将军，有的黑人居住在贫民窟，吸毒杀人抢劫，许多人被关在监狱。

您刚才讲的这个实际上是精英的"去族群化"，就是经过民权运动半个世纪后，部分黑人精英去族群化了，他们长了一张黑人的脸，但是内心完全认同白人。然后，黑人的底层草根社会也碎片化了，没有了受教育和理性的政治领袖，也就不可能出现以政治运动为形式的抗议活动了，出现的只能是民众自发的街头骚乱。福格森事件、巴尔的摩事件导致的抗议活动，都是民众的草根集结。那么中国是否也存在这样类似的现象，我们的少数民族精英，比如民族干部和知识分子，是否也在一定程度上脱离了本族的基层民众？

现在中国民族关系的一个重要议题，是我们的少数民族精英应当如何培养的问题。我们的少数民族精英，大多是从民族院校这样一个渠道和体系通过讲授斯大林民族理论培养出来的。这就存在两个问题，第一是这样培养的少数民族精英通常都有很强的民族意识，甚至从内心并不认同中华民族。另外，我们目前社会中存在的"汉族－少数民族二元化结构"实际上导致汉族精英普遍漠视少数民族的存在。例如北大和清华大学有这么多教授，其中有几个人对中华各民族的历史和现状有基本常识？应当很少。许多人对中国的少数民族没有概念，许多人去过美国、欧洲、日本，但是有几个人去过新疆、西藏、内蒙古？所以现在各民族之间的隔阂，汉族也负有很大的责任。

对于目前存在的民族隔阂与彼此不认同的现状，少数民族干部和精英也有责任。有些人实际上是在固化甚至强化民族界限和民族差异。在这一过程中，并没有真正为本族绝大多数民众的根本利益和长远利益考虑。比如一些少数民族干部坚决反对在本民族鼓励计划生育，其结果是本族人口的快速增长，在缺乏城镇就业能力的条件下，农村耕地规模有限，农村人口的快速增长导致人均资源的下降和贫困问题。另外，有些人看到宗教活动兴盛以及极端宗教势力的出现，认为这些现象更加凸现了本民族与汉族的差异，有利于强化民族边界和赶走汉人。这些都是十分短视和自私的做法。

冷战之后，在全球化背景之下，一方面不同国家、不同文化的相互交流、相互理解在加强，但另一方面，民族主义和宗教复兴。您的观点一直是强调塑造中华民族的国家认同，淡化少数民族的族群意识，但也有人批评您这是一种大汉族主义观点，对此您怎么看？

现在有一种危险的论调，认为只要谈国家建设就是大汉族主义。其实，今日的世界格局就是一个以民族国家为单元的竞争格局。在没有世界政府的情况下，无论是经济还是政治方面，国家是最核心的利益和组织单位。现代国家是以个体公民为基础的，并不能以族群为基础。现代国家中最基础的身份和权利还是普遍的公民身份和公民权，公民权是以个体为基础的。国家建设必须引导人们以个体公民为单元来思考问题，在维护自己的合法权益时采用的途径是落实宪法规定的公民权，包括少数族群公民的语言权、文化权、受教育权、发展权等。当然，在不同的国家里，不同群体的文化、经济发展进程是有差异的，所以国家在坚持保障公民权的同时也需要考虑到群体权利，这种考虑主要是基于族群间现实经济能力的不平等和发展差距。我并没有忽视这一点，我只是认为长期以来在我国的民族工作中，过度强调保障群体权利，而忽视了最基础的公民个体权利，很少讲公民权，有些人对中华民族身份的认同远不如对本民族身份的认同，这在一个现代国家的认同体系构建中是有问题的。

在现实社会生活中，有一个困境，一方面对于民族身份的各种工具性利用，恰恰是个人主义的；另一方面，少数民族确实有比汉族更高的对群体身份的关怀。您曾经写过一篇文章，《现代化不是汉化》，但是国家的主流文化也确实以汉族文化为中心。那么，在中国的去族群化为什么不是汉化？

任何一个国家，都是以多数群体的文化为主流文化的，你无法想象一个人生活在美国想进入主流社会却不想学英语。中华文明并不等同于汉文化，尽管现在汉文化占了主导地位。但在历史上的一些时期，如元朝、清朝也是以其他民族为中心的。费老讲中华民族以汉族为凝聚核心的政治、经济、文化扩展进程中，长期滚雪球形成的多元一体格局。那些生活在边缘地区的人，身份相对模糊，接受中原文化后逐渐成为汉人。新中国成立后的民族识别和民族身份制度把这种转变身份的可能性卡住了，现在，处在混居的边缘地区身份相对模糊的（主要是族际通婚者及其后代）那些人都努力登记为少数民族身份，所以少数民族人口不断吸收汉族人口而快速增长，而汉族人口只剩下自然增长。这在中国的族际交往史上是一个转折点。以前全体之间的文化边界是动态的，现在的边界固定下来了。其实，中国的这个"汉族"与欧洲话语体系中的 nation 或 nationality 是完全不同的。中华文明体系中的"华夏"或汉人是一个文化共同体，是与"蛮夷"或"非汉人"相对应的称谓，在这个体系中，祖先血缘和语言宗教都不重要，费正清在谈到中国文明时特别强调了这一点。在西北地区，那些放弃了伊斯兰教信仰的人就被看成汉人，在民国时期西北马家军阀不承认回回是一个"民族"，认为回民就是信仰伊斯兰教的汉人。所以我们需要从历史演变的角度看待汉族的形成，反推"汉族"是什么。汉族就是各群体成员的"去族群身份"机制造成的。

但无论从知识上还是制度上，当代中国社会或许是在无意中生产出来一种汉族和少数民族的观念对立，无论这种观念的来源是制度性的还是实践性的，总之您所讲的民族"二元结构"已经是一个事实。重要的是，应该如何打破这种对立？

你讲的制度性和实践性其实是一体化的。1985 年我在赤峰地区调查，当时落实了许多以少数民族为对象的优惠政策，所以当地的汉族家庭都很想娶进一个蒙古族媳妇。但是在代际更替之后，原本的工具性动机有可能变成原生性的身份认同。所以，要想改变目前的社会实践，办法还是调整制度和政策。族群差异是客观存在的，但如何处理这个问题却是对国家制度的考验。比如在美国，作为一个移民社会的内部文化差异很大，但美国在吸纳少数族裔精英进入权力体制这方面做得还是比较成功的，至少消除了国家分裂的风险。在美国的资本主义制度下，社会竞争是非常严酷的，如底特律的黑人底层群体生活十分困难。中国比美国穷，但是中国少数民族的生活改善速度比美国快，中国政府对基层民生的关注远超美国政府。但是中国存在分裂主义倾向，这是在引导国民的身份认同方面存在值得思考的问题。

民族问题并不是孤立的问题，今天的局面非常复杂。一方面有"中国模式论"，在经济上，中国从 1949 年用不到 70 年的时间走出了一条很成功的发展道路，从第三世界最贫穷落后的起点走到今天的水平。另一方面，在当下国家建设上面临的诸多挑战中，民族问题地位显赫，学术争论也很激烈。那么，中国将如何容纳这些身份认同的差异、文化的差异、宗教信仰的差异呢？对这个您有什么看法？

2014 年 9 月中央召开的第四次中央民族工作会议，我觉得基本思路是清楚的。第一个是旗帜不变，稳住阵脚，防止出现思想混乱，不进行颠覆性的制度改革和一百八十度的大转弯。所以我们在民族问题上在体制上保持基本话语不变，肯定成绩，这是大前提。但是，总书记提出当前我国的民族工作具有"阶段性特征"，并提出要实事求是和改革创新。这等于是在稳定思想的同时给了民族政策调整一个很大的空间。

当年邓小平提出"社会主义初级阶段"，这个概念给了制度变革很大的空间，所以农村的人民公社体制可以改，城市的国有经济体制可以改，外交上拓展空间，大量派出留学生，香港回归可以实行一国两制，在"初级阶段"可以试行一些有利于促进经济发展的"阶段性政策"。都能搞，这次习总书记在民族工作领域也提出了目前面临着一些"阶段性特征"，提出要在民族工作中改革创新，实际上给了我们反思民族理论、制度、政策在几十年实践后的社会效果，并根据我们的认识提出必要的调整建议的很大空间。

习总书记在讲话中的观点很清楚，叫作加强"四个认同"（对伟大祖国的认同、对中华民族的认同、对中华文化的认同、对中国特色社会主义道路的认同）和促进"三交"（各民族交往交流交融），实际上指明了中国民族关系发展的大方向。而且面对少数民族对于"（各民族）交融"提出是否意味着"同化"的质疑时，中央对此明确指出民族交融是历史发展趋势，是社会主义市场经济发展的必然结果，这是中华文明前进的必然结果。但是，这个过程是历史的，而不是人为。尊重差异，但是不能强化差异，也不应固化差异。所以中央把加强"四个认同"和促进"三交"作为中国民族工作的大方向。坦率地说，过去是不能提交融的，因为人们认为"交融"就是同化，同化就是要消灭少数民族，是反马列主义和不能接受的。现在中央领导公开把这个方向指明了，把这层窗户纸捅破了。所以从这一点来看，我们过去在民族工作中一些长期使用的话语在新的方向指引下可能需要做很多调整。包括我们的民族理论教科书过去只讲斯大林的"民族"定义和列宁的"民族自决权"，从来不讲中华民族，这些内容当然需要调整，凡是不利于加强"四个认同"和"三交"大方向的话语、制度、政策都需要调整。"四个认同"和"三交"就是一条衡量民族研究、民族工作的准绳，至于具体的有哪些方面符合，哪些方面不符合，这需要我们通过大量的实证调查来分析。我觉得给了我国的民族研究者在大量调研工作基础上提出政策理论和制度修改建议的一个很大的空间。

身份认同是一个很复杂的问题，涉及知识语境、社会规范、个体选择等多重因素。那么，应该如何协调国家认同和族群认同的关系呢？

在加强"四个认同"的同时并不排斥对各民族文化差异的尊重。我们必须尊重群体和个体差异，这是公民权利的体现。费孝通先生说过，对中华民族的认同并不排斥或妨碍对自己所属民族的认同，我属于中华民族，但我同时又是回族或者藏族，但是民族（或者族群）认同不应高于国家认同。

用这个标准来衡量我们的宣传，如果只讲"龙的传人""炎黄子孙"是否有利于各少数民族加强对中华民族的认同？我们的电视台绝大多数播音员、主持人都是汉族是否有利于各少数民族把这些电视台看作是"自己的电视台"？我们的民族院校和大学的院系设置是否有利于各族师生之间的交往交流交融？我们不能人为地推动交融，强制性的同化会起到负面的效果，但是列宁说过，自然发生的同化过程是进步。我们不能够让中华各民族在发展过程中渐行渐远。从80年代以来，我感到中华各民族之间在客观上是渐行渐远了。这种情况亟须改变，要采取务实的政策手段，促进各族群众的认同取向符合中央民族工作会议提出的"四个认同"和"三交"这个发展方向。

这是一个两面性的过程。全球化背景下共同发展的趋势很明显，但同时所有社会特殊的文化特性也都遭到了破坏，所有过去被认为很强的认同都受到破坏。格尔茨讲族群时用了一个词"原生的纽带"（primordial ties），族群文化的表现是强烈的情感、现代化的、高度同质化的、全球性的文化对族群构成压力，特别是当一些人在社会竞争中处于不利地位的时候，他们更容易产生一种文化焦虑。所以，族群认同恰恰是全球化时代的现代性文化认同的对照物，尽管很多人的文化取向更加个体化、理性化、世俗化，但另一方面也恰恰是在现代性的文化压力之下，人们激烈地向族群的、宗教的、地方性的认同回归。这两个过程相互刺激、同时发生，共同构成今天所谓民族问题的价值与情感背景。

民族意识是后天形成的，是家庭、社会教育灌输的结果。比如金庸小说《天龙八部》里的乔峰，他从来自认是汉人，但是一旦发现自己从血脉上讲是个契丹人，他的契丹人意识马上就显现出来。所以我认为，不能简单地把民族意识说成是原生的和不可变化的。我们应当在各民族之间建立一种良性的互动，互相理解和彼此包容，我觉得这种包容是相互的，比如拿语言学习来说，少数民族学生积极学习并掌握汉语对他的现代知识学习和就业有很多好处，在新疆的汉族学生也应当努力学习维吾尔语文，因为这对他了解身边的维吾尔族和在新疆地区就业有很多好处。

马老师，民族研究如何才能更好地实现社会科学化？

要使我国的民族研究实现社会科学化，第一条就是要坚持实地调查，坚持实事求是，不唯上，不唯书。第二条是坚持学术创新，因为社会是变动的，社会发展的规律也是在不断变化的，我们不能拿一百年以前、五十年以前，甚至二十年以前的结论套用到今天的现实社会中。第三条就是要拓展我们的知识面，要关注国际学术界的研究成果，要把中国的社会实践与其他国家的社会实践进行对比。在比较中认识中国民族问题的特性和与其他国家相似的共性。我曾建议过在我们研究中国民族问题时可以借鉴几个国外的参照系，比如从沙皇到苏联再发展到今天的俄罗斯，研究一下这个最大的邻国是如何处理民族关系的，他们的民族政策有哪些是成功的，哪些是失败的，原因是什么？又比如美国这样的移民国家，它又是西方标准的民族国家，美国调整改善种族关系的道路是怎么走过来的。再比如南边的印度，它又是如何构建"印度民族"的。我们需要扩展国际视野，跨国比较研究是我们的一个重要方法。

另外，我国的民族研究者要注意超越自己的民族身份。我们不要站在任何一个民族的立场，我自己是回族，但我不会强调我们回族如何如何，我也不会站在任何一个民族的立场上讲话。作为社会科学的研究者，我们应当站在全体国民即13亿人的立场上来开展研究，应当看到我国各少数民族的长远利益和根本利益与全国人民是完全一致的，要看到各民族的长远的利益而不仅仅是眼前利益。在目前的国际形势下，民族国家是利益共同体的政治单元，全体中国人作为一个整体面临其他国家在贸易、外交、领土方面的竞争。所以，我们必须把中华民族、中华人民共和国公民看作一个整体，从他们整体的长远利益来考虑。中华民族内部每个民族的利益和中华民族的长远利益是不可分的，当然，我们也不能为了国家利益而牺牲小群体利益，而是需要把它们汇总起来，中华民族内部各群体之间的关系，就像费先生说的那样，已经是"一损俱损，一荣俱荣"的格局了。

现在的社会越来越多元化、极化，知识上的后现代主义，批判理性主义和怀疑论的滥觞以及虚无主义立场产生很大影响。所有的这些东西，都在建构国家认同的时候需要面对。在这种语境中，一种现实的国家主义如何成为可能呢？

首先，在今天的世界中，每个"国家"就是一个竞争的单元，这个国家的国民不管你属于哪个民族，实际上是"一损俱损，一荣俱荣"，共同的利益是难以分割的。譬如近期希腊的债务危机，国家的财政体制崩溃了，货币贬值了，银行没钱了，希腊的所有国民（不管你是希腊族、土耳其族、马其顿族或任何其他族群）同样是利益受损者，大家日子都不好过。有人以为损害了国家和政府之后，自己各方面还能有保障，这是不可能的。我们看到不管是苏联的和平解体，还是南斯拉夫的暴力解体，其结果都是一样的，除了个别当权者之外，绝大多数普通各族民众都是受害者。这一点，我们的少数民族精英的头脑一定要清醒。

谢谢马老师！

中国的"族群分层与流动"研究亟待加强

——马忠才《分化与整合》序言*

在一个多种族、多族群的现代国家，人们关注的首先是种族和族群之间在政治权利和法律地位方面是否平等。在殖民地社会和封建等级社会中，不同群体之间曾普遍存在制度性的不平等，如欧洲在中世纪长期实行世袭贵族领主制，美国历史上曾经实行严酷的奴隶制和种族隔离制度，直至20世纪60年代的民权运动后才逐步废除种族隔离制度，南非的种族隔离制度也在若干年前才被正式废止，而今天的印度社会仍然存在严格的种姓制度。在这样一个多元化的世界里，我们如果要想真正了解这类多族群等并进行系统的深入解读，通过历史文献和现实社会的各种实证研究来考察在这样的国家里是否存在法律上和制度上的族群不平等，政府是否对境内的少数族群实行群体性的歧视政策，少数族群成员是否在社会结构和社会流动机制方面处于整体性被歧视的地位。

在我们对相关法律、社会制度和政策进行考察时，有一点需要注意。这就是在制度和政策上存在族群不平等的国家和社会，这种政策的设计者和主导者既可能是在政治上居于统治地位的多数群体，目的就是对少数群

---

* 该书已于 2014 年 11 月由科学出版社出版。这篇序言在收入本文集时，作者进行了修订。

体进行歧视，如马来西亚占人口多数的马来人歧视占少数的华人；也可能是居于统治地位的少数群体对国内多数群体的政治与经济歧视，如废止种族隔离制度之前的南非。产生这两种情况的社会权力结构是完全不同的。但是设计这些制度和政策的目的，就是通过这些制度和政策来维护社会结构中的某种"族群分层"模式，直接限制或干预某些族群的社会流动机会与发展空间。

与族群歧视相对应的还存在另外一种不平等政策，这就是族群优惠。如果从"人人生而平等"的现代政治观念的立场来看，以某个族群为对象而实施的群体性优惠政策，事实上即是以其他族群为对象的群体性歧视政策。而以少数群体为对象的群体性优惠政策，其政策设计的初衷存在多种情况。一种情况是占据统治地位的多数群体为了自身利益而设计和实施的政策，如"民权运动"以后，美国白人为了美国社会的整体利益对黑人实施了"肯定性行动法案"（Affirmative Action，或译"平权法案"），在教育和就业等领域对黑人实施优惠政策。另一种情况是占据统治地位的多数群体的领导集团出于意识形态和道德考虑而设计和实施的政策，如十月革命后的俄国布尔什维克党。列宁提出的一句名言就是："压迫民族即所谓'伟大'民族……的国际主义，不仅在于遵守形式上的民族平等，而且在于压迫民族即大民族要以对待自己的不平等来抵偿生活上实际形成的不平等。"这一政策设计的最终目的，是希望通过一系列优惠政策的实施，在实现了法律上的族群平等后，逐步实现各族群在各个领域中的"事实上的平等"。苏联和1949年以后的中华人民共和国即是在这样的思想指导下制定和实施了以少数族群为对象的一系列优惠政策。

在考察和分析各民族之间是否存在"事实上的不平等"以及这个"不平等"的具体程度时，另外一个十分有用的社会学概念就是"族群分层"（ethnic stratification）与族群的社会流动模式（model comparison of social mobility of ethnic groups）的比较研究。"社会分层和社会流动"是社会学研究社会结构和社会变迁的核心概念，也是社会学的重要研究领域和分析视角，把这个概念引入族群关系研究后，"族群分层与流动"就成为社会学家研究一个多族群国家内部群体关系的核心概念，研究的主题是各群体在社会整体结构中的相对地位以及各群体在社会流动机制中的渠道和机会概率，换言之，就是调查与分析各族群在社会结构中是否出现"群体性倾斜"的现象，即研究在社会阶级/阶层结构与族群结构之间是否存在某种重合的现象，假如一个族群的多数成员居于社会上层，而另一个族群的大多数成员处于社会底层，此时，族群身份就与阶级/阶层出现重合，使得族群矛盾带有阶级矛盾的性质，这也必然使得底层族群争取平等与解放的斗争带上阶级斗争的政治色彩。社会学对于"族群流动"的研究，关注的是在一个社会中各族群成员在争取个人向上流动时是否可以获得大致相同的机会。在一个族群分层比较明显而且社会结构十分僵化的国家，假如处于社会底层的族群基本上没有向上流动的机会，这个国家的族群关系就成了一个不可能调和与改善的死结。

在一个政治上主张并在社会实践中致力于实现种族/族群平等的国家里，当社会学家们发现社会中的某个族群处于"群体性劣势"的状态，其成员的上升渠道遇到制度性障碍并导致族群分层结构发展态势趋于恶化时，那么，学者们就需要根据现实社会中出现的这些问题提出具体的政策调整建议，争取在制度改革中创造能够帮助"弱势群体"成员排除社会流动障碍的一些新机制。例如在 20 世纪 60 年代，针对美国社会中存在严重的学校种族隔离现象，美国学者们提出了通过行政和财政手段废除公立学校种族隔离制度的主张和具体实施措施，并由此产生了全美流行的"校车"制度，以便于中小学从距离较远的社区接送各族学生，使学校在校生的种族比例达到政府的要求。与此同时，针对少数族裔在著名高校招生中录取比例过低的现象，学者们又联合各界进步人士推动了"肯定性行动法案"在联邦议会的通过，使美国著名大学（如 8 所常春藤名校）本科招生中的黑人比例大致接近黑人在总人口中的比例，这就在客观上开拓出一条黑人优秀青年向社会上层"流动"的渠道。正是在教育领域采取的这一系列政策，美国社会在几十年的时间里成功地培育出一个黑人中产阶级和一批活跃在各领域的杰出黑人精英。这些黑人精英已经进入了拥有美国社会顶层权力资源的"社会网络"（如哈佛大学校友会），获得了得以突破"玻璃屋顶"的个人发展空间，他们已不再是传统意义上的"黑人精英"和"黑人领袖"，而是已经成为美国的国家精英和国家领袖，他们高度认同美国的政治制度和主流价值观，同时从保障美国公民权利的角度来看待黑人权利的保障，因此他们不可能反对美国的政治制度并支持任何分裂美国社会的社会运动。随着这些以国家精英身份自居的黑人精英群体的出现，十分自然的社会后果就是今天的美国已经不存在引人注目的"黑人运动"了。道理很简单，鸟无头不飞，蛇无头不行，一旦没有了黑人领袖，也就不可能出现大规模、有组织并有明确政治目标的黑人运动。从维护国家统一与改善种族关系的目的来看，美国政府和主流社会积极把优秀黑人青年培育成为国家精英的做法，是一种对黑人政治运动进行"釜底抽薪"的成功策略。在今天的美国政界、司法界、金融界、军界、演艺界、体育界，都活跃着许多黑人精英人士。从"肯定性行动法案"的社会实施效果来看，这一思路和实施办法已经切实改善了美国的"族群分层"结构和优秀黑人青年的社会流动机会，取得了积极的社会效果。我们应当如何评价美国民权运动后的种族政策，唯有社会实践才是检验真理的唯一标准。

在今天的美国社会，尽管在少数人当中仍然持有一定程度的种族偏见，偶尔也会出现种族歧视现象，如 2014 年 8 月美国密苏里州的弗格森市和圣路易斯市出现的白人警察枪杀黑人青年的事件，黑人民众和反对种族歧视的白人民众也会针对这些具体事件游行抗议，但是这些抗议活动针对的仅是具体的刑事案件，而不是美国的政治制度和种族政策。

与苏联时期的做法相似，1949 年以来中国政府主要通过各民族院校来招收和培养少数族群的青年人才，在课堂上宣讲斯大林的"民族"定义和民族理论，介绍列宁的关于"民族自决权"的观点，通过这样的校园环境和理论教育，客观上把这些青年学生培养成为各少数族群的"民族精英"。与美国"民权法案"后培养少数群体精英的思路相对比，这是完全不同的另外一种思路。我们必须承认的一个现实是，在我国这个思路和教育体制中培养出来的少数族群干部和知识分子当中，许多人的"本民族意识"明显超过了对中华民族和国家的认同。也正是由于我们必须正视的这一事实，习近平总书记在 2014 年中央民族工作会议上特别强调要"让各族人民增强对伟大祖国的认同、对中华民族的认同、对中华文化的认同、对中国特色社会主义道路的认同 。……引导各族群众牢固树立正确的祖国观、历史观、民族观"。这些话无疑具有很强的针对性，应当引起我国民族问题研究者的深思。

国内外批评和攻击我国民族政策的主要观点之一,就是指责我国的各少数族群在社会经济发展中被边缘化,在社会结构中处于"被剥削、被压迫"的处境,居住地区的自然资源被汉人掠夺,少数族群民众就业难、收入低。不可否认的是,我国各地区的社会经济发展确实处于不平衡的状况,造成这种发展不平衡的原因包括自然地理条件差异很大,历史上的教育与文化发展不平衡,如西藏直至1951年才成立现代意义上的小学,各地区接触现代工业化的时间不同步,如沿海地区接受殖民者侵略的时间最早,20世纪初在外国租界和沿海通商口岸城市就出现了现代工商业,各项基础设施发展很快,而西部边疆地区的道路与能源建设大致是1949年新中国成立后才开始起步。在新中国成立后的计划经济时期,劳动力就业和职工收入由政府统一安排,发展相对滞后的西部少数族群聚居区的就业和收入问题并不突出。但是在80年代推行体制改革和发展商品经济后,东部地区民营企业发展很快并进入西部市场,市场竞争机制导致西部地区原有的国有企业因成本高而相继破产,由此引发了西部地区少数族群劳动力的就业困难和东西部民众收入差距不断拉大等一系列社会问题。在这样的新形势下,社会学的"族群分层与流动"研究对于我们认识当前我国社会族群关系的现状和存在问题,以及提出改进思路与具体措施方面,确实非常重要。

自20世纪80年代以来,我国社会学家们开始关注中国的"族群分层与流动"这一研究领域,一方面努力借鉴国外的研究思路和经典案例,开展对人口普查数据和抽样问卷调查数据的量化分析,另一方面也积极开展实证性个案和社区调查,努力通过实地感受来理解量化数据(如受教育水平、人均收入)在民众生活中具有的实际意义。许多其他学科(人口学、民族学、人类学等)的学者和研究生也开始加入相关专题的研究。从已发表的研究成果来看,研究的具体专题包括人口普查各民族受教育结构、劳动力行业与职业结构数据开展的比较分析,也包括在不同的少数民族聚居区开展的专题实证调查(城乡居住格局、语言使用、双语教育、族际社交网络、族际通婚、人口流动、大学生就业、城乡贫困问题等)。尽管目前在这一领域及相关专题方面发表的研究成果数量还不算多,但至少表明,中国的"族群分层与流动"研究已经起步,而且开始引起社会各界的广泛关注。

　　以上是我在思考中国的族群分层研究时所想到的一些问题，希望年轻学者们在今后的研究工作中给予关注。从整体来看，目前国内的族群分层与流动研究仍然非常薄弱。来自西北地区的马忠才是一位回族学者，他曾在北京大学社会学系进修一年，2008 年通过考试正式成为民族社会学专业方向的博士研究生。他在 2012 年顺利通过答辩，获得社会学博士学位。他的博士论文题目是"西部少数民族的社会变迁与族群分层"，这篇论文是他对一个西部大规模抽样调查数据库进行的系统量化分析，论文将在补充修订后出版。从这篇博士论文的写作与修订过程来看，马忠才在利用调查数据进行族群分层研究方面已经具有较好的理论基础和研究经验。他即将出版的这本书《分化与整合：西北地区社会结构转型研究》是他新近完成的一个国家社科基金项目的最终成果，可以看作是他博士论文研究的延续，在这本书中，他把研究地域从新疆拓展到西北地区，这可以被看作我国族群分层与流动研究的一个新进展。我很高兴为他的这本新书写个短短的序言，同时也期待他在这个领域中继续耕耘，并在今后的研究工作中努力把中国的"族群分层与流动"研究推进到一个新的高度。

建议改称"汉语"为"国语"*

近日在一个会议上和全国政协副主席罗富和谈起"汉语"用法的利弊问题，他认为应该改称"国语"，因为"汉语"在多个少数民族语言中表达的直接意思就是"汉族的语言"，政府提倡学习双语，就被理解为要求少数民族学习"汉族的语言"。这很容易让人联想到被汉族"同化"的问题。

其实在今天的中国，回、满、赫哲、土家、锡伯、畲族等族绝大多数人口讲汉语。壮、白、撒拉、东乡、苗、瑶、蒙古、土、保安、羌、仫佬等族中有很大比例的干部民众通用汉语。汉语文在中国几千年文化发展史和现代社会发展过程中已经在事实上成为中华民族大家庭的"族际共同语"和"国家通用语"，把今天的"汉语"顾名思义地看作只是"汉族的语言"是一种十分偏狭的理解。长期以来，我国西部地区的双语教学中对汉语的提法是"汉语普通话"，这是把普通话与汉语方言做了区别，但仍然强调的是"汉语"。

去年召开的中央民族工作会议中，在谈到双语教育时，提法已经改为"国家通用语言"。但是社会各界对此的关注不够，在电视新闻、报纸杂志中仍在大量使用"汉语"一词，如有的报纸宣传少数民族"学好汉语，有利就业"，国外的孔子学院也在讨论"外国学生如何学好汉语"。今后这些

---

* 本文刊载于《环球时报》2015 年 8 月 27 日，第 14 版。

提法应尽快统一起来。"国家通用语言"的提法是十分准确的，指的就是全体国民通用的工具性语言文字，但是在口头表达中稍长了一些，不如在许多日常场合下进一步简化为"国语"。这一调整有几个好处：

一是使我国回族、满族等在语言方面的传统提法从"通用汉语"改为"通用国语"，名正而言顺。

二是有自己母语和文字的少数民族学生在各级学校和双语教育中所学习的是"国语"。译成少数民族语言就是学习"国家通用语言"而不是目前所译的"汉族的语言"，有利于少数民族在观念上准确地理解"国语"。

三是与台湾的用语建立连接。民国时期把汉语学习称为"国语"，1932年叶圣陶、丰子恺编的《开明国语课本》近期在大陆一度十分流行。1949年后，台湾一直在推行"国语"教育。同样使用"国语"一词，有利于建立台湾民众对中国认同的文化基础。

四是对海外的"汉语"教学起到重新"正名"的作用。教育部下属有"国家汉语国际推广领导小组办公室"（简称"汉办"），下级机构是世界各地的孔子学院，一些相关的社团组织如"世界汉语教学学会"等也由"汉办"指导，其职能是"对外汉语教学和汉语国际推广"。但是，国外学生学习的"汉语"，译成英文是 Chinese (language)，直译是"中国的语言"。很显然，把 Chinese (language) 译成"汉语"，给外国学生留下的认知就是"汉"就是"中国"，那么藏、维吾尔、蒙古等民族的语言是不是中国的一部分呢？这无疑是存在很大问题的。如果海外推动的是"国语（中国国家通用语言，Chinese language）"教学，就没有问题了。藏、维吾尔、蒙古等民族的语言当然是中华民族语言体系的组成部分，但不是"国家通用语言"。从这个思路出发，也许教育部的"汉办"需要考虑更名了。

中国的民族问题与 20 世纪 50 年代的"民族识别"

——祁进玉《历史记忆与认同重构：20 世纪 50 年代土族民族识别的口述史研究》序言

一 中国民族问题面临的四方面难题

当今中国社会存在的民族问题，可以说是世界上最为复杂和最为困难的研究领域。之所以复杂和困难，是由多重因素造成的。

首先，中国自秦朝统一中原以来经历了几千年的朝代更替和疆域变迁，所管辖的版图内包含了居住在不同地理环境、具有不同历史记忆和群体想象、使用不同语言文字、保持不同生活习俗的许多群体，从政治经济文化的核心区域到边缘的管理松散的群体，从任命官员直接治理的核心区行省州县逐渐过渡到册封当地世袭部落首领的土司辖地，形成了多重的"同心圆"治理模式。历朝历代的中央政权，根据各地不同部落、群体的历史传统和文化特点，采取了多样化的行政管理制度，甚至可以说是"一地一制，一族一策"。如西南地区，《宋史·列传·蛮夷一》称"西南诸蛮夷……树其酋长，使自镇抚，始终蛮夷遇之，斯计之得也"（《宋史》第 40 册，第14171 页）。《元史·列传》描述"外夷"的有三篇。《明史·列传》中详细叙述了各地"土司"（湖广、四川、云南、贵州、广西）和"西域"各卫所的历史沿革。清朝长期对统辖下的不同地区采取"多元式天下"的管理体制，如西南山区的土司、蒙古部落的王爷、新疆绿洲的伯克、西藏的噶厦，这些各不相同的行政体制阻碍了各部落、族群的跨地域迁移和经济、文化整合（王柯，2001：278-280）。虽然这些管理设置都是从朝廷的需要出发、为国家的目的服务的，并没有多少直接为当地人的利益服务的动机，与现代政府有本质的差异，但是，由于中央政府的介入制约了当地各种群体的权力角逐，为地方带来安宁，也促进了边疆地区与内地、边疆地区之间的交流，客观上对地方各族长期稳定的关系模式的形成创造了条件。中国的这种多元化的行政管辖体制与中世纪欧洲等地区的封建领地体制很不相同，本身就给我们理解近代中国的民族格局增加了很大的难度。研究对象的悠久历史和复杂多元的内在结构，是我们研究中国民族问题时面对的第一个难题。

第二，作为人类社会历史上的几大古代文明之一，中国曾经在其所在地区（欧亚大陆东部）的社会、经济、文化等方面长期居于领先地位，形成了一个向周边文化扩散和具有独特认同意识（华夷之辨）的文明体系。它的文化主脉绵延持续了几千年之久，直至19世纪中叶才遇到外来文明的真正挑战。其间虽历经了多次改朝换代，皇帝的族属和年号也多次更换，但都自认为是"中华文明"的继承人，是区域"大统"的维护者和"天朝"的统治者。香港中文大学的金耀基教授称其为"是一个以文化而非种族为华夷区别的独立发展的政治文化体，有的称之为'文明体国家'（civilizational state），它有一独特的文明秩序"（金耀基，1999：614）。印度裔美国学者杜赞奇教授在肯定中国传统族群观念的实质是"中国文化主义"的同时，指出中国还存在另一个"民族主义"族群观，即当外部蛮夷真正威胁到中华文明主脉的生存时，中原的汉人群体就会放弃"天下帝国的发散型的观念，而代之以界限分明的汉族与国家的观念"，他称之为中国民族观的"复线结构"（杜赞奇，2003：47）。我把这一传统的主脉概括为族群观念、华夷之辨的"文化化"模式（马戎，2004）。在这样一个具有独特的群体观念、政治认同体系和几千年发展惯性的国家，无论是来自欧洲工业化进程中出现的政治产物即"民族国家"（nation state），还是工业化进程中另一个政治产物即共产主义意识形态的"国际主义",以及来自反殖民主义的"东方主义"的政治文化概念,都很难与中国这个东亚独特的文明体系相衔接,当这些外来观念的定义和分析逻辑被应用到分析中国的"民族"问题时,都不是合适的概念和理论工具。

自鸦片战争以后的 150 多年里,这些外来的"民族"理论和政治认同体系伴随着洋枪洋炮也先后被引入到中国,并成为中国学者们很愿意学习吸收的甚至非常时髦的"现代知识"。但是这些外来的"民族"理论和政治认同体系毕竟来自不同的文明传统、不同的社会条件和政治背景,彼此之间相互冲突,这也使得近代中国的民族研究者接受了不同的学科知识体系,没有完全统一的理论基础,甚至内部的对话也十分困难。20 世纪初中国学者们曾使用"民族"、"国族"、"大民族主义和小民族主义"(梁启超)、"五族共和"、"宗支"、"宗族"等概念,近年来又提出"族群"等名词,一百多年来,学者们始终在如何理解和应用这些外来概念的讨论中挣扎和苦思。

今天,我们很显然已经不可能改回去继续用传统的"旗人""回回""汉人"等词汇而避免用"民族"的概念,这不仅仅因为"民族""民族主义"等概念已经在中国流行超过百年,而且来自西方的政治、学术话语体系是我们今天的学术活动与国际交流所不可回避的。但是,我们今天既然需要继续使用"民族"这个概念,又用它来表示具体群体,我们怎么可以不把这个核心概念的定义和内涵搞清楚呢? 但是,这个外来的词汇与中国传统认同体系之间很明显地存在一个"不兼容"的问题。所以,我们只能从当下的已经使用的术语语境出发,参考西方话语体系中的相关定义,以"向前看"的态度来明确与调整我们用语的定义。

没有大家公认的、适用的核心概念和理论工具,是中国民族研究面对各种困境的第二个难题。

第三,自鸦片战争以后的 150 多年里,不仅仅这些外来的"民族"理论和政治认同体系先后被引入到中国,与此同时,外国军队对中国发动的多次强盗式的侵略战争就已经深刻地改变了中国的领土范围,通过不平等条约,列强先后强迫中国割让了三百多万平方公里的国土,在沿海城市划定了各国"租界",使中国沦为一个殖民地和半殖民地国家。新划定的这些

"国界线"打乱了历史上形成的族群、部落原有的政治互动模式和归属关系，导致许多具有内部认同的群体被分割在"国界"的两边。

帝国主义列强为了进一步分裂和瓜分中国，通过各个不平等条约向中国各地派遣驻军、外交官、传教士、探险家、考古学家和人类学者。这些帝国主义、殖民主义侵略的"先遣队们"深入到中国的各个角落，不仅像强盗一样疯狂盗窃中国的历史文物（如敦煌），同时也深谋远虑地向居住在中国国境内但与中原群体在祖先血缘、历史记忆、语言、宗教、文化等方面存在差异的各个部落和族群灌输它们是"独立民族"的观念，并在武器供应、民族精英培训（招收留学）、提供资金和外交支持等方面直接或间接地干预当时的中国中央政府（清廷和中华民国）对这些地区的行政管辖和主权行使。同时，列强千方百计鼓动"汉族"中狭隘的民族主义激进分子去"驱除鞑虏，恢复中华"，以图彻底肢解处于风雨飘摇中的清朝。帝国主义列强的干预打乱并改变了中国这个"天下帝国"原有的政治、经济与文化秩序。由于不同地区（蒙古、西藏、新疆、云南、东北等）在历史上与中央政权保持的关系存在一定差异（"多元式天下"），它们受帝国主义势力影响和干预的程度各不相同，这些群体的上层集团和青年精英在中央政权和外部势力的多重影响下开始分化并走上不同的发展轨道。而且在这些帝国主义之间还存在着争取少数民族精英的激烈竞争（如沙俄和英国对13世达赖的竞相争取），各自培养自己的"代理人"，这就使得中国各地区的"民族"状况和"民族"关系处于异常复杂的状态和急剧变化之中。外来势力的多头干预和各地区认同意识和行政交往的动态演变，更为我们理解百年来的中国民族关系的进程增加了新的难度。

第四，自鸦片战争之后的一百多年里，中国在外部帝国主义多次强力冲击下所经历的历史进程，基本上是从一个多元的传统中央专制集权国家（有人称之为东方式帝国）向一个现代共和制的强调国民同一性的民族国家的方向演进。这一百多年又可以大致划分为目标完全不同的两个历史时期，第一个时期，是从鸦片战争到1949年中华人民共和国成立，第二个时期是1949年以后。

在第一个历史时期，从无知迷茫逐步到学习和探索，中国知识精英们基本上是以欧美列强（共和宪政）为国家构建的榜样，甲午战争后，学习的榜样中又增加了一个日本（变法维新）。目标就是以欧美为榜样建立一个现代"民族国家"（nation state）。知识精英们对于未来中国这个"民族国家"中的"中华民族"如何定义，应该包括哪些群体，一度出现尖锐的分歧。这一分歧其实自明朝被清朝取代时即已经开始，在雍正写《大义觉迷录》时达到一个高潮，在清末的"保皇党"和"革命党"的争论中达到顶点。前者认为应以文化传统来辨别"华夷"，所以清朝廷和清朝统治下的各族都属于"中华民族"，后者则从血统、"种族"出发，坚持"驱除鞑虏"，在清朝的 22 个行省中只要 18 个省（排除东北 3 省和新疆），"'中华'甚至被他们改造成了'汉族'这样一个狭义的民族概念。革命派对'中华'的解释，最终目的是为了建设起一个'中华＝中国＝汉族'的公式"（王柯，2003：193）。这一分歧随着辛亥革命而终结，随后以"五族共和"和"中国＝中华民族"的理念先后被北洋政府和南京国民党政府作为国家构建的总体目标。在 1931～1945 年的抗日战争中，"中华民族＝中国"的意识在全国进一步得到普及。

　　在第二个历史时期，中国共产党建党后在意识形态和政治体制上接受了共产主义和无产阶级专政的理论，在革命策略上决定"走俄国人的路"，同时也接受了斯大林民族理论（"民族"定义）和民族关系的制度与政策，中国被定义为一个"多民族国家"。参照苏联建国模式，为了贯彻民族平等和实现民族解放，"民族识别"、民族身份制度和民族区域自治制度的建立就是必须推动的基本制度建设。这是与前一个历史时期的目标方向完全不同的一种国家构建思路。但是，参加 20 世纪 50 年代"民族识别"的专家学者们（如费孝通、林耀华等）绝大多数都是在西方或民国的大学和研究机构里培养出来的，在实际的"识别"操作中必然受到西方人类学、语言学等学科理论和知识体系的影响，加上我国许多地区存在群体居住混杂、族际通婚和异地迁移的现象，这使得许多群体的"身份认同"是多元化和边界不清的，要把民众传统的部落、家支、氏族的概念去和斯大林的"民族"概念衔接起来，必然会出现被"识别"客体的观念混乱和进行识别的主体在结论中的武断（马戎，2001：125－126）。全国西南、西北、东北、华南等各地区居住的群体在"民族"格局上由历史形成的多样性，派到各地开展"识别"工作的专家们自身知识和思维的偶然性，都会对当年的

"民族识别"工作的结果带来影响。

在这两个历史时期里，理解和处理中国民族问题的基本理论、处理民族问题的基本制度是完全不同的，前一个时期依据的是西方的"民族"（nation）和"民族国家"（nation state），后一个时期依据的是共产主义国际主义（Communist internationalism）、斯大林的"民族"（nationality）和"多民族国家"（multi-national state）。尽管这是两个在表面上孑然独立、互不相通的概念体系和政治制度，但是无论是作为"识别"和研究对象的中国各群体，还是作为政策制定者的中国共产党领导人、民族研究者的学者队伍自身，都是在晚清和民国的中国社会体制下成长起来的，这些"历史遗毒"必然潜移默化地影响着我们的干部、学者、少数民族首领和民众。这种表里矛盾、内外冲突的概念和实践，自然也就使我们理解和分析中国自1949年以来的民族关系更加困难。况且，新理论、新制度、新政策在基层的实践中绝不仅仅是人们被动地接受，在其推行中如果体现出一种新的利益格局时，那么年青一代不但会接受这些新理论、新制度、新政策，而且会成为它们的捍卫者，甚至还会积极主动地去扩展这些制度和政策的涵盖面、提高它们的层级，这在苏联解体前的民族博弈中表现得淋漓尽致（卢露，2010）。

以上这四个方面交织在一起构成了中国民族演变历程和民族关系的复杂局面，以及当前中国民族问题研究中的不同取向。以"民族单元"建立"多民族联邦制"国家体制的苏联和南斯拉夫已经在20年前解体，中国一些地区在近10年来也出现了民族关系紧张的迹象，当此之时，作为对国家、对人民负责任的中国学者，有必要超越第二个历史时期的意识形态局限，站得更高一些，看得更远一些，从鸦片战争以来150多年里中国人为了"民族构建"所走过的曲折历程中总结出一些更深刻的道理，应当重新思考"中华民族"和"民族"的定义，应当重新思考中国今后"民族构建"的目标与方向。

二　20世纪50年代的"民族识别"，是我们剖析
中国民族问题的切入点

为了更好地了解过去，以便更清醒地思考未来，对于这一百多年的中

国民族演变过程的不同历史时期，都需要认真深入地重新加以研究。而作为中国"民族构建"第二个历史时期的关键起点，20 世纪 50 年代的"民族识别"工作无疑是一个需要仔细重新审视的重要组成部分。在某种程度上，"民族识别"工作的识别对象、调查工作者、上级指导部门这几个群体身上汇集了我们上面所分析的中国民族问题演变的四个方面的难题。

直至 50 年代，全国各地的行政体制仍然是"多元化"的，王爷、土司、头人、山官、部落首领等各自以不同的制度管辖着少数民族聚居区。彼此之间差异极大，按照当时流行的"社会发展阶段进化论"的概念，有些群体被认作依然停留在"原始公社"阶段。被识别的少数群体在近代的演变历程也是多元和曲折的，如东部回族和满族大多直接参与到了沿海地区的社会发展进程，在思想观念和现代经济活动的参与方面与汉族大致同步，如西部的藏族仍保留在"政教合一"的传统体制下，从东部到西部，中间还存在着多级"过渡区域"。在少数民族民众中保持的是传统的部落、家支、氏族认同，但是部分外出见过一些世面的少数民族精英人物却开始接受帝国主义宣扬和灌输的"民族"意识。又如西南一些少数民族（如景颇族）的文字是西方传教士创制，在许多方面受到西方社会的影响。总体来说，（1）被"识别"的少数群体大多数民众中流行的是传统群体认同意识，许多群体成员把"部落"认同凌驾于汉人工作队介绍的"阶级"认同之上；（2）被"识别"的少数民族精英已出现分化，部分保持对中央的传统效忠和辖区自治的观念，部分精英开始受到西方"民族"观念的影响而探讨"独立"的可能；（3）进行"识别"的专家学者们在学术上主要是在第一个时期接收的西方人类学、语言学训练，在"识别"过程中自觉不自觉地仍在运用人类学、语言学的知识，同时他们在政治上接受共产党领导，努力领会在第二个时期居于"经典"地位的斯大林"民族"定义；（4）领导"识别"工作的政府领导和民族工作部门则坚持以斯大林为代表的马列主义民族理论、积极参照苏联模式来设计和构建中国的"民族"框架和相应制度。所有这些因素和不同的学术传统、不同的政治导向统统"聚焦"在 50 年代的"民族识别"工作中。正是由于在不同地区出现的各方面不同组合和相互博弈，导致了各地区"民族识别"工作的最终结果。

20 世纪 50 年代的"民族识别"工作奠定了今天中华民族 56 个族群的

大框架，今天凡是涉及少数民族和民族关系的各项政策，从中央到地方的各级政府和职能部门都是在这个框架下实施的。但是，这并不是说我们不能根据在社会调查中发现的客观现象和现实问题来对这个框架的科学性、合理性和可持续性进行思考。为了开展21世纪的中国民族问题研究，我们必须解放思想，以客观和科学的态度来重新认识、理解和分析我国20世纪50年代的"民族识别"工作。正如上面所分析的，"民族识别"工作作为两个历史时期之间的转折点，汇集了当时与"民族"问题相关的所有社会矛盾和观念冲突。半个世纪过去了，我们在思想和观念上得到解放，学术理论上也开阔了视野，对于20世纪50年代"民族识别"工作的再认识，理应成为今后中国族群问题研究的一个重要专题。特别是由于许多当年亲身参与这项工作的老人正在陆续离开这个世界，因此对他们的访谈工作和口述史研究需要加紧进行。

有许多涉及当年"民族识别"工作的具体问题在今天仍然对我们具有重要意义：在当时开展识别工作时，各调查组成员们如何认识和理解"民族"的基本定义？不同地区的各个"民族"当时都是根据哪些具体的标准进行识别的？在识别时参考的是些什么证据？在政府进行识别之前，当地的各族民众和知识分子头脑中的"身份认同体系"究竟是怎样的？当时人们怎样称呼自己，又如何称呼其他群体的成员？在开展"识别"和最终判定时，调查组和学者们之间是否出现过不同意见？这些争论又是如何讨论和裁决的？哪些因素对于一些具体"民族"的识别和判定起了关键作用？苏联专家在什么程度上介入和参与了这一工作？政府的行政领导对识别工作进程和最后的"民族"判定是否也发挥了一定作用？对于这些问题的探索，对于我们理解第一历史时期的遗产、第二历史时期转型的支点及近60年来的民族构建的演变，无疑会有极大的启迪。

三　"民族识别"工作的口述史研究

20世纪50年代民族社会历史调查的许多调查报告（《五种丛书》）已经整理并正式出版了，其中反映了当时各地调查组获得的许多第一手宝贵的基础资料和信息。这些调查活动和调查报告都是在当时的政治氛围和民族理论指导下开展和写作的，记录下来的信息有可能经历了某种筛选、编辑和审查过程。毫无疑问，这些调查报告和其他学者出版的有关"民族识别"的研究成果都是我们认识当年"民族识别"工作的主要参考资料，但是，如果乘着有些"民族识别"工作亲历者依然在世的机会，抓紧开展一些口述史的调查工作，可能是非常紧迫和极有价值的。因此，自 2000 年来，我就在思考如何选择一些有代表性的群体开展"民族识别"工作口述史调查。但是这项工作的难度非常大，选择难度适当的对象群体，研究者的知识积累和调查经验，都是开展这项口述史研究不可缺少的保障。

在这样的认识框架中确定的第一个项目是保安族民族识别的口述史研究，菅志翔在这项研究的基础上完成了她的硕士论文，并在 2006 年正式出版了《族群归属的自我认同与社会定义：关于保安族的一项专题研究》（民族出版社），由于调查访谈工作十分扎实深入，理论探讨具有创新思路，这本著作在国内外学术界引起很好的反响。第二个项目是云南白族的民族认同调查，由云南大学的马雪峰在 2008 年完成，调查的重点是白族的语言文字的演变史，他完成的"语言、差异政治与'民族'构建：'白族'与'白文'的近代历史"，发表在《中国人类学评论》第 19 辑。第三个项目就是本书的主题即土族"民族识别"口述史研究，祁进玉在北京大学社会学系从事博士后研究期间，这是我和他共同选定的研究专题。作为一个当地出生和长大的土族成员，能够讲当地的土语和藏语，这是他能够顺利开展这项研究的有利条件。他在博士后研究报告的基础上完成了这部著作，使我国的"民族识别"口述史研究又推进了一步。年轻学者的成长和他们在中国民族问题研究中所做出的艰苦探索，使我感到欣慰和振奋。

这本书中首先对"民族主义"的起源和演变历史进行了回顾，讨论了近年来"族群民族主义"的影响，对于中国民族问题的中外研究文献进行了梳理，也对 50 年代的"民族识别"工作的过程和近年的相关出版物进行了系统的介绍。其中摘引了一些发表于 50 年代的对"民族识别"工作的总结，生动地展示了当时的思路和工作方法，以及斯大林"民族"定义在具体实际工作中是如何应用的。本书的主体部分是土族的"族源"文献考察、族名的历史演变、外国访问者的日记描述、历史档案记载、口述调查笔录，以及民间流传的各种不同版本的土族"族源说"，各村的村史和家谱，干部和民众对成立土族自治县的讨论，等等。内容生动朴实，是难得的第一手实地调查访谈材料。在当地调查中发现的普遍而大量的族际通婚现象，以及不同居住地土族群体之间的明显差异（语言、通婚、族源等），都向我们展示出我国各民族之间在血缘和文化方面"你中有我，我中有你"的亲密关系。他的调查材料表明，各地群体的认同意识，也是随着社会条件形势的变化而调整的。在访谈中有的学者指出："不少的部落以前的祖先是汉族，后来少数民族吃香时，就改为少数民族；到了汉族政权控制时，又变为汉族，这种情况也是不断地发生着变化。"

在这些材料归纳和梳理当中，作者指出，这些素材和文献可以"充分说明昔日的'土人'如何一步一步由'人群共同体'走向'民族共同体'，顺利实现了蜕变，从而获得合法性身份——土族的漫长历程"。帮助我们认识土族是如何诞生和发展的。土族是一个人口规模不大、居住在多个大族群（藏族、回族、汉族）之间的群体，也是我国各民族的类型之一。中国的56个民族，在正式识别时，大的如汉族已有六亿多人，少的如赫哲族只有八百来人，彼此之间差别非常悬殊，所以在研究中国的民族问题时不能简单地"举一反三"，必须逐一仔细地分析各自特点，总结共性与特性。

值得注意的是，书中提到苏联专家曾三次参加互助县的民族语言调查。对于苏联专家在什么规模、什么深度上参与甚至指导了50年代各地的民族历史调查和民族识别工作，许多研究文献对此避而不谈。苏联专家自然是斯大林民族理论的宣传者和实践者，他们的参与必然会增加斯大林理论对民族识别工作的影响。这一方面需要引起我们更多的关注。

民族识别工作尽管是发生在五十多年前的事，今天我们仍然需要思考它之所以发生的道理，而且我们今天依然必须面对它所留下来的各种后果。我们承认历史上的事之所以发生，都有它们的原因，有其内在的历史逻辑，同时我们也认为对于事情发生的具体形式、发展轨迹和后果演变，必须进行研究，而且对于今后我国民族关系演变的发展趋势，人们也不是不能有所作为的。我希望这本书能够引起读者的兴趣，能够有更多的青年学者来关心中国的民族问题，在我们的日常生活和工作中努力巩固中华民族的"多元一体格局"，使13亿中华儿女在民族平等、共同繁荣的道路上并肩迈进。

参考文献

杜赞奇，2003，《从民族国家拯救历史》，北京：社会科学文献出版社。

金耀基，1999，《中国的现代文明的秩序的构建：论中国的"现代化"与"现代性"》，潘乃穆等主编，《中和位育》，中国人民大学出版社，第 613 ~ 627 页。

卢露，2010，《区隔化制度的失败和民族国家的胜利》，《西北民族研究》2010 年第 4 期，第 55 ~ 66 页。

马戎，2001，《民族与社会发展》，北京：民族出版社。

马戎，2004，《族群问题的"政治化"和"文化化"》，北京大学社会学系编《北京大学社会学学刊》第一辑，北京大学出版社，第 73 ~ 89 页。

王柯，2001，《民族与国家：中国多民族统一国家思想的系谱》，北京：中国社会科学出版社。

不必将民族主义贴上负面标签

    17 世纪，西欧在启蒙运动推动下出现了以共和政体新型民族国家代替传统世袭王朝国家的社会运动，这一社会运动的意识形态旗帜就是民族主义。安东尼·史密斯指出，此时的民族主义运动就是努力在社会民众中创建"民族"意识，其主要特征是拥有一块传统居住地域，成员们组成"具有单一政治意愿的法律与制度的共同体"，共同体所有成员以"公民权"享有完全平等的各项权利与义务，共同拥护共和政治体制。"民族主义"运动的目的就是发动具有以上共识的共同体成员推翻原有的封建王权，建立"民族国家"。这样的民族主义在当时的社会条件下，无疑是具有进步性的社会运动。西欧国家完成政体转型后，随着社会、经济和军事实力的迅速发展，很快投入对世界其他地区的侵略战争和殖民地征服。在这个帝国主义、殖民主义扩张的历史阶段，"民族主义"在不同国家扮演了完全不同的角色。在帝国主义国家，当政的资产阶级集团利用"民族主义"来煽动本国民众参与对外扩张和侵略战争，所以马克思和恩格斯认为"民族主义是各国资产阶级用来分化国际工人运动的武器"，提出"工人没有祖国"，"全世界无产者联合起来"，这些观点和口号具有十分明确的历史针对性。而在那些遭受帝国主义侵略、殖民的亚非拉国家，当地民众反对帝国主义、殖民主义的民族主义运动是被动的、防御性和值得资本主义国家无产阶级民众予以同情的。马克思和恩格斯认为，这些国家在输入欧洲"民族"理念而发展起来的民族主义运动和反侵略斗争将挖掉欧洲资本主义世界的重要基石，它的积极意义之一就是将会导致"欧洲大陆的政治革命"。从以上观点来看，那种认为"一个民族国家必然要和周边的其他民族国家产生利益和文化的冲突"，因此民族主义是"一件不再合身的西服"的观点是存在片面性的。把帝国主义动员本国民众参加殖民侵略战争的"民族主义"宣传和被侵略国家动员本国民众反侵略的"民族主义"混为一谈，无疑是不合适的。资产阶级一旦掌权之后，它最大的政治特点之一就是评价体系中的"双重标准"。它们把本国的殖民侵略战争看作是"传播文明"，而把被侵略国家军民的反侵略抗争说成是"野蛮"与"狭隘"。马克思在评论鸦片战争时曾一针见血地指出"半野蛮人（指中国人）维护道德原则，而文明人（指英国人）却以发财的原则来对抗"。把西方国家的"双重标准"表述得最直白的是亨廷顿，"对待'像我们'的人的指导原则与对待不同于我们的'野蛮人'的指导原则是截然不同的。基督教国家彼此打交道的原则不同于它们与土耳其人和其他'异教徒'打交道的原则"。在今天的国际政治中，这种"双重标准"的具体运用仍然每天都可以看到。第三世界国家捍卫民族利益的民族主义被西方国家妖魔化，而那些在帝国主义鼓动下分裂祖国的人却成了"捍卫民主自由的斗士"。在美国政客的眼里，美国的盟国几乎做什么都是对的，甚至否认"二战"成果都可以接受，而中国无论做什么都有问题。在如此严峻的国际形势下，出现了一种要中国人放弃关注本国安全和基本利益的"民族主义"，接受"并非为自己一国一族着想"的所谓"世界主义"。持这种观点的人至少是头脑糊涂。今年我们在纪念反法西斯战争胜利 70 周年，中国因帝国主义侵略和干涉造成的国家分裂的伤口仍未愈合，"台独""港独""藏独""疆独"等分裂运动的背后无一没有帝国主义的黑影。如中国人力争钓鱼岛和南海被占岛屿的主权，这些抗争是清理鸦片战争以来帝国主义侵略造成的遗留问题，中国人在这些议题上表现出来的民族主义就是爱国主义。因此没有必要把"民族主义"打上一个负面的标签，再把它与爱国主义区分开来。当然，这并不是说我们不需要注意、警惕在与周边国家交往中可能出现的为了本国利益损害其他国家利益的民族主义，因为如果出现了那种情况，我们就和当前的那些霸权主义国家没有什么区别了。

"一带一路"各国的跨文化交流应从我国西部边疆做起*

　　"一带一路"是中国政府近几年推出的中华民族伟大复兴与发展各国合作共赢国际关系的宏伟愿景，同时也是21世纪全球和平发展新思路的战略构想。但是，这一宏伟目标能否在推进过程中获得"一带一路"沿线各国政府与民众的充分理解和全力支持，能否真正成为现实，还需要许多艰苦细致的设计研究和大量多边合作项目的实际运作。"一带一路"地理范围内涵盖了60多个国家，使用的语言有40多种，各国宗教信仰、社会组织传统和发展历史的复杂与多样性远超一般人的想象。中国发展面向中亚、东南亚、南亚并拓展到欧洲与非洲的多边合作，推动"一带一路"经济共同体建设，必然需要与在政治经济体制、法律规范、语言宗教、价值伦理等方面与中国社会存在诸多差异的许多国家与地区进行全方位的文化沟通。唯有与这些国家之间不断加强彼此的深度了解与目标认同，才能在良性互动、建立共识的基础上发展实质性的经济合作。

　　在这一接触、交流、探讨合作机会的过程中，中国的经济发展理念、企业内部运行规则、企业与当地政府和社区居民的交往方式等能否被各国

* 本文主要内容以《"西部大开发"可为"一带一路"热身》为题刊载于《环球时报》2015年11月10日第14版。

政府和民众所接受，在很大程度上取决于中国外交机构、企业员工是否认识到各国之间存在着巨大差异，并在相互交往中通过充分尊重当地社会与文化传统来努力实现与当地政府和民众的良性互动。在很大程度上，正是对不同社会与文化的深刻理解与沟通，决定了我国在这些国家开展贸易投资和承接项目的成败。

前一个时期，我国企业、商贸、务工人员在境外一些国家和地区的投资经营经受一些挫折，重要原因之一就是参与人员不了解这些国家的国情和民情，只考虑如何办妥官方程序（签订合同）和追求经济收益（降低成本并获得最大收益），较少对当地社区的建设发展、民众就业与环境保护进行关注和投入，没有努力理解当地民众对中国企业活动的感受，没有与当地政府、企业、社区和普通民众之间建立起多层次的良性互动，其结果难免因忽视了社会反应而不断积累下当地民众的反感与排斥情绪，最后造成我国企业的重大经济损失，并在当地社会中留下影响深远的负面印象。这些"前车之鉴"应当引起我们的深思。

我国企业在非洲、缅甸等国遇到的问题，其实与我国 21 世纪初推行"西部大开发"战略以来，东部企业在我国西部地区所遇到的情况基本相似。如果说"一带一路"经济共同体建设是一个全球性宏大战略，那么"西部大开发"可以被看作是这一战略的预演与前奏。

我国西部新疆、西藏等地聚居着与东部汉人社会在语言、宗教、生活习俗、文化传统等方面十分不同的多个少数民族群体。在"西部大开发"过程中，东部汉人企业、经商务工人员大量进入西部地区后，由于对其他文化不了解和缺乏跨文化交流的经验，同样对西部原有经济秩序、就业市场、资源开发模式带来很大冲击，引发各种类型的文化冲突和社会矛盾。这些冲突与矛盾常常以"民族"和"宗教"的形式表现出来，恰恰证明了我国东部地区汉人社会目前仍然缺乏与其他文明群体（维吾尔族、藏族等）之间通过深入了解、建立良性互动的明确愿望和知识储备，以及实际交往中的运作能力，同时也导致了邻国对我国经济发展模式的某些顾虑。

因此，为了推动与"一带一路"沿线各国的全面合作与经济共同体建设，我们首先需要处理好西藏、新疆等地各族间的"跨文化交流与合作"，真正有效推动西部地区的社会稳定、经济繁荣和族际良性合作。在这一过程中，我国可以逐步培养和锻炼出一支在开展国际"跨文化交流与合作"各方面有能力、有经验的人才队伍，他们能够在政府、社区、民众各层面与不同语言、宗教和文化传统的社会成员打交道，建立持久性的友谊与合作关系。其次，我国西部多族群地区的实际发展成果可以为境外邻国提供示范性榜样，增加境外不同文明社会在与中国交往合作时的信心和对合作成功的预期。从这个视角来看，处理好国内的西藏、新疆等西部少数民族聚居区的社会经济发展和民族之间的团结合作，在今天中国的全球性战略中，具有远超出一般人所能认识到的重要意义。

新疆、西藏等我国西部地区的社会经济发展，不仅仅表现在自然资源与市场开发等经济利益方面，本质上应当是当地各族民众的"人的发展"。当地各族民众在"西部大开发"中不可能也不应当"置身事外"。我们的目标是努力使各民族积极参与各项发展事业，并在参与中不断促进当地各族民众对中华民族和中华文化的认同及各族间的交往、交流、交融。2014年9月的第四次中央民族工作会议已经指明了今后我国民族工作的方向和基本精神，政治路线决定以后，干部就是决定性的因素。因此新疆、西藏等西部地区的长治久安和社会经济发展，在很大程度上取决于少数民族干部和知识分子队伍的培养与建设。

1985年开始招生的内地"西藏班"和2000年开始招生的内地"新疆班"，是中央政府推动西藏、新疆少数民族人才建设的重要举措。内地西藏高中班已为西藏培养、输送了3万余名各类建设人才，内地新疆班累计招生7万多人。内地办学绝大多数都选在本地重点中学，由政府负担学生的生活、学习及探亲的几乎全部费用，国家的投入很大，对这些学生毕业后发挥作用的期望也很高。但是，内地西藏班办学30年，新疆班办学15年，实际效果究竟如何？目前存在哪些问题？在制度、管理、教学等有哪些方面可以改进？从我们对内地办学开展的实地调查情况来看，存在的问题还是不少的。建议中央和学术界对此进一步开展深入调查和讨论，在充分肯定工作成绩的同时，坚持以"实践是检验真理的唯一标准"的精神，与时俱进，实事求是，从德、智、体各方面不断改进内地办学工作。内地班各族学生在大学学习期间的专业结构，也应当与我国西部发展和"一带一路"人才需求的专业结构联系起来统筹安排，另外西部各族大学生对所在大学校园的"多文化交流"氛围和实践也应当发挥十分积极的作用，各大学应当站在国家全局和世界性"跨文化交流合作"的高度来看待本校少数民族学生的培养工作。

由内地班培养出来的维吾尔、哈萨克、柯尔克孜、塔吉克、藏族等西部各族人才，如果真正达到国家的要求，热爱祖国，认同中华民族，认同中国共产党和社会主义制度和发展道路，掌握了现代知识和工作能力，那么这样一支活跃在政府部门和各条战线上的少数民族人才队伍一定可以极大地改善新疆和藏区的民族关系，促进社会、经济、文化各项事业的发展。如果他们直接参与"一带一路"各国（中亚、南亚各国）的各项交往与合作工作，他们的母语能力（藏语、维吾尔语、哈萨克语等）、文化传统（伊斯兰教、藏传佛教等）将使他们比来自国内东部地区的汉族员工更加容易与当地政府、社区和民众进行交往，更加容易得到邻近各国社会的接纳与认同。从这个视角来看，努力办好内地西藏班、新疆班，在今天中国的全球性战略中，具有远超出一般人所能认识到的重要意义。

21 世纪中国和平崛起的人才工程建设[*]

一个国家的社会、经济、文化等各项事业的发展，说到底是全体国民的人的发展，是人们思想观念、道德伦理、知识体系、行为能力的全面发展。在各学科各专业已经高度快速发展的今天，相关人才的培养，主要是依靠系统的正规学校教育来完成的。中国如果希望在 21 世纪发展成为一个真正的富强之邦，各项事业所需人才队伍的设计与建设应当被看作是国家发展中最为重要的一件事，是中国社会发展顶层设计的核心内容。

既然未来中国这个大厦是靠无数栋梁之材来支撑的，我们就需要对中国未来的人才队伍培养计划及其结构设计好好动一番脑筋。中国未来人才队伍的结构设计有几点是必须关注的。

第一是人才来源地的区域结构。从当年胡焕庸的"黑河－腾冲线"的分野来看，我国 94% 的人口居住在占全国国土 43% 的该线东南一侧，仅 6% 的人口居住在占国土 57% 的西北一侧。这一人口分布格局是由于自然地理条件和过去的交通运输工具落后所导致，并与物产和经济活动的分布格局密切关联。自 20 世纪 80 年代我国实行改革开放，21 世纪初实施"西部大开发"发展战略以来，西部地区的交通运输条件、资源开发能力和对

---

* 本文以《人才结构平衡亟需顶层设计》为题刊发在《环球时报》2016 年 1 月 13 日第 14 版。

外交流发展态势正在迅速改变这一传统的经济格局。全国经济正在真正发展成为"一盘棋"。目前人才最稀缺的地区，恰恰是西北地区。如果我国各大学里培养的人才绝大多数来自东南部地区，他们既不了解西北地区，对西北地区也没有"乡土之情"，那么，西北地区各项事业的发展怎么会不出现人才奇缺的现象呢？所以，中央政府需要从宏观上对全国大学生的招生来源地进行调查分析，在此基础上设计一个如何在东南和西北地区之间保持适度平衡的结构。如果西北地区的考生成绩普遍偏低，为此必须实行某种优惠政策，这也是从全局出发而必须考虑的。而且，区域间学生的成绩差距恰恰就是中央政府应该大力加强西北地区中小学教育、提高学生竞争力的最强有力的理由。

第二是人才来源地的城乡结构。现在城市中小学教育质量普遍明显高于乡村学校。假如我国大学生特别是重点大学的学生们主要来自城市特别是大都市，他们当中许多人既不了解乡村也不关心乡村，毕业后都留在大城市就业，那么，我国广大乡村地区各项事业的发展、现代农牧渔林业的发展和建设将主要依靠这些农村出身的学生来实现吗？前总理温家宝同志前些年曾经关注过北京大学农村生源比例下降的问题，这是关系到我国未来城乡一体化发展、新型城镇化的大事。只有逐步拉近城乡差距，特别是农村学校与城市学校在师资队伍和教学质量方面的差距，才能实现中国的整体腾飞。在今后相当长的一个时期内，我国大学生和人才队伍来源的城乡结构仍将是中央政府必须关注的一件事。

第三是人才的专业结构。一个国家人才队伍的专业结构必须与国家各行各业长远发展的人才需求相适应。这里可能需要关注两个问题，一是由于某种惯性作用，现有学校师资队伍和课程体系是否能够及时根据形势发展对师资队伍和课程体系的专业结构及教学内容做出必要调整更新的问题。因此，大学必须保持教师队伍的不断更新，保持课程体系随社会发展、科技发展的与时俱进。二是随着人类社会、自然科学技术的飞速发展出现了许多全新专业领域和原有学科的交叉领域，我国的专业体系和人才队伍建设发展规划必须把这些最新的发展趋势考虑在内，需要建立一个学科专业调整、课程体系内容更新的常态机制。

第四是人才队伍的族群结构。我国有 56 个民族，其中有 5 个民族人口超过千万，另有 14 个民族人口超过百万。我国目前人才队伍内部可根据掌握的专业知识与发挥作用分为顶级、高级、中级和初级人才四个层级。需要关注的问题是：在我国这个金字塔式的人才队伍结构中，目前各层级人才的族群结构究竟是怎样的？我国各民族在人才队伍结构中各自处于怎样一个相对位置？这个位置与各民族在全国总人口中所占比例是否大致相当？我们认为，全国人才队伍中的族群分层结构是体现我国民族平等、各民族共同发展的重要指标之一。从目前我们对一些重点大学的调查结果来看，维吾尔、藏等族学生所占比例远远低于这些民族在全国人口中所占比例，我国少数民族大学生目前主要还是集中在各民族院校和自治区所属大学读书，所学专业多为人文学科（语言、历史、民族学等），学习自然科学（数理化等）和社会科学（政治学、社会学、经济学等）的很少。这样的就读学校层级和所学专业的结构对于这些少数民族学生在国家整体发展、家乡现代化进程中所能发挥的作用无疑具有一定的影响。从维护国家统一，加强四个认同的长远目标来看，这一局面需要尽快扭转。

唯有在人才队伍建设工作中兼顾地域平衡、城乡平衡、族群平衡和专业创新这几个因素，中国在 21 世纪的崛起与繁荣才可能是全面、均衡和可持续的。

图书在版编目（CIP）数据

社会转型过程中的族群关系／马戎著 . —北京：
社会科学文献出版社，2016.5
（21世纪中国民族问题丛书）
ISBN 978 - 7 - 5097 - 8959 - 9

Ⅰ.①社…　Ⅱ.①马…　Ⅲ.①民族学 – 研究 – 中国
Ⅳ.①C955.2

中国版本图书馆 CIP 数据核字（2016）第 063484 号

·21世纪中国民族问题丛书·

社会转型过程中的族群关系

著　　者／马　戎

出 版 人／谢寿光
项目统筹／童根兴
责任编辑／孙　瑜　刘德顺

出　　版／社会科学文献出版社·社会学编辑部（010）59367159
　　　　　地址：北京市北三环中路甲29号院华龙大厦　邮编：100029
　　　　　网址：www. ssap. com. cn
发　　行／市场营销中心（010）59367081　59367018
印　　装／三河市尚艺印装有限公司

规　　格／开　本：787mm × 1092mm　1/16
　　　　　印　张：21.5　字　数：339千字
版　　次／2016 年 5 月第 1 版　2016 年 5 月第 1 次印刷
书　　号／ISBN 978 - 7 - 5097 - 8959 - 9
定　　价／99.00 元